U0118148

中國的現代國家構造

CIVITAS 思想共和國

朱國斌 主編

中國的現代國家構造
上卷 黨國結構

Construction of the Modern State in China
Volume I: Structure of the Party-State

任劍濤

CITY UNIVERSITY OF
HONG KONG PRESS
香港城市大學出版社

編　　輯　　陳小歡
封面設計　　蕭慧敏　Création 城大創意製作

國際統一書號：978-962-937-418-1

出版

香港城市大學出版社
香港九龍達之路
香港城市大學
網址：www.cityu.edu.hk/upress
電郵：upress@cityu.edu.hk

Construction of the Modern State in China
Volume I: Structure of the Party-State
(in traditional Chinese characters)

ISBN: 978-962-937-418-1

Published by

City University of Hong Kong Press
Tat Chee Avenue
Kowloon, Hong Kong
Website: www.cityu.edu.hk/upress
E-mail: upress@cityu.edu.hk

Printed in Hong Kong

目錄

中卷目錄

黨治國家

下卷目錄

總序

約自上世紀八十年代起，「全球化」（globalization）逐步成為公眾和學術討論中一個不可繞開的關鍵詞。從物質形態看，全球化首先是指資本、貨物與技術的跨境流動，基本上經歷了跨國化、局部國際化及全球化這三個發展階段。然而，全球化的影響穿越了資本等界域，進入到思想和學術空間。國與國之間政府和人民的頻繁交流，以及互聯網帶來的充分資訊流動，令到各地人們對世界認知的視野更為廣闊，程度更為深厚，甚至在傳統上被認為發展中或欠發達的偏遠落後地區，人們亦會觀察、思索、追尋社會發展的路徑，希冀能從慣性及舊有的制度和思維中掙脫開來。

全球化令世界當代思潮層出不窮湧現，百家爭鳴、交相輝映，中國情況亦然。世紀之交特別是進入新世紀之後，中國人文社科學術界和思想界出現了一批有重大學術和社會影響力的學者、思想家，他們出世入世，探討學術，砥礪思想，耕耘專業，發表了一批對學術和思想有突出貢獻、對社會有承擔的時代作品。

傳播知識和交換思想是出版人肩負的神聖使命。香港城市大學出版社決定出版一套全新的思想性與學術性叢書，旨在推動及實踐引領思潮、激發新思想、喚醒公民意識的使命。

本叢書遂命名為「Civitas / 思想共和國」。*Civitas*（拉丁文），據羅馬共和末期的哲學家、政治家、雄辯家西塞羅（Cicero）的定義，是指由法律統一起來的、由公民（*cives* 或 citizens）組成的社會團體。法律規定公民責任，同時賦予他們權利。比照今天的話語，它描述的就是「公民社會」。「共和國」（Republic）亦源自拉丁語 *res publica*，意思是「人民的公共事務」。今天，人們使用它來描述一種民主政體。古希臘偉大哲學家柏拉圖曾以《共和國》為題討論正義問題，並首先討論國家的正義和體制。

本叢書取中文名「思想共和國」，除表達現代社會是公民社會、每個公民皆具獨立思考和行動能力之意涵之外，也希望能夠匯納百家、交換傳播來自大中華乃至世界各地著名思想家和學者的新觀念、新思維、新理論，一方面擴展讀者的思想維度、引領讀者在自由的思想空間漫遊，另一方面啟迪讀者的思想路徑、平等探究箇中的哲理。

在公民的參與意識和權利意識日漸形成並高漲的今日，不同的價值觀並存於同一個時空之下並不一定帶來矛盾和衝突；多元的社會需要成員之間的自由交流和各抒己見。矛盾與多元最能激發思維震盪，啟迪思考，與時俱進形成更多新思想。

時代在進步，進步得益於新思想。

做一個有思想的共和國公民。

是為序。

朱國斌

香港城市大學教授、法學博士

二〇一六年春夏之交，九龍塘

作者簡介

任劍濤，現任清華大學政治學系教授、教育部「長江學者」特聘教授。曾任中山大學、中國人民大學政治學系教授，哈佛燕京學社合作研究員，台灣大學人文社會高等研究院客座研究員。兼任數家大學的客座或兼職教授，多家雜誌的學術或編輯委員。目前主要從事政治哲學、中西政治思想、中國政治的研究。著有《從自在到自覺——中國國民性探討》、《倫理政治研究——從早期儒學視角的理論透視》、《道德理想主義與倫理中心主義——儒家倫理及其現代處境》、《中國現代思想脈絡中的自由主義》、《政治哲學講演錄》、《建國之惑：留學精英與現代政治的誤解》、《複調儒學——從古典解釋到現代性探究》、《拜謁諸神：西方政治理論與方法尋蹤》、《除舊布新：中國政治發展側記》、《靜對喧囂：任劍濤訪談對話錄》、《公共的政治哲學》等論著十幾種。主編有「當代西方政治學前沿譯叢」、「政治哲學研究叢書」、「現代書系」。

總論

從帝制中國、政黨國家到憲政中國

中國現代國家建構的三次轉型

從明清交替到晚清變局，中國從古典帝國形態走向現代民族國家轉變的進程，一波三折。現代國家的生成，成為至今尚未成型的、未知的政治變遷。在既成的國家理論脈絡中，很難解釋中國現代國家建構的艱難困苦。因為，國家建構的現代範式是現存的，而中國建構現代國家也說不上特別困難，即使外部環境稍顯緊張，亦不至於引發全面的建國危機。何以中國卻走過了如此漫長而曲折的現代建國歷程呢？對此，外部因素的影響固然重要，但中國建構現代國家困境的決定性緣由，還是只能向內部尋找。而在進行這樣的嘗試之前，需要先對中國建構現代國家呈現的國家面相進行清晰的勾畫，以免陷入事實不清而分析偏失的窘境。

一、現代中國的四個「國家」面相

眾所周知，「現代」的含義具有時間和空間兩個向度。從時間上來看，自一五〇〇年以來的世界史被稱為「現代」世界史。這是因為，從這個時間點算起，人類告別了區域化發展的歷史，進入了一個全球範圍互動性發展的階段。而這個時間點，對解釋西方國家，尤其是西班牙、葡萄牙、荷蘭和英格蘭的歷史轉變，更具有決定性效力，但對於其他歐洲國家，尤其非西方國家來說，其解釋效力就遞減了。這是由於在一五〇〇年這個時間點上，世界上大多數國家依然在既定的歷史軌道上，並沒有出現與古典結構迥然相異的社會新生結構。而中國，當時正處於明代中晚期固步自封的衰變狀態。一百多年後，自清代起，中國繼續維持着明朝以來閉關鎖國的政策，並沒有邁出實質性的步伐。這不是中國獨獨落後於現代國家進程的表現，而是世界的總體進程是剛剛啟動的總體狀態，這決定了所謂現代化的周邊國家相對一致的落後處境。

從空間上講，現代是一個與傳統相對應的詞彙，用來表示一個誕生於現代，卻不同於綿延千年的古典結構的社會新生結構。它以市場經濟、立憲民主政治和國家—社會分流發展為標誌，這樣的國家形態，完全不同於古典國家那種農耕文明、專制政治和國家通吃所構成的既定形態。這樣的國家結構，起自十三世紀英格蘭的地方性知識。[1] 但自它誕生之日起，就具有全球範圍的適應性。因此，這樣的國家空間結構，自十六世紀歐洲與其他地區的大分流開始，先是在十八世紀擴展到西歐，然後移於北美，在十九世紀的中東歐發生強烈呼應，其後於二十世紀轉移到亞洲、南美與非洲。經過長達兩個世紀的空間變換，它逐漸成為當今世界國家建構的主流模式。[2] 需要注意的是，這樣的國家空間結構變換，不是簡單的模仿，而是創造性追隨，並在追隨的過程中，楔入了各個國家自身的社會歷史要素。不過，在十八世紀，它的擴展僅僅是一個歐洲過程，其產物就是追隨「英格蘭奇跡」而成就的「歐洲奇跡」或「西方奇跡」。今天，在非西方國家建構現代國家的時候，常常以「反抗西方」作為國家建構的政治動員方式，就此看來是一種誤會。因為現代「歐洲」、現代「西方」都是模仿英格蘭的結果。換言之，它們並沒有為現代世界建構新型國家垂範，他們不過是學習英格蘭的先行者而已。因此，非西方國家完全不必要在反抗西方的精神困頓中尋求現代國家建構方案。

中國為晚起模仿現代國家建構模式的國家。如果說十八世紀馬嘎爾尼出使中國，沒有成功啟動中國的現代國家轉型，[3]反映一個制度上停滯的古典帝國與一個興起的現代國家之間的巨大落差，一直到十九世紀中晚期，中國才真正體會到國家現代轉型的必要性、緊迫性和決定性。一八四〇年的中英鴉片戰爭，是別具象徵意義的事件。古典帝國不是因為國內生產總值低的緣故而引致戰爭失敗，而是因為制度績效的衰變註定了戰事的失利。古典帝國國家的整合能力不及新生的現代國家，完全無法與之抗衡。此後的中國，從當政者到社會精英階層，才意識到國家結構轉型是不可避免的。

中國從古典帝國向現代國家轉變，一開始就處於一種高度緊張的政治狀態。出現這樣的情形，一方面是因為古典帝國脱離了熟悉的運行軌道，不得不急迫地選擇關係到國家前途與命運的新運行方式。帝國慣性戛然而止，民族國家的新軌卻尚未鋪設。於是，國家當政者一時不知道應怎樣籌劃國家事務。另一方面，則是因為內外交困的時局，導致整個國家陷入進退失據的困境。現代化的後發國家，總是無法逃脱這樣的處境。假如中國像英格蘭般，信馬由韁、慢條斯理地集聚現代化資源，用長達近五個世紀的時間，緩慢地邁進現代國家的門檻，那麼中國的現代國家建構也就會順其自然、水到渠成。但中國一開始現代建國就不是在英、美的處境中，而是在德、法狀態裏。一個在德、法狀態裏建構現代國家的政治體，必須應付既有的政治文化遺產和引進建國原則之間存在的巨大落差，因此建國的局促感所在多有。為了籌劃現代建國的資源，不得不緊張地應對古今中西等等相互衝突的因素對國家建構的交錯性影響。現代建國就此喪失從容感。時局的張力催迫着現代建國者，讓他們不得不在紛繁複雜的建國要素中急驟地作出抉擇，失當也就在所難免。再者，中國建構現代國家是在既定當權者的主導下展開，但建構新型現代國家是一個權力的新生過程，掌權者很可能會在這轉變過程中丟失權力，這就與既定權力結構發生了直接衝突，與應當建構的國家與既成國家在權力運行上背道而馳。這樣的權力處境，至今構成中國建構現代國家最直接的權力梗阻。

但國家的現代轉變趨勢已經不可阻擋。原因在於，首先，古典帝國的運作機制已經不暢通，需要重新規劃。如果這樣的規劃沒有遭遇先發現代國家的挑戰，可能就成為帝制的自我修復。從總體上看，中國古代帝制一直處於治亂循環修復機制的運作定勢之中。儘管學者將之命名為超穩定機制，但其中存在的非結構性變更趨向，明顯無法保證古典帝國一直運行在穩定的制度平台上。「超穩定」的說法，必須以王朝的治亂循環為前提。這樣，帝制中國呈現出兩種明顯相互矛盾的面目：一方面，是國家的基本結構超穩定；另一方面，是國家的運作結構以朝代更替的方式不斷變換。[4] 在封閉的地理環境中，國家的穩定與不穩定悖謬地共存。前者，顯示出帝制中國的行政創制能力；後者，表現出帝制中國革命性演進的缺失。如果國家一旦遭遇一個異質性結構的挑戰，它就無法化解驅使國家崩潰的顛覆性因素。其次，當源自英格蘭的現代國家出現在中國人的政治生活中時，就意味着中國的國家建構有了一個全新的參照。故此，古代中國封閉的治亂循環機制，不可能再維持自身的修復結構了。一個封閉性的國家修復機制，不管治亂，都運行在同質性的軌道上。一旦遭遇異質性的國家結構，它就無法將之納入自己的運行軌道中加以消解，尤其是這一異質性的國家結構，表現出強大的國家能力與無法戰勝的特質的話，古典帝制與之的競爭，就必然敗下陣來。舊制的結構衰朽與新制的績效高企，構成中國古典帝制急速衰變的雙重動力。

從靜態的橫切面角度審視，晚清以來展現出的轉軌中國面目，呈現出四個面相：一是帝制中國，二是民族國家，三是政黨國家，四是憲政國家。這四個面相以不同的形態呈現出來，構成中國轉向現代國家的國家形態選項。如果暫不區分這四個國家形態在中國建構現代國家過程中的重要性差異，以及各自佔據一個怎樣的轉型國家位置的話，可以先行描述這四個國家面相的形式結構。

第一，帝制中國（imperial China）是現代中國轉變的基座。不過從晚清變局開始，帝制中國就不再是規範意義上的古代帝制形式。那種穩定地建立在農耕文明基礎上、依靠高度集中的皇權和行之有效的官僚機制支撐的制度體系，在國家權力以皇權相權統治上層社會、以紳權整合基層社會的結構中，不再能順暢運作。帝制中國承受工業文明的強大壓力，國家當權者受到現代立憲民主建國效力的強烈吸引，國家所賴以運作的社會機制出現空前劇烈的變化。帝制轉型，勢不可免。因此，晚清的帝制中國可以說是處在巨變前夜的特殊國家形態，而不是依照既有軌道運行、井然有序的古典帝制體系。

第二，民族國家（nation state）是晚清到民國演進過程中呈現的現代中國國家形態。民族國家是現代國家的規範形態（normative form）。從起源上講，它是西歐基督教統一帝國分崩離析的產物。就結構上看，它是一個民族主體致力建構主權政治的結果。在這兩方面，與帝制中國的經典結構都相差甚遠——帝制中國沒有遭遇過政治與宗教兩種力量來塑造國家權力體系的強勁拉鋸，也沒有遭遇過政治民族對國家權力的強烈訴求。中國古代一直在政治與道德兩種力量合力塑造文明國家的軌道上行走，也一直依賴不同族群對漢民族的文化認同以維繫國家機制。在大一統的古代國家機制中，族群—民族的獨立自決從來沒有構成國家解體的重大危機。只是在民族國家這種現代國家形態興起以後，中國才遭遇民族這一歷史—語言—文化共同體與國家這一政治—經濟—社會共同體的差異性組合難題。因此，當中國啟動民族國家建構進程的時候，漢族的建國者一開始完全是以族群（ethnic group）的觀念應對國族（nation）的建構挑戰。孫中山早期提出的建國口號，「驅除韃虜，恢復中華，創立民國，平均地權」[5] 就是一個很好的例子。倒是處在族群政治挑戰漩渦中並由少數民族建構的晚清政權，以對付政權危機的方式提出了國族建構的問題。「五族共和」的跨民族（族群）之國族建構，作為中國建構現代民族國家的理念被提出來。

第三，政黨國家（party state）是民國建立以後坐實的中國主流國家形態。所謂政黨國家，就是一個執掌國家權力的政黨全面控制國家的國家形態。這國家形態，無疑屬於典型的現代形態。中華民國建立之初，新生民國與晚清皇帝達成政治協議，嘗試實行民族國家機制。但由於皇權復辟失敗後引發軍閥統治，結果國家陷入沒有統一中央權力的混亂狀態，革命風雲再起。為了有效組織革命，並且以革命建國，革命黨將自己與國家的關係處理先於和高於國家。政黨國家由此成為中國建構民族國家的轉變形態，同時也成為絕對主導中國現代國家建構的主流國家形式。在整個二十世紀的中國的現代國家建構過程中，上半葉由中國國民黨建立起中國第一個政黨國家建制，但這政黨國家建構並不是嚴格和完整意義上的黨國建制。因為中國國民黨還沒有成為組織嚴密、紀律嚴明、目標明確、掌控國家、絕無對手的超級政黨（super party）[6]，因此它還不足以成為真正、全面且強而有力地控制國家權力的政黨。一旦遭遇另一個比其組織更有效的政黨，並真正屬於超級政黨及致力於建構國家的黨派，中國國民黨就會敗下陣來。二十世紀下半葉，中國的第二個政黨國家形態，就是這樣獲得了自己出台的歷史機會。建構中國第二個政黨國家實體的黨派，是人類歷史上空前龐大且有效的超級政黨，其全面的行政化組織建制，足以控制整個國家，使中國成為成熟形態的政黨國家。

第四，憲政國家（constitutional state）是中國建構現代國家的追求模式。顧名思義，憲政國家就是「以憲治國」的國家。一方面，國家運作在一部支持人民主權原則、公民認同的國家基本法即憲法基礎上。另一方面，國家哲學是一套權利哲學，公民權利足以限制和規範國家權力。再者，國家權力被分權制衡所約束和規範，根據依法行政的原則有效地運行，從而有力地限制暴政[7]。民族國家作為現代國家的基本結構，在規範下，一般採用憲政的政體運行結構。民族國家與憲政國家就此有了高度的重合。但現代民族國家也不全然是憲政國家，採用專制政體的民族國家也不在少數。只不過中國的現代建國者，不論是晚清的憲制改革者、民國的創制者，還是人民共和國的建國領袖，都曾經承諾建國的憲制原則。晚清的改革雖然失敗，但憲制的建國理念卻被確立起來；民國設定的建國過程，也將憲政作為軍政、訓政之後的建國定制；人民共和國在建國過程最為緊張的關頭，一再強調立憲民主對國家建構的不易作用。憲政，雖然不是中國建構現代國家的落定形態，但是中國現代建國的目標。台灣地區政制的近期發展，就證明了中國建構憲政國家形式，不是空中樓閣；大陸地區的政治也趨向於立憲民主政體發展，兩者皆為進步的證明。

二、國家的三次轉型：顯像與隱像

中國建構現代國家呈現出四個橫向的靜態國家面相。這四個面相，不是靜止的面目，而是由國家建構的動態過程中清晰可辨的國家形態，而且這四個面相還有一個依次遞進展現的演進線索。如果說對現代中國四個國家面相的靜態刻畫，是為了人們相對清晰地觀察國家演進的種種面目的話，那麼，對現代中國建國的動態過程進行描述和分析，就有助於人們觀察中國走向現代國家的全過程。

這促使我們轉而從動態的、縱向角度觀察中國從古典帝國轉變到現代國家的進程。儘管結果尚未完全突顯，但階段性的、局部性的成果早就映入人們的眼簾：中國建構現代國家已經經歷了階段明顯的三次轉型。第一次轉型是在晚清階段出現的，由古典帝國轉變為民族國家；第二次轉型是萌生中的民族國家向政黨國家的轉型；第三次轉型是政黨國家向憲政國家的轉型。每一次轉型，都由內生的理由所驅動，也都有歷史的回流過程。因此，中國建構現代國家的過程，總是一波三折，從未走上坦途。而落定在現代民族國家規範形態上，更是「艱難困苦，玉汝於成」——迄今還只是在中國領土範圍的一小塊地方，成功建構起立憲民主的政治實體。這一實體自然還無法代表整個中國的建國結果，卻具有極強的象徵意義。中國建構現代國家的三次轉型所呈現的國家形態，並不同等重要，也沒有呈現同樣清晰的國家成像。相比之下，帝制中國的國家形象顯然是最為模糊的。一方面，是因為帝制的長期終結造成的影射衰變。歷史總是無情的，已經被歷史淘汰的國家就進入了歷史書寫的懷想範疇，人們只能借助想像建立起含糊不清的影射。另一方面，則是因為帝制中國處於一個被無條件替代的地位，它不是不可替代的，但怎樣替代便是一個問題。儘管帝制中國自身曾經做出艱難的自我更新，試圖以君主立憲的方式留下帝制國家的形式結構，但這樣的努力很快被證明是徒勞的。民族國家、政黨國家、立憲國家的交替出現，無疑虛化了帝制中國的國家形象。與此相關，帝制中國衰變的狀態，也無法召喚出人們對它的情感眷戀，因此也就無法讓人們獻出記憶的忠誠。因此，一個喪失了讓人刻骨銘心紀念的國家，便很容易被人們忘卻。

晚清末期和民國初期，興起的中國第一個標準意義的現代國家形式——民族國家。也由於一些重要的緣故，變成含混朦朧的歷史影射。簡單歸納這些機緣，一是由於民族國家的建構尚未穩固就被嚴重衝擊，以至於無法清楚地得到辨認。晚清的民族國家建構，在國族想像伊始，就遭遇到族群辨認的國家意識摧毀性的打擊，迅速陷入族群政治革命的汪洋大海，根本無力為自己聚集建構國家的資源；民國時期的民族國家建構剛剛告一段落，便因袁世凱的帝制復辟，惹翻了熱情認同共和的民眾，而被軍閥割據斷送了統一民族國家建構的前程。風起雲湧的革命浪潮，最終徹底埋葬了民族國家建構的希望。國家建構，就此交付給政黨國家的營造。二是因為民族國家建構中的社會一端，也就是致力建構國家的政治民族，即國族建構自身，在起始的時候就受到重創。「五族共和」的五族即滿、漢、蒙、回、藏，並沒有經歷一個共同建國的國族建構洗禮，同時，在民族國家建構的國家一端，缺乏緊湊性的族群，更缺乏共同認可的國家建構認受性。這種認受性，不僅是針對國家形態而言的，也是針對共同的政治處境以及尋求國家建構的群體行動需求而言。具有政治影響力的五大主要族群，基本上並不知道國家從帝制形態向民族國家轉變的必要，也不知道國家的危機處境對五族有相同危險性，更不知道在五族之間尋找共同的建國資源和認同模式。這一局面，到目前都沒有改變——漢族的建國敘事，無論是歷史敘事，還是現實敘事，總是主導着整個中國的建國敘事，結果完全無法涵蓋其他主要族群的政治體建構歷史記憶和現實訴求。建國敘事的整合能力之低下，甚至不能聚集基本的國家敘事資源。

至於憲政國家的建構，總是隱匿在國家建構的實際進程背後[8]。因此，憲政國家的成像無法清晰所見。晚清的憲政建國嘗試，開初是轟轟烈烈的，又是派出大臣考察歐美、日本的憲政，又宣佈預備立憲、改革官制，結果還是由皇族內閣犧牲掉了立憲建國的寶貴機會。畢竟，對晚清少數民族建立的帝制中國來說，從皇權專制過渡到立憲民主，具有遠遠超過他們接受能力的挑戰性。民國初起，對推翻清朝統治立下大功的袁世凱取孫中山而代之，本來應當因勢利導推動中國的現代共和建構，將民國建制穩固下來，將立憲機制切入國家肌體。但袁世凱迷信帝制，上演了一齣帝制復辟的鬧劇。袁氏在一片罵聲中死去，結果國家政權被他的隨從把持，原來還算整全的一個政治集團，分離為各懷鬼胎的政治圈子，最後國家建制未能統一，革命復熾。處於亂世中致力建國的革命領袖，如孫中山，既放棄了即刻建立立憲國家的理想，也放棄了漸進塑造現代國家的努力，急於以「畢其功於一役」的革命，解決現代建國與治國的所有難題。國家倒是嘗試被建立起來了，但國家並沒有坐實到穩定的立憲民主機制平台上，成為扭曲的政黨國家形式，而且深陷其中無法自拔。它只能被另一個在道德上做出更高承諾、給人更高期許、掀起更動人心弦的政治浪潮的政黨國家所取代。即使後者也在爭取國家權力的時候，做出過莊嚴的憲政承諾，但因為其建構的仍然是政黨國家，因此很難落定在憲政國家的平台上。經歷一個多世紀的政黨國家強勢運作，中國的現代國家似乎定型在民族國家走樣變性而形成的政黨國家機制上。

政黨國家是中國建構現代國家成像最為清晰的國家形式。這不僅是因為整個二十世紀的中國國家的落定形式為政黨國家，給人以一種不斷夯實的、強烈的現實國家認受性，更因為政黨國家在諸現代國家形式中脫穎而出，先拔頭籌，而成為「歷史」所選擇的國家形式，而且政黨國家確實具有迅速改變帝制中國，促使風雨飄搖的現代國家，迅疾落定在一個相對穩定的國家建制平台上。在中國的現代國家建構進程中，民族國家的國族建構，需要經過一個繁複的政治整合過程，才可能結出現代國家的果實；憲政國家作為中國人極為陌生的國家運作建制，從來不曾作為一套制度運作在帝制中國的政治世界。因此，即使是高度認同憲政國家的孫中山，也不得不畫出一道軍政、訓政到憲政的建國軌跡；至於政黨國家，只需要先知先覺的政黨領袖，在一個黨、一個主義、一個領袖的政治動員機制運行中，實現政黨領袖的建國理想，就可以迅速落定現代建國的既定目標。確實，中國國民黨建構現代立憲民主制的初期經歷了不少可歌可泣的英勇嘗試，但總是曲曲折折，難以實現革命建國的目標。在「聯俄、聯共、扶助農工」[9]的政黨國家進程中，才迅速統一國家，建立起高度集權的政黨國家機制。中國共產黨作為起自二十餘人的小黨，經過二十多年的殘酷黨爭和慘烈戰爭，最終贏得全國政權，以一個更為強大且有力的政黨建制，確立了政黨國家的長期統治體制。政黨國家的建國效應，遠遠不是立憲民主制的建國效應所可媲美的。即使是進入治國狀態，政黨國家的即時效應，也不是立憲民主制國家所可以設想的。這些，都給人們種種推崇政黨國家的理由。

從大歷史的角度看，中國建構現代國家突顯出的四個國家面相，呈現出來的三次國家轉型，連接成一以貫之的現代建國進程，但這一進程確實是由政黨國家的顯性圖像與其餘三種國家形式的隱性圖像，明暗不同地展現出來的。晚清王朝最初是想建立民族國家的。誠如前述，這不僅體現為清政府試圖建構整合國家的立憲民主政制，而且體現為「五族共和」的國家建構理念。晚清由清廷主導的立憲民主改革，或者說「五族共和」建構，是中國從古典帝國轉出之初，試圖建構的現代中國第一個國家形態。這是中國第一波國家轉型浪潮的標誌：試圖從古典帝國轉變成民族國家。不過，這一波轉型迅速夭折，讓民族國家成為中國現代國家轉型的一個隱像。這註定了民族國家建構的基本命運：它只能是中國現代建國的底色，難以成為中國建構現代國家的亮色，不管是相對於帝制中國，抑或是相對於後起的政黨國家而言。這裏所謂隱像式的民族國家，對於中國之建構現代國家的隱然指向是：缺乏民族國家作為基本參照，人們無法理解中國建構現代國家的嘗試與成果。但將中國建構的現代國家歸之於民族國家的行列，卻又無法理解中國的建國進路與獨特性。可以得到廣泛認同的是，中國確實不是一般意義上的民族國家，而是在先行確認政黨捕獲國家的前提下，才可以作為民族國家來對待。

在這裏，中國建構現代國家的一個重大問題才能被人理解：為什麼中國建構現代國家長達百年，卻很難落定到民族國家的立憲政制平台上？原因很明顯且簡單。那就是中國作為一個政黨國家，國家的運行必須首先服從政黨的政治意志。由於政黨的政治意志絕對高於、優於國家的法律意志，因此，法律意志一旦僭越到政治意志之上，並且試圖約束或規範政黨的政治意志時，國家就面臨一個究竟是保證政治意志的優先性，還是保證以法治國的優先性的政治決斷問題。顯然，中國的政黨國家基本結構決定了政治意志，成了不費摧毀之力壓倒法律意志的定勢。如此，人們就能理解，當初國民黨總是想從訓政邁進到憲政，但即使到了政權傾覆之際，也無法使掌握國家權力的超級政黨自願放棄權力獨佔，哪怕促使國家些微進入憲政法治的軌道。這是國民黨被歷史葬送的最重要原因，也是國民黨到台灣之後痛定思痛進行政體改革，走上憲政軌道的最重要動力。今天中國大陸的改革已經走向縱深地帶，所有問題集中起來，也就是一個憲政法律意志如何戰勝政黨政治意志的問題。國家向憲政法治邁進的所有難題，都來自政黨獨佔國家權力的政治意志。打破這樣的政治意志阻礙，才有希望完成國家建構從非規範的黨國向民族國家，也就是立憲民主政體轉進的建國任務。反之，中國大陸就不得不在建國的進路上苦鬥。

由於中國建構現代國家浮顯的四個國家面相呈現為顯像與隱像，因此，可以給人們以不同重要程度對待中國現代國家建構的三次轉型的理由。在帝制中國轉進到民族國家的特定階段，由於沒有形成成型的國家形式，而迅速被政黨國家這種扭曲的形式替代，因此，它可以作為國家建構過程的背景條件對待，可以不將之作為國家建構的實質進程處理。就此而言，中國建構現代國家的三次轉型，在政治理論上可以簡化為兩次轉型：首次轉型隱去了民族國家形態，簡化為帝制中國向政黨國家的轉型，將兩次轉型簡化為一次轉型，第三次轉則為獨立的轉型過程。

三、首次轉型：帝制中國的崩潰與以黨建國的落定

分析中國從古典帝制轉進到現代中國的進程，是一個對兩次轉型合理簡化的歷史重述和理論重評。在這一過程中，帝制中國—民族國家—政黨國家是一個中間形態的民族國家隱匿的跳躍式轉變。民族國家之所以沒有建構成功，既是由於帝制中國對現代國族（nation）建構的故意拖延，也是因為政黨國家對民族國家的急迫取代造成的。當然，民族

國家的動員方式，其落於孫中山提倡的「驅除韃虜，恢復中華」的族群國家的建構窠臼，以及落到拒絕公民權利之小自由、尋求國家獨立富強之大自由的政黨國家建構泥淖，都是中國轉出帝制國家、轉進民族國家的國家轉型陷阱。就此，對中國的現代國家建構來說，行走在民族國家—立憲政體的正道上，並不是一件容易的事情。這不僅是因為民族國家涉及到國族建構、政體選擇的複雜問題，也是由於立憲國家的建構需要政治資源的集聚以及政治生活經驗的支持。這兩個條件都是中國面臨現代國家建構任務中極度欠缺的資源。倒是急功近利的政黨國家建構，具有高度誘惑力地呈現在現代中國的建國者面前，讓人難以拒絕其吸引。從外部來講，歐美國家漸進的現代建國進路，讓中國現代建國者感到氣餒——國家的現代建構任務如此急進，怎麼可能訴諸長時期的漸進積累之功呢？而擺在眼前的蘇俄迅速崛起的建國道路，也就是以政黨國家的建構，將國家在世界體系中的地位迅速提升，使中國的現代建國者無比豔羨。在內外交困境況下，現代中國國家建構就這麼走上了短視的、扭曲性的國家建構道路。

對此，歷史回顧與理論重評是應當適度分割的不同功夫。就前者來說，我們當然要理解從帝制中國轉出，跳躍性地進入政黨國家建構軌道的合理性。這種合理性是歷史給的，是後來者很難以假設的態度去置評的事情。就後者而論，理論的重點，不是要矯正歷史的既定狀態，而是着眼於當下和未來的中國現代國家建構需要，並且從中引申出中國建構規範意義的現代國家有效方案。這本來是兩個緊密聯繫的政治理論問題。但何以需要先行適度切割開來並分別對待呢？原因很簡單。因為將既定的國家過程作為歷史敍事處理，讓人們不至於糾纏在歷史的舊紙堆當中無法自拔，為國家建構的理論清除障礙，確定了能輕鬆上陣的政治空間。歷史回顧與理論重評的糾纏，曾經讓談論中國現代國家建構的人們不清楚自己究竟是身置歷史還是面對現實，從而產生了國家建構的歷史幻覺和現實模糊。[10]

回顧歷史，在帝制中國轉型為民族國家卻坐實為政黨國家的進程中，三種國家形態的具體演進，首先呈現為歷史綿延最長久的帝制中國形態，就是一個需要重述的古代中國國家形態。帝制中國是古代中國的制度形態，其中所包含的內容是非常豐富的。在觀念形態上，帝制中國是一個將權力與道德高度糅合起來的政治與教化合一的形態。其中，儒家理念發揮了最為重要的觀念支持作用，但帝制中國觀念世界的實際構成更遠為複雜。略去具體分疏，大致説來，儒道的互補結構，構成了古代中國人的心靈世界；儒法的互補建構，構成了帝制中國的制度觀念。因此，就帝制中國的價值世界而言，乃是一個由儒家主導、諸家融匯的產物。從制度形態上看，帝制中國在皇權、相權與紳權的互補結構中，獲得了一套有效組織農業社會、發揮國家權力效用的複雜機制。皇權來自世襲，有着一套繁複的權力掌控和交接機制；以相權為代表的官僚權力，主要來自科舉考試，成為一套精巧的古典官僚架構，有效地發揮着組織國家資源的作用；紳權主要來自退休官僚的剩餘權威、科舉落第的鄉紳以及土豪劣紳，他們或組織起良好的基層社會秩序或施加給基層社會以強制秩序。古代中國依靠其中一個制度建制或多個制度建制，維持了這些制度整合社會的基本效用。在日常生活層面，它基本上維繫着一種由禮制下落而成的慣常生活儀態。就帝制中國這一基本結構而言，只要儒家為主導的古代意識形態能保持基本活力，為國家權力整合提供價值支援；皇權、相權和紳權三權結合起來的制度體系能夠發揮基本效能，維繫國家的社會政治秩序；民眾安土重遷，各安其命，各服其份，國家就太平無事，甚至進入盛世。如果儒家本身缺乏思想活力，不足以為帝制中國提供需要的價值支援，權力體系發生崩壞，日常生活秩序就會出現紊亂，帝制中國就會出現危機。

在明清之際，帝制中國就初現全面危機的徵兆。首先是儒學陷入了「滿街都是聖人」的荒誕，無法發揮整合人心秩序的價值組織功能。[11] 其次，「普天之下」與「率土之濱」的皇權制度、科舉制度的官員選拔機制都出現了危機，姓族統治無法整合社會秩序；再次，早期資本主義萌芽引致的鄉民流動，導致固守本鄉的本土紳權秩序出現崩壞。明清之際思想家為之發出的「以天下論者，必循天下之公，天下……非一姓之私也」，[12] 就已經表明帝制中國維持社會政治秩序的基本理念受到動搖。明朝的皇帝專權導致的吏治失準，到清代沒有根本的改善，制度的僵化由此可見一斑。農耕文明受新興的工業文明影響，引發的日常生活紊亂，更衝擊了行之有制的傳統社會秩序。晚清時期，延續已久的國家權力危機不見緩解，並日漸加重，結果，帝制中國的自我修復機制不再能夠運作，皇恩浩蕩的道德感應式統治方略，已經無法有效統納各種政治力量。這一時期漢族權勢興起，滿族政權也無法提供制度相容的空間，結果族群間的矛盾日漸加劇。種種內憂外患，需要晚清政府改弦更張，對國家權力進行結構性改造，以應付內部的分享權力的要求及外部的工業國家的挑戰，但朝廷的反應明顯比社會的變遷慢了一拍，因此帝制中國的自我調適空間日漸逼仄。

然而，晚清政府不是不想適應時代變遷，做出政治調適，甚至將帝制國家改變成民族國家。這可以從兩方面得到解釋。一是從政治現象上看，儘管晚清的帝制效應已經衰變到整合國家資源的底線之下，即完全沒有制度整合的功能，政治權勢集團對晚清政府缺乏基本的政治忠誠，因此權力腐敗的情況甚為廣泛和嚴重。有論者以簡明的八字對這一局面加以概括，「帝權太重，內政不修」。[13] 這證明晚清時期國家的轉型動力，主要是來自內部因素。另一方面，晚清政府，尤其是晚清的最高當權者清楚地看到變政的重要性。當然，這與外部因素及西方列強的逼迫有密切關係，但更與晚清朝廷對內外交困的處境有所察覺相關。統治者開始覺察到由洋務運動推動的中國改良，是不可能引導國家走向脫困境地的。變法維新，就此獲得了變革國家制度的重要地位。主導戊戌維新運動的精神領袖康有為，已經點出國家的全面危機，只有依賴全面的變革才有可能化解。「能變則全，不變則亡；全變則強，小變則亡。」[14] 而掌握國器的慈禧太后，下懿旨稱「唯有變法自強為國家安危之命脈，捨此更無他策。」[15] 在這種政治氛圍中，晚清政府啟動了立憲改革，儘管中經戊戌維新的失敗及八國聯軍的侵入，但進入二十世紀，慈禧太后還是以「新政」的名義，重啟她親自廢掉的戊戌改革項目。進而派出大臣，於一九〇五及一九〇七兩年分兩批出國考察憲政。憲政幾成中國建構現代國家的共識。「非實行立憲，無以弭內憂，亦無以消外患；非欽定憲法，無以固國本而安皇室，亦無以存國體而鞏主權。」[16] 這些立憲的原則，涉及到帝制中國轉向憲政國家的重大問題：一是保持帝制中國的形式結構，但將之轉變為君主立憲的現代結構；二是將立憲國家的建構，作為解決內憂外患的出路。而一九〇八年頒佈的《欽定憲法大綱》，除了確立君主立憲的政體安排以外，特別規定了「臣民權利義務」。在其中，族群對國家存亡的含義模糊，突顯臣民與國家的關係。[17] 這比當時革命黨人基於古老的夷夏之防而籲求的「驅除韃虜，恢復中華」的建國理念要來得先進，起碼有一種民族國家基點上的憲政建構意念。一者，以融合性的族群理念，成為現代建國的重要支柱，「憲政之基在弭隱患，滿漢之界宜歸大同」，「放棄滿洲根本，化除滿漢畛域，諸族相忘，混成一體」。[18] 中國境內的五個主要族群，有機會融入新生的國家之中，跨越族群界限，建構國族的意欲，躍然紙上。但由於清政府始終設置皇權至上的立憲前提，直到辛亥革命發生才於一九一一年十一月三日匆匆頒佈《憲法重大信條十九條》，確立虛君共和的建國原則，但為時已晚矣！帝制中國試圖轉變成民族國家的嘗試失敗以後，自身就已經完全缺乏實現轉型的內在能力。它的命運就此註定：要麼主動轉型，要麼被人摧毀。革命風潮迅速將晚清政府推翻。顯然，晚清未能成功建構起民族國家。[19]

二是從政治結構上看，帝制中國的皇權、相權與紳權分治國家的結構，從根本上不利於帝制國家轉向民族國家。皇權的政治主體是皇帝，皇帝當然可以通過虛君共和轉變成為立憲條件下的君主，但這種轉變一定是以君權長期受到社會制約為前提。一個在帝制產生之後就缺少權力體系內、社會機制外，受雙重制約的皇權，很難落到君主立憲的平台上。至於行使帝制中國治權的官僚階層，倒是一個可塑性極強的權力機制。但是，正是由於相權代表的極強官僚權力可塑性及習慣性傾向，對他們的流變就具有決定性影響。在帝制中國中，官僚階層幾乎一直受到皇權的選拔和使用，因此，他們對皇權的塑造受之當然。當他們有自我塑造的機會時，皇權機制就自然成為他們塑造自己的基本模式。因此，很難指望帝制中國的官僚階層將自己推向一個現代官僚制度的體制中。袁世凱後來復辟帝制，就可以作為佐證。至於可變性最強的還是由紳權主導的帝制中國基層社會，本來是產生現代政治體最有利的公民主體所在，但是，紳權主導下的個體（unit），不可能分解為公私分立的「個人」（individual）。這樣的個體，要麼屬於宗法關聯式結構中的一員，要麼屬於紳權機制中的獨立物件，沒有起碼的保護自我權利或與國家權力相對而存在的政治意義。帝制中國時期的個體，就此以一種臣服權力和反抗權力的兩種極端主體樣式存在，完全沒有生成能夠與國家討價還價的政治行為的可能。因此，在國家與個人的現代分立基礎上建立契約性國家的主體就浮現不出來，在帝制中國的長期運行下，契約性國家的空間就打不開。

另一方面，晚清中國是族姓權力結構，族姓內驅力是這種國家樣式運作的基礎條件。族姓內趨性具有雙重功能：一是國家權力的動力機制內置於族群關聯式結構上，因此，族姓的血緣認同就成為國家認同的「肉身」機制。一旦國家能夠維持這一肉身機制，國家也就能夠持續運轉；假如國家未能維持這一肉身機制，別的族姓群體試圖取而代之，發生諸如朝代更替的巨變，族姓國家就必定出現國權轉移。二是國家權力的族姓維持具有強烈的排斥性，即使族姓國家權力機制因為治國的精英需求，因此開闢了諸如科舉考試、舉孝廉等收納賢能的行政選拔管道，但是國家權力的核心部分一定是由姓族成員佔據的，絕對拒絕分享，否則，帝制中國的權力就無法順暢運行。這是一種毫無商議餘地的國家核心權力排斥性，在任何朝代都無一例外。就此而言，晚清政權也一定會行走在族姓權力排斥性的既定軌道上，絕對拒絕與外族成員分享國家核心權力。皇族內閣的出現，就是明證。由於國族理念不可能突破族姓結構，因此國族概念懸空，民族國家的建構也就成了空中樓閣。

辛亥革命後，中華民國的民族國家之形式結構確立起來了。從一九一一到一九二三年，是中國建構現代民族國家最具有標誌性成果的時期。儘管民國建立不久就經歷了袁世凱的帝制復辟，但並沒有阻擋民國初期民族國家建構的進程。在國家的形式結構上，更突顯出民族國家的現代特質——一是「五族共和」的理念成為國家建構的國族理念，徹底作別了「夷夏之防」基點上建構現代中國的理念；二是民族國家的立憲原則被廣泛確認，以立憲機制作為國家權力的組織方式；三是立憲政體的基本架構被搭建起來，議會建制、政府結構、權力制衡、地方自治等基本原則成為國家權力運作的基石；四是「中國特色」的五權憲法建制基本被確立起來，成為後來中華民國的基本政治架構。[20] 這個時期，是建構現代中國立憲政體最為活躍的時段，也是各種政治力量紛紛將政治博弈訴諸憲法，甚至是憲政的一個重要時段。不管是袁世凱稱帝，還是曹錕賄選，似乎都沒有從根本上動搖立憲建國前行的進程。後來佔據中國政治中心舞台的中國國民黨，此時也對其基於五權憲法的立憲主張，進行了較為完整的闡釋，並提出明確的憲政綱領。[21]

但就在民族國家建構已經生成了一個基本憲政架構的情況下，完全與民族國家建構異趣的政黨國家，逐漸獲得它勃然成長的契機。從中國內部的政治博弈來看，幾乎一直就主張將中國建成政黨國家的中國國民黨，其靈魂人物孫中山，在經歷了袁世凱復辟、二次革命等重大政治事件後，明確強化了自己以黨治國的理念和政治嘗試。在宋教仁致力以政黨政治的方式促成議會民主的實踐，陷於失敗以致身亡之後，孫中山的這一理念更是無可匹敵地成為國家建構的絕對主導理念。從國際社會的範圍來看，由於孫中山一直對英美等國建立的政治體制持批評態度，一直懷抱發揚中國古代政治光榮傳統的信念，其五權憲法的理念，便是這一主張的一個落實。此時，在英美立憲典範之外，出現了頗受孫中山矚目的蘇俄現代建國方案。這一方案恰好與孫中山自己的以黨建國、以黨治國理念高度吻合。因此，悉心學習蘇俄的建國經驗，就成為孫中山最強烈的建國進路決斷。一方面，孫中山指出，「本總理向來主張以黨治國」[22]，而所謂「以黨治國，並不是要黨都做官，中國才可以治；是要本黨的主義實行，而全國人都遵守本黨的主義，中國然後才可以治。簡而言之，以黨治國不是用本黨的黨員治國，而是用本黨的主義治國」。[23] 以政黨意識形態統治整個國家，就是以黨治國的特質。另一方面，孫中山將黨放置到建國與治國的連貫性過程中來處理，在中國國民黨取得全國政權以前，任務是以黨建國，「我們現在並無國可治，只可以說以黨建國。待國建好，再去治他」；這樣建立起來的國家，自然是「黨在國上」。[24] 取得國家政權以後，「為制止國內反革命運動及各國帝國主義壓制吾國民眾勝利之陰謀，芟除實行國民黨主義之一切障礙，更應以黨委掌握政權之中樞。」[25] 在這裏，致力治國的政黨是徹底意義上行政化的政黨，是一個全面掌控國家權力的超級政黨。當孫中山這樣的建國理念在中國國民黨穩定地掌握國家權力的時候出現，中國就被打造成為與民族國家完全不同的政黨國家——黨在國先、黨在國上、黨控一切、黨即國家。民族國家隱匿到政黨組織背後，成為政黨國家的肉身載體，自身則成為完全失去了靈魂的行屍走肉。就此，中國的現代國家建構作別了帝制中國，進入政黨國家時代，完成了建構現代中國的第一次轉型。

四、再次轉型：以黨治國的困境與立憲國家的浮沉

二十世紀是中國徹底落定為政黨國家形態的時期。這不僅是指一九二四年政黨國家書寫國家歷史的以還時段，更是指二十世紀中國的兩個政黨國家政治實體。儘管行使的都是中國國家主權，但作為主權行使者，幾乎完全遮蔽了民族國家的主權獨立性。中國，就此成為兩個政黨依據其不同意識形態全面控制國家的政治空間。二十世紀上半葉，國民黨以自己建構的政黨國家，成功取代了帝制中國與民族國家，結束了國家建構過程中出現的動盪。但國民黨的政黨國家建構，是急促模仿蘇俄而建立起來的。由於國民黨從來沒有成為一個建立在現代革命黨基礎上，組織嚴密且紀律嚴格，具戰鬥力的政治組織，因此，當中國共產黨悉心模仿蘇俄的政黨組織形式，並且融入中國古代的會道門組織，建立起遠遠高於國民黨的組織嚴密性和紀律性的政治組織。在兩黨為爭奪國家權力控制及扮演主權者角色的競爭中，國民黨註定敗下陣來。

在現代中國歷史上，中國第一次轉型的直接結果是出現兩個政黨國家。這裏的兩個政黨國家，都只是中國國家主權的行使者，而不是國家主權本身。因此，即使國民黨敗退台灣，也還可以自認是「中國」國家權力的正宗行使者，是現代建國的先行者和建國基本

方式的提供者。無疑，兩個政黨國家都只是中國建立現代國家的政權組織形式，不是建構現代中國的完成形態。兩者以「中國」主權行使者的名義共存，也不是什麼令人驚訝的事情。對台灣海峽兩岸並存的兩個政治實體，當然不能以兩個獨立國家來看待——這不僅是指兩個政治實體都聲稱同樣的建國原則，秉持一致的建國進路，實行相對一致的治國方式；亦是指兩個政治實體都聲稱代表具有主權獨立性的「中國」。更為關鍵的是，兩個政治實體的領土、人口、主權與文化呈現的高度重疊，使其國家論述無法切割開來，僅僅借助所謂「共同體的想像」，走上不同國家的運行軌道。

如果説上述説法更多涉及到的是兩個政治實體的未來走向和政治命運的話，那麼，將其放到二十世紀中國政治史的範圍內衡量，完全可以在一個建國範本上加以品評。這是一個在較為嚴格意義上的建國模式選擇一致性的表現。國民黨與中國共產黨致力建構的國家形態，是具有驚人同構性的國家形態。這種同構性體現在：其一，兩個政黨都將自己秉承的意識形態作為建國的先決條件。國民黨的政黨意識形態是三民主義。對三民主義貫穿整個國家建構和國家治理的全過程，孫中山秉持一種毫不諱言的直白態度。「國民黨之主義維何？即孫先生所提倡之三民主義是已。本此主義以立政綱，吾人以為救國之道，舍此莫由。」[26] 在中華民國這一政治實體真正坐實憲政以前，政黨意識形態循此路徑，捕獲了國家意識形態，進而捕獲了整個國家。政黨國家就此將政黨與國家高度合一，但黨國的高度合一是合一於黨，而非合一於國，也即是國家臣服於政黨的意識形態，但政黨毋需服從國家意識形態或受國家法律控制。即使是國家意識形態和法權體系已經體現了超級政黨的政治意識形態原則，但超級政黨的組織理念也具有超越其上的獨立忠誠價值。中國共產黨同樣是以政黨意識形態作為國家建構和國家治理的前提條件。中國共產黨黨章就曾強調，「必須高舉馬克思主義、列寧主義，毛澤東思想偉大紅旗，領導全國各民族億萬人民，繼續開展階級鬥、生產鬥爭和科學實驗三大革命運動，鞏固和加強無產階級專政，獨立自主，自力更生，艱苦奮鬥，鼓足幹勁，力爭上游，多快好省地建設社會主義。」[27] 在絕對「堅持黨的一元化領導」的「文化大革命」階段，政黨意識形態對國家的全面且直接的控制，就是一種剛性的政治控制安排，稍有不從，就會受到國家暴力機器的嚴酷鎮壓。比之國民黨而言，中國共產黨的黨國合一於黨，有過之而無不及。

其二，兩個政黨都將政黨組織成員對黨國的道德奉獻作為建立強而有力的現代中國的價值基礎。這是中國建構政黨國家不同於建構現代民族國家一個令人矚目的特點。按照現代民族國家建構的一般進路，國家建構是一個立憲與行憲的過程而已。對一切政黨而言，在這一過程中，不過是為了爭奪國家執政權而結成的政治組織。[28] 這當然不是說民族國家，尤其是立憲民主國家的選舉政治是非道德的，但道德相對於政治而言並不具有優先性與決定性。對中國國民黨和中國共產黨兩個極為特殊的政黨來講，建構一個現代形式的政黨組織，當然也是具有明確政治取向的——取得國家權力，便是它們建立政黨組織的直接目的。不過，與立憲民主國家的政黨大為不同的是，這兩個政黨組織的原則不是落定在政治規則上，而是落定在道德理念上。這體現為兩個重要的組織政黨，也就是他們掌握國家權力之後組織國家的原則：一是穩固地、不容商量的佔據道德高地；二是所有治國舉措就是搶佔道德高地。仰賴這兩種方法，兩黨將自己爭奪國家權力和控制國家權力的理由，深植於道德的沃土之中，政治從此成為道德的工具，道德也成為政治手段。在前者，國民黨靈魂人物明確強調，「凡一政黨欲求發達、求長久，必須黨員明白黨義，遵守黨德，不可用欺騙手段逸出範圍之外。……倘使喪失黨德，則國家前途無限危險。」[29] 共產黨領袖也認定，「我們共產黨人區別於其他任何政黨的又一個顯著的標誌，就是和最廣大的人民群眾取得最密切的聯繫。全心全意地為人民服務，一刻也不脫離群眾，一切從人民的利益出發，而不是從個人或小集團的利益出發，向人民負責和向黨的領導機關負責的一致性；這些就是我們的出發點。」[30] 在後者，國民黨領袖確信，由於黨是為人民奉獻的，因此黨行使國家一切權力就是理所當然的事情。「到了四萬萬人都受過了本黨的宣傳，四萬萬人的心理便要歸順本黨；到了四萬萬人的心理都歸順本黨，本黨便可實行以黨治國。」[31]而共產黨核心人物也明確強調，「離開了中國共產黨的領導，誰來組織社會主義的經濟、政治、軍事和文化？誰來組織中國的四個現代化？在今天的中國，決不應該離開黨的領導而歌頌群眾的自發性。黨的領導當然不會沒有錯誤，而黨如何才能密切聯繫群眾，實施正確的和有效的領導，也還是一個必須認真考慮和努力解決的問題，但是這決不能成為要求削弱和取消黨的領導的理由。我們黨經歷過多次錯誤，但是我們每一次都依靠黨而不是離開黨糾正了自己的錯誤。今天的黨中央堅持發揚黨的民主和人民民主，並且堅決糾正過去所犯的錯誤。在這樣的情況下，竟然要求削弱甚至取消黨的領導，更是廣大群眾所不能容許的。這事實上只能導致無政府主義，導致社會主義事業的瓦解和覆滅。」[32]於是，二十世紀中國的兩個政黨國家政治體，都將其掌握國家權力的政治訴求轉換為實現某一道德目標的崇高德性修為。這與規範的民族國家訴諸法治於治國、訴諸德性於社會的進路，有了根本性的差異。

其三，兩個政黨都將政黨組織機制作為國家機制的先導，國家組織都是政黨組織的摹本。因此，兩個政黨都將治黨與治國作為一個過程的不同面相。這不是一種國家形式架構上的判斷，而是對國家權力實質結構的指認。在中華民國與中華人民共和國的國家權力形式結構上，基本的分權架構還是存在的。就國民黨統治時期而言，有一段時間甚至形成了雙頭政治的制度架構，蔣介石與汪精衛兩人的黨軍分治，構成了國家權力的實際運作狀態。但就國家權力的實質結構而言，只能是掌握了軍政大權的國民黨領袖，才具有掌握國家權力的實在能力。這是孫中山設計的以黨治國原則的落實。正如孫中山指出的，「自革命起義之日至憲法頒佈之日，總名曰革命時期。在此時期內，一切軍國庶政，悉由本黨完全負責。」[33]「黨用人治的長處很多，人治力量乃大」。[34]就中華人民共和國來看，人們在認知國家權力結構時，通行的説法「五套班子」，也證明國家權力在形式結構上具備一定分權的特徵。但是，當人們觀察到中國共產黨一向強調的一元化領導才真正構成國家領導體制時，才會認識到只有控制國家權力的「執政黨」才真正掌握着國家的實質性權力，而其他權力形式，只具有修飾性意義。「中國共產黨是中國工人階級的先鋒隊，是中國各族人民利益的忠實代表，是中國社會主義事業的領導核心……黨的領導主要是政治、思想和組織的領導。黨必須制定和執行正確的路線、方針和政策，做好黨的組織工作和宣傳教育工作，發揮全體黨員在一切工作和社會生活中的先鋒模範作用。黨必須在憲法和法律的範圍內活動。黨必須保證國家的立法、司法、行政機關，經濟、文化組織和人民團體積極主動地、獨立負責地、協調一致地工作。黨必須加強對工會、共產主義青年團、婦女聯合會等群眾組織的領導，充分發揮它們的作用。共產黨員只佔全國人口中的少數，必須同黨外群眾親密合作，共同促進社會主義祖國日益繁榮富強，直至最後實現共產主義。」[35] 將這些黨治主張加以概括，人們對兩黨治國路徑高度一致性的認知，可以通過國民黨在特殊歷史處境中提出的「一個政黨、一個領袖、一個主義、一個軍隊」，成為政治常態下以黨治國的一致性選擇中獲得的鮮明印象。

作為政黨國家形態的中華民國和中華人民共和國，都需要在現代國家話語之外，另行建構一套由政黨支配國家的話語，才能得到政治理論的恰當闡釋。由此註定了兩個政黨國家結構的國家話語高度呈複雜化定勢。沿行現代民族國家的建國邏輯，兩個政治實體都得在政治上承諾自己忠誠於國家利益，但實際體現國家忠誠的方式，則需要以對政黨組織理念的忠誠為前提。這樣，就既保證了中國的民族國家底色，又突顯了政黨國家的亮色。當然，前提是國家忠誠從屬於政黨忠誠，即「黨在國上」。歷史證明，這樣的國家組織形態，對於迅速建構起現代中國似乎是強而有力的國家機制，發揮了肯定的作用。國民黨在二次革命以後能夠快速建立起全國統一政權，有效地行使國家權力，與其政黨國家的動員機制有密切關係。中國共產黨在替代國民黨以後，得以迅速收拾動盪局面，建立起強而有力的國家建制，當然也與其政黨國家的建國—治國模式有緊密關連。

政黨國家之所以成功取代過氣的帝制和形成中的民族國家形態，在其國家結構和功能上均具有強大理由。首先，就國家結構而言，政黨國家比帝制國家與民族國家更容易聚集國家建構的資源。從國家結構的主體狀況看，政黨國家借助個人對組織的服從關係，迅速培育出龐大的、致力建國的政治主體。儘管這樣的培育是通過個人對組織，甚至是組織領袖的絕對服從為條件，但突顯了歸屬於組織與組織領袖的那些廣大成員的政治意識。原來對建國處於全無認知的中國民眾，由於組織的政治動員，被及時納入到建國的政治組織和其領袖人物的政治動員機制之中，從而處理了帝制中國處理不了的現代政治主體所塑造的難題。在建國的過程中，由於超級政黨組織致力將組織建構與國家建構的結構一致性作為政黨國家建構的前提，因此得以將國家結構納入組織機制之中，這就實現了兩個建國張力的同時消解——一方面成功地將個人與國家的現代民族國家基本張力消解，另一方面成功地將政黨組織的政治意志與國家運行的法律規則之間的張力消解。這種消解雖然並不完全徹底，但起碼起了臨時性的作用，藉此保證政黨國家以超級政黨全面控制國家資源的方式，讓國家能夠持續運轉起來，國家就此成為政黨組織的捕獲物。

其次，就政黨國家的功能，也就是以黨治國而言，政黨國家借助組織對資源的全盤控制，解決了國家的向心運轉問題。從而在相當程度上解決了帝制中國晚期無法凝聚國家力量，因此國家處於離心運轉的崩潰走向問題；也因此大致解決了萌生中的民族國家無法促成國族形成，也無法形成強有力的統一權力機制，因此無法提供給國家以向心的運作機制的問題。政黨國家的治國，以政黨超強的、組織的政治動員，作為整個國家普通公民的動員方式，可以迅速地以政黨的政治意志整合全國力量，從而將分散且有限的國家資源高度集中起來。「集中力量辦大事」的舉國體制，可以實現分治性的民主國家匪夷所思的舉國化決策和具體而宏偉的施政目標。因為考慮到萬世基業的皇權，進入法律軌道的民族國家都無法以氣勢恢宏的舉國決策犧牲代際公平和限權機制，這便是政黨國家足以徹底取代帝制國家與民族國家，而絕對不會發生國家建構回流現象的決定性理由。

需要解釋的問題是，同樣作為政黨國家的國家形態，何以中國共產黨致力建構的政黨國家能夠取代國民黨經已建構起來的政黨國家呢？按照常理，政黨國家的形態一般都具有超強的政治組織與國家控制能力，因此沒有高下之分，也就沒有相互取代的理由。但分析起來，政黨國家結構的兩個子結構——政黨自身的結構和其建立起來的國家結構，以及兩者之間的關係，確實會形成不同品質的政黨國家形態。對於國民黨與中國共產黨建構的政黨國家而言，就其國家形態既定而權能出現差異的特定視角看，兩者之間的品質確實不可同日而語。國民黨建立的政黨國家，本身是在民族國家建構失敗基礎上權宜轉變的產物，因此國家建構始終被失敗的陰影籠罩着。同時，國民黨建立的政黨國家，在政黨政綱一端充滿內在矛盾。軍政、訓政與憲政的政治發展要求，不可能順理成章的，在任何一個階段都會出現停滯的危險，對政黨的政綱之實現造成難以克服的障礙，從而影響政黨的控制目標。由於國民黨內部的政治整合從來都不充分，故而其對國家權力的控制也就始終處於一種有限操盤的狀態。五權分立的制度佈局，讓其無法形成強大而統一的政治意志，政黨組織的統一意志必須訴諸政黨領袖的權爭。加之，國民黨創制的政黨國家屬於危急時刻倉猝的產物，「聯俄、聯共、扶助農工」的策略進路是其以黨建國和以黨治國的一時選項，因此政黨國家的建構始終有臨急臨忙的草創色彩。相比較之下，中國共產黨創制的政黨國家，一開始在政黨品質上就遠遠超過國民黨。共產國際的協助，讓中國共產黨的政治目標非常明確。而一個創黨初期就接受了一套成熟的列寧主義政黨理念與組織機制的超級政黨，自然能更有效整合政治意志，遠遠超過一個無機混成古代會道門和現代政黨的雜亂國民黨。一旦中國共產黨掌握了國家機器，它也絕對不會將任何控制國家權力體系的資源放任自流，而是毫不遲疑地控制在自己的手上。黨的一元化領導也杜絕了權力分割，制衡可能造成的組織意志分散和資源流失。這樣的政黨和政黨國家，當然不是國民黨以及其創立的黨國所可以比擬的。一九四九年中國政局的變幻，實際上在兩黨的建黨機制上已經註定，當然這也註定了後起的政黨國家轉軌的難度會更大。

歷史已然表明，兩個政黨國家並不是一帆風順地運行着的。倘若中國建構起的第一個政黨國家——中華民國能夠如其設計者所願地順利運行，就不會出現中華人民共和國對中華民國的替代。中華人民共和國之所以能夠成功替代中華民國，正是由於政黨國家自身所具有的張力。如前所述，中華民國建立的政黨國家形態，並不是完整和成熟意義上的政黨國家。由於這樣的國家既無法落定在民族國家的穩定憲政平台上，又無法落定在政黨國家剛性的超級政黨之政治意志上，國家的穩定機制肯定建立不起來。相反，後起的中國共產黨建構的政黨國家，是完整和嚴格意義上的政黨國家。所謂完整和嚴格意義上的政黨國家，指的是執掌國家權力的政黨絕對壟斷了國家權力，即國家完全成為被政黨捕獲的戰利品。這是兩個政黨國家的政治體相比較得出的結論。這樣的推論邏輯，可以擴展開來：與中國共產黨取代國民黨的政黨國家同樣的道理，假如中華人民共和國能夠順暢運行，就不會出現改革開放及改弦更張的經濟—政治變遷。這樣的歷史興替本身就證明政黨國家的結構與功能存在一些必須解決的重大難題。

首先，就公民個人與國家權力的關係而言，政黨國家始終處理不好分散的公民個人這一政治主體與政黨組織這一集體政治主體之間的關係。這是政黨國家機制中政治主體無法迴避的主體定位衝突。在政黨國家創制的革命時期，超級政黨是以組織成員放棄個人自由的權利為前提，從而高度整合組織成員的政治意志，實現政黨致力建國和治國的目標。一旦超級政黨成功壟斷控制國家權力，革命意志的衰變便會不可避免地出現，所以強大的革命意志只會出現在革命黨不掌握國家資源的情況下。只有在這樣的處境中，組織成員才會因沒有可控的資源，而將一切奉獻給組織目標，無所旁騖，其所放棄的利益便成為組織高度集聚成員政治意志的有力條件。一旦超級政黨控制了國家權力，龐大的利益就會成為分散政黨成員認同組織的阻力，在政黨國家中被高度集中和化約的個人利益，便成為國家必須處理卻總是處理不好的重大問題。於是，作為公民的個人，與作為組織成員的個人，就會挑戰作為整全組織的政黨與國家，政治主體就此出現分裂。政黨國家的維持，便成為一個錯位主體交相作用的、難以駕馭的體制。其實這也是帝制中國轉向民族國家時期曾遭遇的難題。於形式上二者或有區別，但實際上都是公民個人與國族建構對現代國家所起的主體作用，是不是可以被建構中的新生中國所承諾的問題：倘若能被承諾，國家就解決了現代國家機制建構的基本問題；倘若承諾不了，那麼國家就始終無法具備建構穩定機制的主體條件，國家的穩定也就缺乏主體基礎。

其次，就政黨組織與國家的關係而言，政黨必須無條件地捕獲國家才能長期持續地運作。但對政黨國家而言，政黨組織的整合是其捕獲國家的前提，處於革命狀態的國家，因為國家需要政黨供給的穩定機制，而可能被政黨捕獲，所以只有一個建立在高度穩定的嚴格政黨組織基礎上的國家，才能實現革命任務，從而作別非常態的革命情形，走向常態的、秩序化的國家建構。但在和平時期，政黨自身的政治意志整合無一例外地成為嚴重問題，除前述的成員意志因利益的浮現而出現的動搖與分散，還由於政黨國家的執政黨在和平時期的成員吸納，已經無法建立在政治理想的基礎上，而必然附帶了明顯的利益訴求，因此掌握國家權力的政黨一定會遭遇動機不純的入黨者，及其對政黨純潔性的褻瀆。[36]為維持政黨組織的純潔性而鬥爭，控制國家權力的超級政黨，就必須不斷動員組織力量，因此，處在這種狀況的超級政黨，便無法騰出所有的組織力量去扼制國家。當政黨組織自身的整合分散了超級政黨的力量和資源後，國家就獲得了自身解放的動力，政黨國家就此無法善處組織力量與國家力量的關係，而政黨組織的政治意志之於國家建制的法律意志之間，也就會處於一個難以化解的緊張狀態。當這樣的緊張進入一個要麼政黨組織服從國家法律，要麼國家法律受制於政黨意志的悖反情形時，就會出現一個兩者誰放棄其強力要求的排斥性選擇。

再者，以黨治國的「舉國體制」是一種難以維持的治國模式。舉國體制的好處是舉全國之力實現執政黨某些帶有明確政治目的的政策目標或具體舉措。這一體制的快速坐實特點尤其體現在影響整個國家的國計民生超大型項目上。在相對落後的起點上籌建政黨國家的政黨，總是試圖借助這種迅即見效的政策，來彰顯自己治國的強大和快速發展。但這一體制的嚴重缺陷是一切政策和舉措得以坐實的前提條件在於政黨國家的執政者具有無限豐富的資源可以支配，並且將這些資源用於國家的超大型項目急需上，但這樣的假設，並不總能保證。一方面是因為政黨國家並沒有無限資源可以支配，資源總有窮盡或短缺的時候。在資源的投入捉襟見肘的時候，政黨國家的舉國體制就舉步維艱，難以湊效。另一方面，如果舉國體制資源短缺，加上超大型專案自身的安全性、必要性和確當性無法保證，而超大型專案的資源佔有必定衝擊正常的資源分配時，便會造成資源配置的嚴重失衡，影響國家資源的合理配置。因此，政黨國家很難一直依靠超大型項目來顯現自己的英明和偉大。當政黨國家同時遭遇超大型專案無法落實的資源困境與施政困難的時候，這一體制就會陷入失敗的窘境。[37] 國民黨於一九四八年前後的處境，與共產黨於一九七六年前後的狀況，都可以說明這一點。

易言之，政黨國家「黨在國上」的「以黨治國」總會遭遇到它難以克服的困難。因此，憲政改革總是與政黨國家如影隨形。從兩個政黨國家實體的演進來看，在國民黨時期，由於開國領袖孫中山設定了軍政、訓政、憲政的政治發展藍圖，後繼者幾乎是亦步亦趨地謹守這樣的政治演進預定軌道。但由於孫中山本人並沒有精確設定三個階段演進的時間表，只有一個粗疏的路線圖，因此後繼者並不清楚該在什麼情況下轉進到下一個政治發展階段。最後，因權力的自我守持和排斥本性，當國民黨以北伐的軍政手段建立起統治國家的政權以後，訓政便成為國民黨長期統治國家的不二之選。國民黨在內憂外患的壓迫下，正好獲得長期訓政的現實支持。於是，落實憲政，遙遙無期，若不是到了一九四八年遭遇到政權危機，國民黨根本無意實現憲政。同樣，中國共產黨成立政黨的時候，就為中國人設定了一個非常美好的目標。共產主義的願景，是這一美好目標的遠景，而推翻帶有剝削和壓迫特徵的現存國家權力，構成了政黨的現實目標。在推翻反動階級統治到實現共產主義之間，共產黨設定了不斷推進的階段性目標。從大處着眼，這與國民黨的三階段政治發展藍圖有異曲同工之妙，其中一個發展階段，就是於一九四六至一九四九年間強烈籲求的憲政。在共產黨建構起政黨國家體制之後，這一籲求便銷聲匿跡，黨的一元化領導更成為基本的領導模式。

兩個政黨國家都強烈籲求過憲政，這是政黨國家演進中所出現的突兀政治現象，但兩個政黨國家均不約而同地拒斥憲政運行，這也是政黨國家運作中呈現的奇怪情形。箇中原因為政黨國家與憲政本質上的衝突，致力建構政黨國家的政黨曾實實在在地對憲政表達認同，卻在執掌國家權力之後，將憲政置諸腦後，將自己的政治籲求動機與結果切割開來，令人不解。這中間顯然具有某種理解政黨國家的重大政治理論問題：政黨國家是否能夠免除民族國家的憲政政體限制？本來，政黨國家是拒斥憲政邏輯的，但在政黨國家從事建國或執掌國家權力的政黨那裏，卻表達了實行憲政的政治願望，因此本不相交的兩種政體產生了關聯，政黨國家就不得不對自己的憲政承諾有一個交代——要麼以對國人的權利坐實，落定現代工具性國家的立憲民主制度；要麼以對政黨的權力坐實，虛懸國人的權利訴求。這樣的態勢，勢必造成政黨國家運作的困境——要麼以國家強力壓制權利訴求；要麼承諾權利訴求坐實憲政制度。只要人們對國家處境的這種矛盾狀況有所體悟，就無法消除政黨國家與立憲國家顯像與隱像交錯而存在的國家形態選擇的建國問題；只要人們對這種建國問題有所覺悟，就會不斷提出立憲建國的政治主張。於國民黨時期，還權於民的行憲要求不絕於縷；而共產黨時期，落實曾經的行憲許諾，也就成為國家建構中不斷浮現的政治期望。憲政民主的民族國家建構，始終是政黨國家隱然存在的國家建構線索。就此而言，在政黨國家中出現的立憲民主訴求以及建立立憲制度的嘗試，浮現了立憲民主國家建構的希望；而在政黨國家中拒斥立憲民主建國的嘗試，頑強堅持政黨國家的既定政治安排，則使立憲民主政體的民族國家重建不斷沉降。兩相寫照，構成中國建構現代國家再次轉型的基本畫面。

五、走向規範的現代國家

在現代中國建國的歷程中所呈現的四個國家面相，均顯現出某種中國建構現代國家的真實歷史面向。可以假設的是，如果帝制中國能夠成功轉向民族國家，那麼帝制將與民族國家共存，中國將成為一個現代形態的君主立憲國家，但由於晚清政權對改革反應遲緩，歷史已經不再給人們做出這種假設的機會。再如，首個政黨國家即中華民國能夠從軍政順利過渡到訓政，並坐實到憲政平台上，那麼政黨國家就會和平地轉變為穩定的立憲民主國家，中國也就會坐實到規範的現代民族國家平台上，惜乎國民黨在大陸沒能完成這一轉變。又如，中國共產黨在接掌國家權力的當口直接將建國的憲政訴求坐實，那麼國家也就從政黨國家脱胎換骨為憲政民主的民族國家了，但這樣的國家建構，即使到今天，還處於一個艱難的進行時態。對於這樣的假設，人們可能會質疑，這是否是論者的主觀價值偏好所致？對此，需要強調指出政黨國家向民族國家的立憲民主政體轉變，不是個人政治價值的偏好所引申的結論，而是中國建構現代國家的客觀處境所突顯的狀態。

促成這種轉變的根本動力在於，國民黨建構的政黨國家即中華民國，與中國共產黨建構的政黨國家即中華人民共和國，這兩個政黨國家都不是定型的現代國家，而是臨時性的國家建構產物，卻具有自我複製與頑強延續的能力。

主張政黨國家是臨時性國家形態的論者，必須面對兩個基本的質疑：其一，從中華人民共和國的政治發展過程來看，有這麼綿延長久的臨時性國家形態嗎？其二，從中國大陸改革開放促成的增長奇跡來看，有這麼有效的臨時性國家結構嗎？這需要人們有力地回答一個問題，對政黨國家的臨時性斷定，究竟是基於什麼理由做出的？如果對這一問題缺乏有力的回答，就等於宣告政黨國家也具有其存在和運作的規範力量，不必向立憲民主政體基礎上的民族國家轉變。想必人們也會對這一問題進行化解矛盾式的分析：政黨國家可能既具有規範的現代國家結構面，也具有不規範的國家結構面。如此，就會將政黨國家的非規範設定，引向一個助長其規範國家力量，限定其非規範國家傾向的一端，從而能論證政黨國家的規範性和長期性。但這樣的化解不具有結構性意義，因為它不足以回答對政黨國家政治前景所提出的質疑。

無疑，僅僅站在中華民國的政治史角度看，將政黨國家視為臨時性的國家建構，具有較強的支持理由。因為中華民國無論是從時限上，還是從政治結構的穩定有效性上來看，都沒有落定在一個扎實的現代國家平台上。就前者講，中華民國僅僅維持了三十八年，其間還區分為北洋軍閥時期和國民黨統治時期；就後者論，在北洋軍閥時期統一中央權力，國民黨統治階段，內外交困的處境亦很難讓人將其視為正常國家。但從中華人民共和國的政治史角度觀察，斷言政黨國家是臨時性國家建制，似乎又有些說不過去。一是中華人民共和國雖然歷經曲折，但已維持了六十九個年頭，儘管說不上綿長，但絕對不能說短暫。同時，中華人民共和國的政治統治機制相對中華民國來說是高度穩定和持續有效的。所謂高度穩定，是指這一國家建制讓中國擺脱了近代以來動盪的國家局勢，領土與主權不受挑戰，基本保證政權的自我複製與正當化狀態；所謂持續有效，是指這一國家機制即使是在革命氛圍中，即在「無產階級文化大革命」的那種處境中，也能形成基本的統治秩序，當這樣的秩序維持出現困境，通過改革開放的推進，將國家引入一個經濟發展引導的新型秩序狀態，政黨國家就此具備了強勢國家的形式特徵。因此，就以上兩點來講，似乎沒有理由將現代中國的第二個政黨國家形態視為臨時國家形態。

但在指出上述兩個證明中國第二個政黨國家為正式國家的辯護理由之後，我們仍然要強調政黨國家是一個臨時性國家形態。這是因為，其一，政黨國家在結構上是以臨時性的，革命建國是其奠基，因此，其基礎始終有欠穩定。對政黨國家而言，以黨建國與以黨治國是兩個相互連接的國家過程。在以黨建國的處境中，政黨必須以「個人服從組織，少數服從多數，下級服從上級，全黨服從中央」的嚴明紀律來維繫政黨的向心運作，以便政黨可以集聚所有組織力量，全力從事建國大業。在以黨治國過程中，治黨就是治國，因此，繼承和發揚黨的光榮革命傳統，成為黨治國家的治國定勢：人們必須像黨員服從黨的組織紀律，服從由黨的政治意志轉換而來的國家權力對自己的指令。期間，群眾運動和戰爭迷信，都成為以黨治國的舉國體制基本的社會動員方式。政黨國家沿用戰爭年代那種行之有效的、大規模的急風暴雨式的臨時性應急動員機制，摒棄在和平年代以漸進與平和的方式積累國家建設成果，將國家推向一個發達境地的方略。

其二，政黨國家是一種借助民族國家形式的寄居型國家。在政黨國家內部，國家形式的辨認標準不是類型明確的規範形態國家指標，而是混生的國家結構狀態。就此而言，政黨國家從來不是一種類型規範的國家形態或政體形式。猶如前述，政黨國家本身是一個致力建構民族國家的政黨組織建立起來的變型國家形態或政體形式。政黨國家的成像，總是有一張民族國家的隱像映襯着。如果說政黨國家在對內行使統治權的時候，主要是訴諸政黨組織權力，並將之作為國家權力直接使用的話，那麼，最能夠代表政黨國家權力性質的，就是它的對外權力。政黨國家對外行使國家權力的時候，明確地以民族利益的代表者行使代表權，即使是行使對內的統治權，政黨國家也不願意直接表露其基於政黨政治意志的一面，而願意以依法治國的治國理念來表述自己的治國方式。這樣，政黨國家就將特殊的國家形態，與規範的民族國家、立憲民主政體混合起來，成為一種難以辨認其規範國家屬性的混生政體。但正因如此，政黨國家的治理就不得不借重不屬於其國家形態的其他國家形式的治國舉措，而無法確切釐定其治國模式，並就此顯示其國家的穩定治理形態。

其三，在現代國家的演進狀態上，政黨國家始終處在結構性變革的狀態，因此其自身呈現出的不穩定性，會表現為必然引起不穩定的革命性特質，成為革命的產物。因此，要告別革命，進入一個穩定的建設狀態，就不得不實現「從革命黨到執政黨」[38]的演進。一旦實現這轉變，革命造就的國家失去了革命的支援，就會陷入局部，甚至是全域的動盪狀態。遍及世界範圍的所有政黨國家，在改革和反改革的拉鋸戰中艱難地克服國家危機，就是一個明顯的力證。其次，政黨國家的不穩定性被視為施政的變幻莫測。由於政黨國家的治理主要訴諸超級政黨及其領袖的政治意志，因此，一個時代的領袖主張與另一個時代的領袖主張一旦出現分歧，國政也跟着劇烈調整；一個革命氣質的領袖與一個建設氣質的領袖，勢必也將國家引導到完全不同的治理境地。再者，政黨國家的政治願景着眼於長遠，因此不擅長處理當下的政治、經濟與社會問題，如果非得以處理當下問題作為實現願景的前提，那麼，政黨國家的施政就會陷入顧此失彼的狀態——要麼以願景掩蓋當下實現導致悲劇，要麼以犧牲願景兑現當下訴求。

對政黨國家臨時性的斷定，引申出一個問題。人們會對政黨國家的非規範、臨時性斷定，有一個立於什麼基點提出問題的質疑：究竟是基於現代國家的規範形式，還是基於國家結構及其功能的缺陷性而言的呢？如果僅僅是基於前者，那麼最多只會呈現出支持民族國家的立憲民主政體的片面性結論，因為任何國家形態與政體形式都有缺陷，從一種存在局部優勢的政體，並不能推出另一種呈現局部缺陷的政體喪失了存在理由的結論。如果只是基於後者，那麼僅僅能推出不利於政黨國家的片面結論，但並不能順勢推出翻天覆地改造政黨國家的結論來。因為政黨國家的缺陷就如同任何國家形態和政體形式一樣，有它難以克服的先天或後天缺陷。唯有確認政黨國家是一種相對於民族國家，尤其是相對於穩定地建立起立憲民主政體的民族國家來說，總體有着明顯的劣勢，才能斷言政黨國家必須轉向立憲民族國家。這個時候，對政黨國家而言，就出現了一個國家形態與政體形式比較選優的問題。

如前所述，從現代規範的政治理論視角看，現代國家的基本形式是民族國家，這一國家的基本政體結構是立憲民主體制，國家的運行結構是一種以法治國（the rule of law）的機制。由此可以說，規範的現代民族國家形態是由憲政和法治這兩個結構組合而成的。對此，可以給出兩個基本理由：一是歷史理由，二是規範理由。就前者而言，這兩個結構組合起來的國家形態，乃是現代國家的原生形態。所謂原生形態，不僅是指它的首發性，而且是指它的認受性和普遍性。首發性不僅是指歷史的創新，更是指它的結構首創性；認受性不僅是指後起現代國家樂於選擇它作為國家樣式，更是指符合國家創制的簡明可行進路；普遍性不僅是指它作為現代國家的普及形式，亦是指它所帶有符合國家建構需要的基本特徵。就後者講，斷言民族國家是規範國家的理由在於，只有這樣的國家形態才足以贏得公民的普遍認同，才能夠建立起穩定的國家機制及確立長治久安的安邦之道。這便是現代國家建構世界史所呈現的基本狀態。

中國建構現代國家，無疑走過了一條漫長的「之」字形曲折道路。中國人建構現代國家的努力是頑強的。儘管目前這樣的國家建構任務還只能説是局部完成，但國家建構的前途是既定的，問題只是如何複歸性地走向建構規範的立憲民主政體基石上的民族國家而已。由於走出帝制中國以後，民族國家並沒有穩定地建構起來，並且迅即轉向了政黨國家。相比於立憲民主政體基石上的民族國家，政黨國家的中國發展，確實一波三折，國家復興的雄心一再受挫。而且，長期的政黨國家建構史與治理史讓人們對民族國家和立憲民主相當陌生。不過，在政黨國家內部催生民族國家復位的思潮，從來不曾斷絕。中華民國的立憲進程，總是在逐步推進。中華民國中經政權交替，留居一隅，但終於在一九八〇年代後期作別政黨國家體制，進入民族國家的立憲民主政體實踐狀態。只不過這一政體寓居的政治體體量太小，不足以呈現整個中國的國家建構態勢。中華人民共和國經歷了一個時期的建國曲折，在改革開放進入深水區的時候，國家終於浮現出複歸民族國家的強大需求。立憲民主思潮的激蕩，與市場經濟的迅猛發展相伴隨，構成當代中國大陸的主流政治圖景。政黨國家的領導人也自覺到建立立憲民主政治的國家建構與國家建設所具有的決定性意義，因此相繼發表在憲法之下施政的政治宣言[39]。這已經成為中國大陸複歸民族國家，建立立憲民主政體的強有力象徵及整體上將要實現國家再次轉型的標誌性事件。儘管這樣的政治建國進程，還必須在中國社會近期發生的巨大變化中尋找深厚的土壤，才有可能生根、發芽、開花、結果。

自近代以來，中國人總是抗拒民族國家—立憲民主政體建構的種種理由。譬如，中國人對古典帝制的歷史熟悉度，構不構成我們按照既定規則處理現代國家建構問題，拒斥源自西方的立憲民主政體的理由？從理性上說，帝制的歷史熟悉感，不應該構成中國走向立憲民主的民族國家障礙。但事實上，帝制中國的歷史熟悉感，常常在中國轉向民族國家的關鍵時刻，在立憲民主政體建構的重要關頭，被人祭出，以為中國可以創制一種帝制時代生成的國家體制的現代形式。這是一種非現代國家形態試圖直接轉變為現代國家形態的主觀意欲表現。這也是一種一再被證明為不可能的國家建構進路。轉換一個視角提出同樣的問題，缺乏立憲民主政治操作的經驗，或者說對立憲民主政體非常陌生，構不構成中國拒斥實踐立憲民主建國的理由？現代國家的建構不是任何國家立於熟悉的政治基礎上完成的政治任務。試想，十三世紀肇始的英格蘭憲政轉變，經歷了四個多世紀的演進，才在光榮革命後完成現代民族國家的立憲民主政體建構任務。跟進型的歐洲現代國家建構以及後發型的亞洲諸國的現代國家建構，就更需要披荊斬棘，篳路藍縷了。設定現代民族國家建構是每一個試圖在世界體系中生成與發展的國家所必不可免的命運。那麼，中國就必定會行走在一條不為自己熟悉的建國道路上。只不過相對於原發性的現代國家來講，中國有了先行民族國家建立立憲民主政體的經驗教訓，這種熟悉感會對中國建構民族國家及立憲政體發揮積極的推動作用。對中國的現代國家建構來説，這不啻一種福音。況且，台灣的政治轉型，對同樣作為中國人生活其間的大陸政治轉型，不更有一種源自同一民族的政治成功實踐的強大激勵嗎？

註釋

1 參見【英】艾倫・麥克法蘭主講、管可穠譯：《現代世界的誕生》，第一講〈怎樣提問〉，上海：上海人民出版社，2013，第 11–22 頁。

2 參見【英】C・A・貝利著，于展等譯：《現代世界的誕生 1780–1914》，導言，香港：商務印書館，2013，第 1–28 頁。

3 參見【英】斯當東著，葉篤義譯：《英使謁見乾隆紀實》，第 1 章〈派遣使節團的緣起〉，香港：商務印書館，1963，第 17–30 頁。

4 參見金觀濤、劉青峰：《興盛與危機——論中國封建社會的超穩定結構》，第 5 章〈中國封建王朝的修復機制〉，長沙：湖南人民出版社，1984，第 124–148 頁。這樣的表述，今天局部喪失了正當性，因為馬克思主義的「封建社會」明顯不適合分析中國古代社會結構。但王朝的治亂結構還是可以以超穩定機制來看待的，這也是相關分析仍然具有引述價值的表現。另見王夫之：《讀通鑒論》，敍論一，北京：中華書局，1975，第 1107 頁。

5 孫逸仙：〈中國同盟會總章〉，載廣東省社會科學院歷史研究室等編《孫中山全集》，第 1 卷，北京：中華書局，1981，第 284 頁。

6 超級政黨或霸權政黨，是論者用來描述那些完全拒絕政治競爭的政黨體制的一個專門辭藻。見【美】喬萬尼・薩托利著，王明進譯：《政黨與政黨體制》，香港：商務印書館，2006，第 321 頁。分析起來，薩托利的超級政黨還不足以概括中國旨在捕獲國家的政黨體制。超級政黨的本來含義是在憲政體制中存在的、龐大到足以排斥其他政黨競爭的政黨建制。而捕獲國家的國民黨與中國共產黨，乃是非憲政體制中全面扼制國家的政黨建制，這是一種西方人無力理解的政黨形式。此處借用超級政黨的概念，不過是方便理解而已。

7 關於憲政的簡明定義，可以參照【英】安德魯・海伍德著，吳勇譯：《政治學核心概念》，天津：天津人民出版社，2008，第 154–155 頁。對憲政做出這樣的定義，是歐美國家通行的。另見 Roger Scruton, "Constitution," "Constitutional Government", *The Palgrave Macmillan Dictionary of Political Thought*, Basingstoke, New York: Palgrave Macmillan 2007, pp. 135–136。

8 有論者指出，中國建構憲政民主的現代民族國家受阻，主要是因為有誰主導統一國家權力的問題未獲有效解決。「對於中國知識分子來說，最令他們失望的，也許是反對政治競爭的舊勢力依然是強大的。如果有一種獨特的公共利益的話，那麼，它也肯定會因為政治集團之間的利益之爭而遭致瓦解。舊觀念為具有絕對性傾向的政黨所吸納，而對中國知識分子來說，這種嚴峻的情形是他們並不陌生的。」孔飛力著，陳兼等譯：《中國現代國家的起源》，北京：三聯書店，2013，第 122 頁。

9 這一命題被稱之為新三民主義。其實，這是中國共產黨對國民黨相關政策做出的概括。1926 年 11 月 4 日，中共中央召開政治局會議，陳獨秀在會上的報告《C 同志對 KMT 問題報告》中提出，「他的政綱是迎汪復職，繼續總理聯俄、聯共、扶助農工三大政策」。參見〈「聯俄、聯共、扶助農工」政策是在何時概括的？〉，www.china.com.cn/zhuanti2005/txt/2012-09/28/content_2664426.htm（瀏覽日期：2013 年 12 月 26 日）。

10 當下中國流行的晚清、民國崇拜，就是誤將現實的嚴峻國家建構處境，換算成既定的建國歷史親和想像的結果。其實，處在歷史演進的過程中，中國的現代建國進程本身，是一個證明先期建國失敗，才步入後起建國進程的替代過程。人們沒有理由反過來認定，現實建國的尚待成功，反證了歷史中既成的建國是成功的。這是兩個不可替換的推論，也是一種簡單草率的反歷史態度。這樣的主張，除開讓人們不滿現實和忽視現實之外，沒有其他積極作用。

11 王夫之痛斥這類說辭「導天下於邪淫，以釀中夏衣冠之禍，豈非逾於洪水，烈於猛獸乎？」王夫之著：《讀通鑒論》，敍論三，北京：中華書局，1975，第1111頁。言辭雖然過於激烈，但道出了晚明王學破壞人心、社會秩序的事實。另見任劍濤：《複調儒學——從古典解釋到現代性探究》，第四章〈朱陸之爭：宋儒經典解釋取向的政治蘊含〉，台北：台灣大學出版中心，2013，第119–142頁。

12 王夫之著：《讀通鑒論》，敍論一，第1107頁。有論者明確指出，「所謂專制政體，其最基本的重大弱點，莫過於一個『私』字」。視天下為一姓之私業，視國人為一姓之屬民，邦憲為一族之家法，爵賞為一人之私恩。」荊知仁：《中國立憲史》，台北：聯經出版事業公司，1984，第17頁。因為在這裏準備不深入討論帝制中國的政體特質，因此引而不發。

13 同上註。

14 康有為：〈上清帝第六書〉，載湯志鈞編：《康有為政論集》，上冊，北京：中華書局，1981，第211頁。

15 朱壽朋：《光緒朝東華錄》，轉引自荊知仁：《中國立憲史》，第66頁。

16 〈考察憲政大臣達壽奏考察日本憲政情形折〉，載《清末籌備立憲檔案檔案案史料》，上冊，北京：中華書局，1979，第41頁。

17 參見〈欽定憲法大綱〉，載夏新華等整理：《近代中國憲政歷程：史料薈萃》，北京：中國政法大學出版社，2004，第127–128頁。

18 「兩江總督端方代奏李鴻才條陳化除滿漢畛域辦法八條折」，載《清末籌備立憲檔案檔案案史料》，下冊，第915–917頁。在遭遇民族國家建構挑戰之前，清政府一向堅持滿族優先政策，強調「滿洲為國家之根本」，這與現代國族建構是背道而馳的。相比之下，晚清時期對國族建構的自覺意識，真有天淵之別。參見翁獨健主編：《中國民族關係史綱要》，中國社會科學出版社，2001，第704–711頁。

19 論者指出，清末立憲致力於建構民族國家，但立憲的失敗，導致一次「未完成的民族國家建設」。常安：〈從王朝到民族—國家：清末立憲再審視〉，載中國社會學會民族社會學專業委員會秘書處等編《民族社會學研究通訊》，第72期。

20 參見荊知仁：《中國立憲史》，第二篇〈民初北京政府時期立憲運動之演變〉，以及第三篇〈國民政府時期立憲大業之發展〉，尤其是該篇前兩章。

21 參見夏新華等：《近代中國憲政歷程：史料薈萃》，第二篇〈南京臨時政府時期與中華民國北京政府（國憲）〉，與第三篇〈省憲〉所收的、數目繁多的憲法文獻，就可以明瞭這一時期民族國家建構的立憲進程，具有多強的共識性。

22 中山大學歷史系孫中山研究室等編：《孫中山全集》，第8卷，北京：中華書局，1986，第281頁。

23 中山大學歷史系孫中山研究室等編：《孫中山全集》，第8卷，第282頁。

24 廣東省社會科學院歷史研究所等編：《孫中山全集》，第9卷，北京：中華書局，1986，第103–104頁。

25 廣東省社會科學院歷史研究所等編：《孫中山全集》，第9卷，第122頁。

26 廣東省社會科學院歷史研究所等編：《孫中山全集》，第9卷，第122頁。

27 中國革命博物館：《中國共產黨黨章彙編》，北京：人民出版社，1979，第207頁。

28 這就是立憲民主政體中產生所謂黨派政府（party government）的原因之所在。參見榮敬本等主編：《政黨比較研究資料》所收薩托利〈作為部分的政黨〉，北京：中央編譯出版社，2002，第207頁及以下。

29 中國社會科學院近代史研究所中華民國史研究室等編：《孫中山全集》，第3卷，北京：中華書局，1984，第37頁。

30 毛澤東：〈全黨團結起來，為實現黨的任務而鬥爭〉，載《馬克思主義黨的學說著作選讀》，北京：中共中央黨校出版社，1988，第319–320頁。

31 中山大學歷史系孫中山研究室等編：《孫中山全集》，第8卷，第285頁。

32 鄧小平：〈實現四個現代化，必須堅持四項基本原則〉，載《馬克思主義黨的學說著作選讀》，第468–469頁。

33 廣東省社會科學院歷史研究所等編：《孫中山全集》，第5卷，北京：中華書局，1985，第18頁。

34 廣東省社會科學院歷史研究所等編：《孫中山全集》，第5卷，第390頁。

35 〈中國共產黨黨章〉，載中共中央文獻研究室編：《十二大以來重要文獻選編》，北京：人民出版社，1986，第63–68頁。

36 只要看看中國的政黨國家的政黨間中會望進行的整黨、整風運動，就可以明瞭維持黨的純潔性對於黨控制國家具有多麼重要的作用。

37 恰如論者所指出的，「人類對各種嚴格的社會束縛形式的抵抗使得這些來自中央理性的單一項目從來未曾實現過。如果這些項目以其最嚴峻的形勢被實現，他們將給人類帶來非常慘澹的前景。」詹姆斯・C・斯科特著，王曉毅譯：《國家的視角——那些試圖改變人類狀況的項目是如何失敗的》（修訂版），北京：社會科學文獻出版社，2012，第447頁。

38 參見〈江澤民在慶祝中國共產黨成立八十周年大會上的講話〉，www.china.com.cn/zhuanti2005/txt/2001-07/01/content_5042177.htm（瀏覽日期：2013年12月26日）。

39 二〇〇二年，胡錦濤擔任中共中央總書記，他所發表的任上第一個重要講話，就是紀念1982年憲法頒佈實施二十周年。二〇一二年，習近平就任中共中央總書記，而他發表的第一個重要講話，也是紀念一九八二年憲法頒佈實施三十周年。兩位黨和國家領導人不約而同地強調，任何組織和個人都必須在憲法之下活動。參見〈胡錦濤在紀念憲法施行二十周年大會上的講話〉，www.people.com.cn/BIG5/shizheng/16/20021204/881379.html（瀏覽日期：2013年12月26日）。以及〈習近平在首都各界紀念現行憲法公佈施行30周年大會上的講話〉，http://news.xinhuanet.com/politics/2012-12/04/c_113907206.htm（瀏覽日期：2013年12月26日）。

上卷　黨國結構

導論

以黨建國

政黨國家的興起、興盛與走勢

明清交替之際，帝制中國就面對結構轉型的問題。「以天下私一人」與「天下乃天下人之天下」的觀念兀自對立，似乎呈現了國家的不同走向。但清政權的建立，使中國進入最後一輪的王朝修復機制，遮蔽了國家重建的歷史挑戰。歷史綿延到晚清，國家的重建，不再限於天下歸屬的哲學爭執，而被推到究竟是建構現代國家形態，還是維持傳統帝制的危險境地。但在「帝利於我何有哉」[1]的傳統中國，普通民眾對國家處境幾無知覺。國家建構可悲地成為精英們的戰場。在族群與國家、改良與革命、權力與權利之間，精英們糾纏不清。國家建構就此陷入一團亂麻的狀態。終於，中國人看到了後發外生的現代建國之終結捷徑：以黨建國。黨建國家與黨治國家，成為整個二十世紀中國建國、治國的主調。黨建國家實現了國家的獨立，這是它不可抹殺的貢獻；黨治國家促成了發展的奇跡，這是它得到肯定的理由。但政黨國家是革命建國的特殊產物，它只能在革命的氛圍中延續下去。一旦國家進入持續的建設狀態，政黨國家的運勢就不可避免地發生轉變，它的頹勢，就此註定。

一、皇權、黨權與國家

以黨建國、黨在國上，是中國最重要的現代性政治事件。但中國向來是在帝制國家的基礎上建構的國家，所以要理解政黨國家，就必先了解帝制中國。

在帝制中國，姓族與國家是直接等同的。這是家國同構的國家結構在制度上的體現。家國同構，具有兩個相關的含義：一是在家庭這個私人單位通向國家這個政治組織的自然承接關係上，「君子之事親孝，故忠可移於君」；[2] 二是在國家基本制度的安排中，姓族統治國家，「非劉氏而王者，若無功，上所不置而侯者，天下共誅之」[3]。前者是家國同構的精神基礎和社會土壤；後者是國家制度的基本安排和制度要領。在國家的權力結構中，存在着一個足以支配國家的超級權力，就是皇權。「帝在國上」是帝制中國權力體系的起點和終點。就起點來看，皇帝提供給國家權力體系為絕對的支撐點。「普天之下，莫非王土；率土之濱，莫非王臣。」[4] 不是這樣的建構，國家就不足以統一起來；即使統一，也找不到統一於何處的權力來源。就終點來看，皇權的維持成為國家延續的前提條件，因此皇權的重要性在國家現實權力的直接重要性之上。這是國家權力的歸宿所註定的事情。因此，皇權是高於國家的。從更為廣闊的角度看，帝制中國的皇權並不是不受制約的權力形式，皇權不僅受到天意的制約，更不是一種隨意妄為的權力形式。起碼皇權受到了三方面的限制。一方面的限制是來自自然的力量：「天行有常，不為堯存，不為桀亡。應之以治則吉，應之以亂則凶。」[5]另一方面的限制是來自於德性的力量：「皇天無親，惟德是輔。民心無常，惟惠之懷。」[6]又一方面的限制則來自民意的力量：「天視自我民視，天聽自我民聽」[7]。在這樣的帝制國家建構理念中，皇權是軸心，但皇權之上，尚有天則；皇權之下，則有民意，皇權受到嚴格限制。從帝制國家的皇權總體結構上看，這樣的斷定是完全成立的。

但帝制中國制度的有效運轉中，皇權是絕對不能挑戰的核心。按照帝制中國的基本制度演進，漢制成為此後歷朝歷代制度的典範，由於「漢承秦制」，秦制便成為帝制中國的制度範本。秦的基本制度原則是，「天下之事無大小，皆決於上，上至以衡石量書，日夜有呈，不中呈不得休息」。[8]這一原則，一貫至明朝，可謂整個帝制中國的基本制度精神，「每斷大事，決大疑，臣下唯面奏取旨」。[9]一套皇帝制度，從稱謂之確定為「皇帝」，到印鑒之謂「璽」，再到命令之為「制」、「詔」，都具有遠遠超逾國家其他權力形式的絕對權威性。因此，皇帝實際操權，在權力的最後歸屬上絕對專屬，不能旁落。猶如嘉慶皇帝自道：「我朝列聖相承，乾綱獨攬，皇考高宗純皇帝臨禦六十年，於一切綸音宣佈，無非斷自宸衷，從不令臣下阻撓國是。即朕親政以來，辦理庶務，悉遵皇考遺訓，雖虛懷延納，博采群言，而至用人行政，令出惟行，大權從無旁落。」[10]始自秦朝，終於清朝，在帝制中國綿延兩千餘年的政治史中，皇帝制度保證了皇帝權力在國家權力體系的運行過程中具有至上性。

可見，在帝制中國的權力體系中，在觀念層面上，皇權雖然本不是最高的權力形式，但運行中的皇權則被拔高到一切權力之上。這是帝制中國的國家建設最為重要的方式之一。圍繞這核心，完整理解帝制中國的國家建構，促使人們準確把握三個要點：其一，在國家原生結構上，以其自然血緣關係的延伸，帝制中國沿着家、國、天下的進路建構起來。家與天下構成對國的兩端規定。就家對國的規定性來講，一方面提供了開明專制式的家國同構範型，另一方面則提供了姓族統治的基本方式。就天下對國的規定性來講，一方面在權力歸屬上確立了更高的道德標準，另一方面在制度上確立了矯正皇權失範的規則。因此，帝制中國存在着廣泛的調適空間。其二，在國家權力結構上，遵循上天、萬民、社稷和皇帝的下落程式。「民為貴，社稷次之，君為輕」[11]就反映出這樣的德性化權力安排訴求。但需要注意的是，這僅僅是帝制中國關於權力結構的理想狀態。其三，在國家權力的實際運行上，則行走在拔高皇權，以保證國家權力有效運行的進路上。此時，皇權專制就成為現實權力具體發生作用的方式。[12] 這從前述皇帝對權力運用的一貫道白，就可以得到印證。

何以在國家權力的實際運行中要拔高皇權？因為皇權以外的一切權力來源、規則，都是無法落定為一套制度安排的，因此都是虛懸一格，唯有皇權才是可以實際進入制度設計並予以保障的權力形式。因此，皇權的地位與作用是否得到保證，就成為帝制中國是否能夠順暢運作的先決條件。從表面上看，帝制中國是姓族統治，是所謂「家天下」。實際上這不過是從帝制中國、從自然共同體衍生出政治共同體的視角得出的結論。在國家權力的實際操作上，必須經過一輪拔高皇權的過程，將皇權所代表的國家提升到姓族之上，國家才能浮現出一套行之有效的權力結構。於是，拔高皇權，也就是拔高姓族，當然也就是拔高國家，三種拔高合而為一，保證了帝制中國姓族統治的制度理念。皇權實際處於國家權力之上，構成帝制中國運轉起來的前提。因此，從現代視角看，如何重新將國家拔高到姓族之上，就成為建構現代中國一個必須解決的決定性問題。這是姓族及族群構成的晚清政權，試圖建構民族國家所必須完成的功課。但這對晚清那樣的帝制中國而言，確實難以依靠其內生動力來完成的任務。原因很簡單，愛新覺羅氏這樣的姓族建立起來的清政權，首先需要整合滿族的內部力量，形成整合族際關係的族群政治力量。這樣，愛新覺羅氏就不得不應付八旗子弟的不同權力要求，造成族內權力分享的困境。但愛新覺羅氏整合了滿族力量，得以騰出手來對付族際關係時，手裏剩餘用來族際分享的權力資源勢必不多了，而族際政治關係的整合，說白了就是一個分享政治權力的問題。晚清政權在可分享權力處於左支右絀的境況中，確實難以提供族內與族際都渴求的國家權力。[13] 因此權力資源的短缺，必然造成晚清政權無法突破族內與族際的權力屏障，進入一個平等分享權力的民族國家之憲制政局。再者，皇權在分享權力的格局中，一直是一個絕對主導、毫不動搖的因素，國家也就無法找到一個將自己拔高到皇權之上的途徑，因此國家毫無鬆動地處在臣服於皇權的鐵定局面之中。所謂君主立憲，根本就此路不通。由於無法實現將至高無上的皇權扭轉到臣服國家法律的狀態，帝制中國的內生轉型變得不可行。

皇權被替代，就此成為難以逆轉的政治趨勢。但新生的民族國家一定需要成員認同的政治符號。由於皇帝喪失了內生轉變的契機，因此，他也喪失了國家政治認同符號的價值。本來，新生的民族國家依託於足以建構民族國家的憲法，可以成功提供新生民族國家的政治認同符號。現今所謂憲政愛國主義（constitutional patriotism），就是基於這樣的政治狀態浮現出來的政治理念。[14] 以憲法結構起來的國家，將國家拔高到國民認同的高度、超越皇權且取代皇權。不過，在將民族國家拔高到皇權之上的時候，必定會遭遇到兩種困境：一是走向國家主義，抽象地崇拜國家，喪失成員長期認同國家的憲制基礎；二是走向社會潰散的狀態，失去整合國家的力量以維持國家能力的土壤。這是兩種相反相成的狀態，前者引起人們對國家的狂熱崇拜，卻無法將國家置於一個常態的憲政平台，崇拜的熱情過後是無法秩序化的持續混亂。後者源自人們對建國不成的失望，甚至是對建國無以走向成功的絕望，因此私人生活的渴望支配了普通公眾的生活，國家建構與公眾欲求悖反運作，使國家失去社會根基。晚清後期與民國初期的中國政治走勢，恰好沿着這樣的軌跡演變。出於對國家的崇拜，中國人對國家建構的社會基礎甚少嚴格反思，以為現代建國就是政治精英的專項事務，一般民眾便被排斥到國家建構的進程之外，結果現代國家建構的動員機制就成為精英之間爭奪公眾的機制，帝制中國那種皇族與官僚有限動員的政治機制無法轉變為現代國家的公民動員機制，政治共同體的絕大多數成員被排擠到國家建構事務之外，有限的政治動員只能成就精英專權的現代國家。與此同時，由於帝制中國基於「父母在，不遠遊」的既定社會秩序，當遭遇到現代市場經濟發展所推動的、廣泛的人口流動，便從熟人社會向陌生人社會演進，新的社會秩序在形成中不僅顛覆了舊的秩序，更為關鍵的是無法有效整合出新型的社會秩序，結果，社會的潰散無法為建構中的現代國家提供重新秩序化的社會土壤，國家建構就此成為新舊精英間的政治較量。這就註定了舊式精英致力維護帝制國家，而新型精英成立的，旨在建構現代國家的政治組織，必將成為新生國家的決定性政治力量。國家建構中的社會政治動員不足，反而成為促成政治精英主導國家建構的現實動力。

當中國的現代建國遭遇政治動員嚴重不足的情況時，勢必引發人們傾力思考並悉心解決國家建構的政治動員機制，加速致力於建國的政黨組織建立。專門從事建國的政黨，不是現代政治學的政黨理論所可以理解在國家立憲完成後經由選舉進行權力爭奪的規範政黨，而是雄心勃勃地縛住國家巨龍的、全能且超級的政治組織。這樣的政黨組織，志不在國家之下通過黨際競爭獲得階段性執掌國家權力的機會，而是要借助政黨力量建構一個服從自己政治意志的國家結構。因此，它必須將組織地位拔高到國家之上，卻以建國和治國為直接目的。這中間存在着一種引人矚目的比較性特徵，那就是現代立憲民主國家中的政黨，絕對不可能僭越到建國的地位；只有那些力圖捕獲國家，即旨在通過建黨的方式而從事建國的政黨，才可能有這樣的雄心壯志。這樣，另一涉及中國現代建國的拔高問題就會產生：「黨在國上」。由此成為國家建構的核心問題，黨權成為國權的象徵，成為僭越主權的掌權者。

二、以先覺覺後覺：以黨建國的定勢

致力建國的政黨要將自己拔高到國家之上，以至於可以憑藉政黨政治意志建構起一個國家目的，必須兑現帝制中國轉向民族國家時未能實現的三個目標：一是突顯現代建國的主體，從而為國家建構提供主體條件。二是建構起現代國家的制度體系，借此為國家建構提供支撐框架。三是通過自覺推動的政治變遷，促使舊制度向新國家演進。僅就第一個目標來看，便已成為所有現代建國的國家共同的難題。因為在舊制度之下，一切政治行為都圍繞君權來行動。一方面，確實具有「屈君伸天」對君權的限制——在西方是通過教權與皇權之爭來體現，在中國則通過天理、王道的限制來體現，但君權實際的政治運作還是政治共同體成員表達認同的對象。另一方面，在現代建國的處境中，最為關鍵的就是突顯各具權利的公民個人對國家的關係。這勢必要求一切建構現代國家的政治共同體，一要能夠伸張不同於君權中行為者的政治主體，二要能夠劃分出與君權時代相異的政治主體的界限。做到前者，較為困難；坐實後者，相對容易，亦是實現前者的前提。在現代建國的過程中，基本都能劃分出傳統與現代的界限，但是若不能夠突顯個人與國家的新型建國關係，就千差萬別了。成功地以新興的個人主體為基礎建構國家法則，則能以國家與個人的關係支撐起現代國家的大廈，[15]反之建構起來的國家品質就缺乏保證。至於第二個目標，需要致力建構現代國家的政治行為者累進性地集聚制度資源，首先搭建國家的基本制度架構，這就是一個國家建構（state construction）功夫，其次需要國家的一切成員努力累積各種細節性的制度資源，從而為國家建設（state building）添磚加瓦，切不可將國家建構與國家建設混為一談。協力廠商涉及現代建國的新舊更替問題，舊制度與新國家之間的連結過緊，不利於現代國家從舊制度當中脱穎而出；新國家誕生過快，將喪失舊制度中仍然有效供給秩序的精華。因此，需要建國者們巧妙平衡、有效甄別。

在中國，帝制晚期試圖經由君主立憲轉進到現代國家的方式失敗以後，傳統與現代的界限就被鮮明地刻畫出來，現代國家的個人主體卻一直隱而不彰。在帝制條件下，個人隱匿在族群之下，「五族共和」的理念成為建國的主導型觀念；在「五族共和」未能促成現代國家的情況下，族群矛盾的尖鋭化就更無法讓個人走到政治前台。個人最終被高度組織起來的政黨所代替，成為國家建構的政治主體。致力於建國的政黨，繼續將個人隱去，但以強有力的政黨組織替代個人，作為國家建構的主體力量。這就有一個將政黨主體突顯出來，並將之提升到國家建構之上的問題。

突顯政黨主體，需要滿足兩個條件：一是打消個人主體與現代建國的關聯；二是突出政黨建國的全面優勢。就前者來而言，孫中山提出以大自由和小自由的關係來解決。他指出，用民族主義動員建國，旨在爭取國家自由，因此必須限制個人自由。「在今天，自由這個名詞究竟要怎樣應用呢？如果用到個人，就成一片散沙，所以萬不可再用到個人上去，要用到國家上去。到了國家能夠行動自由，中國便是強盛的國家。要這樣做去，便要大家犧牲自由。」[16] 這段話為此後以黨建國，甚至以黨治國確立了基調。中國建構現代國家的進程中，一直排斥自由，尋求無自由的平等，一直以國家力量壓制社會訴求，這使中國的現代建國得到了元規則式的規定。就後者而言，政黨的政治意志在克制了黨內個人意志之後，切實成為國家建構的強大動力。中國建立現代形式的政黨組織，未能將政黨約束在國家之下，因此也就註定了旨在捕獲國家的政黨，是不可能以法律精神規範起來，只能以政治意志自我約束並將國家置於政治意志之下的超強政治機制。政黨之所以能夠上升為這樣的政治組織，一者依靠其佔據的政治—道德高位，二者依賴其強而有力的紀律約束體制。比較起來，前者是激勵性的，後者是懲罰性的。前者的宗旨在中國初創政黨的領袖人物那裏，得到來自兩個向度的明確闡述。一方面，以往的一切政黨都在被指責之列。「竊以中國今日政治不修，經濟破產，瓦解土崩之勢已兆，貧困剝削之病已深。欲起沉屙，必賴乎有主義、有組織、有訓練之政治團體，本其歷史的使命，依民眾的熱望，為之指導奮鬥，而達其所抱政治上之目的。否則民眾蠕蠕，不知所向，惟有陷為軍閥之牛馬、外國經濟的帝國主義之犧牲而已。國中政黨，言之可羞：暮楚朝秦。宗旨靡定；權利是獵，臣妾可為。凡是流派，不足齒數。」[17] 這些制度被指責的原因，就是因為他們都處於道德低位。另一方面，在中國建構現代國家時，必須要有一個佔據道德高位的政黨，才足以建構現代國家。這樣的政黨之所以能夠佔據道德高位，最重要的就是「代表人民」，也就是孫中山所說的，「所謂吾黨本身力量者，即人民之心力是也。吾黨從今以後，要以人民之心力為吾黨之力量，要用人民之心力以奮鬥。」[18] 只要代表人民意志，那就無往而不利。「質而言之，靠兵力不得謂之成功，靠黨員方是成功；即以兵力打勝仗非真成功，以黨員打勝仗方是真成功。」因為「凡屬黨員，皆負有一種責任，人人皆為黨而奮鬥，人人皆為黨的主義而宣傳。」這就是後來風行中國的「以主義征服」。[19]

後者卻有一種強以有力的政黨建制的效用，在政黨組織嚴厲的黨內規則，甚至是黨內懲戒中得到貫徹。恰如孫中山指出，致力於建國的政黨，「黨綱章程之草定，務求主義詳明，政策切實，而符民眾所渴望。而於組織訓練之點，則務求上下逮通，有指臂之用；分子淘汰，去惡留良。吾黨奮鬥之成功，將系乎此」。[20] 這裏所謂「主義之鮮明」，是指意識形態上的敵我界限要清晰明白，容易用來激發黨員的奉獻精神，刺激群眾熱情投入；所謂「上下逮通」，就是指下級對上級的忠誠與服從，從而使政黨領袖的指令能順利下貫；所謂「去惡留良」，就是指毫不留情地淘汰曾經的同志、當下的異己，以保證政黨隊伍的純潔——這純潔，不僅是指黨內同志對黨的崇拜，也是指黨內同志對政黨領袖忠貞不二的政治忠誠。這對一個致力於建構現代中國的超級政黨來說，絕對是不容小覷的。此後致力建國的超級政黨，即使在技巧上遠遠勝於孫中山，但在維持組織的路向上，則絕對在他的政黨設計思路之中。一個致力於以黨建國的政黨，在其黨史上不間斷的整黨與清黨，不外是這一思路的產物。那些純粹以政治技巧而不看總體思路來評價孫中山的説辭，就此顯得格外蒼白。

二是以政黨代表國族的方式，為新生國家提供「社會」機制。孫中山為建構現代國家的精神基礎而提出的三民主義，是中國現代史上第一個系統完整的國家哲學體系。三民主義首先提倡的是民族主義。這從形式上給予以黨建國者民族主義的正當性，讓其具備了進行民族政治動員的政治理由，但這並不等於説民族主義就是以黨建國的意識形態武器。事實上，民族主義以及與之相關的民權主義和民生主義，就以黨建國者而言都不是自足的理念。換言之，它們都不是能夠號召政治體成員驅動政治轉型，並建立新型國家的理念，所有這些理念都需要致力於建國的、志在捕獲國家的超級政黨來闡釋、傳播從而轉化為政治能量。一言以蔽之，那都是「黨的主義」。三民主義，乃是一種以國家意識形態形式出現的政黨意識形態。一方面，「三民主義就是救國主義」，[21]也就是說三民主義是引導建構現代中國的意識形態。另一方面，三民主義是要落實意識形態來建國，也就是以黨建國的政黨宗旨。「主義就是一種思想、一種信仰和一種力量……何以說三民主義就是救國主義呢？因為三民主義促進中國之國際地位平等、政治地位平等、經濟地位平等，使中國永久適存於世界。」[22]再一方面，三民主義就是一種政治動員手段，「吾黨所須者，是在革命精神。吾等對於三民主義應當有堅決的信仰，要使吾等皆願意為主義而犧牲，為主義而奮鬥。」[23]結果，整個民族所有成員的建國目標，就此成為一個超級政黨的組織成員主導的事情。民族、政黨與國家的關係，也就從現代意義上的民族—國家組合、政黨處於相對低位元狀態的結構，演變為政黨—國家組合、民族反而處於絕對低位元狀態的結構。[24]相應地，現代建國的社會廣泛動員，也就成為少數先知先覺的政黨成員對後知後覺的社會公眾的宣傳、煽動。民族主義不可避免地成為政黨實現其組織目標的政治工具。民族—國家的建國目標，就此臣服於政黨組織捕獲國家的次級目標，完全服務於政黨差使國家，國家隨時聽差的政治需求。

三是以政黨的嚴密組織建制，為國家建立規矩，使黨的基本章程成為國家的高級法律，而國家的憲法接受黨基本章程的約束，這是規範的現代民族國家中人絕對不可能理解的一種極其特殊的國家結構。這樣的安排在制度上保證了黨權高於國權，從而為政黨國家的建構提供了基本制度框架。這樣的國家結構，奠基於國民黨的改組，成型於中國共產黨的建國。國民黨在一九二四年改組前，並不是一個希望實現以黨建國的超級政黨，而是一個努力吸納黨員，通過軍事手段謀求建國的現代政黨雛形。在一九二四年國民黨改組時，孫中山明確表達了將國民黨塑造成為全能、超級政黨的意圖。以往國民黨的組建，不過是要推動「革命建國」；而現在，中國國民黨不僅要建國，更為重要的是要「改造國家」。這是一個重大變化：國民黨從一個追求有限政治目標的政黨，演變為全面改造國家的全能政黨。「從今天起，要把以前的革命精神恢復起來，把國民黨改組。這都是由於我們知道要改造國家，非有很大力量的政黨，是做不成功的；非有很正確共同的目標，不能夠改造得好的。我從前見得中國太紛亂，民智太幼稚，國民沒有正確的政治思想，所以主張『以黨治國』，但到今天想想，我覺得這句話還是太早。此刻的國家還是大亂，社會還是退步，所以現在革命黨的責任還是要先建國，尚未到治國。」據此他將整黨與建國直接勾連起來，「此次國民黨改組，有兩件事：第一件是改組國民黨，要把國民黨再來組織成一個有力量有具體的政黨。第二件就是用政黨的力量去改造國家……大家團結起來，為黨為國，同一目標，同一步驟，像這樣做去，才可以成功。政黨中最緊要的事是各位黨員有一種精神結合。要各位黨員能夠精神上結合，第一要犧牲自由，第二要貢獻能力。如果個人能夠犧牲自由，然後全黨方能得自由。如果個人能貢獻能力，然後全黨才能有能力。等到全黨有了自由，有了能力，然後才能擔負革命的大事業，才能夠改造國家。本黨以前的失敗，是各位黨員有自由，全黨無自由；各位黨員有能力，全黨無能力。中國國民黨之所以失敗，就是這個原因。我們今日改組便先要除去這個毛病。」[25] 這段論述，將政黨國家的政黨組織和治黨與建國關係清晰地呈現給人們。一方面，要想治國必以建國為前提，而要想建國必以建黨為要領；另一方面，想要建立足以建國與治國的超級政黨，必以成員對於組織的絕對忠誠和熱忱奉獻為條件。一般意義上的現代建國所高度重視的個人自由或公民權利，完全被政黨國家的主導原則所遮蔽。

以「以黨建國、黨在國上」為前提，但要在建國之前，建立起足以建國的超級政黨，卻不是一件容易的事。一方面，需要確立起建構超級政黨的架構及其組織原則；另一方面，需要建立起運用政黨力量動員社會的政治運作機制。就前者來說，孫中山改組國民黨就是為了確立國民黨能夠捕獲國家的超級政黨機制，而他悉心刊佈的三民主義，就是為了給超級政黨意識形態上的強大支持。超級政黨的政治理念建構，就是對現代意識形態的建構；超級政黨的組織建構，就是一個理想化組織機制，這兩者具有不可分割的關係。只有兩者緊密聯繫起來，才足以支撐超級政黨從事的建國事業。就後者論，即就政黨動員國家建構的過程而言，是一個以先覺覺後覺的過程，其實就是一個政黨的宣傳功夫。中國建構現代國家走向政黨國家的一端，就此必然將國家建構的主體劃分為兩個群體：一部分是自覺地認識到國家從帝國走向現代國家，致力於建立新型國家的政黨組織成員，尤其是政黨領袖；另一部分是對國家轉型缺乏知覺的廣大民眾。這兩個群體，前者是中國的極少數，構成一幅與維護帝制中國的權勢集團殊死搏鬥的政治畫面；後者是中國的大多數，即使對現實生活處境感到不滿甚至絕望，但基本上卻意識不到是由於國家轉型引發的種種問題所導致。前者已經高度組織起來，組織的目的就是為了建立國家和治理國家，因此是一群政治高度成熟的人；後者仍然處在傳統的分散狀態，在日常生活中接受習俗引導，在政治生活中遵循皇權習性。前者努力發動群眾起來參與救國與建國，盡力奔走，更極力將中國建構現代國家的危機處境傳導給大眾；後者一般並不接受致力建國的政黨的政治動員和危機煽動，安於日常生活和慣常秩序，甚至對致力建國的政黨組織冷漠相待或心懷敵對。孫中山在闡述三民主義的時候，曾明確強調劃分的極端重要性。他說，社會有三種人，一是先知先覺者，這種人絕頂聰明，知曉許多道理，能夠做出一番事業；二是後知後覺者，這種人的特點是跟隨模仿；第三種人是不知不覺者，這類人需要有人指教，但基本上無法明白道理，只能促其行動。「第一種人是發明家，第二種人是宣傳家，第三種人是實行家。……世界上的大事，也都是全靠那三種人來做成的。但是其中大部分的人都是實行家，都是不知不覺，少數的人便是後知後覺，最少數的人才是先知先覺。世界上如果沒有先知先覺，便沒有發起人；如果沒有後知後覺，便沒有贊成人；如果沒有不知不覺，便沒有實行的人。世界上的事業，都是先要發起人，然後又要許多贊成人，再然後又要許多實行者，才能夠做成功。所以世界上的進步，都是靠這三種人，無論是缺少了那一種人都是不可能的。現在世界上的國家實行民權，改革政治，那些改革的責任是人人都有份的，先知先覺的人要有一份，後知後覺的人要有一份，就是不知不覺的人也要有一份。我們知道民權不是天生的，是人造的，我們應該造成民權，交到人民，不要等人民來爭才交給他們。」[26] 說起來，儘管孫中山對先知先覺，後知後覺與不知不覺三種人似乎平等對待，但顯然地，他對先知先覺的人所寄予的期望遠遠高於後二者，而他本人更是以先知先覺者自居。對建國過程中的政治人群如此劃分，為此後承繼以黨建國和以黨治國的政黨所忠實秉行。

孫中山的先覺與後覺之分，不是國家這一政治共同體成員地位的高低之分，而是自覺建國任務的時間先後、覺悟高低之分。先覺，又有個人先覺、組織先覺之分。這對現代政黨建構，以及與之相關的現代國家建構具有緊密聯繫。個人先覺者，就是叱吒風雲的領袖人物；組織先覺者，就是引領組織運轉的人。從個人遞進到組織，形成了個人政治宏大志向對組織建構的提升；從組織遞迴於個人，形成了成員對組織領袖的個人忠誠，確保組織意志的高度統一。從類型上理解後覺，可以將之區分為相對後覺和絕對後覺。相對後覺者是致力於建國與治國的新型政黨組織得以成功動員起來的對象；絕對後覺者，就是不知不覺者，即使經過三番五次的政治動員，也不會些微動搖其既定的政治習性，而只能尾隨投入到危險的國家建構進程之中。以先覺覺後覺，就此具有一種掀動國家現代轉型浪潮的動力機制。兩種基本預設是毋須多言的。其一，不知不覺的民眾需要先知先覺者促使其覺醒。「到了民國，人們本是主人，應該有權監督他們的，但是初次脫去奴隸的地位，忽然升到主人的地位，還不知道怎樣做主人的方法，實行民權。所以他們便目無主人，胡行亂為。革命成功，創造民國，原是先知先覺奮鬥出來的，普通人民還不知其所以然。……人們的天性，本來沒有蜜蜂和螞蟻的天生長處，所以能夠變好的原因，多半是由於學習，普通人要學習，便是因為不知。」[27] 其二，以先覺覺後覺的過程，其實就是超級政黨對全民施加意識形態宣傳的過程。「先知先覺的人要他們知，便應該去教，教便是宣傳。……改革國家，並不是要把所有的江山都要改變。……只要改造人心，除去人們的舊思想，另外換成一種新思想，這便是國家的基礎革新。國家有了新基礎，那麼好像新屋一樣，只要屋基築成，以後做牆上樑，還有什麼大困難？」[28] 中國的現代國家建構，就此成為一場宣傳戰。這也是政黨國家建國宗旨的體現，是國家實質結構的基本規定性。

以先覺覺後覺，具有先覺者要促使後覺者覺醒有兩種基本路徑：一是思想上的動員，二是組織上的促進。前者依賴於政黨意識形態的宣傳，後者仰仗政黨組織的高效運轉。三民主義就是為思想上的動員而提出的意識形態體系，借助國民黨的政黨機制啟動的宣傳教育運動，以先決覺覺後覺的組織化社會政治運動。只是由於國民黨的國家建構定位來得太晚，還沒有能夠完全付諸實施，對國民黨具有最大控制的孫中山就逝世了，讓其喪失了成為嚴格意義上的全能、超級政黨的機會。後起的中國共產黨，一開始建黨，就定位在嚴格意義上的列寧主義政黨，也就是孫中山意義上的志在建國和治國的全能政黨。在共產國際輸出革命的國際背景中，中國共產黨建構政黨國家可謂後發先至，不僅在以意識形態整合全民的國家意識上遠遠超過國民黨，在政黨組織的建構上亦勝於國民黨，黨軍、黨國與黨政的三合一結構成功建構起來以後，不僅保證了黨際競爭的勝利，更順利捕獲國家，終於完成了以先覺覺後覺的、改造人們思想並接受黨的主義的政黨國家建構。

三、政黨國家的興盛奇跡

在國民黨與中國共產黨接力似的政黨國家建構努力中，中國終於於二十世紀邁過準政黨國家和政黨國家兩個國家建構的門檻，踏進政黨國家的大門，就此成為二十世紀中國國家建構的落定形態。在一九二四年，國民黨花費巨大力氣致力於政黨轉型的時候，總設計師孫中山對政黨國家的見解還只是一種理論上的展望和紙上推演，終究國民黨並沒有建立起全方位支配國家的政黨國家。當其完成憲政轉軌之時，國民黨更在政黨輪替中成為相對擁有規範意義的現代有限政黨。於一九二一年承接建構政黨國家宗旨的後起之秀——中國共產黨，僅僅用不到三十年的努力，就將孫中山的朦朧展望及初步實施的政黨國家所具備的能力，發揮得淋漓盡致，真正讓自己的政黨定位於國家之上，成功捕獲國家及扼制國家命運，成為世界上最富典範意義的政黨國家。

在政黨國家的建國進程中，當政黨實際處於國家之上的時候，其對於國家建構的特殊意義就悉數體現出來，政黨國家不同於民族國家的特質也就更鮮明。其一，致力於建國的政黨取得了遠遠超過國家的政治權力，以至於可以有把握地捕獲國家。[29]但政黨得以成功捕獲國家，不是因為國家特別需要這政黨的意識形態，也不是因為它有一套捕獲國家的完美說辭，而是存在於捕獲國家的全能政黨，不僅先於國家而成立，並且高於國家而運行。這就將國家成為低於政黨的存在。因此，在政黨國家中，已經捕獲國家並佔據道德高位的全能政黨，並不需要太多的手段，就可以將國家嚴格約束在自己的政治意志之下。在中國建構現代國家的過程中，只要是志在建構政黨國家的全能政黨，無不重視兩杆子——槍桿子與筆桿子，顯示出這樣的國家形態，並不是一種運行在規範的科層制度基礎上的國家形式，而是運行在壟斷性控制暴力和思想基礎上的獨特國家結構。論者一般將黨政關係列為分析政黨國家的軸心，完全是一種不得要領的進路。只有從黨化軍隊和宣傳上着手，才能理解這國家結構的獨特性。孫中山之開列的軍政、訓政、憲政在此獲得深入理解。而毛澤東對軍隊建設和民眾教育的重視，也就此獲得理解。這恰恰是民族國家，尤其是憲政建構相對成功的民族國家在政治理論上的重視遠遠不足的地方，因此借助現代主流政治理論是不可能領悟政黨國家的結構奧妙的。

其二，國家不再是現代民族國家意義上的政治建制，而是被塑造成一種政治理想，或者說是政治意識形態工具。如果僅僅將政黨國家視為邪惡的產物，並不足以理解政黨國家的實質。事實上，政黨國家之所以成為全能、超級政黨的政治工具，譬如在國民黨那裏呈現為體現民有、民治與民享精神的國民黨的政治載體、在中國共產黨那裏卻呈現為實現共產主義偉大目標的一個階段性的政治寓居體，是因為國家不再是一個所有成員都能獲得保護的政治手段，而是成員得以趨近理想的一個仲介或橋樑，這自然就讓人有理由將政黨國家歸入目的性國家行列，而不是將其納入工具型國家的隊伍。不過稍加分析，問題就不那麼簡單。由於政黨國家將國家視為逼近理想的仲介或橋樑，因此，國家本身並不是值得崇拜的物件。國家的存在，就此喪失了德國浪漫主義者及國家主義者的頂禮膜拜，尤其是在中國共產黨建立的政黨國家體制中，受強勢確立的共產主義影響，國家建構本身並不是一個絕頂重要的問題。推動中國建立一個基於民族理念的現代國家，不過是掀動革命的方便法門而已。關鍵的問題是，中國的革命建國，不再是中國國民黨認定的民族主義革命，而是共產主義國際革命的一個有機組成部分。[30] 之所以立於中國這塊領土進行革命運動，不過是組織的地域便利所決定的事情。革命建國的三重目標，將建國的長遠謀劃切入以黨建國的進程之中：革命是在國家範圍內的國際組成部分，儘管有了地域界限，但革命的目標並不是建國，而是消滅剝削階級。在此進程中，國家為辨認消滅物件提供了參照，這是革命建國的直接任務。而革命建國的最終任務，還是超越所謂新民主主義革命，進入社會主義革命階段，最終實現消滅國家、「環球同此涼熱」的共產主義目標。建立國家就是為了消滅國家，這就絕對限制了國家為自己聚集制度資源，國家職能亦因此被嚴格束縛在遠遠高於國家的政黨意識形態之下。

其三，國家的建構不再是一種單純的政治轉型或結構重建，而是一種政治動員或是政治教育的過程。在這過程中，問題不在於催生秉持權利意識的公民，而在於培養具有強烈道德感，也就是懷有共產主義遠大理想的新人。本來，從傳統國家和平轉型為現代國家，是一個憲政法治的累進性建構過程，像英國那樣依賴自生自發秩序（the spontaneous order）建立起擴展秩序的新興國家，堪稱典範。即使借助革命手段建立現代國家形態的新生國家，大多也只是在承諾國家必要性與重要性的基礎上，將專制的舊制度改變為現代國家的憲政民主新制度。這樣的國家形態，不再遵循從政治建國到法律治國的演進邏輯，而是走上一條以革命方式打通建國與治國道路的特殊軌道。因此，政黨國家成為無法落定在法治軌道，只能疾馳在政治路徑上的特殊國家。在革命建國的過程中，理論上已然自覺和成型的政黨國家，借助革命領袖與革命政黨的政治動員機制，通過一切辦法坐實政黨國家形態；革命建國成功之後，進入治理國家的階段，政黨國家毫無變化地仰仗急風暴雨式的群眾運動推行政策，導致建國與治國以及國家治理中的政治決策與行政治理，無法嚴格區分開來。政治化的舉國體制，成為政黨國家獨特的國家治理模式的不二之選，使政黨國家長期處於建國狀態，而無法落定到治國狀態的窘境。

二十世紀中國先後出現的兩個政黨國家同屬於行使中國主權的主權者，儘管兩個政黨國家屬於不同的主權者，但其差異性卻不在主權的歸屬上，它們共用着「中國」主權下的政治體建構權力，不同的僅僅是主權行使者的組織歸屬而已。因此，國共兩黨分別建立的政黨國家，完全可以容納後者對前者的歷史性取代，而不對國家主權構成顛覆。這也是今天中華民國和中華人民共和國都聲稱代表「中國」的原因，但對於這一特殊的國家主權與主權行使者疏離關係的分析，便需要專門的政治理論以作深入的探究。激起人們研究對於政黨國家的問題是，政黨國家何以此起彼伏地成為中國建構現代國家的國家形態？如果不是對這樣的國家形態懷抱先天敵視的話，一個基於政治史實的答案便呼之欲出：政黨國家確實是一種便捷地解決帝制中國轉向現代國家的恰當形式，而且它對於國家能量的迅疾啟動，更使其具有創造國家發展奇跡的巨大動力。如果說前者已經讓兩個政黨國家的建構獲得了證明的話，那麼後者可以通過它創造的發展奇跡得到進一步印證。[31]

中國國民黨創制的政黨國家突顯了兩段輝煌的發展業績：一是一九二七至一九三七年展現的中國現代化系統佈局；二是一九四九年退居台灣後，作為亞洲四小龍的發展成就。就前者看，中華民國在其成立十餘年之後，終於由國民黨一統江山，終結了辛亥革命以後中國的政治亂局，開啟了十年穩定的現代發展歷史。當時，國民政府重點發展八項產業，推進經濟發展——提倡征工、振興農業、鼓勵墾牧、調節消費、振興工業、開發礦業、流暢貨運、調整金融。「當時的中國，有三種基本的變遷，是對經濟建設有幫助作用的：其一，在金融方面，幣制歸於統一，紙幣逐漸建立，政府且改良財政制度，從強化間接稅的徵收，收回海關控制權，和建立預算制度着手。其二，在技術方面，國民政府尋求國聯的說明，交通和運輸設備的建設相當成功。其三，在社會方面，政府盡量恢復社會秩序，使社會大眾能夠貢獻於經濟建設。」[32] 就後者論，國民黨偏安台灣之後，仍然延續着某種非國家的獨立政治體命運。因此，台灣仍然應用政黨國家的運行邏輯，截止到二十世紀八十年代，台灣的「中華民國」實施了一系列的政黨國家改革舉措。在五十年代的土地制度改革之後，六七十年代致力發展經濟，於八十年代終於成為亞洲「四小龍」，再造一波政黨國家的發展奇跡。經濟奇跡催生出政治奇跡，一九八〇年代後期出現的民主政治轉型，終於終結了政黨國家體制，讓「中華民國」成為比較規範意義上的現代「國家」[33]，政黨國家也就轉型成為憲政國家。台灣經驗表明，政黨國家創造經濟奇跡並不甚令人意外。政黨國家以統制經濟的方式，促進經濟資源的高效權力配置，從而促成經濟的迅速發展；同時，政黨國家的政治邏輯與經濟邏輯可以在一定程度上分離，所以只要控制國家的政黨在總體上控制經濟，它是可以偏離政治的強控軌道，給經濟發展留下一定空間；再者，政黨國家自身是一個意圖長期控制權力的國家形態，因此，它會在學習的階段中不斷調整其統治國家的策略，順應發展需求，以免政權出現危機。

以同理分析國共兩黨政權交替之後的內地情形況。一九四九年，中國共產黨在大陸成功建立起自己的政黨國家。中國共產黨至少取得了國家建構上的兩個奇跡：一是國家的政治統一奇跡，二是國家經濟崛起的奇跡。前者為近代以來中國政治上重新實現大一統的奇跡。儘管這樣的政治奇跡並沒有走出革命，落定為憲政民主政體的終點，成了歷史的一大遺憾，但是中國建構現代國家的政治追求，終於以統一國家的重建告一段落，而且國家對於領土範圍的有效統治更達到空前的高度，這是晚清及中國國民黨都未能坐實的政治局面。因此，中國共產黨以重建統一國家而贏得舉國崇敬，實屬情理之中。就後者來看，中國共產黨以階級鬥爭的方式維護統一國家並建構共產主義集權體制的極端以後，勢必發生歷史性反撥。一九七八年召開的中共第十一屆三中全會，開始將聚焦於政治的治國模式轉為重點發展經濟。經過「殺出一條血路來」的艱難嘗試，到一九九〇年代中期，成功闖出一條「社會主義市場經濟」的道路，近三十年國內生產總值的增長持續維持在10%左右，並在二十一世紀初期，以國內生產總值躋身世界前二的奇跡。誠如研究者指出「最近二十年的經濟快速增長和具有繼續快速增長的能力與內外部條件，為中國再次成為世界上最強盛的經濟之一帶來的希望。事實上，中國這頭沉睡了數百年的『雄獅』正在覺醒，並有可能在下世紀初葉再次成為世界上最大的經濟體。」[34]這是中共創制的政黨國家所創造的經濟發展奇跡，再次證明政黨國家與經濟發展並不直接衝突，甚至建立相互促進的關係，這對唯有民主政體促進經濟發展的政治理論論說絕對是一種挑戰。

現代中國的兩個政黨國家形態，各自在自己延續的歷史上創造了經濟發展的奇跡。追究其中的緣由，自然是複雜的。但無可否認的是，在中國從傳統國家向現代國家轉型的過程中，政黨國家確實發揮了推動政黨國家建構的政治領袖們所期待的巨大作用：「以黨建國」在政治上促使國家迅速統一，「以黨治國」在經濟上促使國家經濟總量疾速增長。儘管前者為後者提供條件，後者為前者提供支援，兩者的區分並不嚴格，其實就是以黨建國手段的直接延伸，以至於勿需區分為「以黨建國」和「以黨治國」兩個國家面相。中華民國與中華人民共和國的繼起，似乎證明了政黨國家對中國建構現代國家的正當性。確實，政黨國家之成為中國現代國家建構的主流形式，大致上有內外兩方面的理由：

從政治史的角度看，兩者比較，中國國民黨與中國共產黨建構的兩個政黨國家，各自具有與次之建構相應政體的特殊之處。就中國國民黨建構的政黨國家——中華民國而言，軍政、訓政與憲政的建國與治國遞進路線，貫穿着一條將國民黨改造成為富有理想和獻身精神的政治實體的圖謀。就中國共產黨建構的政黨國家——中華人民共和國來看，舉國體制、群眾運動、戰爭經驗、黨治依託構成中國共產黨動員整個國家的政治力量所必不可少的四大支柱。即使在中共推進現代市場經濟的過程中，也是以高度的革命戰爭動員方式實現其推動經濟增長目的。但不管怎麼説，中國的兩個政黨國家形態都共同地呈現出推進國家經濟迅速增長的奇跡。這是自晚清以來，中國人所亟盼的國家統一為強盛的內部動力所造成的結果，也是政黨國家呼應國家建構需要的組織適應結果，為一種積極的雙向互動成就。

從國際環境看，二十世紀中葉是政黨國家最為興盛的一個時期。恰當此時，曾經興盛的資本主義國家，陷入了一個長期的調整階段。一個走向繁榮的政黨國家世界，與一個走向衰退的資本主義世界，正好呈現出兩種鮮明不同的國家狀態。社會主義的政黨國家確實在這一時期創造了國家發展的奇跡：原生的政黨國家蘇聯，以驚人的速度實現了資本主義國家數以百年才能實現的工業化目標。[35] 即使是落後的東方後發型政黨國家，也因社會主義所推行的國家權力高度集中，而呈現出一個國家統一、興旺發達的進步狀態，這是同一時期資本主義國家所不可期待的國家狀態[36]，這現象無疑給予中國政黨國家的建構巨大的鼓勵和支持。

四、盛衰之間：政黨國家的發展趨勢

蘇東以及其他社會主義政黨國家創造了世界現代史上的政治奇跡，其後更創造了推動國家經濟迅速騰飛的經濟奇跡。社會主義的政黨國家一經創制，便與此前已經創制的民族國家相形而在。民族國家不僅體現了一個國族的權力體系建構，在國家基本制度的安排上，表現為對國內公民權益的憲政民主保護制度及對外抗禦國家的敵人的雙重動能。社會主義國家與此迥異其趣：一方面因為社會主義國家是一種極為特殊的現代國家形式，它借現代國家軀殼，力求消滅國家建制。這對社會主義國家的建設帶來目前任務與長期任務的對峙性；另一方面，社會主義國家是一種旨在消滅國家的國家建構，因此它對通行的國家建制，諸如自由、民族、平等、憲政、法治，欲取必棄。欲取的原因是，社會主義國家一時半會還無法完全脫開既有的現代國家制度安排，否則國家的基本秩序就得不到保障；必棄的原因是，這些既成的制度，都是社會主義國家認定的剝削和壓迫勞動人民的罪惡制度，因此必須制定全新的制度，才足以實現社會主義政黨國家的政治目標。可見，社會主義的政黨國家一旦降生，就面臨着一個在新舊制度之間選擇與調適的難題。

社會主義政黨國家與資本主義民族國家之間的競合關係（competition-cooperation relation）就此確立。在社會主義政黨國家創制的初期，由於執掌國家權力的全能政黨運用宣傳方式激起社會的強烈政治熱情，國家認同問題似乎得到了民族國家的解決。因此，儘管社會主義國家處於相對封閉的狀態，卻表現出一種不同於資本主義民族國家的氣象：一種建立起人民政權，推動國家展現疾速發展並迅速崛起面貌的氣象。在社會主義國家的陣營內部，基於馬克思主義意識形態，而自認自己比資本主義制度優勝的自我肯定氛圍非常濃厚，在政治、經濟與社會諸方面的競爭力都強於資本主義的民族國家。這樣的態勢，對長期生活在資本主義民族國家中發願為底層社會代言的人們，尤其具有明顯的吸引力。[37]不過好景不長，二十世紀五六十年代是兩種制度在冷戰的處境中互爭長短的關鍵歲月。兩者相互競爭的結果是：資本主義國家經過五六十年代的調整之後，進到戰後的一個長波發展；相形而在的是，社會主義政黨國家長期動用國家暴力維持僵化的國家狀態，在五六十年代扼殺了改革的生機。儘管這一期間社會主義政黨國家也走向了自我調整的艱難過程，但卻沒有打通「以黨治國」的長期通道，而逐漸走向了一個國家治理的死胡同。這一時期蘇東社會主義政黨國家的經濟改革艱難而曲折，難堪的是，因為政黨國家「以黨建國」的政治奇跡所支撐的「以黨治國」經濟奇跡，委實不是制度的長久績效表現，因此改革收效並不足以抵償制度績效的急遽下降。須知，在複雜的現代政治經濟條件下，經濟的績效邏輯並不圍繞政治的集權邏輯而產生相應變化。在一個相對短暫的時限內，以黨建國激發的政治熱情，可以發揮啟動國家範圍內的發展激情的效用。但這樣的情緒性發展動力，是不可能維持長久的。以黨治國那種依靠黨的政治意志控制和使用國家資源的方式，必定是一種高成本、低效益的治國方式。在這種治國模式中，製造短暫的奇跡是容易的，但維持長久的經濟發展卻很困難。社會主義可不可能在其政治連帶效應衰變之後，再創造出經濟奇跡呢？蘇東給出的回答是不可能。

然而，中國的政黨國家似乎是個例外。中國的政黨國家情形較為特殊。其特殊性體現在政黨國家政治實體獨一無二地顯現的繼起性。這就是國民黨建構的政黨國家與中國共產黨建構的政黨國家，展現出的黨國主權轉移，給中國調整政黨國家的結構—功能提供了契機。另一方面是兩個政黨國家政治實體在同一個聲稱主權之下展開競爭，從而為政黨國家的轉變提供了外部競爭動力。這也是蘇東社會主義政黨國家所沒有的黨國經歷。再一方面是中國的兩個政黨國家作為模仿性建國的產物，[38]總是在模仿和創新之間探尋，因此存在相當大的調適空間。相比較而言，中國國民黨對政黨國家進行調適的餘地大於中國共產黨。原因很簡單，中國國民黨創黨之時，僅僅期待以黨治國，對政黨獨佔國家資源，進而對捕獲國家並不抱有決絕的態度。只是在孫中山羨慕俄國以黨建國、以黨治國高績效的功利心態下，才轉向以黨建國，即以政黨捕獲國家的新型政黨形態。這就使得中國國民黨的政黨國家理論準備與實踐決斷存在短板。恰恰，正是這樣的短板，為中國國民黨創制的政黨國家向憲政民主國家的轉型提供了契機。而中國共產黨創制的政黨國家，一開始就奠立在列寧主義政黨國家理論基礎上，因此對政黨捕獲國家做好了充分的理論與實踐準備。在這個意義上講，中國共產黨建構的政黨國家是更為嚴格的政黨國家形態。這為中國共產黨以黨建國家、黨治國家的方式成功捕獲國家，奠立了更為堅實的政治理論基礎和國家運行準則。

猶如前述，中國的兩個政黨國家政治實體，均創造出了國家建構與發展的奇跡。但其長程的演進軌跡，到晚近階段出現了重大的分流：國民黨創制的政黨國家在轉向市場經濟之後，走上了憲政民主的發展軌道。中國共產黨創制的政黨國家，在經歷了高績效的計劃經濟及其衰變後，採納了市場經濟的發展模式，創造出一波國內生產總值高速增長的經濟奇跡，並處於一個國家政體選擇的十字路口。這與蘇東社會主義政黨國家的演進軌跡大為不同。如果說蘇東社會主義政黨國家最後以國家崩潰告終的話，中國的兩個政黨國家政治實體，一個已經成功轉型為憲政民主政體，一個仍然展現着政黨國家轉型的餘地。如果說中國國民黨創制的政黨國家本身就是一個半拉子政黨國家，不能用來證明嚴格意義上的政黨國家的發展演進狀態的話，那麼中國共產黨創制的政黨國家確實呈現出與蘇東政黨國家不同的國家演進軌跡：這自然與前面提到的中共模仿性的國家建構處境有關，當然也與中國共產黨實用主義的統治策略緊密相關。中國共產黨是一個學習型政黨，它對自己建立的政黨國家之前途命運的關注遠遠勝於對馬克思—列寧主義意識形態的理論與實踐命運的關注，這就是它足以在政黨國家創造出政治奇跡以及連帶的經濟奇跡終結之後，克服政治衰變，轉變政治策略，繼而學習其他具有示範意義的國家經驗，又創造出了在政治權威下降情況下的經濟奇跡的原因。這從兩個方面體現出政黨國家的生命力，一是學習型政黨國家具有超過人們想像的政治調適餘地。二是政黨國家在捕獲國家的過程中，可以從全能控制演變為局部控制的狀態，因此給自己留下相當大的讓渡權益權變空間。

從中國建構現代國家的歷史過程來看，政黨國家不是中國建構現代國家的預期果實，而是民族國家建構不順的情況下的變通產物，而期間出現的變通是中國建構現代國家的緊迫感和效率性的急促壓迫所造成的，註定了政黨國家必須在緊張和緊迫的效率要求中顯示其建國效果。毫無疑問，政黨國家以強有力的政治組織建制適應了急迫的建構需要，因此它是順勢而生的國家結構。與此同時，由於帝制中國的衰敗源於其制度績效的明顯衰減，要想從帝制中國成功轉變為現代國家，中國必須在政治上重建國家的前提條件下，尋求支援經濟發展的方式。新生國家必須展現推動國家經濟走出小農經濟形態，走向現代市場經濟的動能。國家的政治經濟需求與政黨國家可以提供的政治建國與經濟騰飛可能相互扣合，因此推高了政黨國家戰勝其他國家形式而成為中國建構現代國家的主流形式的預期。在一個對建國缺乏成員普遍自覺，即使是社會的某個重要階層，對之也表現得無動於衷的情況下，政黨作為一個為建構起來但卻明確要完成的建國任務，甚至是要達成超越國家、消除剝削的烏托邦奇跡的強有力組織，便要賦予自己以極高的政治預期和道德責任。這一旨在建構甚至是超越國家的政黨組織，也就極易通過它的強有力向心組織，創造建國和治國奇跡，因為其組織績效基準就是在無法突顯建國與治國奇跡的基礎上真正創造出建國與治國奇跡來。這不是一個單純對中國建構現代國家有效的斷言，對於所有後發國家建構現代國家並追求國家迅疾富強的民族來說，似乎都具有說服力：蘇東、亞洲社會主義政黨國家不說，德國、意大利的經驗也為人們熟知。即便是在當下，南美傾向於社會主義的那些國家，譬如玻利維亞和委內瑞拉等國，也不例外。

由上可見，政黨國家的建構與治理，是一個完全不同於規範意義上的民族國家建構與治理的特殊結構。從國家建構的角度看，政黨國家是革命建國的產物。一般來說，革命建國本是現代建國的常態。[39] 英國於一六四〇年革命性地開創了現代國家政體建構的歷史，一六八八年的革命落定了現代的君主立憲國家形態。英國革命建國之前綿長的現代演進，使之不具有示範天下的普遍意義。一七八九年的法國革命，真正開創了革命建國的現代歷史。這場革命，不僅高舉「自由、平等、博愛」的現代革命建國理念大旗，而且通過急風暴雨式的流血革命，建立起現代國家體系。法國革命遠遠比此前的英國、美國革命對後發國家的國家建構，具有更大的示範效應。俄國和中國的革命建國，均在法國革命建國那裏獲得某種解釋。不過，革命建國的分流而行，似乎較少引起人們的注意。如果說法國革命之前的一切革命建國，都是一種相對有限的國家權力變更和轉移的話，那麼此後由俄中演繹的革命建國，已經將法國革命建國試圖包辦的政治革命與社會革命，完全推向一場蕩滌舊世界的全面革命。更為關鍵的是，俄中兩國的革命，都是由旨在建國並捕獲國家的全能政黨所主導的，革命伊始，走上了以建構現代國家而消滅國家的奇特道路。這是現代革命建國的決定性分流標誌。因為俄、中這樣的革命建國，不再視國家權力的分權制衡建制為建國任務，而是以先進階級掌握國家權力為基本旨歸，領導國家建構的政黨成為先進階級的代表。因此，建構國家的政黨就全面掌控了所有國家權力，國家就此臣服於政黨的政治意志。相對於國家，一切社會組織無法再取得與捕獲國家的政黨的平等政治地位，一切普通社會成員也同樣無法取得全能超級政黨成員的平等政治身分。國家就此在先進與落後的關聯式結構中建立起政治架構。只要全能、超級政黨試圖達到什麼治國目標，國家就會受到指使，不計一切代價去實現政黨的治國目標；一旦全能、超級政黨喪失政治鬥志，那麼國家就陷入停滯狀態；該政黨自身出現危機，那麼國家就頃刻陷入崩潰的災變之中，這樣的政治運行結構註定了起伏跌宕的政治狀態。

從國家治理角度看，政黨國家以黨治國，不僅體現治國的最高與最權威的意志，諸如法律意志、社會意志等均服從政治意志；更體現了政黨位居所有社會政治組織之上的社會地位。由政黨發出政治行政指令，一切政治組織、行政組織與社會組織都成為政黨組織指令的執行者；亦體現了全能、超級政黨對資源的壟斷性佔有和獨佔性分配。在政黨國家已經書寫的國家歷史上，以黨治國的治國方式總是將國家的資源集中投向某個需要體現其政治目標的領域或專案，因而能夠創造國家治理的奇跡。就此而言，在判斷政黨國家的前途與命運時，並不能夠單據這一國家形式是否可以創造奇跡而決定，而是要必須考慮它是否能夠一直維持其極高效率而又持續不衰的國家效能。雖然蘇東的政黨國家並沒有做到這一點，但從中國共產黨突破西方經濟學一般的經濟周期緊箍咒，維持了長達三十五年的經濟高速增長來看，政黨國家確實具有一般人所未曾預期的長效治國能力，所謂「韌性威權主義」的命題，正是由此而來。[40] 但「韌性威權主義」是否具有長治久安的政治效能，則是一個需要繼續觀察的問題。假如中國共產黨繼續創造威權主義條件下的經濟增長奇跡，那麼人們就必須改寫威權主義的轉型判斷；假如中國的政黨國家無法延續其發展奇跡，那麼威權主義的政黨國家就必須復歸現代憲政民主政治的正軌。當下中國現代國家治理的未成狀態，還不足以使人對之做出結論性的判斷。[41]

但蘇東政黨國家的既成發展軌跡，則對政黨國家總是在盛衰之間成波峰波谷的劇烈起伏狀態予以結論性的證明。就蘇聯而言，三個五年計劃完成國家工業化的發展奇跡，是至今社會主義國家尚未超越的經濟奇跡。但此後蘇聯的發展就一直處於結構上停滯不前的狀態。即便如此，哪怕是蘇聯的敵人也相信，蘇聯具有與美國一爭長短的強大國家實力，並且絕對沒有人想過蘇聯會一夜崩潰。但蘇聯確實令人十分意外地從超級大國位置上迅速墜落下來，不管是它的可靠朋友還是長期敵人，至今還未能理解這樣的崩潰究竟是如何造成的。有關的解釋，無奇不有。但幾乎沒有人從政黨國家結構大起大落的運行狀態上着手，比較分析並給出蘇聯迅速崩潰的解釋。突起的政黨國家與規範的民族國家之間的命運，並不決定於是不是建立了不同的國家形式，而決定於它是否超越革命建國並發現一條穩定支持國家發展的道路。如果兩種國家形態僅僅具有形式上的差異的話，它們就不會出現運行上的實質區別。之所以很少出現民族國家的意外崩潰，而蘇東這樣的政黨國家卻意外地迅速崩解，就是因為政黨國家其實是一種解決不了國家長期穩定運行難題的國家結構，而只有民族國家落定在憲政民主的平台上之後，它才突顯了供給國家穩定秩序機制的方式。假如政黨國家在建國以後哪怕相當一段時期之後走上憲政民主的軌道，它也可以解決國家的長治久安問題。只要政黨國家拒絕憲政民主改革，它就一直行進在革命建國的驚濤駭浪之巔，無法落定在穩定的國家運作平台之上。不過跳出蘇東政黨國家範圍之外，中國的政黨國家所創造的奇跡，或許能讓人們改寫這樣的結論？抑或中國的政黨國家終究逃不掉現代國家建構的憲政民主既定軌道，不得不在一再的政治掙扎之後，完成相應的轉變？歷史走勢究竟如何，尚待觀察。

註釋

1 無名氏：《擊壤歌》，「日出而作，日入而息，鑿井而飲，耕田而食，帝利於我何有哉！」載黃醒亞選注：《中國傳統文化精粹・古詩選》，珠海：珠海出版社，2002，第3頁。

2 《孝經》廣揚名章第十四，簡朝亮撰、周春健校注：《孝經集注述疏》，上海：華東師範大學出版社，2011，第96頁。

3 《史記》卷十七，漢興以來諸侯王年表第五，北京：中華書局，1959，第801頁。

4 《詩經・小雅・北山》。載周振甫：《詩經譯注》，北京：中華書局，2002，第335頁。

5 《荀子・天論》。載張詩同：《荀子簡注》，上海：上海人民出版社，1974，第176頁。

6 《尚書・蔡仲之命》。載李民等：《尚書譯注》，上海：上海古籍出版社，2004，第334頁。

7 《尚書・泰誓》。載李民等：《尚書譯注》，第199頁。

8 《史記》，〈秦始皇本紀〉，北京：中華書局，1959，第258頁。

9 廖道南：《殿閣詞林記》卷九，欽定四庫全書本。

10 清・梁章鉅、朱智：《樞垣記略》，〈卷之一・訓諭〉，北京：中華書局，1984，第8頁。

11 《孟子・盡心章句下》。載楊伯峻：《孟子譯注》，北京：中華書局，1960，第328頁。

12 在中國政治思想史的研究中，存在着指認中國古代王權主義和憲政主義的兩種對峙性主張。前者強調王權主義構成中國傳統政治思想文化的主幹，後者主張憲政主義才是構成中國古代政治思想的核心。實際上，兩種主義都存在偏失：前者僅僅着眼於中國傳統皇權制度的狀態，便以偏概全，將之視為整個中國古代政治的總體特點；後者也僅僅看到某些思想主張和權力解讀的安排，同樣斷章取義，就將之視為中國古代政治的整體特質。

13 一九一一年的皇族內閣，就很好地顯示出滿族族內、滿漢等族際之間分享國家權力的困境。滿族族內權力分享的要求，促成了皇族內閣。晚清政府可以分配給外族，尤其是漢族的權力職位必定是少之又少。結果，權力分享這一對民族國家建構至關重要的問題，在晚清政府那裏確實已經無計可施了。參見侯宜傑：《二十世紀初中國政治改革風潮》，第十章〈分道揚鑣〉，第一節「皇族內閣粉墨登場」，北京：人民出版社，1993，第 379–387 頁。

14 參見【德】尤爾根・哈貝馬斯著，童世駿譯：〈公民身分與民族認同〉，載氏著《在事實與規範之間：關於法律和民主共和國的商談理論》，香港：三聯書店，2003，第 655–664 頁。

15 英國學者艾倫・麥克法蘭在《英國個人主義的起源》一書中強調指出，英格蘭之所以成為世界上第一個現代國家，是因為「首先，高度成熟的、個人主義的市場化社會，可以導致非同尋常的富足，而且財富會廣泛分佈於全民。其次，一種社會流動性極大的局面會出現，流動的基礎是財富，而非血緣；同時，在職業群體之間、城鄉之間、社會階層之間，幾乎沒有牢不可破的永久屏障。最後，很可能發現法律之中埋藏着強烈的個人主義意識，並體現為個人權利的概念，體現為思想和宗教方面的獨立與自由。」可見，建立在個人基礎上的國家，是現代國家的決定性標誌。見管可穠中文譯本，香港：商務印書館，2008，第 216–217 頁。

16 廣東省社會科學院歷史研究所等編：《孫中山全集》，第 9 卷，北京：中華書局，1986，第 282 頁。這裏之所以將孫中山描述為中國建構現代國家的主要闡釋者，一是因為他是民族國家的先導者、政黨國家的宣導者及憲政民主的立規者，二是因為他是中國現代共和建國之父，三是因為他的建國思想與實踐刻畫出了從帝制中國、民族國家、政黨國家到憲政國家轉變的完整軌跡。在二十世紀中國的政治家隊伍中，尚無一人能與之媲美。即使中間經歷了一九四九年的政權交替，但之前與此後的國家統治者都聲稱是孫中山事業的正宗繼承者，由此可見他對中國現代建國的影響力深刻且持久的。

17 中山大學歷史系孫中山研究室等編：《孫中山全集》，第8卷，北京：中華書局，1986，第429頁。

18 中山大學歷史系孫中山研究室等編：《孫中山全集》，第8卷，第430頁。

19 中山大學歷史系孫中山研究室等編：《孫中山全集》，第8卷，第431–432頁。

20 中山大學歷史系孫中山研究室等編：《孫中山全集》，第8卷，第430頁。這種「去惡留良」的理念，孫中山亦表述為「有組織、有系統、有紀律的奮鬥」，見同書，第436頁。

21 廣東省社會科學院歷史研究所等編：《孫中山全集》，第9卷，第184頁。

22 廣東省社會科學院歷史研究所等編：《孫中山全集》，第9卷，第184頁。

23 中山大學歷史系孫中山研究室等編：《孫中山全集》，第8卷，第435頁。

24 參見任劍濤〈政黨、民族與國家：中國現代政黨—國家形態的歷史—理論分析〉，《學海》2010年第4期。

25 廣東省社會科學院歷史研究所等編：《孫中山全集》，第9卷，第96–98頁。

26 廣東省社會科學院歷史研究所等編：《孫中山全集》，第9卷，第323–324頁。

27 中山大學歷史系孫中山研究室等編：《孫中山全集》，第8卷，第571–572頁。

28 中山大學歷史系孫中山研究室等編：《孫中山全集》，第8卷，第572頁。

29 在經濟學引導的政黨國家研究中，研究者一般重視的政黨國家結構要素，總是趨向於技術性方面，並且在分析中主要運用理性標準。這是一種受規範民族國家的政治理論傾向性影響的研究進路。如匈牙利著名學者瑪利亞・約拿蒂就認為，政黨國家的主要構成要素有五個：政黨科層、國家科層、國有經濟以及結構內可供攫取和分配的資源、政黨科層和國家科層之間的互連線，可用於更深地融入該結構的結構性回饋。其中「有四條重要的互連線可供政黨來實現其意圖：（一）非政黨機構中各級政黨組織的黨員，都要遵守黨紀，以實現黨的期望。（二）在指揮體制（instructor system）中，中央或地方政黨機關指揮並控制由非政黨機構黨員所組成的政黨組織，這些政黨組織又指揮並控制各自所在機構中黨員和活動的紀律；（三）主體負責制（subject-matter responsibility）涉及特定層級政黨機關通過非政黨組織及其代表的活動來跟蹤政黨優先權的履行情況。（四）幹部體制（幹部負責制）通過個人所擔任職位和具體條件而落實到非政黨機構中的個人。由於政黨既壟斷了政治子域，也壟斷了非政治子域，所以政黨職能就必然要跳出其科層框架，維護其權力執行。」【匈牙利】瑪利亞・約拿蒂著，李陳華等譯：《自我耗竭式演進——政黨—國家體制的模式與驗證》，北京：中央編譯出版社，2008，第 17–20 頁。無疑，約拿蒂的分析是到位的。但是，她的分析重點顯現落墨在政黨國家的技術性運行介面上，而對政黨國家最為重要的意識形態及其控制技術存有忽略之嫌。這是一種旨在獲得西方學術界理解政黨國家的研究進路，但無法完全凸顯政黨國家的特質。只有將意識形態及其煽動國家暴力的控制方式納入到政黨國家的系統中，才能真正明瞭這樣的特殊國家結構形式之區別於其他國家結構形式的獨特性。

30 參見楊雲諾、楊奎松著：《共產國際和中國革命》有關章節，尤其是第 4、5 章，上海：上海人民出版社，1988，第 307 頁及以下。

31 從較為嚴格的意義上講，政黨國家的發展奇跡屬於「以黨治國」的結果。但觀察政黨國家不能斷然將「以黨建國」和「以黨治國」隔離開來，這樣勢必無法得到政黨國家的總體印象。因此，政黨國家迅疾的建國成就與它使用同樣的方式創造的經濟騰飛，構成了創造奇跡的、政黨國家的兩個介面。

32 張玉法：《中國現代史》，台北：東華書局，1998，第498頁。

33 這裏的「國家」，是僅就其中央權力體系的相對獨立運作而言的，而不是在主權的意義上使用的概念。

34 林毅夫等：《中國的奇跡：發展戰略與經濟改革（增訂版）》，上海：上海人民出版社，1999，第11頁。

35 參見周尚文等：《蘇聯興亡史》，第8章〈社會主義工業化〉，尤其是第四節「社會主義工業化的基本實現」，上海：上海人民出版社，1993，第243–246頁。

36 參見【英】本·福凱斯著，張金鑒譯：《東歐共產主義的興衰》，第4章〈高度史達林主義化〉，北京：中央編譯出版社，1998，第78頁及以下。

37 這在一九五〇年代的東（社會主義陣營）西（資本主義陣營）競爭的態勢上得到鮮明的呈現。這不僅表現為社會主義國家在數量上的明顯增加，而且也表現為意識形態上以社會主義為武器對資本主義的全面進攻。參見【英】霍布斯鮑姆著，鄭明萱譯：《極端的年代1914–1991》，下卷，南京：江蘇人民出版社，1998，第561–564頁。至於像讓·保羅·薩特那樣的西方知名學者，一九五〇年代初對社會主義蘇聯所表示的讚賞，是當時令人關注的文化現象。參見黃頌傑等：《薩特其人及其「人學」》，上海：復旦大學出版社，1986，第50–51頁。

38 參見任劍濤：《建國之惑——留學精英與現代政治的誤解》，第5章〈革命的感召：「以俄為師」與中國的革命建國〉，北京：中國政法大學出版社，2012，第201–209頁。

39 論者指出，「革命運動的歷史一七八九年的法國革命者、一九一七年後的布爾什維克、一九七九年後的伊朗伊斯蘭革命者——典型地表現出志在改變國內和外部世界的抱負。法國革命震動了歐洲和美洲，塑造了下一個世紀的政治及政治語言。共產主義運動為實現其國際目標所做的種種嘗試主宰了二十世紀的大部分。美國革命就社會激進性而言不如前述的那些革命，但在宣稱被開國元勳信奉為普遍的政治真理方面，它毫不遜色。」革命建國的世界史，在這裏得到簡單明快的刻畫。見【英】弗・哈利迪著，張帆譯：《革命與世界政治》，北京：世界知識出版社，2006，第3頁。

40 論者將改革開放以來自我調適的中共政權稱之為「有韌性的威權主義」。參見【美】黎安友著，何大明譯：《從極權統治到韌性威權：中國政治變遷之路》，台北：巨流圖書公司，2007，第10頁。

41 所謂中國現代國家治理處於未成狀態，從中共十八屆三中全會確立的「推進國家治理體系與治理能力的現代化」目標就可以得到證明。

第一章

權力欲求與共和精神

晚清以來中國政體選擇的困境

當中國的發展再次展露成為強盛國家的契機的時候，我們是不是能夠實現國家強盛的百年夢想這一問題，也就再次叩擊人們的心門，推動國人進行深沉思索。由此便產生了一個嚴肅的問題：中國政體選擇這一涉及到國家興衰的大問題，在今天究竟能否加以解決，從而使國家告別求強而弱、難以復興的困境？回溯中國現代歷史，在共和政體（republic regime）選擇上的一波三折，成為我們今天解決國家政體選擇（regime choice）的關鍵問題。這不僅是因為歷史使人明智的知性理由，更是因為三次選擇共和政體的失敗，活生生地影響着當下中國的政體選擇狀態，這是一種現實政治實踐所註定需要的歷史反省。

一、共和的三道曙光

中國從皇權專制走向共和政體，必會涉及到中國的政治變遷和重大的政治理論這互相兩個關聯着的問題。但比較而言，理清中國從傳統向現代的政治轉型，首先應從歷史敘事開始。因為只有先行在歷史的脈絡中描述中國現代政治史的決定性變化，才可以從中梳理出這一轉型所具有的理論內涵。[1] 而這種歷史敍事，不是對共和思想史的重述，而是在共和的思想主張與政制改革的邊際上，對中國從皇權專制走向共和政體的歷史變遷進行陳述。

自十七世紀以來，中國就面臨一個告別古典帝國的國家形態、建立民族國家的嚴峻政治局面，只不過歷史給予中國人長達二百年的緩衝期。從晚明到晚清這段時間中，開啟了現代大門的西方國家，處於一個內部整合、逐漸向外拓展的狀態，這也使中國在該時段內免於被動挨打的國家命運，但由於缺乏應變的內生改革和外部的政治衝擊，中國一直處於社會停滯的狀態。[2] 直到十九世紀四十年代，當中華民國被西方列強的堅船利炮摧枯拉朽之後，由於內部的自生秩序變得難以維持，外部的強大壓力又難以抵擋，從古典帝國形態向現代民族國家形態的國家轉型，才不得不正式啟動。然而，直到今天，中國也未完成從古典帝國到民族國家的政治轉型。除了從古典帝國形態轉變為現代民族國家的國家形態，在政體上從皇權專制轉變為憲政共和，也構成國家現代轉型的關鍵問題。顯然，這兩種相關的轉變，並沒有伴隨着發生。而國家轉型亦沒有成功——如果說中國被迫走上民族國家之路而建立起了由政黨代替行使權力的主權國家的話，憲政共和似乎並不可行，迄今尚未成功的事實就是證據。不過，在中國建構現代國家的百餘年歷史上，中國曾經出現過三次走向共和的曙光，初露從帝國形態轉向民族國家，從皇權專制轉向共和政體的希望。

晚清的憲政改革是中國從古典帝國形態轉變為現代民族國家、從皇權專制政體轉變為現代共和政體的第一次嘗試，兩者皆具相關性。中國的民族國家建構在晚清肇始，共和建構亦隨之而起。前者，由晚清政府當局在政治領域啟動，以預備立憲加以實施；後者，由社會領域的立憲運動，推動晚清政府，共同實施。[3]兩者最為明顯的分別在於其政治變化過程，其次才是政局變化狀態。從中可以得出兩個相關的結論，一是立憲運動的先發性，證明社會領域中意識到憲政民主轉軌重要性的人群，是中國走向共和的重要動力；二是清政府作為國家權力的掌控者，回應性地進行立憲嘗試，證明中國皇權體制下對國家、權力重建反應的遲緩。從清末憲政改革的歷史來看，三個因素的合流，構成了中國建構現代國家的第一波憲政浪潮：首先是具有現代國家理念的思想家對憲政的大力呼籲，其次是社會活動家以社會運動方式對憲政的推動，再次則是清廷對憲政運動的消極呼應，使憲政改革成為國家政治變遷的方向。

從第一個方面來看，晚清那些面對國家危亡情形的思想家與政治家，是掀起政治體制改革序幕的先導性人物。林則徐對「夷情」的研究、魏源對「師夷長技以制夷」的提倡、馮桂芬對「采西學」的推動、洪仁玕對西式政治制度的初步設計、早期維新派對議會政治的倡議、鄭觀應對君主立憲的表達，從政治觀念與政治實踐兩個向度，給中國輸入了現代共和政治理念。但真正在思想上，明確且較有系統地傳播虛君共和思想的就只有康有為。他一方面指出中國古代政治體制不可能繼續維持的結論，為中國古代政體轉變為現代共和政體預設了一個「能變則全，小變則亡，全變則強，小變仍亡」[4]的政改前提，另一方面在全變主張的引導下，他指出中國向憲政轉軌的幾個要素，最重要的一點是「定典章憲法」，認為這是與「變事」不同的「變政」；其次則強調三權分立的政體對變政的重要意義，「今欲行新法，非定三權，未可行也。」[5]再次則對民選議員表達了期許。正是基於這樣的認識，康有為才足以組織戊戌維新運動，將清朝的政治改革願望與現代政體的思想籲求相互結合。可惜的是，中國第一波憲政轉軌嘗試在光緒皇帝與慈禧太后的權力爭鬥中偃旗息鼓。

從憲政運動看，改變了此前僅僅只是針對性地影響清廷，甚至是皇帝個人的想法，思想家開始力圖將憲政思想向社會傳播。梁啟超就是在媒體上呼籲立憲政治的重要人物。他明確將比較政體理論作為論述立憲政治優勢的理論前提，指出在君主專制、君主立憲與民主立憲之間比較，對中國而言君主立憲更適合國情；另一方面，他又強調，在中國實行立憲政體需要假以時日，因為「開民智」構成了立憲的智力條件；再一方面，他設計了預備立憲的次第，概言之，分為頒詔、考察、改制、討論、實施的五個階段。[6]梁啟超的這些立論在那個時候已經不是思想家的個別言論，在國內輿論界和海外留學生中都有廣泛的市場。隨着立憲理念的廣泛傳播，以立憲為基本主張的社會團體也如雨後春筍般出現，諸如上海憲政研究會和預備立憲公會、吉林自治會、憲政公會、帝國憲政會、政聞社、廣東地方自治研究社和粵商自治會、貴州自治學社和憲政預備會等紛紛成立。[7]一時間憲政理念可謂人聲鼎沸、應者雲集。當楊度創造和平請願的形式，作為社會各界推動中央王權實施憲政的社會運動形式之後，各地更是紛紛響應。「一九一〇年，以諮議局為中心，由立憲派領導，全國掀起了國會請願熱潮，先後進行四次，長達一年之久，是整個立憲運動中最為有聲有色的一幕。」[8]

從憲政的政制改革來看，隨着立憲社會運動的高漲，清政府也因應時局的變化，重新開始緩慢的立憲政改。首先是在當時主張立憲的官員們（如盛宣懷、孫寶琦、張之洞、袁世凱等等）的推動下，清廷決定派員出洋考察政治，預備立憲。一九〇六年九月一日，朝廷發佈了仿行立憲的上諭，確立了實行立憲的基本國策。在這前後則啟動了中央體制和地方體制改革，各省逐步設立諮議局，進行立法、保護主權、澄清吏治、發展實業、辦理新政、減輕民負、推進公益的一系列的工作[9]，地方自治也有條不紊地開展起來。資政院的設立與運作，展現了憲政發展的良性態勢。[10] 晚清中國給人們展示了建構共和政體的切實希望。

隨着晚清憲政改革歸於失敗，革命浪潮風起雲湧。一九一一年辛亥革命之後，中華民國建立起來。中華民國的創建者孫中山及其領導的國民黨，為中國人再次呈現了憲政的政治前景。[11] 中華民國的共和嘗試在國父（Father of the Nation）孫中山那裏得到系統詮釋。在憲法理念上，儘管孫中山認定不必要效仿美國的成文憲法，而英國的不成文憲法亦不能效仿，這使中國好像陷入立憲的困境，但他依然強調，建立在分權基礎上的憲法是國家建構所必須的。只不過他將西方三權分立的憲法「改進」為「五權分立」的憲法。[12] 由此將立法、行政、司法三權分立的西方憲政體制改造為立法、行政、司法、考試、監察五權分立的憲政建構。五權憲法是針對治權而設計的，由選舉權、罷免權、創制權和複決權構成的民權即政權。兩者相對而在，後者主導前者。人民有權，政府有能。「人民對於政府的態度，就好比是工程師對於機器一樣。」[13]

根據這理念，孫中山設計了自以為完備的憲政體制，由人民選舉的國民大會行使選舉和罷免中央官員、創制和複決中央法律的權力。政府權力分設五院，行政院首長由人民選舉和罷免，再具體設置行政部門管理行政事務；立法院負責憲法和行政法規的制定；司法院依法裁決人民訴訟事件；考試院負責官員的詮選；監察院負責監督各院人員失職和違法行為。他還根據均權原則，將中央與地方的許可權加以明確界定，強調地方自治，省縣作為自治單位，人民能直接行使四種權利，最後他亦設計了憲政國家建構的遞進程式，那就是從軍政時期進至訓政時期，最後落定為憲政時期。孫中山這樣的憲法—憲政構想，可以歸類為民主共和的政制類型，目的正是為了建立孫中山心目中理想的「民有、民治、民享」的共和國政制。恰如根據他的想法所釐定的《五權憲法》草案指出的，「中華民國由中華民國國籍之人民，基於民族、民權、民生主義建設直接民主共和國統治之」。[14] 正是在孫中山這種憲政思想的指引下，在一九一一年辛亥革命之後，中國在革命的氛圍中再次興起了共和建國的高潮。這不僅表現為全國範圍內人們對共和建國思想的高度認同，[15] 而且體現為中華民國建國以來對憲法制定的政制資源的大力聚集，[16] 進而顯現在國家權力機構設置上，對權力分割制衡機制的全力建構。[17] 相對於晚清的憲政建構而言，民國初期的憲政建構，進入到一個實質性的階段。如果說前者的預備立憲，撕開了憲政建國的狹小縫隙的話，那麼民國便正式掀開了憲政的政治面紗。民國初期不只使人見到憲政的一抹曙光，更看到了憲政建構的大致輪廓，但國民黨統治時期遭遇罕見的內憂外患，註定其憲政嘗試難以成功。內憂是國民黨內部認同憲政的人士，不論數量、品質都與實施憲政的要求相差甚遠；外患是除開黨際之間的惡性競爭外，日本侵華戰行動都使國民黨對憲政建構無暇顧及，內外兩重原因致使其葬送了推動中國實現憲政的共和建國事業，並導致一場浩大的社會革命。

中華人民共和國建國的共和定位，曾經使人們深懷中國一定能實現共和目標的期望。這一定位投射在三個方面，一是共和理論的準備。在爭奪全國政權之際，《新民主主義論》、《論聯合政府》奠立了共和基調。二是一九四九年中國人民政治協商會議期間，制定了《共同綱領》，奠定了共和的制度意向。三是一九五四年制定第一部《中華人民共和國憲法》，奠定了共和的法理框架。就第一點來看，《新民主主義論》與《論聯合政府》兩篇文章，代表了中國共產黨員對憲政的理解與期待。前者是一九四〇年一月九日毛澤東在陝甘寧邊區文化協會第一次代表大會上所做講演的文字稿，後者是毛澤東於一九四五年四月二十四日在中國共產黨第七次全國代表大會上的政治報告。兩文前後承接，對中國共產黨分享或掌握全國政權的基本政制理念，進行了系統表達。在前文中，毛澤東簡明扼要地指出「中共建立的國家國體—各革命階級聯合專政。政體—民主集中制。這就是新民主主義的政治，這就是新民主主義的共和國，這就是抗日統一戰線的共和國，這就是三大政策的新三民主義的共和國，這就是名副其實的中華民國。我們現在雖有中華民國之名，尚無中華民國之實，循名責實，這就是今天的工作。」循此基本思路，他指出「中國現在可以採取全國人民代表大會、省人民代表大會、縣人民代表大會、區人民代表大會直到鄉人民代表大會的系統，並由各級代表大會選舉政府。但必須實行無男女、信仰、財產、教育等差別的真正普遍平等的選舉制，才能適合於各革命階級在國家中的地位，適合於表現民意和指揮革命鬥爭，適合於新民主主義的精神。」這也就是他所謂的民主集中制，可見毛澤東所謂「建國」工作的唯一正確的指向正是共和國。[18] 在後文中，毛澤東進一步指出，「建立一個以全國絕對大多數人民為基礎的統一戰線的民主聯盟的國家制度，我們把這樣的國家制度稱之為新民主主義的國家制度。」這可以說是對前文宗旨的再次闡述。他還再次強調人民選舉政府的民主集中制度重要性。「新民主主義的政權構成，應該採取民主集中制，由各級人民代表大會決定大政方針，選舉政府。它是民主的，又是集中的，就是說，在民主基礎上的集中，在集中指導下的民主。只有這個制度，既能表現廣泛的民主，使各級人民代表大會有最高的權力，又能集中處理國事，使各級政府能集中地處理被各級人民代表大會所委託的一切事務，並保障人民的一切必要的民主活動。」為此，在國家具體制度的設計上，他甚至對聯邦制加以了肯定，「在新民主主義的國家問題與政權問題上，包含着聯邦的問題。中國境內各民族，應根據自願與民主的原則，組織中華民主共和國聯邦，並在這個聯邦基礎上組織聯邦的中央政府。」這種共和特色鮮明的制度設計，自然與獨佔國家權力的超級政黨理念相去甚遠。「中國在整個新民主主義制度期間，不可能因此就不應該是一個階級專政和一黨獨佔政府機構的制度，只要共產黨以外的其他任何政黨，任何社會集團或個人，對於共產黨是採取合作的而不是採取敵對的態度，我們是沒有理由不和他們合作的。」分享國家權力的平民化共和政體自然建立在人民主權的基礎之上，「人民的言論、出版、集會、結社、思想、信仰與身體這幾項自由，是最重要的自由。」[19]

就第二點而言，中國共產黨在實際從事國家權力體系的構建時，也顯現出對共和政體的明確認同。一九四九年九月，在中國共產黨即將取得全國政權的前夜，組織召開了中國人民政治協商會議第一屆第一次全體會議。這次會議的代表來源廣泛，反映了「全國人民大團結」的共和精神。會議制定了帶有臨時憲法性質的文件《中國人民政治協商會議共同綱領》。這是一部將中國共產黨共和理念轉變為國家理念的政制綱領，強調的核心恰恰就是共和精神和共和政制。綱領規定了中國的基本政體形式，「中華人民共和國為新民主主義即人民民主主義的國家，實行工人階級領導的、以工農聯盟為基礎的、團結各民主階級和國內各民族的人民民主專政，反對帝國主義、封建主義和官僚資本主義，為中國的獨立、民主、和平、統一和富強而奮鬥。」綱領明確規定人民主權原則和公民基本權利，「中華人民共和國的國家政權屬於人民。」「中華人民共和國人民依法有選舉權和被選舉權。」「中華人民共和國人民有思想、言論、集會、結社、通訊、人身、居住、遷徙、宗教信仰及示威遊行的自由權。」並對公民基本德性進行了明確倡議，「提倡愛祖國、愛人民、愛勞動、愛科學、愛護公共財物為中華人民共和國全體國民的公德。」又對國家權力機關的組織進行了系統設計，在央地國家權力組織的權責劃分上，秉承了一般憲政安排中的分享國家權力的分權原則，「中央人民政府與地方人民政府間職權的劃分，應按照各項事務的性質，由中央人民政府委員會以法令加以規定，使之既利於國家統一，又利於因地制宜。」而且明確了人民通過選舉授權給政權機關，「人民行使國家政權的機關為各級人民代表大會和各級人民政府。各級人民代表大會由人民用普選方法產生之。各級人民代表大會選舉各級人民政府。」[20] 這些似乎都預示了一個憲政中國將呱呱墜地。

就第三點來説，《中華人民共和國憲法》於一九五四年正式制定和頒佈，這部國家基本法對國家性質、國家權力歸屬、國家機關組織結構與構成人員及職責、公民權利與公民德性（義務）等問題奠定了較為系統的法理化規定。它直接秉承了共同綱領的民主憲政精神，第一次以國家基本法的形式對「人民共和國」的共和國特性加以系統規定。[21] 這些規定由於被憲法的基本法性質所註定，因此對國家的政體選擇算是一個正式的決斷。但是，在一九五四年及其以後的幾部憲法，其文獻性顯然壓倒了它的實操性，以致到今天為止，中國還未坐實共和政體。

二、共和的三次夭折

從晚清到人民共和國，共和曙光一再嶄露，但終歸集權甚至專制政體。這是中國現代共和嘗試的明顯失敗。何以中國從皇權專制走向民主共和如此艱難，以至於三次嘗試均無功而返？為了尋求這一提問的答案，不能不繼續中國走向共和從莊嚴追求到慘痛失敗的歷史敍事。失敗敍事並不着意宣佈失敗的結局，而在於分析、描述三次共和嘗試似乎功敗垂成的政治導因，從而發現妨礙中國實現共和的基本障礙，進而為掃除這樣的障礙，真正邁向共和提供動力。

中國走向共和的失敗敍事，根據政權主體不同，區分為三個時段三個故事。晚清改革從豔羨共和向專制辯護的頹變，是中國走向共和的第一次失敗經歷。這可以從兩個角度觀察分析，一是晚清國家權力重構過程中，權力博弈對憲政建構的負面掣肘，造成共和政體建構的危急局面，終於斷送了共和的第一衝擊波。晚清的共和走勢，可以區分為兩個段落來看。在戊戌維新階段，光緒皇帝與慈禧太后的權爭，成為憲政實踐的最大變數。在這一時期，主張憲政建國的康有為等戊戌維新人士，幾乎單純依靠光緒皇帝的支持，進行了百日維新運動。按照康有為的設想，戊戌維新雖重在開設制度局，由皇帝親自掛帥組成推進憲政轉軌的國家權威機構，藉此佈局憲政改革、有條不紊推進變法。第二步才着手制定憲法，召開國會，實行憲制。當光緒皇帝一攬子頒佈政治、經濟、軍事、教育、文化改革詔令，疾速推進改革的時候，以慈禧太后為代表，真正掌控國家權力的權勢集團，察覺到有被改革排斥到權力邊緣的危險，便發動政變，囚禁光緒，逮捕維新人士，重用抵制改革的人士，戊戌維新就此夭折。抵制戊戌維新的保守人士自陳抗拒憲政轉軌的重要理由，一是視憲政轉軌為漢滿族際的權力爭鋒，如剛毅就所說「漢人皆不可用，不利滿人，甯贈天下於朋友，不送於家奴」。[22] 二是改革必須有利於現存制度優化，絕對不能推動制度結構變動，從而拒斥政治制度改革，「朝野上下，咸仰承風旨，於西政西學不敢有一字之涉及，何論施行」。[23] 三是以維護國家統治權力為導向，採取內政外交舉措。維新運動得到了西方國家的支持，慈禧對此心懷痛恨，因此在義和團興起之際，借機打擊似乎危害滿清統治的外國勢力。但是，由於憲政改革勢成潮流，在政變之後，清廷內外的明智之士幾乎全都主張繼續推進改革，加之作為政治家的慈禧也具有審時度勢的能力，因此得以在義和團造成的政治亂局平息之後，進行延續性的憲政改革。但是清廷同意改革的意圖，同改革呼籲者一樣，都僅僅基於權力的綿延，而不是基於權力的重組。載澤上奏陳述改革的三大利就是「皇位永固」、「外患減輕」、「內亂可彌」，[24] 而慈禧繼續支持有限度改革的邊界也是「一曰君權不可侵犯，二曰服制不可更改，三曰辮髮不准薙，四曰典禮不可廢。」[25] 可見憲政改革的作為餘地甚小。當改革在捍衛既定權勢結構和重塑國家體制之間徘徊拉鋸、艱難行進的過程中，無謂地消耗了愈來愈多的有限資源，改革的阻礙也就愈來愈大，最終喪失了憲政改革的機遇。晚清在跨世紀之交的憲政改革，雖然還有推進，但一批維護滿族皇家特權的政治人士阻礙了自以為危害自身利益的憲政改革，導致共和嘗試再次以失敗收場。一方面改革派對於君權的否定愈來愈堅定，資政院風波迭起，諮議局聯合會籲求政治上的根本變革；另一方面皇權的自我維護之心愈來愈迫切，皇族內閣出台，拒斥政治上變革的舉措不斷推出。兩者正面衝突，結果不是順應難得的機遇改革，而是阻斷了清政府與立憲派的合作之路，預示了清王朝不能自我改革，就只能接受被推翻的革命結果。

二是從晚清共和建構的趨勢上說，憲政改革的推延與革命力量的蓄積成為晚清政治生活兩相寫照的基本態勢。革命與共和相伴而生，本身就預示了共和前景岌岌可危，但就邏輯可能與歷史經驗來看，革命本身並不一定與共和水火不容。美國的共和政體就是革命的直接產物。[26]但從革命走上憲政，是一條政治可控之路；相反從共和嘗試逆轉為革命運動，就是一條失控的政治險途。晚清的政治改革恰好走上了後者，註定了將以革命的風捲殘雲，把憲政改革席捲而去。相對於共和嘗試的集腋成裘而言，革命的觀念煽動力、政治動員幅度、國家政治局面的改革速度及橫掃千軍如卷席的氣勢，都足以壓倒憲政的改良與漸進。在晚清三方政治力量之間，立憲派與清政府合作大於對抗，但因為清政府對於改革的遲緩反應，立憲派左右為難，艱難而為。「主革命者目為助清，清又上疑而下沮，甲唯而乙否，陽是而陰非。」[27]於是立憲派內部逐漸分化，大半倒向革命陣營。連政聞社這一由梁啟超組織的鐵定維新立憲組織成員，也致信梁氏謂，「近日內局愈蠹，外力愈急，大有廢宇危牆復遭疾風甚雨之勢，恐非儒生博士空言闊論所能救治。故弟仍守定鄉時主意，以為非長刀闊斧、猛火洪爐，不足有為也。」[28]革命派終於成為晚清具有決定性的政治力量，掀起了不可遏制的政治革命浪潮，在辛亥武昌首義的推動下，各省紛紛獨立，清廷終於不支，革命成為宣告立憲失敗的終結者。

中華民國不管從立國理念，還是從制度建構，抑或從國家走向，本來都與共和、民主與憲政緊密相連。但支撐民國最重要的政治力量——國民黨，其重要政治人物的政治理念、國民黨自身的政治特質以及黨爭和中國社會的狀態、環境，都註定了它無法成功建構共和政體。民國時期共和政體建構的失敗可以說是幾重乖離憲政建構的因素共同決定的事情：首先，從中華民國的理想設計與實際運行的背離看，孫中山對中華民國坐實憲政的理想設計是一條進化之路，即從軍政遞進到訓政，最後到憲政。但中華民國實際的政治運作，卻是一條退化之路——從憲政蛻變為訓政、從訓政蛻變為軍政、從軍政墮化為「動員戡亂」，是國民黨憲政設計的內在障礙的表現。孫中山在設想五權憲法的時候，有兩個假設使他主觀構想的憲政三階段推進論出現困局，一是先知先覺、後知後覺與不知不覺的區分，這使他把共和的主體劃分為享受政權和行使政權不可通約的兩部分，有違民主共和的基本精神。二是他刻畫的軍政、訓政到憲政的路線圖，乃是一條缺乏政治靈活性與適應性的僵化主張。儘管他試圖畫出這種遞進路線的時間表，但隨着政局的變化，每一個階段都可能因僵化而無法遞進——軍政時期以兵力掃除反革命勢力，向人民宣傳三民主義以開化人心，從而統一國家，這種革命與反革命的機械劃分，就使得政治上的合作空間小而對峙空間大；至於對人民的不信任本身，構成了反共和的政治獨斷傾向。訓政時期從國家統一開始，政治領袖人物或政黨組織在幫助縣域自治、改革土地制度以共用利益、詮選代表和官員、省縣完全自治的時候，旋即開始憲政階段：先是設立五院、健全的行政院機構及立法院，頒佈建國大綱並訂立憲法，召開國民大會並頒佈憲法；然後將中央統治權交給國民大會，全體國民依憲選舉政府，建國任務即告完成。[29] 這種完全脫離政治時局，在書本上虛構的憲政建國階段論，並無法有效引導中國政治切實向憲政有效推進。當國民黨執政後，軍政階段應告完結，但訓政的開啟推遲至建立民國之後二十年[30]，在這個時候，政府將訓導人民作為主要責任，意味着共和的主體受到政治壓抑，主體無法挺立，共和從何談起？到一九三二年國民黨政府以「假定」為前提，許諾兩年後「為憲政開始日期」[31]，這個時候也不過是制定憲法而已，經歷四年，「五五憲草」終在這種背景下出台。當日本入侵，抗日戰爭烽煙四起之時，國民黨強調的不過是自己的領導權，[32] 到抗戰結束，國民政府雖頒佈了《中華民國憲法》，但此時的共和已經戰爭修飾，價值不大。內戰再起，國民政府為應付亂局，以維護憲法權威為名義，將黨爭上升為違憲與護憲的政治行動，具有憲法效力的《動員戡亂時期臨時條款》就此出台。根據這一條款，總統受到的憲法約束不復存在，他具有了獨自處置國家事務的特權，不過即便如此，也未能挽救國民黨的危亡之局。國民黨的統治在風雨飄搖中迅速終結。

其次，從掌控國家權力的政黨與國家權力的共和特性相背離的角度看，國民黨這一列寧主義政黨的組織特性，終究與共和的現代國家特性背道而馳，預示民國註定成不了全面兑現人民主權的共和國，必然成為一黨專制的黨化國家，國民黨反憲政組織特性必然的顯現。國民黨本身是由反清組織同盟會轉變而來，其現代政黨組織特性遠不如傳統的會道門特色。孫中山要求黨員對自己的忠誠遠超於對組織目標的認同，就是傳統會道門走向現代秘密會黨的一個典型寫照。「一個黨、一個領袖、一個主義」的政黨建制，將傳統會道門與現代政黨組織的自私特性勾連起來，這樣的組織結構，註定了它無法超越組織利益的藩籬。一九四六年國民黨主導制定的《中華民國憲法草案》，名為立憲，實際上是要確立國民黨，甚至蔣介石個人的統治權[33]，與憲制精神之平等對待所有公民與組織的宗旨完全悖反。

再次，共和建國需要一個各方政治力量合作的氛圍，但國民黨統治中國的時期，統治集團內部派系林立，各懷心思，難以合作。國共兩黨更是水火不容，各自懷抱全輸全贏的政治心態，合作僅僅是為了自身利益的最大化，使共和政治需要的合作空間狹小得不足以共謀，到最後一定只有以訴諸戰爭的手段一決勝負，不利於中國憲政轉軌的國家態勢。國共兩黨都是列寧主義的政黨，這種政黨定位註定了單一組織通吃國家利益的特性，這不是一種旨在合作的現代政黨建制，而是一種全輸全贏、贏家通吃的政黨對抗機制。國共的兩次合作之走在一起、之走向對抗，就此具有一種必然特性。如果說早期國民黨試圖引進共產黨的組織機制，促使本黨組織機制優化，從而保有了某種合作願望，後來的國民黨走向剿共，合作機制就再也建立不起來了，而共產黨對國民黨的政黨特性之了然於心，猶如對自己的政黨組織特性心知肚明般。就此而言，憲政所需要的黨際和平競爭並不可行。

中華人民共和國從共和定位向政黨國家（party state）的蛻變，帶給國人第三次共和建構的失敗記憶。這次共和建構的失敗由歷史給出了既定結論，人們只能去探究這一失敗的導因，而無力改寫既定的歷史結局。歸納起來，這次共和嘗試歸於失敗，是幾個方面的因素共同促成的：首先，中國共產黨的政治定位發揮了決定性的作用。中國共產黨的政黨特性，從它確立實現共產主義的偉大目標上就可以辨認出來。既然一個政黨的組織意圖，不在於借助合法的競爭性手段，階段性地獲得執政權，而在於從當下到久遠，綿延不斷地以謀求人們福祉的名義，掌握國家權力直至國家走向滅亡，那麼，其他所有旨在爭奪國家權力的政黨，就處在一個絕對的道德低位上。中國共產黨在爭奪國家權力的過程中，總是站在道德高位選擇最有利於本黨的政治策略——在與國民黨權力爭鋒的激烈鬥爭中，無論是其採取的權宜選擇還是不變的戰略，總是圍繞為人民爭取權利的政治修辭，將對手打入道德低位，從而為自己贏得崇高的道德評價，奠立堅實的基礎。同時，中國共產黨對於政體的民主集中制規定，為其爭奪全國權力奠立了進退自如的政治基礎。在這樣的政體表述中，民主，代表了政黨組織對民眾利益的確認；集中，指向了政黨組織不可挑戰的領導權。領導權之高於民主性，標誌着民主共和必須臣服於專屬的領導權。至於中國共產黨對自身先進性的絕對自認，則構成它隨時否定共和政體的深層理由。因為一個絕對具有先進性的政黨組織，是不可能與其他組織和公眾處在同一個政治水平線上，它對其他組織和公眾具有如導師與領袖那種責無旁貸的責任。不是這一政黨組織不願意與其他組織和公眾「共和」，而是政黨組織的高位決定了它不能與其他政黨組織和公眾混同「共和」。

其次，中國共產黨的統治演進所呈現的狀態，必然與共和疏理。中國共產黨全面執掌國家權力之後，刻畫出一道從鎮反到反右，再到文革時期「黨的一元化領導」的軌跡，這一進程顯現的是一條徹底疏理共和的路徑，亦是中國共產黨對於政治合作者的基本判斷產生的政治排斥性所註定的結局。其排斥性，從強勢排斥反對者到明確排斥合作者，呈現出真理獨佔與權力獨佔的合攏態勢。在一九四九年，中共組織召開「新政協」，率眾制定了「中國人民政治協商會議共同綱領」，在這一檔案有着提綱挈領意義的「序言」中，就明確點出了旨在建立共和國的國家意識形態，是中國共產黨建立的政黨意識形態，而「新民主主義」就此獲得了建構共和國的意識形態地位。[34] 循此定位，共同綱領在規定國家基本性質的「總綱」中，便對一切反對力量採取了疏離共和的鎮壓立場。「中華人民共和國必須鎮壓一切反革命活動，嚴厲懲罰一切勾結帝國主義、背叛祖國、反對人民民主事業的國民黨、反革命戰爭罪犯和其他怙惡不悛的反革命首要分子。對於一般的反動分子、封建地主、官僚資本家，在解除其武裝、消滅其特殊勢力後，仍須依法在必要時期內剝奪他們的政治權利，但同時給予生活出路，並強迫他們在勞動中改造自己，成為新人。假如他們繼續進行反革命活動，必須予以嚴厲的制裁。」[35] 這樣的表述，如果出現在一部具體的刑事法規，而不是在一部憲法性檔案中，大致可以獲得理解。但在憲法檔案中，這樣的表述卻意味着一種絕對排斥性的建國政治取向。如果在考慮具體執行中，總是會對基本法的規定有所加碼的話，那麼這樣的規定所帶有的政治敵對性，就不僅是敵對者可能具有的敵意，也是建國者自身所帶有的敵意的反映，完全扼殺了忠誠的反對者，也是共和主體的生機。這與推崇合作性、妥協性、和解性的共和精神已經相去甚遠。正是以此觀念引導，後來的嚴厲政治鎮壓和對抗性政治模式，才循序出場，大行其道。

再次，中國共產黨政治領袖的治國理念與憲政的恰相對立鑄就的政治局面，也與共和相去甚遠。在中國共產黨第一代領袖時期，共和僅僅是建國的一個策略性選項。它是屬於新民主主義革命階段的特殊產物。一旦進入社會主義革命階段，國家的宗旨就是發展生產力，並且逐漸消滅國家存在的諸前提條件，為走向國家必然消亡的共產主義奠定基礎。因此，作為建立統一戰線的政治策略，共和建國的選項並不帶有長遠戰略價值，而是隨時可以調整，甚至是犧牲的策略選項。當一九四九年全國政權變更以後，中國共產黨建政並且穩定權力，時易世變，中國共產黨對曾經做出的憲政承諾也就不再記掛於心。這不僅體現為政黨對社會各界的高壓政策，也體現為政黨領袖對過去表述的共和理念的清算——毛澤東在審定《毛澤東選集》的時候，就將《論聯合政府》中的共和理念盡量抹去[36]，象徵着執政的中國共產黨不打算履行先前承諾的憲制政治。曾經展露的第三波憲政曙光，就此完全暗淡下來。

三、權力梗阻

重述中國晚清以來走向共和的歷史故事，從共和精神的三道曙光與終歸暗淡、三次彰顯與最後隱匿可以看出，鞏固權力與奪取權力的政治變奏，成為共和顯隱的決定性因素。在這中間，有兩個毋須仔細辨認而自然浮現的重大政治現象：其一，當權力掌控者意識到權力危機的時候，權力就會自發啟動共和進程的閥門，但不到權力潰散之際，這種面向共和的政治轉向就會一再被延遲，以至於被新型的國家權力謀求者推翻，使共和導向的政治變革成為一場空幻遊戲。其二，當政治組織試圖奪取國家權力的時候，它們總是會將共和作為最具號召力的政治工具，這是他們足以集聚奪權的政治資源中最具殺傷力的核心理念和制度選項。一旦奪權者成功獲得國家權力，他們就迅速疏離共和，走向集權、專制，從而使共和的政治嘗試演變為專斷政治的演練活動。晚清以來的三個政治體，概莫例外，這是中國走向憲政民主、共和政體但不免走向夭折的權力梗阻。

分析這兩個方面，構成我們解釋中國走向共和失敗原因的必須。首先，就第一個方面來看，中國建構共和政體的最大障礙，一直來自掌握國家權力的權勢集團。從現代共和歷程來看，一般而言，國家權力的剛性結構形態一向是共和建構的最大障礙。這一剛性結構拒絕了共和政治最為典型的政治價值、制度設計和政治生活方式，從而在根本上妨礙了國家這一政治體的所有成員對國家權力的制度化分享。以共和主義所珍視的共和價值與制度架構的基本要件來看，公民（citizen）、德性（virtue）、自由（liberty）和憲政（constitution）四者，構成共和國政治運行的基本維度。[37]以此為視角，觀察從晚清到人民共和國前期的政治歷程，這四大要素幾乎都在謀求穩定掌控國家權力和力圖奪取國家權力的政治強勢集團的視野之外。晚清的憲政嘗試，無疑是想為國家提供穩定的政治秩序。但具備這一秩序的前提，是維持滿族的族群統治。只要統治者稍微覺察到憲政轉軌並不利於姓族統治，便會使憲政急轉直下。民國時期，國民黨有獨佔或絕對主導國家權力的意欲，這一直是他們進行相關政治改革所優先考量的事宜，因此國民黨並不打算與其他政黨分權，遑論讓普通公民參與國家事務，分享國家權力。中華人民共和國在建國謀劃的時候，將憲政作為建國的選項，但也只是作為政治策略般對待，並無意真正坐實憲政。在權力獨佔的意圖中，有利於共和建國的諸要素就隱而不彰：在帝制中國本就缺乏的公民角色，一直受到傳統政治的壓制，而無法伸張自己的政治功能；在民國時期，公民身分雖然被確認下來，但訓政本身就就是壓制公民權利的安排；到了人民共和國階段，盡然抽象的集體概念——人民，已經成為國家的主人，但其將人民下落為公民的諸憲政權利建制就是多餘。結果，人民沒有成為政治行動者的可能，當然也就無法顯示自己作為主權者的政治權利，並用以規範國家權力。作為現代共和國和政治主體都挺立不起來，那麼公民德性便無從談起，基本自由權利也沒有落地生根之機會，憲政也就成為政治鬥爭的工具。因此，共和建國的落空，也就不是什麼令人訝異的事情，這些都是晚清以來三個政治體中掌控國家權力的一方盡力做出的安排，是拒斥共和建國的政治舉措。可見，權力的作梗對中國共和建國構成了多麼巨大的阻力。

其次，中國建構共和政體的另一個重要障礙，就是掌權者都將共和建國作為緊握國權的工具，而不是將之視為國家建構的推進方略。從憲政民主在中國的實際處境看，它並不是政黨組織與強勢領袖的政治志業，而是黨際競爭的手段，註定了憲政民主在中國的工具性地位。晚清政府將憲政作為延續王朝命運的手段，已經是眾人皆知的事情。為了創制民國，孫中山成立國民黨。其政黨之名，已經透露着一種為了國民建構新興國家的意味。但孫中山建黨時要求黨員首先向自己效忠，就頗有一種中國古代會道門的感覺。當他把黨員的權利視為小自由，把政黨權力視為大自由；進而把公民權利看作小自由，把國家權力看作大自由，他就堵塞了現代共和建國的政治通道：個人權利被預設的國家權力扼殺。中國共產黨的政黨宗旨，一向能從黨員的服從精神中體現出來：個人服從組織、下級服從上級，少數服從多數，全黨服從中央。這完全是一種將權利置於權力之下的組織機制。現代中國兩個掌握了武裝暴力的超級政黨，就此將共和建國作為聚集人心、資源的手段，而將黨權安頓在絕對優先的位置。由於中國現代「社會」從未成型，因此，借助黨權控制國權的政黨，完全可以從容地借助宣傳機器，將自己壟斷性控制國家權力的實際，書寫成為國家大利做出的自我犧牲，並且以這種道義上絕無瑕疵的舉動，來為自己獨佔國家權力夯實基礎。這樣的政治進程，常常體現為政黨組織在進行政權的合法性辯護時，採取的高調道義化説辭；而在實際的操權過程中，則採用非經本黨整合的國家力量，並不足以對內整合和對外禦敵的固定表述。於是，你無法將這樣的辯護完全視為虛偽或託辭，但也無法將這樣的辯護看作現實，只是這樣就將共和建國完全虛懸一格，無從坐實了。對此，只要人們讀一讀國民黨及其領袖人物宣誓為國負重的政治宣言，就可以明了於心。「我們在革命時代，不能不以黨專政。我們軍人不能不加入黨，不能不認定一個主義來奮鬥犧牲。今天講的，就是講我們黨的緊要，以及我們黨專政的道理，我們革命軍人不可以不有一個黨，一個主義，共同去擔負振興國家的使命。」[38] 明明是政黨捕獲國家，卻被表述為為國犧牲。這樣的政治修辭技巧，正是以黨建國、以黨治國者不約而同的選擇。進而，只要人們看一看中國共產黨在爭奪國家權力最為激烈的時期，以共和建國高調伸張的憲政論説，也就可以明瞭。「中國人民在幾十年中積累起來的一切經驗，都叫我們實行人民民主專政，或曰人民民主獨裁，就是剝奪反動派的發言權，只讓人們有發言權。人民是什麼？在中國，在現階段，是工人階級、農民階級、城市小資產階級和民族資產階級。這些階級在共產黨的領導之下，團結起來，組成自己的國家，選舉自己的政府，向着帝國主義的走狗即地主階級和官僚資產階級以及代表這些階級的國民黨反動派及其幫兇實行專政、獨裁，壓迫這些人，只許他們規規矩矩，不許他們亂説亂動。如要亂説亂動，立即取締，予以制裁。對於人們內部，則實行民主制度，人們有言論集會結社等項的自由權。選舉權，只給人民，不給反動派。這兩方面，對人民的內部民主方面和對反動派的專政方面，互相結合起來，就是人民民主專政。」[39]在這裏，言者明明採取了國家權力的高度排他性立場，卻表述為唯一正當的權力獨享進路，這是一種明確的以公護私的政治修辭，也恰恰是現代中國共和建國過程中，所有政治領袖心有靈犀、一觸即通的建國思維。

從總體上看，謀求國家權力絕對控制權的個人與政黨構成中國走向共和最大的障礙。一是基於權力的無條件自我捍衛。這是晚清政府以國家權力抗拒公民權利的基本路數；二是力求獨佔國家權力的新興政黨，自認自己佔據了道德高位，因此認定只有自己掌權，才能保證權力的公共性。循此進路，將國家權力據為己有，成為國民黨與中國共產共同的選擇。就前者言，一切掌握了國家權力的個人、族群與政黨，無一例外地對國家權力心生絕對獨佔的政治心態。這是不受限制的權力的天性使然，[40]不存在對任何個人、族群與政黨的敗壞推斷。不過從這一普世皆然的結論出發，倒是可以反推出另一個結論，那就是一切旨在獨佔國家權力的個人、族群與政黨，都具有一種「巧言令色鮮也仁」的特徵：他們總是力求掩蓋住自己獨佔國家權力的自私自利之心，以一種巧妙的政治修辭術建立起某種具有公共性形式特徵的正當性辯詞。但其難以克治的腐敗走勢，證明了這些政治主體並無超越一般政治主體天性的能力。在權力天性面前，那些力圖證明自己絕對無私的個人、族群與政黨，總是表現得那麼有心無力。這也證明，一切站在道德的制高點上輕鬆地談論權力的公共性的説辭，是靠不住的，只有將權力拉回周密制衡的平台，才足以保證共和建國所必須的權力共用特質。

中國之所以在建構共和政體的過程中，總是遭遇到權勢集團的或粗暴或巧妙的抗拒，從整體結構上講，是因為權勢集團先天地傾向於維護自己的既得權力，當權者總是處在權力導向的政治定勢中，所謂權力腐蝕人，在這裏就能獲得深入的理解。而共和政體無論是從憲政民主的角度講，還是從以法治國的視角看，都是權利導向的政治體制。只有當權利成功地限制了權力的時候，權力才會臣服於權利。如果權利本身顯得渙散，根本沒有力量限制權力的時候，權力會毫不遲疑地全方位控制權利，國家權力便會完全控制在贏家的手中。這是中國現代共和建國過程中，一再出現的歷史場景：晚清政府在覺察自己還能贏家通吃的情況下，它是不打算實行憲政的。即使它發覺自己已經無力有效控制國家權力的時候，它也不打算與國民切實分享權力。只有在革命風捲殘雲之後的政治理論總結中，人們才會發現分權制衡的重要性。[41] 在一九二七至一九三七年還算強勢的國民黨，對其他政黨所採取的殘酷鎮壓措施，突顯了其政黨獨大的意念。其後，它在一九四八年嘗試以立憲的方式緩解統治危機，但也不想真正將國家權力還給人民，分享國家權力，這都證明獨佔國家權力的個人與組織被權力的自大邏輯所支配。直到數十年之後的憲政改革在台灣成功之後，人們才發現當初國民黨假如採取類似的舉措，是完全可以避免國家傾覆的命運。[42] 至於中華人民共和國對共和建國的欲迎還拒，也許不到得出歷史結論的當口，但上述邏輯的作用，並不會有什麼例外。

四、共和能由權力給定嗎？

從晚清到當代，中國走向共和的社會動力不足與國家權力依託，構成了國家從帝國轉向民族國家，從專制走向民主的共和建國的雙重障礙。

從前者看，中國從帝國轉變為民族國家，一直未能完成國家與社會的二元化分立。社會限制和塑造國家，是民族國家能夠落定在憲政平台上的必要條件。只有落定在憲政平台上的民族國家，才算是完成了建國任務的國家。[43] 在一個缺乏社會力量，只有國家才能動員整體力量的情況下，建立共和政體無異於與虎謀皮。雖然，在中國憲政轉軌的過程中，也不乏社會力量的自主動員和對憲政的自覺追求，但是由於社會力量缺乏組織資源和政制影響能力，從根本上限制了社會塑造國家的可能。同時，在公民自治空間未能充分拓展開來的情況下，推動憲政的社會運動常常是為革命進行籌備的前期過程。走向共和所需要的公民政制參與缺乏社會根基，意味着憲政轉軌不得不依靠國家力量，而國家權力的運行本性註定不會在尚未意識到權力威脅的情況下，將自身限定起來，實行規範自身權力的憲政體制。中國走向憲政的國家權力依賴，決定了中國實行憲政必定徘徊在希望與失望、成功與失敗的惡性循環之中。

晚清伊始，中國社會有所發展。就清末的情況來看，商會與學會的興起與興盛，是一大社會景觀。這樣的社會變遷，自然與帝制中國趨於瓦解，以家庭為中心，走向一個以新興階層興起為主體的現代社會結構，具有密切關係。新興階層首先是以買辦和軍閥的出現為標誌，但隨着城市體系的演進，居住在城市的商人，為了展開便利的商貿，便組成商會，以維護自己的商業利益。與此同時，由學人組成的各種學會在城市中建立，這些學會，具有現代政黨的組織雛形，但主要還是議政的群體。[44] 民國時期的社會發展程度相對高一些，社會力量以各種組織化的建制出現，而議政也做得風生水起，黨派政治隨之出現。但是，於整個民國階段中，國民黨於初期受制於掌握武裝力量的北洋集團；於晚近階段，除開掌握武裝力量的國民黨與共產黨之外，並無損它實際影響國家建構進程的社會力量。相反，代表社會各種力量的大大小小政黨，只能遊走在國共兩黨之間，指望他們能夠將國家建構坐實於憲政平台，這是一種多麼軟弱的社會籲求，完全無法真正影響中國現代建國的走勢。[45] 社會力量的弱小，以及掌握軍事權力的政黨集團對於國家權力的成功捕獲，兩相扣合，塑就了中國建構現代國家的暴力定勢。

就後者論，中國建立共和政體的動力主要來自於國家高層或政治精英的先知先覺，註定了中國建立共和政體的權力軟骨症。誠然，在這樣的定勢中，中國建構起了兩個聲稱共和的國家實體——國民黨的中華民國與中國共產黨的中華人民共和國，然而，這兩個政體在建政的控權方式上，並無二致。前者以拒絕分享權力，斷送了自己控制國家的前途；後者也一直拒絕政治體制的現代改造，以政黨絕對控制國家為前提，設計國家運作模式。但人們似乎也不能斷定這兩個政體是不是共和國建制。題至少從兩個政體的政治結構上看，它們已經不是皇權專制，也不是寡頭統治，而是具有相對廣泛社會基礎的政黨組織精英的統治。這是一種近乎貴族共和制度的國家機制。事實上，無論是國民黨，還是共產黨，實行的都是精英治國政策。這是貴族共和制的一個顯著標誌。貴族共和制與民主共和制的區分性定位，對於中國這樣後發的共和政制轉軌國家而言，具有重要的意義。因為前者是在聲稱的人民民主基礎上，實際上由貴族行使國家管制權，這是一種典型的古代政制；後者則是在真實的人民主權基礎上，由人民直接選舉代表組成立法機關，而行政機關在嚴格依法治理的基礎上施政。[46] 無論是議會共和制還是總統共和制，都是一種經由定期選舉產生，形式上全民都有機會參與的政體，為一種典型的現代政制。比較起來，國民黨與共產黨的政黨國家建制，類似於古代的貴族共和制度。高層黨員組成的中央決策機構，既使這些黨員獲得了一種準貴族的身分，也使它們獲得了決定國家基本價值與政策的特殊權力。至於其他權力機構的掌控者，總是受制於政黨高層的政治意志，而人民基本上處於國家決策權的邊緣，僅僅有一種缺乏實質意義的國家權力制衡。

中國建構現代共和政體的結果，是兩個政黨國家實體。兩者雖然都以「中國」的名義行使國家主權，但兩者（在內地）並沒有坐實人民主權原則，沒有將國家權力真正交付人民行使。這一方面是因為中國公民以及公民組織沒能壯大到自覺推動國家建構的程度，造成國家建構主要是「先知先覺者」的超級政黨組織者專屬事務的可悲結果。另一方面是因為建國的事務一開始就運轉在權勢者的掌握之中，因此，一般民眾在建國起點上已經喪失了參與建構共和中國的機會，而建構共和中國的重大事務卻一直牢牢掌握在統治者手中。晚清的憲政改革，一直受制於清政府。他的意志，決定了是否派遣大臣出國考察憲政事務，也決定了憲政改革的路線圖與時間表。結果，雖然是因此斷送了共和建國的前途，但接手建構共和政體的北洋集團、國民黨與共產黨，並沒有走出一條權利主導建國的新路。相反，三者一致行走在權力決定建國的清朝式老路上。袁世凱的復辟鬧劇，就是因為他內心深處既有的權力決定國家命脈的理念所致。國民黨一直迷戀訓政權力，不願還權，還政於民，也是因為政黨領袖一直覺得只有經過他們手中的權力訓導，國民才能具備參政議政能力。中國共產黨依賴農民和城市居民推翻了國民黨的統治，但他們仍然將兩者視為教育的對象，一直不願意解除政黨的庇護，由人民行使國家權力。

正因如此，晚清以來，中國的國家建構就處於一種難以逆轉的自上而下展開的定勢之中。這既與權利的多元主體未曾出現，權力的形態單一，不曾發生有效分化有關，註定了現代中國選擇共和政體的社會基礎的薄弱，也註定了中國必然在悖反的政治處境中尋求共和政體的建構：運用暴力革命，奪取國家權力，進而建立共和政體。諷刺的是，一旦任何暴力革命集團贏得國家政權，它又必然拋棄自己的共和建國初衷，維護既得的國家權力。可見，由暴力革命維繫的共和建國，也就是由國家權力變更的暴力集團惠賜的共和建國，絕對是斷頭路。同時，中國建構現代共和政體也與緊緊掌握暴力機器的上層集團掌握的建國進程有關。晚清政府絕對不將共和建國的機會向社會開放，因此民眾絕無機會參與建國的政治智慧與理性行動。國民黨時期的內憂外患，讓國民黨獲得了緊緊控制國家權力的理由，也讓他們對停頓在訓政階段、拒絕邁進到憲政階段有了根據，因此民眾仍然被國家權力蒙蔽在政治無知的帷幕之中。建政之後的中國共產黨，決然取消了發揮重大革命動力作用的農會，將工會、青年團、婦聯納入國家權力機制，取消了它們的社會動員機制。其實也是一種將公眾隔絕在國家權力大門之外的做法，令建國與治國事務落於那些僅僅通過形式性選舉產生出來的少數精英，國家就此處在一種準貴族共和體制的狀態，無法真正建構起民主共和的現代國家體制。

正是由於國家權力對公民權利長期的排拒，造成中國公民無法有力約束國家權力的結果，進而造成公民政治參與積極性的明顯下降。中國人對權力的軟弱感，是近代以來制約中國走向共和雖不怵目驚心，但卻影響深遠的因素。這種軟弱感，既表現為對權力約束的革命性訴求，幻想從天而降一個約束權力的機制或如華盛頓那樣致力約束權力的政治天才；這軟弱感也表現為人們大多心存依靠別人約束權力，而自己安享其成的政治心理，及人們盼望當權者良心發現，進而自己將自己約束起來的政治期待。在這種政治心理的支配下，要完成共和建國的任務絕對是遙遙無期。三波曙光三次暗淡的惡性循環，在中國的主要地域範圍內，似乎遠遠未到徹底化解的歷史關頭。

需要強調的是，共和建國需要激發起整個社會公眾參與建國的熱情，包括公眾對國家建構事務的自覺、公民權利意識的覺醒、對限制國家權力事務的關注與參與，以組織起來的社會，有力地限制國家權力，促使國家權力皈依伏法。但一個長期被壓抑的社會，起而限制國家權力，豈不是癡人説夢？這正是促使人們常常追問下述問題的緣由：約束權力應從哪裏開始？應依賴誰為主體？所約束的對象主要是哪些？約束究竟是依靠天縱之才還是制度累積？約束權力是一蹴而就還是漸進過程？

在中國，這些問題爭論百年，答案遠未浮現出來。實際上，在共和建國的過程中，這些似乎聰明的提問其實都是偽問題。因為這些提問，實際上是以靜態的、外部的、依附性的政治態度為前提[47]，但在實際的政治生活中，並沒有任何個人與組織是完全處於這種情形之中的。

約束、分享、保障權利都必須建立當下性、日常性、切身性和警惕性共識。當下性意味着不要尋找什麼邏輯起點，不要追問過去或未來的權力制約狀態，而是以現在為起點；日常性，意味着約束權力不能僅僅着眼國家高端權力作重大決策時的限制，必須對當權者每分每刻的表現加以關注並予以限制；切身性，意味着約束權力不是別人的事情，而是每一個國家政治共同體成員義不容辭的事情；警惕性，意味着約束權力不是一勞永逸的事情，只要人民對權力的警覺稍有鬆懈，當權者就會自我放縱，以至於凌駕於權力授予者之上。只要社會公眾基於權利意識的政治行動一旦有效啟動，參與的積極性就會隨着參與效能的提高而受到刺激。[48]如此，共和建國的憲政民主機制也會逐漸形成。那麼，共和建國對中國人就不是一件奢侈的事。此時，一個最後的結論也就豁然浮現：共和建國依賴權利作為，而非由權力所定。

註釋

1 有念於此，本章並不準備辨析共和制與君主立憲制的異同，也不準備對自由主義的共和主張與共和主義的共和闡釋進行嚴格的區別，而是在古典共和與現代共和兼綜的視角，對作為現代主流政體的共和政制進行限定，並在立憲的特定意義上，審視中國走向共和的歷史進程。

2 從晚明到晚清階段，中國社會的穩定狀態，並不是一個單純的歷史現象，而是整個中國社會自秦統一以來進入超穩定狀態的階段表現而已，這是中國古代社會結構所決定的。參見金觀濤、劉青峰：《興盛與危機——中國封建社會超穩定系統的分析》，湖南：湖南人民出版社，1984，第10–16頁。

3 研究晚清憲政變革的學者指出，這一時期的憲政改革由資產階級的立憲運動與晚清政府的預備立憲兩方面構成，雖然兩者指向的是憲政這同一個問題，但它們是一個問題的不同方面，不能混淆。參見侯宜傑：《二十世紀中國政治改革風潮——清末立憲運動史》，緒論及後記，北京：人民出版社，1993。

4 康有為：《上清帝第六書》，載姜義華等編校：《康有為全集》第4集，北京：中國人民大學出版社，2007，第17頁。

5 康有為：《日本變政考》卷1，載姜義華等編校：《康有為全集》第4集，第115頁。

6 分別參見梁啟超：〈立憲法議〉、〈政治學學理擇言〉、〈新民說〉、〈論立法權〉等文章，載《飲冰室合集》，文集之五、文集之十、專集之四、文集之九，北京：中華書局，1989。

7 參見侯宜傑：《二十世紀初中國政治改革風潮》，第5章〈立憲團體應時而生〉。

8 侯宜傑：《二十世紀初中國政治改革風潮》，第268頁。

9 參見侯宜傑：《二十世紀初中國政治改革風潮》，第 244–246 頁。

10 參見侯宜傑：《二十世紀初中國政治改革風潮》，第 7 章〈推行地方代議制〉、第 9 章〈資政院內風波迭起〉。

11 本章以分析組織化權力之間的興替關係與共和走向的聯接為中心，因此對於政治家之間陵及個人色彩濃厚的權爭所關涉的憲政問題，如孫中山與袁世凱之間的權爭對中國憲政建構的影響，不予專門論述。此前對慈禧太后與光緒皇帝的權爭與中國憲政的關係，也是放置在他們兩人各自代表的權勢集團角度來展開分析的。

12 參見廣東省社會科學院歷史研究室等編：《孫中山全集》，第 1 卷，北京：中華書局，1981，第 329–330 頁。

13 廣東省社會科學院歷史研究所等編：《孫中山全集》，第 9 卷，北京：中華書局，1986，第 347–348 頁。

14 葉夏聲：《五權憲法》，載夏新華等：《近代中國憲政歷程：史料薈萃》，北京：中國政法大學出版社，2004，第 591 頁。

15 像錢端升那一代的政治學家，專業學術研究的主題就是憲法與憲政。參見錢端升著：《錢端升學術論述自選集》所選編的〈比較憲法〉、〈評立憲運動及其憲章修正案〉、〈評中華民國憲法草案〉、〈孫中山先生的憲法觀念〉等篇章，就可以管窺政治思想界對憲法、憲政的認同程度。北京：北京師範學院出版社，1991。

16 從一九一一年算起，中華民國階段制定的憲法檔案，除開個人起草的憲法文本之外，南京臨時政府制定《中華民國臨時政府組織大綱》、《中華民國臨時約法》，北京政府也制定如《中華民國國會組織法》、《議院法》、《憲法會議規則》、《中華民國憲法案》、《中華民國憲法草案》、

《中華民國憲法》等等的文本。南京政府則更是制定了系統的憲制檔案。而民國的獨大政黨國民黨在黨綱中對憲政的規定，也可以從黨化國家與憲政國家的衝突中看出些許中國走向憲政的希望。因為國民黨曾經提出過憲法議案和綱領，那就是《國民黨憲法主張全案》、《中國國民黨抗戰建構綱領》，由此可見民國時期立憲所集納的政制資源是相當豐富的。

17 中華民國時期立憲的政治過程以及在五權憲法理念引導下五部制的建立與改良，可以證明這一時期憲政運作的實際績效。儘管這一績效與理想的憲政體制還有較大的差距，但就憲政的推進而言，還是中國從皇權專制轉變為憲政共和體制的進程中最值得肯定的時期。

18 毛澤東〈新民主主義論〉，載《毛澤東選集》第 2 卷，北京：人民出版社，1991，第 677 頁。

19 參見毛澤東：〈論聯合政府〉，載《毛澤東選集》第 3 卷，北京：人民出版社，1991，第 1056–1070 頁。毛澤東在建政以後編輯自己的文集時，對此時的表述有較大的修改。這既顯現出它的政治主張已然改變，也顯示出他在這裏做出的表述僅僅具有策略性質。

20 參見王培英主編：《中國憲法文獻通編》所收〈中國人民政治協商會議共同綱領〉，北京：中國民主法制出版社，2004，第 277–278 頁。

21 參見王培英主編：《中國憲法文獻通編》所收《中華人民共和國憲法》（1954 年 9 月 20 日第一屆全國人民代表大會第一次會議通過），〈總綱〉，第 209–211 頁。

22 〈論歸政之利〉，原刊於《大公報》1902 年 6 月 21、23 日。轉引自侯宜傑：《二十世紀初中國政治改革風潮》，第 12–13 頁。

23 〈論中國必革政始能維新〉，原刊於《中外日報》1904 年 3 月 31 日。轉引自侯宜傑：《二十世紀初中國政治改革風潮》，第 14 頁。

24 參見〈鎮國公載澤奏請宣佈立憲密折〉，原刊《憲政初綱》〈奏議〉，第4–7頁，轉引自侯宜傑：《二十世紀初中國政治改革風潮》，第70–71頁。

25 余肇康致止公相國函，光緒三十二年八月五日。轉引自侯宜傑：《二十世紀初中國政治改革風潮》，第71頁。

26 參見【美】卡羅爾・卡爾金斯著，曹德謙等譯：《美國建國史話》，第3章〈創建政府體制〉，北京：人民出版社，1984，第102頁及以下。

27 張謇：《年譜》，〈自序〉，轉引自侯宜傑：《二十世紀初中國政治改革風潮》，第459頁。

28 《梁任公先生知交手劄》之一，第272–273頁。轉引自侯宜傑：《二十世紀初中國政治改革風潮》，第480頁。

29 參見張國福：《民國憲法史》，第6章〈五權憲法和中華民國國民政府組織法〉，北京：華文出版社，1991，第212頁以下。

30 這一斷定，以國民政府頒佈《中華民國訓政時期約法》為根據。參見民國二十年（一九三一年）五月十二日國民會議通過，同年六月一日國民政府頒佈的《中華民國訓政時期約法》，載夏新華等整理《近代中國憲政歷程：史料薈萃》。

31 參見民國二十一年（一九三二年）十二月二十日通過的〈國民黨四屆三中全會決議〉，載《近代中國憲政歷程：史料薈萃》，第861頁。

32 一九三八年國民黨制定了《中國國民黨抗戰建國綱領》，就直言不諱地強調「全國抗戰力量應在本黨和蔣委員長領導之下……」。參見張國福：《民國憲法史》，第373頁。

33 參見張國福：《民國憲法史》，第401頁。

34 王培英主編：《中國憲法文獻通編》所收〈中國人民政治協商會議共同綱領〉，第 277 頁。

35 王培英主編：《中國憲法文獻通編》所收〈中國人民政治協商會議共同綱領〉，第 278 頁。

36 有學者指出，「這篇文章在收入毛選的時候作了非常大幅度的修改。在第二節『國際形勢與國內形勢』，有很多段落是大力稱許英國和美國在反法西斯戰爭中的作用，幾乎全部被刪去。在第四節『中國共產黨的政策』，有一小段主張建立中華民主共和國聯邦，還有『在這個聯邦基礎上組織中央政府』的話，亦全部被刪去。在同一節，刪去了新民主主義並不是要實行社會主義的一小段；不僅如此，整節在很多地方都在事後補加上『無產階級領導』的話。竄改的目的是為了使原文中那種強調發展資本主義、社會主義是另一個歷史時期的立場，變成為處處強調在『無產階級領導下』發展新民主主義經濟，使人覺得毛澤東會迅速從新民主主義轉變為社會主義。此外還有很多段落被刪去，例如有一大段保證共產黨即使在國民大會中得到多數，也不會組織一黨政府；在發展工業的那部分，把歡迎外資的話刪去了。」參見 www.marxists.org/chinese/maozedong/marxist.org-chinese-mao -19450424aa.htm。

37 參見【美】菲力浦·佩迪特著，劉訓練譯：《共和主義：一種關於自由與政府的理論》，目錄，南京：江蘇人民出版社，2006，第 1-3 頁。至於共和主義對公民德性的高度重視，可參見【美】邁克爾·桑德爾著，曾紀茂譯：《民主的不滿——美國在尋求一種公共哲學》，南京：江蘇人民出版社，2008，第 378 頁及以下。

38 蔣介石：〈為什麼要有黨〉，載劉健清編：《中國法西斯主義資料選編（一）》，北京：中國人民大學中共黨史系，1984，第 242 頁。

39 毛澤東：〈論人民民主專政〉，載《毛澤東選集》第 4 卷，北京：人民出版社，1991，第 1475 頁。

40 所謂「絕對的權力導致絕對的腐敗」，不只是在掌權者個人以權謀私的意義上而言的，最主要的還是從掌權者絕對自認自己掌權的正當性，絕對不與他人分享權力的角度成立的。這是絕對腐敗之權的權力得益浮現的根本原因。所謂以權制權，讓權力之間「狗咬狗」，乃是反對腐敗最可靠的途徑。當然，以權利制約權力、以社會制約權力，也是絕頂重要的事情。共和建國之所以需要憲政平台（constitutional system），之所以必須實行以法治國（the rule of law），原因也在這裏。參見【英】肯尼士・E・博爾丁著，張岩譯：《權力的三張面孔》，北京：經濟科學出版社，2012，第 53 頁及以下。

41 參見徐中約著，計秋楓等譯：《中國近代史：1600–2000，中國的奮鬥》（第 6 版），第 19 章〈歷史透視下的清王朝〉，北京：世界圖書出版公司，2008，第 353 頁及以下。金沖及：《二十世紀中國史綱》，第 1 卷，第 2 章〈推到君主專制制度的辛亥革命〉，北京：社會科學文獻出版社，2009，第 36 頁及以下。

42 參見徐中約著，計秋楓等譯：《中國近代史：1600–2000，中國的奮鬥》（第 6 版），第 25 章〈內戰，1945–1949〉，第 514 頁及以下。

43 參見任劍濤：〈建國的三個時刻——馬基雅維利、霍布斯與洛克的遞進展現〉，《社會科學戰線》，2013 年第 2 期。

44 關於商會與中國現代變遷關係的論述，可以參見馬敏：《中國近代史上的官紳商學》有關章節，武漢：湖北人民出版社，2000。關於學會與中國現代演進關係的論述，可以參見桑兵：《清末新知識界的社團與活動》有關章節，香港：三聯書店，1995。

45 參見李金河：《中國政黨政治研究 1905–1949》，〈結束語：中國政黨政治模式的歷史探索〉，北京：中央編譯出版社，2007，第 332–341 頁。

46 就典範而高追言，貴族共和制只是在古希臘的斯巴達、羅馬共和時期實行過。但從形式相似性上而追言，一切接近斯巴達和羅馬共和國的政體，都可以命名為貴族共和制度。這類制度，呈現出一些特點：一是人民權力至少是名義上的權力來源。二是國家的最高權力掌握在享有選舉權和被選舉權的少數人組成的機關手裏，元老院是國家的決策機構，全體成員由貴族組成，政事共商、少數服從多數。元老院的實權廣及立法、行政、軍事、財產、司法和宗教等，絕對掌控着管理國家的權力。元老院實際上就是貴族俱樂部。參見施治生等：《古代民主與共和制度》，第4章〈古希臘的民主與共和制度〉，尤其是第4節「斯巴達的貴族共和制」；第5章〈羅馬的貴族共和制和迦太基的寡頭共和制〉，北京：中國社會科學出版社，2002，第160–168、179頁及以下。

47 有研究者對中國人的政治態度進行過量化測評，表明中國人期待一種無需積極參與、換言之不付出參與風險代價的收益。參見張明澍：《中國人想要什麼樣民主——中國「政治人」2012》，第4章〈對待政治的最好態度是什麼〉，北京：社會科學文獻出版社，2013，第115頁及以下。

48 羅伯特・A・達爾明確指出，即使是社會最底層的人群，也都有影響國家立法與政府決策的特殊管道，因此他主張一種「更高的」民主制度。參見【美】羅伯特・A・達爾著，尤正明譯：《多元主義民主的困境——自治與控制》，第2章〈主要前提的闡明〉，北京：求實出版社，1989，第4頁及以下。

第二章

政黨、民族與國家

中國政黨國家形態的生成

在現代邊沿——從晚清到中華人民共和國，中國的國家結構經歷從傳統的文化—國家到現代的民族—國家的歷史性轉變。但是，由於這種轉變是在一個後發外生型的現代化處境中逐漸達成的，因此，不同於原發內生型現代化國家直接以民族作為國家建構的基礎，而是由組織嚴密的政黨作為國家建構的基礎，因此，古典國家形態轉變的結果不是從文化—國家到民族—國家，而是從文化—國家轉變為黨化國家。設定民族—國家（nation state）是現代國家的規範形態，[1] 那麼黨化國家（party state）就是現代國家的變異形態。[2] 中國現代運動反映出的「現代性」特質，是由黨化國家的國家形態所註定的，而黨化國家是造成中國現代化進程遲滯的最主要的政治原因，因此，分析黨化國家形成的歷史與理論成因，探討如何促使中國現代國家形態從黨化國家蛻變，實現從黨化國家向民族—國家的再次轉變，就是重構中國現代國家形態的題中應有之義。

一、「國家」的興起

以現代國家而論，不論是在民族－國家還是在政黨－國家的意義上，「國家」在中國都興起了一個問題。這是因為「國家」在中國歷史進程中具有兩種明顯不同的含義：古典時期的文化－國家結構及和現代的黨化國家結構。兩者之間以「現代」劃界，顯示了中國歷史上形成的古典國家形態與後來興起的現代國家形態的根本差異，以及現代國家形態興起時所表現出的特徵與古典國家運作特徵的不同。

就前者來講，古典的文化（文明）－國家（culture / civilization-state）無論就國家的結構還是就國家的作用方式來說，都具有與現代國家本質不同的地方。一方面，在國家統治理念上，它依賴的是基於文化與文明的認同。「華優夷劣」的古典國家基本價值與「華而夷者夷也，夷而華者華也」的關係對置結構，顯示了古典國家認同的特質，也突顯了古典國家對於政治對峙的淡化處理。正因如此，才有學者構建了「中華民族多元一體」的解釋框架，來闡釋古典民族認同與國家認同的非衝突性質，以及其中具有的融合性大於對峙性的古典國家特質。[3] 另一方面，在制度建設上，它設計的是一套道德感化的機制。儘管從國家資源而言，古典中國的私有性不容否認，此所謂「普天之下，莫非王土；率土之濱，莫非王臣」。但是，這種所有權僅只有形式意義。「仁心—仁政」、「內聖外王」的古典制度建構基本精神貫穿古典中國歷史，而制度安排上的「皇權」與「相權」的對應結構，也使得治道「民主」的色彩較為濃厚。至於制度舉措上的「為政以德」、「與民休息」等等，都體現了古典國家的德性化定位。[4] 再一方面，在日常生活上，它顯現的是自然秩序的和諧，能將古典中國「家國同構」的特質突顯出來。作為社會自然結構的「家庭」與作為政治建制的國家，在古典中國以混用、結合、同構的諸種方式緊緊地結合在一起，進而以日常倫理、聯繫方式、法律機制、經濟活動、社會心理強化穩固這種國家形態。[5] 綜合上述三方面的簡單歸納，中國古典國家結構與中國現代國家結構的差異，就是自然結構與人為結構的差異。古典中國國家結構所具有的以文化的基本價值支撐國家機構的特質，也從中突顯了出來。支持古典國家運行的基本文化價值具有比政治利益和權力掌控更為重要的國家內聚功用。古典國家建制主要依靠文化價值理念和倫理道德規範維繫着。在這個角度講，作為古典中國國家活動主體的漢民族也主要是一個文化意義上的民族，而非近代意義上的政治民族。如果將文化民族規定為古典國家基於文化價值認同形成的社會集群，政治民族就可以被視為通過國家建構形成的社會—政治集群。就此而言，文化民族支持的是古典國家；政治民族支持的是現代國家。前者的運作主要體現為一種慣性機制；後者的運作則主要體現為一種約定的狀態。

就後者來講，即現代中國——儘管是在變型的政黨—國家意義上而言的國家興起，都有一個歷史的中斷與自身漸進的發展歷程的。首先，中國現代國家的興起是以中國古典國家的歷史中斷為前提，之所以會發生這種歷史中斷，一方面是因為古典國家的內在資源長期消耗，甚至耗盡；晚清政府遲滯的改革證明了這一點，[6] 而中國人對於新興現代國家的熱切期待受對於古典國家無力拯救中國的共識，也證明了這一點。[7] 另一方面，是因為建立在慣性基礎上的中國古典國家遭遇了建立在契約基礎上的現代國家。現代國家建立在社會（政府）契約基礎上而具有的力量感，在突破了民族國家界限而向國際突進的時候，中國古典國家的自在運作就勢必陷入他在力量的制約境地，西方列強瓦解中國古典國家的舉動就證明了這一點。[8] 綜合兩個方面的作用，導致中國古典國家無法維繫自己的國家體系完整性，中國從古典的文化國家向現代的民族國家轉變就體現了其出勢所必然的態勢。這是因為，前者顯示了內在自我複製的不可能，而後者則顯示了結構替代者的出現。設定國家是社會生活的必須，那麼唯一的出路就是古典國家轉變為現代國家的徹底重構。

其次，中國現代國家興起是有一個歷史過程的。這一歷史過程就結構而言，為從早期呼籲文化國家轉變為民族國家，到建構民族國家的理性努力遭遇挫折後向黨化國家逆轉的兩次轉變。前一次轉變為中國現代國家興起做好了精神和制度準備；後一次轉變為「中國式」現代國家——為黨化國家的興起做好了觀念與體制籌劃。前一次轉變顯然為近代籲求中國社會實現現代躍升的革命者與思想家，為對於民族認同、國家建構的自覺，如孫中山對於「驅除韃虜，恢復中華，平均地權，建立民國」的闡述；另一方面為現代國家建構的憲政政治追求；[9] 一次轉變顯示為以黨建國的思想領袖和政治行動家合一角色，對於黨化國家理論的構造和黨化國家的組織行動，如孫中山對於國民黨的改造以及他對於國家建構的努力，或共產黨領袖人物對於同樣問題的類似反應[10]。

這一轉變從時間演進上可劃分為三個階段來描述。第一階段為晚清時期，一個古典文化國家向現代民族國家轉變的時期，從三個方面體現其促使中國國家形態轉化的特質。一方面是晚清政府對於國家形態轉換有一種自覺的認識，它展開的新政實踐就是一個明證；另一方面是民族認同問題與國家建構問題的交錯作用所體現的現代民族主義思潮的氾濫，以及在這種氾濫中日益高漲的國家認同；再一方面是促使現代國家發育生長的社會新階層誕生，諸如商人、工廠主人登上了社會政治舞台。他們對於國家的要求乃是一種促使工商業發展的現代國家，而不是限制工商業發展，大力推進農業發展的傳統國家[11]。第二階段在民國時期，一個從建構民族國家受挫到嘗試建構黨化國家的時期。第三階段起自一九四九年至今，是一個黨化國家建構成型並走向成熟的時期。後兩個時期正是本章着重分析的，源於它對於現代中國國家形態之定型具有決定性的影響。

與現代國家之作為民族－國家的規範狀態不同，黨化國家具有其特殊性。民族－國家乃是以歷史語言文化共同性為基礎的民族與政府（國家）結構的結合體，但是黨化國家則是一個建立在具有支配民族命運基礎上，強勢、獨大的政黨對於國家權力的獨佔。無疑，黨化國家是民族國家的一種變體形式。但是，我們首先要強調的卻是，在傳統與現代邊沿的中國，現代國家形態以黨化國家的形式興起，是具有其歷史合理性的。從總體上看，像中國這樣的後發外生型現代國家的興起，所具有的歷史緊張常常導致民族－國家興起過程中諸社會要素的變型組合。這些變型的組合的產生是因為作為文化民族存在的古典國家主體，在現代國家誕生之時無法提供給國家支持力量。相對於政治上孱弱的文化民族狀態，政治上比較成熟的政黨足以提供給國家建構各方面的支持力量：其一，觀念設計。後發外生的現代國家是具有思想家與政治家自覺設計國家形態的特點，民族主義就是這種設計的觀念工具，卻不是所有的民族共同體成員都具有民族主義自覺性的，只有少數建構或加入政黨（或政黨萌芽狀態的各種組織）的領袖人物具有這種政治理念。這些人就成為後發外生現代國家建構的觀念提供者，他們從黨派立場出發思考國家建構問題的視角，也就決定性地影響了國家的實際建構狀態，代表人物如國民黨時期的孫中山、蔣介石，或共產黨時期的毛澤東、鄧小平，都是黨化國家的自覺闡述者和實踐者。沒有他們的黨化國家理念，我們還真難以設想中國國家建構的實際形態的結果。與此同時，在中國現代國家的形成過程中，古典時代的文化民族轉變為現代的政治民族，這中間也蘊涵了一個文化民族的道德思維對於道德定位的現代政黨認同的天性有利因素。政黨之作為政黨的利益團體及振興國家民族的主體的定位，從而將政黨與國家連接為一體，也就是順理成章的了。[12] 其二，制度供給。後發外生的現代國家常常是處於傳統政治實體制度供給短缺的狀態下向現代國家轉變而成的，因此什麼樣的政治組織及其政治嘗試足以供給替代傳統政治制度的制度體系，它就具有組織國家的「先天優勢」。無疑，在中國現代早期（即晚清時期），有思想家、政治家對於中國國家的制度建構貢獻過零散的意見，但是真正可以為現代制度建構思想並落實到實際政治過程之中的，還是只有國民黨與共產黨的黨化國家思想與制度建設。其三，社會動員。黨化國家的社會動員方式主要有兩個，一個方式是政黨因素楔入民族轉型，促使中華民族從文化民族轉變為政治民族，構成為政黨支配國家而形成黨化國家的重要原因；另一個是政黨因素注入社會運動，即由政黨擔當組織散沙般的中國傳統社會而組織起來的現代社會，令這種政黨足以獲得配置各種社會資源的絕對權力。從傳統的會黨轉變為現代的政黨，政黨的現代組織方式具有的社會凝聚功能，驅使政黨與現代國家運動合攏。在中國從傳統文化國家轉變到現代民族國家的過程中，由於政黨取得了建構國家的優先權，由此替代了民族在國家建構中的中心作用，使得民族－國家的現代國家規範結構轉換為政黨－國家的現代國家變型結構。這一歷史進程將民族、國家與政黨的關聯式結構，從民族國家的「民族」到「國家」再到「政黨」的三者遞進秩序，改變為從「政黨」到「國家」的二維傳遞關係。因此，在中國人獲得足以反省黨化國家弊病的教訓之前，黨化國家的歷史與理論正當性是不會遭受懷疑的。

二、黨國一體

在現代中國歷史上，政黨對國家的支配，以至於政黨與國家合而為一的黨化國家建構，可以從兩個角度得到認識：第一是歷史經驗的視角，第二是從國家結構與運作機制的視角。從這兩個角度看，二十世紀中國兩大政黨對於中國現代國家形態建構都有決定性的作用。

首先，從歷史經驗的角度分析。國民黨對於黨化國家具有草創之功。這種草創，一是基於國民黨對於黨化國家的理論設計，二是基於國民黨對於黨化國家的政治實踐。從前者看，決定國民黨政黨形態的兩位政治人物的黨化國家理念值得分析；從後者看，國民黨的國家統治定位、策略、舉措都值得研究。就前者講，在國民黨作為現代政黨成立之際，將國民黨與國家建構本應是作為兩個問題處理的問題，直接合而為一對待的。孫中山早期的民族主義理念，具有粗略的民族—國家輪廓。只是在孫中山意識到嚴密組織起來的政黨對於中國國家建構的決定性意義時，他的黨化國家思想才趨於成熟，對此可以從孫中山組織興中會，建立中華革命黨到改建國民黨的思維演變邏輯上看出。而孫中山黨化國家思想構成大致分為是三方面：一是孫中山的黨化國家思想強調政黨建構與國家建構的一致性，「吾人立黨，即為未來國家之雛形」[13]及「黨有力量，可以建國」。[14]而黨的力量來源於黨的道德理想主義——諸如立黨為立國，黨無私利，貫徹「能為全國人民盡此忠實之義務」的主張[15]。另一方面是以黨治國，其精髓是以黨的政治綱領作為國家治理的依據。「所謂以黨治國，並不是要黨員都做官，然後國才可以治，是要本黨的主義實行，全國人民都遵守本黨主義，中國然後才可以治。」[16]至於以黨治國的政治舉措則是完全的權力壟斷。「自革命起義之日至憲法頒佈之日，總名曰革命時期。在此時期內，一切軍國庶政，悉由本黨完全負責。」[17]再一方面，以黨治國具有政治排斥特性，這種排斥性既是針對「主義」這類政黨意識形態，也是針對政治人才任用。一者「國民黨係我創立之民國唯一政黨」[18]；二者不是迫不得已，否則不「借才於黨外」[19]；三者政黨治理本身依靠人治而不是法治，實行「黨用人治的長處很多，人治力量乃大。」[20]

孫中山奠立的黨化國家格局，在後來蔣介石對於國民黨的改造有了進一步的落實，對於國民黨建立起黨化國家的政治實踐形態發揮了關鍵的作用。國民黨的定位與定型都與蔣介石有關。國民黨的定位指的是，它要成為怎樣的黨，即作為一個黨派它究竟在國家政治生活中發揮什麼作用。國民黨的定型指的是，它事實上是一個怎樣的黨，即作為一個黨派它坐實在什麼狀態中，其結構與功能的匹配基本坐實在什麼形態上。蔣介石對於這兩個問題的解決思路是，就前者而言，他認定國民黨是「唯一救國的黨」，因此國民黨理應佔據國家的所有權力。就後者講，國民黨乃是一個由黨國、黨軍、黨治構成不講權利只講義務的政黨，而國民黨中央對於全黨、全社會取一種「保姆」和「導師」的姿態。[21]國民黨的黨化國家定位與定型從此與中國二十世紀政治結構的定位與定型有了高度的一致性，甚至可以說它為此後中國黨化的國家政治組織奠定了基調。

從評價的角度看，早期國民黨建黨的混亂，使得國民黨對於黨化國家的建構既在理論上與政治實踐上嚴重滯後。加之孫中山對於國民黨黨化國家的建構屬於晚年的政治應急舉措，蔣介石對於國民黨黨化國家的強化屬於急功近利的安頓，因此從嚴格的意義上而追，國民黨並沒有完成黨化國家建構的政治任務。中國共產黨對於黨化國家建構與鞏固的成功的程度遠遠超出中國國民黨。中國共產黨對於黨化國家的建構，與其作為現代政黨的建黨綱領的自覺性、運作的紀律性、國家內在化於政黨的周密性是聯繫在一起的。中國共產黨的政治領袖兼思想領袖對於黨化國家的闡述，一直是他們不變的思想取向。以中國共產黨建國時期的領袖代表毛澤東和執政時期的領袖代表鄧小平對於政黨與國家基本關係的論述為例，在毛澤東的論述中，中國共產黨具有比中國國民黨更有利的道德資源，因為中國共產黨既建立在「最正確最革命的科學思想」的基礎上，又和「最廣大的人民群眾取得最密切的聯繫」。[22] 因此毛澤東強調中國革命與共產黨宗旨的內在吻合，「離開了中國共產黨的領導，任何革命都不能成功」。[23] 所以，毛澤東信心十足地宣告「沒有中國共產黨的努力，沒有中國共產黨人做中國人民的中流砥柱，中國的獨立和解放是不可能的，中國的工業化和農業近代化也是不可能的。」[24] 故而在一九四九年中國共產黨取得全國政權之後，毛澤東在政治上實踐黨化國家的「黨的一元化領導」就水到渠成。至於鄧小平，他一方面將中國共產黨定位在「五四」以來唯一一個聯繫群眾的政黨位置上，另一方面則將中國現代化的成就與中國共產黨直接連接起來，認定「全國人民把他們對於前途的一切希望寄託在黨的領導上。」[25] 取決於中國共產黨政治領袖兼思想領袖的明確的黨化國家理念，一九四九年之後的中國國家形態，便日益明確地走向黨化國家的定格境地。

定格了的中國黨化國家形態，乃是一個中國共產黨完全徹底壟斷中國社會所有資源的形態。這種壟斷，不僅是對於社會政治資源的壟斷，也是對於社會經濟資源的壟斷，更是對於精神的、制度的與日常生活絕對統治的壟斷。可以達成這種壟斷，一方面是因為中國共產黨對於異己思想與異在政治力量的成功擠壓，另一方面則在於中國共產黨成功地控制了各種統治資源。就前一方面來說，不論是一九四九年前的思想運動，還是一九四九年以後的思想控制，都使得中國人可以選擇的政治理念日益陷入一個逼仄狀態。一九四九年以前的延安整風運動，使得中國共產黨黨內練習了黨化國家的運作。一九五七年的反右運動，使得中國社會，尤其是潛在的政治競爭力量——知識分子——習慣了對中國共產黨的唯命是從，而這種黨化的政治意識形態一旦掌控了整個社會，提升了國家意識形態，它就具有「放之四海而皆準」的唯一正確性。以此為基礎展開的政治控制、思想教育，便成功約束黨化國家的政治意識形態「跑馬圈地」裏。與這種思想控制相關，黨化的軍隊、員警、政府、經濟、教育、文化、日常生活構成了黨化國家的嚴密控制體系[26]。從存在上看，黨在國家之上，黨在國家之外，但是從黨的作用方式上看，黨又在國家之中。黨化國家的成熟形態終於在中國共產黨的手裏成功得以建構起來。

無疑，國民黨與中國共產黨在黨化國家的建構中所發揮的作用是不同的，而且具體的舉措大相逕庭。只是從黨化國家建構的結構上來審視兩黨，我們不能不強調國民黨與共產黨的同構性。一方面，就政治競爭的角度而言，承認國民黨與共產黨是幾十年的政治冤家。而且從兩黨的政治—思想領袖的自我政治表白與相互指責來看，他們對於彼此的差異都有自覺的陳述[27]，但是另一方面，從政黨的基本結構上分析，兩黨的同構性遠遠大於它們的異質性。其一，從政黨的基本政治理念上看，不論是國民黨還是共產黨，都是建立在列寧主義基礎上的政黨。兩黨都信奉真理獨佔和軍權至上的列寧主義原則。恰如孫中山總結的。俄國革命之成功「實全由其首領列寧先生個人之奮鬥，及條理與組織之完備。」[28]對於黨而言，黨員必須對黨絕對忠誠，既犧牲個人自由，又貢獻能力。「只全黨有自由，個人不能有自由，然後我們的革命，才可以望成功。」[29]在國民黨的黨制建構中，孫中山因此佔據一切重要職位，後來蔣介石遵循孫中山的建黨思路，更強化了獨佔真理的政黨性質。雖然說國民黨對於列寧主義的階級鬥爭理論棄置不顧，但是國民黨卻完全繼承列寧主義的政黨建構方式。後來共產黨所走的路，更是一條自覺的列寧主義道路，這不僅是因為「十月革命一聲炮響，給我們送來了馬克思列寧主義」，更是因為中國共產黨歷史上重要的古田會議和遵義會議對中國共產黨的列寧主義改造。「支部建在連上」和「槍桿子裏面出政權」的列寧主義信條，自是成為中國共產黨基本綱領中的支點。其二，從政黨的國家理念上看，黨化國家是國民黨與共產黨所共同認可的國家建構原則。政黨意志即國家意志，政黨意識形態即國家意識形態是黨化國家的理念結構。政黨對於國家權力的獨佔是黨化國家的當然權力佈局，黨化軍隊在作為黨化國家的支柱上完全一致，以蔣介石所認定的「各團體的軍隊化，實在是救國的不二方法」為例，與毛澤東在文革時期所主張的「軍管」並無分別。其三，從政黨對於國家社會政治生活的實際控制方式上來看，一方面兩黨都對於意識形態的控制高度關注，以自己政黨的意識形態居高臨下地下貫到國家組織結構，是他們共同的選擇，另一方面，將國家意識形態通過黨化教育的方式，再次下貫到整個社會。國民黨的黨化教育即是奴化教育，「本黨一面以保姆的資格，培養社會的元氣；一面以導師的資格，訓練人民的政治能力」[30]。這令素質低下的人民可以全心全意跟隨國民黨，而共產黨的黨化教育也同樣是灌輸奴化意識。從中國共產黨執政前「反對自由主義」的思想整頓到執政後的反自由化運動就說明了一切。[31]

國民黨與共產黨的同構性實際上給我們展示了審視黨化國家另一個角度，即從國家結構及其運作的機制上看黨化國家的狀態。簡單而言，其一，從國家統治的政治理念上看，這是從觀念層面對於黨化國家的審視，獨佔性地執掌國家權力的政黨，具有在思想世界運用純熟的政治控制技術的能力，將思想形態的政黨與思想形態的國家完全合而為一。其二，從政黨對於國家權力的全面佔據上看，這是從制度層面對於黨化國家的考察。獨佔性地執掌國家權力的政黨將國家一切權力收攝於政黨，從國家暴力機器的獨佔到國家資源的壟斷（計劃經濟最直接體現出這一特點），再到思想意識形態的真理獨佔，國家與民族均退隱到政黨的背後。其三，從政黨對於國家全面控制機制的形成上看，這是從日常生活層面對於黨化國家的描述。獨佔性地執掌國家權力的政黨將國家政治生活、組織行動方式與日常生活貫通起來，將所有關乎「黨和國家」、「黨和人民」的方面連接起來，加以高壓控制。黨化思維、黨化制度與黨化生活成為整個國家的生活方式。

黨國一體的黨化國家，簡單來説，就是獨大的、佔有國家權力的政黨對於國家一切權力的壟斷。這些權力，既包括政治、經濟等可以實體化的社會權力，也包括觀念、教育、文化等虛化的話語權力。這種權力結構，從結構上看則可以分為兩個層面：其一，從國家結構機制上看，黨國—黨軍—黨政的一體化結構，就顯示了這一結構的權力滲透狀態。

「黨國」是將政黨權力與國家權力直接合一；「黨軍」是將政黨權力與軍隊暴力合一；「黨政」是將政黨權力與政府權力合一。三者完全合一，便能將現代國家的所有權力高度歸併起來，完全壟斷權力。「黨國」將國家黨化，「黨軍」將暴力黨化，「黨政」將國家日常權力黨化，從而令掌握國家絕對權力的政黨不被挑戰。其二，從國家運行結構上看，全能國家的定位令國家黨化的政黨全方位地滲透到國家與社會生活的各個領域之中。「黨綱」突顯了政黨對於民族採取拯救姿態的道德依據，將建黨與建國統一；「黨權」突顯了政黨對於國家採取大權獨攬統治方式的憑藉，將黨內支配與黨外支配相統一，「黨化教育」顯示了政黨在物化權力之外的思想上統治全民族的馴化進路，從而使得黨化國家的運作顯得自然而然。前者作為黨化國家的結構狀態，後者作為黨化國家的運行方式，兩者結合，就使得黨化國家具備了結構的完整性。

在現代邊沿上的中國，政黨何以能夠凌駕於國家之上呢？這與三個因素有關：首先是政黨將自己人為地提升至一個代表民族未來的理想主義團體，這使得它可以自恃自己的理想主義而具有一種領導全民族的極端道德優越感。蔣介石的國民黨就是這樣看待問題的。「我們國家這樣大，人口這樣多，而我們國民的知識和普通的教育，卻又這樣的幼稚和缺乏」，不經過黨化的及時訓練，「國家也就亡了，我們種族也就滅了，當然再不能有獨立的希望了」。[32]毛澤東、鄧小平的共產黨同樣是這樣看問題的。前者的「嚴重的問題是教育農民」，與後者的「一定要注意引導，不好好引導就會害了他們」[33]的論述都潛蟄着執掌國家最高權力的政治領袖那種高於全民族成員、有資格訓導全民族成員的極端道德優越意識。另一方面，由於政黨先於國家成立，成為國家建立的動力，因此政黨的行政建構就成為後起國家行政建構的原型，以黨代政成為順理成章的事情。前引孫中山、蔣介石關於國民黨與國民政府的一致性論述，已經可以證明，後來共產黨領袖也一再強調將黨內的優良作風帶進執政之中，以便將黨的「為人民服務」宗旨轉換為「執政為民」的為政方略，以及黨的組織原則「民主集中制」、「群眾路線」與國家政治生活中的相同原則歸併，也突顯以黨治國的大思路。再一方面，政黨具有組織社會的社會動員「先天」特質，因此，當政黨佔據了社會政治生活的絕對有利位置後，它對於社會秩序就具有了設計、指引的自然先導權。這是中國現代黨化國家得以有效動員社會的同時，維護自己的黨化統治的原因，為中國政黨領袖所強調的列寧主義原則，「沒有鐵一般的和在鬥爭中鍛煉出來的黨，沒有為本階級全體忠實的人所信賴的黨，沒有善於考察群眾情緒和影響群眾情緒的黨，要順利地進行這種鬥爭是不可能的。」[34]

三、國家二型

從政治學理論上講，我們強調規範意義上的現代國家是「民族—國家」，並以民族國家為審視座標，指出變型的現代國家是「政黨—國家」即黨化國家。之所以說民族—國家是現代國家形態的規範形式，其一，它具有先發性。這是一個時間向度的分析。不是說先發的政治生活形態就一定具有規範性，但是，就民族—國家的形成而言，正是由於它的先發，使得它的發育生長方式成為了後來的現代政治組織結構一個原型。現代國家無疑由民族—國家催生並作為標誌，由一個主體民族在其語言、文化、歷史的基礎上達成建構嚴格國家組織的「國家認同」。迄今為止，還是建構國家的基本方式。現代政治學關於國家的定義大多從民族—國家的角度給衍生，「由這一領土內的居民和政府組成的政治體系就是國家。」[35] 而政府也不過是「在一特定領土內成功地支持了獨掌合法使用武力的權利以實施法規的任何治理機構。」[36] 當我們將國家看作一個民族建立政府的現代組織結構的時候，它與民族和國家兩個端點的觀察口徑是一致的。其二，它具有成熟性。這是一個結構狀態的分析，民族—國家既然是以一個民族建立起來的政府體系，它的建構方式就具有天然的政治性，這種政治性體現為一個民族建構政府體系時的諸社會政治原則。一方面，社會契約構成它組織起來的基礎論證，另一方面，政府契約構成它促使成員們認同的政治基礎。前者成為文化民族與政治民族分野的標誌；後者成為古典國家與現代國家分界的象徵。自由、平等、博愛之成為現代政治理念，憲政、法治、民主之成為現代政治制度，國家與社會二元分流之成為現代政治格局，都是因為它們規定了於契約基礎上形成的國家性格。[37] 其三，它具有相對優勢，這是一個比較後發的政黨—國家與先發的民族—國家的觀察，在它們都獲得了自己的歷史理由而具有了共時存在的情況下，兩者就產生了比較，它們以共產主義與資本主義的意識形態對峙了幾十年之後，民族—國家的國家建構經受了歷史的考驗，而政黨—國家則進入一個轉型的陣痛之中。後者進入轉型的原因正是因為它的內在缺陷：集權的政治形式已經難以進行有效的社會政治動員，僵硬的計劃經濟形式難以有效配置資源，而封閉的文化建制亦鎖閉了社會創新的通道。這與民族—國家建立在分權制衡基礎上的憲政民主政治機制、依據於價格基礎之上的市場經濟、開放的文化建制具有的文化自我更新無法長久地對峙。

政黨—國家是現代國家的變體形式。它一方面是後發性的轉變，這如果僅僅只是時間意義上的，倒也不是什麼緊要的問題。如美國相當於英國是後發的，但是國家結構都是民族—國家的，只是後發的政黨—國家，在國家形成的過程中，由於民族的政治動員滯後，需要一個自覺建構國家的強勢政黨來號召建立國家，政黨就此佔據了民族在國家建構中的領導地位，因此，它以「民族代表」的身份獲得了建立國家（政府）的特權，這樣民族—國家的基本結構就發生了變化，而政黨—國家就成為在民族—國家形成動力不足下的產物。政黨替代了民族作為國家建構活動的主體，政黨意志又恰恰是在與民族意志的形成中扭轉民族意志，以至於高於民族意志的情況下引導民族轉向國家的，所以它的後發使得它必然變型。另一方面，它是不成熟的，這是因為它是在出台條件不足的情況下的「早產兒」。社會主義是政黨國家的意識形態的依託，而共產黨是政黨國家的組織依託，落後國家是政黨國家的既有國家基礎，集權的政治、計劃的經濟與封閉的文化是政黨國家的社會結構形式，分析起來，這些條件給政黨國家的建構提供的生存土壤實在是相當貧瘠的。社會主義的混亂狀態，不足以給社會主義國家建構實踐提供充分的思想營養，科學社會主義的意識形態建構，也不足以提供資本主義系統替代方案。它作為革命政治哲學，將自己的理論構造軸心安頓在革命的正當性上面，令國家建設的問題深深地隱匿在革命的激情後面。政黨國家建構起來之後究竟該怎麼辦的問題並沒有提上枱面的機會，所以當政黨國家能如此迅速地建立起來時，連政黨領袖一時都陷入了不知所措的喜悅之中。[38] 再一方面，它顯示出相對的劣勢。這種相對劣勢是在政黨—國家經歷了發展時期之後顯示出來的。

政黨國家建立起來的社會主義國家（或民族主義國家），大都沒有發育健康的社會政治制度、經濟運行制度和彈性社會控制制度。社會政治制度的非憲政安頓，使得它們均成為某種形式的極權專制政體。政黨的民主集中制投射在國家政治結構中轉換為國家的中央控制結構，使社會政治活力被這種政治制度扼殺。政黨國家的政治制度就此具有一種脆性特徵——它在可以維持自己的範圍內，從容地複製自己；一旦它到了脆弱的邊沿，便誰都無法拯救它了，因此它的改革就只能是對於它的顛覆。而社會經濟制度上的剛性計劃制度，也因為超前於社會經濟發展發實際水準，而無法支援社會經濟繼續有效地發展的需要以及有效地配置社會經濟資源，造成資源的極大浪費，以至於這種經濟行度無疑要走向終結。至於控制方面，由於政黨意識形態的強勢作用方式被楔入了社會日常生活，因此，全方位的社會控制是這種國家社會日常生活的必須。一種完全缺乏抵抗空間或非暴力反抗餘地的日常生活，使得社會生活出現了常態下的控制有效性和非常態下的完全失去控制的兩極跳躍狀態。這些劣勢，使它在與自己敵對的制度競爭中，必然處於失敗的境地。而它的失敗只能歸咎於自己內在的缺陷或相對的劣勢，而不是外部壓力。

比較分析民族—國家與政黨—國家兩種國家類型的結構與功能，可以更為清晰地看到兩者具有的差異性和特點。這種比較，可以從三個角度着手：一是國家意識形態的構成與組織結構的差異；二是國家基本政治制度安排的不同；三是國家日常社會政治生活狀態的區別。

第一，規範的現代國家與變型的現代國家在國家意識形態的構成上具有巨大的差異。所謂國家意識形態，是指足以使得國家之作為政治共同體，其成員對於國家認同的觀念基礎之基本價值的共識。無疑，現代國家都需要國家意識形態作為國家的觀念基石，假如一個現代國家沒有這種觀念基石，就等於沒有國家的感召理念，國家的精神形態就建立不起來。就現代民族國家的國家意識形態而言，它的國家意識形態可以詮釋為是一種權利型民族主義與權利型愛國主義。權利型民族主義指的民族共同體之作為政治共同體的基礎，民族任何成員都在這個共同體內獲得了同樣的人格尊嚴和政治權利，以至於他們因為這種自由平等地位促使他們發自內心地認同這一共同體。假如民族共同體的成員在這個共同體內沒有得到應有的尊重和政治權利，他們對於民族共同體就有採取拒絕認同態度的權利，絕對不會因為他們在歷史傳統、語言文化和風俗習慣上屬於這個共同體而遭到民族的人格蔑視和權利踐踏。以此為基礎，權利型愛國主義，是指建立在民族共同體基礎之上的國家共同體，必須是一個保護共同體成員政治權利的組織建制。國家與組織國家的成員，具有握權和授權的關聯式結構。國家之所以獲得人民的愛護，就是因為它保護了人民；人民之所以愛護國家，是因為他們在其中獲得了安全、尊嚴和生存發展的機會，而不是因為國家凌駕於人民之上，所以人民必須服從它。在這個意義上，「一個國家或民族的成員應該能分享共同的政治原則。從這個意義上講，民族意識和關於同屬於一個共同的國家的認知，應該是支持民主政治的。」[39] 規範意義上的民族國家，基本上都是憲政民主國家，在此也就獲得了理解的理由。在這樣的國家框架之下，一切政黨組織都只具有相對於國家組織的次生性，相應地，政黨組織是在國家框架下運作的，對於國家組織具有忠誠倫理導向，而不是相反。

後發外生的現代化國家所面對的困境是，它從古典文化國家轉型為現代民族國家的時候，沒有了原來國家結構中內生的轉型動力，因此它得依賴相對於原來國家結構而言的外生力量來動員資源進行現代國家的建構。在這種情況下，取得了支配性地位的獨大政黨就有了代表民族利益與願望的機會。在民族危機中，道德自我正當化的政黨就有了一個要求民族成員跟隨這一政黨的理由，所以當通過政黨力量建立起國家組織架構之後，黨化國家的國家意識形態支撐也就通常是義務型民族主義與義務型愛國主義。所謂義務型民族主義，就是不問民族成員在民族共同體中的地位與作用，不問他們作為個體活動者是否具有基本人權和政治自由，只是在民族危亡關頭，被政黨動員起來而成為沒有權利只有義務的民族救亡者。他們在民族危亡之際，遭遇了究竟為民族大我犧牲小我、還是為小我一己犧牲民族大我的「權利難題」。結果，大我勝過小我，義務替代了權利，在民族「大義」面前，中國人沒有思考權利與義務關係對等性的空間。而義務型愛國主義，是由義務型民族主義自然引導出來的政治意識形態。[40]它主張一個民族的成員對於它所建立的國家共同體來必須無條件地採取愛護的立場，它將愛國與賣國作二元對峙般理解——要不你履行愛國義務，要不你就是出賣祖國。在這種情況下，人們就不能質疑國家對於自我價值與意義問題，而是只能質疑自己愛國的忠誠程度問題，而「國家」作為一個政治組織與「祖國」作為一個文化概念之間的差異性，也就被忽略。與之伴隨，獨大的政黨是在國家框架之上和之外運作的。「之上」，是指政黨佔據了國家建構的資源。國家之作為號召民族凝聚的道德主體，轉換為政黨之作為號召建立國家的道德實體的情況下，政黨與組織的「寡頭統治鐵律」發生作用機制特別明顯。[41]政黨領袖在政黨國家的建制中，發揮着「導師」與「領袖」的共同作用，並就此成為政黨的象徵與國家的象徵。於是，兩條對劃而過的線索就會顯現出來：第一條線索是國家建立的線索，是一條從民族到政黨，再到國家的線索。另一條線索是從國家到政黨，再到政黨領袖的線索。前者構成了國家形成的過程，支援了黨化國家結構；後者則構成了國家運作的過程，支持領袖專制機制，絕對忠誠的政黨倫理因此轉換為絕對忠誠的國家認同倫理。國家意識形態的批判性結構也就完全沒有建立的可能性了，黨化國家精神僵化也就是一個時間的問題了。

第二，規範的現代國家與變型的現代國家在基本制度安排上也有很大的不同。所謂國家的基本制度安排，指的是關乎國家政治生活的那些基礎性結構，如憲法的制定與憲政制度的運行、法治精神的建構和法治狀態的維持，或如民主制度的建立與改進等等。民族國家建立在民族共同體成員對於國家共同體關愛其成員的基礎之上，因此，將這種關愛落實為一種保護共同體成員的國家基本制度，也就是國家（政府）有效運行的前提。憲法的制定與實施、憲政的建構與運行，就是在這種驅動力之下產生。由於它是民族共同體，因此進而由國家共同體保護其成員，以便達到捍衛其成員支持民族共同體和國家共同體的基本制度基礎。憲法，就是建立在維護共同體成員基本權利的基點上的。此基點必須維護共同體成員的基本權利，才足以維繫共同體成員對於共同體的認同。否則，共同體之「共同」何在的問題就解決不了，而民族認同與國家認同亦會發生危機。在這個特定意義上，憲法絕對不能是對於共同體成員社會政治義務的硬性規定，而是對於共同體成員權利的保護性規定及對於國家組織建制的限制性設計。在此基礎上，憲法通向憲政才有可能性。憲政制度乃是一套健全的國家基本制度，它對於共同體成員的生命財產自由有明確的規定，對於主權在民的原則具有鮮明的強調，對於權力的分割制衡具有剛性的要求，對於法治的治國方略具有綜合的支持。[42] 經由憲法的建構和憲政的實施，國家的法治狀態維繫着國家的良制情形，而國家的良制情形支持着國家的優良秩序。一種對於共同體成員毫無例外的法治治理結構，令他們具有平等的社會地位，進而使得他們支援共同體運作的內在動力形成逐漸強化的趨勢，國家的持續發展就有了永續的動力，民族國家的民主建制一般會表現為低調的代議制與程式性民主，而不是高調的直接實質性民主制。[43]

由於黨化國家的國家結構決定，它不可能是制度化的國家，而其制度建制更具有保護權勢者特權而漠視共同體一般成員權利的特性。因為，一方面，憲政制度建立的空間被扼制住。現代黨化國家形式上都有一部憲法，但是這部憲法的現代性是嚴重不足的，它對於獨大政黨的超國家權力的規定，等於否定了憲法對於公民與公民組織享有平等權利的基本原則，而且由於獨大的政黨強制性制約國家政治生活，因此憲法通向憲政的機會不大。[44] 另一方面，國家的制度因為總是將執掌國家權力的政黨作為例外，因此制度的形式化作用機制總是建立不起來。制度的例外「制度化」地存在，也就意味着制度只能流於文獻形式，法治便建立不起來。沒有法治的支援，強控的社會政治秩序就只好以德性來支撐。像國民黨時期蔣介石宣稱儒家德性倫理治國勝過現代民族國家以法治國一樣，[45] 共產黨的領袖也始終不忘以德治國作為以法治國的「彌補」一樣。[46] 一個以德性作為國家治理直接資源的黨化國家，是不可能依靠真正有利於國家治理的法律資源，法律秩序建立不起來，現代大型複雜國家的秩序也就難以保證，因此它也就不可能得到真正的治理，只能流於控制—管制狀態。再一方面，黨化國家是不可能建立起國家的民主生活制度。現代黨化國家奉行的都是大同小異的「民主集中制」。然而，「民主」始終只是為了有效地全方位控制社會、了解社情民意所借助的工具與手段。所謂「人民民主」在黨化國家的工具化處境就是明證。因為在一個完全沒有人民群眾當家作主的制度機制下，人民根本就不可能做主。原蘇聯便是如此，以致於史太林晚期可以長期不召開政黨的代表大會和國家的立法大會。[47] 毛澤東晚期的統治也是其中一個力證。[48]

第三，規範的現代國家與變型的現代國家在國家的日常生活狀態上也具有極大的差別。這就是一個社會是否具有與國家抗衡的實力的問題。在前者，國家與社會的二元分立是國家規範運行的前提條件。在後者，黨化國家之控制社會則是人們視為當然的事情。

健全的民族國家就是憲政民主國家。在這樣的國家裏，國家權力受到嚴格限制，社會的自主與自治乃是國家政治生活之外的社會生活所必須的。因此，社會的自我組織狀態是非常發達的。在日常政治生活方面而言，社會組織構成壓力集團的時候，它對於國家（政府）組織構成的監督和影響，同時構成社會各階層人士自我維護利益的憑藉。在日常經濟生活上而言，國家與市場的分界比較清晰。市場的自生自發秩序來自於價格的作用機制，它對於國家的介入有一種「天然」的排斥性。在人際關係的處置上說，人們依據寬容的原則理解各自的信仰、價值觀和生活方式，而不是以一種在掌握國家權力的政黨控制下，以國家統籌的方式來「移風易俗」。[49]

黨化國家之所以對於社會生活具有吞噬力，是因為黨化國家以吞噬所有權力的高度壟斷性為特質。在政治上，黨化國家絕對不容許有相異的權力體系存在，它只要面對不同的權力結構，就意味着它的根本缺陷的可能性。要維持它絕對的偉大性、正確性，就必須以吞噬所有權力為前提，並以此來顯示自己絕對的不可替代性。在經濟上，黨化國家一定要通過對於經濟的剛性計劃控制所有經濟資源，以便強化它對於政治資源的控制。這兩種控制是相互依賴的。假如它在控制政治資源的時候忘記了控制經濟資源，它就無法達到對於國家資源的壟斷，產生出一個擁有獨立經濟力量支撐的反對者。但是這種經濟生活方式對於資源配置的效率極低，因此政黨國家的經濟始終是低效和短缺的。經濟生活的韌性匱乏和脆性結構，決定了經濟生活的不穩定性——隨時伴隨的饑荒就是一個很好的證明。[50] 取決於這種短缺經濟所可以供給的物質，黨化國家總是要經由掌握國家權力的獨大政黨來提倡節儉，以便化解物質短缺可能導致的政治風險。另外，在政黨權力借助國家力量介入居民生活時，國家還故意以極其輕慢的態度對待公共領域與私人領域的差異，隨意干預個體的私人生活。私人生活被國家組織化的生活完全吞噬，「鬥私批修」、「狠鬥私字一閃念」等等將個體納入黨化思維軌道的運動將私人空間佔據，權力之吞噬權利的情形亦從政治領域直接打通到生活範疇。[51]

四、黨化國家的轉型

黨化國家的內在缺陷體現在它的歷史運行過程之中，必然削弱它的外部競爭能力。因此，當黨化國家面對現代民族國家的規範運行壓力，以及內部整合的需要時，都遭遇了轉型的問題。審視黨化國家轉型問題有兩個視角：經驗的視角與理論的視角。經驗的視角其實是對於一個社會政治事實的刻畫。理論的視角則是對於一個現代政治規範的重新申述。

其一，就經驗層面來看，黨化國家的典範形態是原蘇聯東歐國家。從歷史形態上說，延續較為長久的黨化國家形態，尤其是建立在科學社會主義基礎上的社會主義形式的黨化國家形態[52]，都可以說是蘇東國家形態及其變型形式。就中國的國家形成過程來看，無疑，中國現代黨化國家形態的形成，也是移植和重組蘇聯黨化國家形態的產物。就此而言，審視蘇東黨化國家的轉型，有利於我們從宏觀視角轉而審視中國黨化國家轉型問題。從歷史回溯的角度分析，蘇聯與東歐從黨化國家向民族—國家的轉型，起自一九五〇年代，那個時候黨化國家的轉型，就外部因素而言，是因為遭遇到了「社會主義國家體系」的內部分裂。由於蘇聯將自己黨化國家的統治方式推移到其他社會主義國家，遇到了與國家建構同時興起的民族主義抵抗。像匈牙利、波蘭、南斯拉夫、捷克等蘇聯衛星國，對於蘇聯的專斷作風出現了基於民族主義的抗拒。東歐幾個小國的政治轉型，亦從那個時候找到了自己的歷史起點。加上政治強人史太林去世，蘇聯內部也開展了批判史太林主義的運動。黨化國家的基礎結構——蘇聯共產黨的天然正當性受到動搖。黨化國家賴以生存和維繫的基本結構——共產黨的道德正當性資源受到嚴重的損耗，黨化軍隊對於政黨的無限支援開始衰減，國家對於社會全方位的控制有所鬆動，黨化政府對於政黨本身有了游離。如果將蘇東情形切分為蘇聯與衛星國兩種情況來看，蘇聯的情況較為複雜，轉型起伏曲折而衛星國的情況較為簡單，處於一個持續轉型的狀態。就蘇聯來說，一九五〇年代，赫魯雪夫批判史太林主義是蘇聯黨化國家轉型的開端。後來勃涅日涅夫將改革扭轉，黨化國家的轉型發生回流，經歷了長達三十年的停滯。黨化國家的積弊愈來愈難以克治：政黨對於國家的控制愈來愈僵化，經濟的軍事化拖累了整個國家的經濟發展，軍企集團對於權力的掌控更具有威懾性，因此，蘇聯黨化國家的穩定轉型越發顯得不可能，積累起國家運作的脆性機制，為後來蘇聯的崩潰埋下伏筆。[53] 在眾多衞星國裏值得一提的是匈牙利。一九五六年和一九六八年是匈牙利黨化國家轉型最具象徵意義的兩個年份。一九五六年前，匈牙利是較為典型的蘇式黨化國家。「其結構特徵是集權的交叉連線與強制性的計劃，秘密員警起着異常重要的作用。」[54] 一九五六年後匈牙利進行了改革。改革的導向是分權，將過去高度集中的權力下放到基層組織。但是改革的意圖是鞏固執掌國家權力的政黨權力。一九六八年的改革具有新的性質，在政治上要求黨的機關減少干預，在經濟上採取指導性的市場模式，對於政府管理則強調規範化，[55] 為後來匈牙利從黨化國家順利地轉換為民族—國家的國家形態奠定了基礎，不至於經歷原蘇聯那樣的崩潰。

台灣地區的政治結構從黨化國家結構形態向民族國家結構形態的轉型經驗也值得我們高度關注。這是因為一方面國民黨大陸政權的建立，尤其是孫中山對之的改造，使其具有濃厚的蘇聯黨化國家色彩。雖然後來蔣介石似乎要朝悖反的方向行走，但是在政黨的結構上並沒有改變。國民黨對於權力黨化的迷戀、對於軍隊的重視、對於黨管幹部原則的把握，處處都反映出它的蘇式黨化國家特點。另一方面，在政治譜系上轉接蘇式黨化國家傳統的國民黨政權，實際上是後來接掌中國大陸政權的中國共產黨黨化國家的歷史原型。國民黨與共產黨在建構國家形態上的結構一致性，使得二者具有直接的政治親緣關係。相對於蘇東政黨國家轉型來說，國民黨黨化國家的轉型對於共產黨來說具有切近性，而前者不過是外部的震撼而已。國民黨在台灣的統治承接了大陸統治的形態，依舊是典型的黨化國家政治結構。只是由於內部及外部的諸種原因，國民黨在台灣的統治一直遭受抵抗，令國民黨在台灣的統治一直造成壓力。加之後來台灣經濟的發展令政治改革有內轉的趨向，更促使了國民黨進行自身的改革，後來，國民黨當局終於還是以解除戒嚴令奠基，相繼解除黨禁、報禁，使得台灣地區的國家形態走出了黨化國家的形態，具有了政治結構上的民族—國家的規範國家運作的可能性。[56] 黨禁的解除，使得現代政治最為種重要的政黨競爭制度可以建立起來，進而增加國家（政府）權力系統開放的可能了。而開放報禁，具備了事關共同體公共空間建立的可能性，社會自治也因此具有了一個與國家統治不一樣的「地盤」。與解除黨禁相關的一系列變化，尤其對於民族國家的規範建構具有重大意義，最為重要的有兩點：一是黨化軍隊的改變；二是黨管幹部的突破。前者使得黨化國家統治的暴力邏輯有根本性的改變，國家權力的邏輯亦具有了同意權力的性質；後者使得社會公共職位不被一個獨大的政黨壟斷，徹底打破獨大政黨獨佔公共職權的局面。這兩個方面的變化，對於台灣走出集權的黨化國家，邁向現代民主的民族國家政治運作形態，具有決定性的意義。[57]

其二，於理論層面的刻畫，是要縷析黨化國家向民族—國家轉型所涉及到的觀念層面問題，從而解決兩個問題。第一個問題是為什麼黨化國家需要轉型？另一個問題則是黨化國家該如何轉型？就前一個問題而言，黨化國家之所以需要轉型，就是因為它不是現代國家的規範形態。正正因為它的不規範，對於一個國家的現代發展造成了巨大的障礙。黨化國家中獨大的執政黨控制了一切社會政治資源，這種壟斷性的控制，必然造成資源的低效，甚至無效配置。從政治資源的配置來看，由於黨化國家禁絕了政黨之間的競爭，因此壟斷了國家權力的政黨便能肆無忌憚地行使權力，這使得權力的存在與行使的合理性都大大降低。而且，在權力沒有限制的前提下，不僅在結構上的合理性沒有保證，在權力與革命結合鬆動的時候，即在權力與利益鈎連的可能空間加大的時候，權力腐敗就成為一個氾濫的社會現象。從經濟資源的配置上分析，由於黨化國家的支撐力量主要是獨大政黨的道德理想主義，因此，經濟資源的合理配置對於黨化國家來説並不成問題。在黨化國家中，經濟是政治的奴隸。一方面是因為黨化國家沒有支持現代市場經濟運行的財產觀念，[58]因此財產與財產的增值就不是經濟運行的目的，僅僅只是為了體現某種意識形態的有效性。另一方面則是因為黨化國家將財產視為國家所有物，因為國家的支配者是力圖德性化的政黨，因此財產的佔有與財產的支配都缺乏現代經濟理性，對於財產使用的精確計算觀念建立不起來。再一方面就是因為黨化國家的非制度化運作使得經濟生活的自主性要求得不到滿足，人們無法自主地運用自己的知識、智慧和資本，從而造成短缺狀態下的節儉美德，因此成為無可救藥的匱乏社會。從社會其他資源的配置來看，文化上的自閉性使得文化的自我更新變得來不可能，教育的意識形態化使得知識創新缺乏基礎，科學的工具化使得對自然世界的認識扭曲為政治正確的依據。黨化國家確實不是各種資源配置的現代方式，而是集納了傳統和現代資源配置弱點的一種缺陷性極其明顯的資源配置體系。這註定了黨化國家在與它所拒斥的民族—國家的長時間競爭中，必然處於劣勢。

在我們不懷疑黨化國家轉型的經驗事實與理論論證的前提下，以下三個問題需要我們理智分析：

第一個問題是黨化國家該如何轉型的問題。解釋這個問題需要從現代國家建構規範的參照意義和黨化國家的自身變化兩方面加以審視。前者是轉型可能性的外部顯現問題，後者則是轉型可能性的內部動力問題。就前者來看，它總是顯示出民族國家在其國家運轉上具有強勢運作狀態，並且顯示出黨化國家該向何處發展這一問題的答案。它轉型的可能性就潛藏在這種相對的走向顯示中。就後者來講，黨化國家的運作困境促使它自身經歷一個強化自身、僵化自身到否定自身的過程。像蘇聯東歐這類黨化國家與國民黨政權的走向幾乎都經歷同樣的變遷歷程。如果說前者是一個定數的話，後者可以說是一個變數。只要兩者有機會扣合在一起，黨化國家轉型的可能性就會轉變為現實。

第二個問題是，黨化國家轉型的主要癥結問題是什麼？審視黨化國家的基本結構以及它發揮功能，關乎黨化國家轉型的主要問題包括以下幾方面：其一，社會發展的政治要求如何的問題。從黨化國家中獨大的政黨主宰國家生活，壟斷一切資源而造成社會其他階層、集團失去發展空間，由此必然引起社會各界或驟或漸的反彈，驅使獨大的政黨逐漸分權予其他社會政治組織，淡出國家政治生活的態勢。這種變化軌跡是黨化國家轉變為民族—國家的關鍵，因為黨化國家在現實壓力的逼迫下，逐漸會與它視為政治對手的政治組織妥協。因此，黨化國家的轉型是否一個現實的政治態勢，取決於社會組織在社會發展騰出政治空間的時候是否適時介入國家政治生活。其二為權力體系重建的可能性問題。黨化國家的權力體系是封閉的、僵化的、排他的，獨大的政黨往往毫無餘地地佔據一切權力。絕對權力的絕對運作，既使權力運作的效率低下，也使權力在不受約束的情況下變質為權力與利益的直接鈎連。因此，黨化國家的轉型實際上就是一個權力體系的重建問題。黨化國家的權力體系重建，涉及到三個關鍵環節，一個環節是掌控國家一切權力的獨大政黨本身的結構是否容納了異質因素。黨化國家獨大政黨因為利益導致其價值取向陷入派系分化，使得它必須學習與其他社會政治組織分享權力。只有這樣，獨大政黨才不可能怡然自得地複製自己，它必須為維護自身之作為一個團結的掌控國家權力的組織耗費大量組織資源，從而為其他社會政治組織進入國家政治生活提供空間。[59] 另一個環節是除開獨大政黨之外的黨派組織的存在與成長狀態，即是否有組織有能力足以與將國家黨化的獨大政黨抗衡，承擔黨際競爭責任的基礎。無疑，在中國，被冠以「民主黨派」的政黨的政治能力是非常孱弱的。它在中國共產黨於一九四九年執掌國家權力之後，就一直處於一個自我複製和壯大的萎縮狀態之中。這一歷史處境，使得民主黨派的自我發展變得重要。[60] 如果民主黨派足以發展成為成熟的現代政黨，那麼黨際競爭就有利於獨大政黨放下權力架子，與其他政黨平等分享國家權力。再一個環節則是社會壓力是否足以令政黨將自己準確地定位為一個社會政治組織，而不是獨享國家權力的法外超級政黨。這關係到國家權力相對於政黨組織的獨立性能否獲得認同的問題。其三，政黨競爭制度是避免黨化國家的重要政治制度安排。政黨競爭制度的建立依賴不同權力體系的相對獨立。國家權力獨立於政黨，使得政黨可以成功地區分出執政黨與在野黨，這是政黨競爭的前提。一個或多個追求「全輸全贏」的政黨，都必定是拒絕黨際競爭的、傾向於建立黨化國家的政黨建制。[61] 只有將政黨建制安頓到黨際競爭的現代政黨位置上的兩個或多個政黨之間，它才是一個規範意義上的現代政黨，也才可能是促進規範國家建構的政黨建制，這對於後發現代國家中強調政黨作用的情形尤其關鍵。

第三個問題是核心問題，即佔有一切社會、政治、經濟資源的執政黨如何可以有一個明確的政黨定位。為什麼說獨大政黨的定位對於黨化國家轉變為民族國家具有核心性的作用呢？原因很簡單，當這個政黨在獨佔國家所有的社會、政治資源的情況下，它只會以政黨組織自然要求的執掌權力的獨大心理來處理黨際競爭問題。它對於黨際競爭的排斥是自然而然的事情。只有在它或主動願意或被動同意改變獨佔國家所有的社會政治資源的條件下，關乎國家權力結構正常化的黨際競爭，乃至於憲政安排等等的制度建構，才可能提上政治改革日程。就此而言，在政黨定位上，從革命黨轉變為執政黨，是黨化國家政黨改革必須首先進行的政治改革工程。在政黨的定位問題上，確立起將革命黨轉化為執政黨的政黨理念，還只是一個將政黨安置到國家之下的合理轉變舉措而已。對於獨大政黨的轉型來說，關鍵還是在政黨的轉型舉措安排上。關於這方面有兩個問題值得強調，其一，獨大政黨的自身建設問題，從人們已指出的通過黨內民主，擴大到社會民主的政黨改革進路，也許是值得重視的進路。其二為政黨競爭的制度承諾問題。面對執掌國家權力的政黨建構初衷，黨際競爭如果是可以期望的，不是因為它依託於獨大政黨的道德覺醒，而是因為民族國家的「根本大法」——憲法，沒有將哪一個政黨規定為掌握國家權力的執政黨，而另將其他政黨規定為只能參與國家政治生活的參政黨，是在黨際之間尋求理性競爭，以便合法取得國家權力。就此而言，政黨競爭制度的建立既需要黨際競爭，更需要政黨輪替。否則，一個政黨將自己安置在國家法律之外之上，就永遠難以實現黨化國家轉向民族—國家的改變。

註釋

1 【美】邁克爾・羅斯金等：《政治科學》，第 2 章〈民族、國家與政府〉對於這一問題的討論。北京：華夏出版社，2001。以及【美】萊斯利・里普森著：《政治學的重大問題——政治學導論》，第 13 章〈民族國家與國際秩序〉，北京：華夏出版社，2001。Derek Bok, "Introduction," *The State of The Nation*, Cambridge: Harvard University Press, 1998。

2 【匈】瑪麗亞・約拿蒂：《轉型：透視匈牙利政黨－國家體制》，第 1 篇〈結構〉，長春：吉林人民出版社，2002。

3 參見費孝通等：《中華民族多元一體格局》，北京：中央民族學院出版社，1989。

4 參見徐復觀：〈中國的治道〉，載蕭欣義編：《儒家政治思想與民主自由人權》，台北：學生書局，1988。

5 參見岳慶平：《中國的家與國》，第 1 章，長春：吉林文史出版社，1990。

6 參見費正清、劉廣京編：《劍橋中國晚清史》，下卷，第 7 章〈1901–1911 年政治和制度的改革〉，北京：中國社會科學出版社，1985。以及李劍農：《中國近百年政治史》，第 3 章〈西法模仿時代〉，以及第 7 章、第 8 章〈革命與立憲的對抗運動〉，上海：復旦大學出版社，2002。

7 思想家康有為宣稱的「全變則存，小變仍亡」、以及「政變全在定典章憲法」的主張可算代表。見氏著：《上清帝第六書》，及《日本變政考》第 9 卷，載《康有為全集》第 4 集，北京：中國人民大學出版社，2007。

8 參見費正清、劉廣京編：《劍橋中國晚清史》，第 2 章〈晚清的對外關係，1866–1905 年〉。

9 參見前引李劍農書，第7章、第8章。以及費正清編：《劍橋中華民國史》，第1部，第5章〈立憲共和國，北京政府（1916–1928年）〉。

10 參見前引李劍農書，第14章〈中國國民黨改組與北洋軍閥的末路〉。以及《劍橋中華民國史》第1部，第10章〈1927年以前中國的共產主義運動〉。

11 參見費正清等編《劍橋中國晚清史》，下卷，第7章〈1901–1911年政治和制度的改革〉和第8章〈辛亥革命前的政府、商人和工業〉。

12 政黨的利益定位，即政黨主要是為了謀取政權而建立的組織的政黨性質，是現代政黨社會學所揭示的政黨的一個基本面目。參見榮敬本等主編：《政黨比較研究資料》中李普塞特「不可或缺的政黨」對於現代民族國家民主制度中政黨性質的討論，北京：中央編譯出版社，2002。

13 孫中山：〈致金一清函〉，《孫中山全集》第3卷，北京：中華書局，1984。關於國民黨時期黨治思想的縷述，楊德山所著《中國近代資產階級政黨學説研究》，有較為系統的清理，值得參考。北京：人民出版社，2002。

14 孫中山：〈關於組織國民政府案之説明〉，《孫中山全集》第9卷，北京：中華書局，1986。

15 孫中山：〈中國國民黨第一次全國代表宣言〉，《孫中山全集》，第9卷。

16 孫中山：〈在廣州中國國民黨懇親大會的演説〉，《孫中山全集》第8卷，北京：中華書局，1986。

17 孫中山：〈中國國民黨總章〉，《孫中山全集》第5卷，北京：中華書局，1985。

18 孫中山：〈與日本某君的談話〉，《孫中山全集》第9卷。

19 孫中山：〈關於組織國民政府案之説明〉，《孫中山全集》第9卷，北京：中華書局，1986。

20 孫中山：〈在上海中國國民黨本部會議的演說〉，《孫中山全集》第5卷。

21 參見蔣介石：〈為什麼要有黨〉，載《中國現代政治思想史資料選輯》上冊，成都：四川人民出版社，1983。

22 毛澤東：〈論聯合政府〉，《毛澤東選集》第3卷，北京：人民出版社，1991。

23 毛澤東：〈中國革命和中國共產黨〉，《毛澤東選集》第2卷，北京：人民出版社，1991。

24 參見蔣介石：〈為什麼要有黨〉，載《中國現代政治思想史資料選輯》上冊，成都：四川人民出版社，1983。

25 鄧小平〈「堅持四項基本原則」〉，《鄧小平文選》（1975–1982），北京：人民出版社，1983。

26 參見羅德里克・麥克法誇爾著，費正清主編：《劍橋中華人民共和國史》下卷，第3部分「文化大革命及其後果」以及第4部分「共產黨統治下的生活和文學」，上海：上海人民出版社，1992。

27 參見蔣介石：〈中國國民黨國民革命和俄國共產黨共產革命的區別〉，載《中國現代政治思想史資料選集》上卷。以及毛澤東：〈質問國民黨〉，載《毛澤東選集》第3卷。

28 孫中山：〈關於列寧逝世的演說〉，《孫中山全集》第9卷。

29 孫中山：〈在黃埔軍官學校的告別演說〉，《孫中山全集》第11卷，北京：中華書局，1986。

30 參見羅德里克・麥克法誇爾著，費正清主編：《劍橋中華人民共和國史》下卷，第3部分「文化大革命及其後果」以及第4部分「共產黨統治下的生活和文學」，上海：上海人民出版社，1992。

31 參見許啟賢主編：《中國共產黨思想政治教育史》有關章節，北京：中國人民大學出版社，1999。

32 蔣介石：〈為什麼要有黨〉，《中國現代政治思想史資料選集》上卷。

33 鄧小平：〈關於思想戰線上的問題的談話〉，《鄧小平文選（1975–1982）》。

34 列寧：〈共產主義運動中的「左派」幼稚病〉，載《列寧選集》第4卷，北京：人民出版社，1972。這段話為鄧小平闡述「四項基本原則」時所特別引用。見鄧小平：〈堅持四項基本原則〉，載《鄧小平文選（1975–1982）》。

35 這是美國政治學家達爾的著名觀點。參見氏著：《現代政治分析》，上海：上海譯文出版社，1987，第28頁。

36 羅伯特・達爾著：《現代政治分析》，第28頁。

37 參見鄒永圖等：《現代西方國家學説》，第2章，福建：福建人民出版社，1993。

38 如列寧對於一九一八年俄國十月革命的勝利就有這種感覺。參見周尚文等：《蘇聯興亡史》第1章第3節「蘇維埃政權的凱歌行進」，上海：上海人民出版社，1993。以及一九四九年毛澤東面對國民黨政權的迅速崩潰表現出的喜悅之情。之前毛本來以為跟國民黨爭奪全國政權又需要一個八年抗戰。參見費正清主編：《劍橋中華民國史》第2部，第13章〈國共衝突（1945–1949）〉。

39 參見程笑：〈愛國主義、民族主義及現代化——維羅裏教授訪談錄〉，載《公共理性與現代學術》，香港：三聯書店，2000。

40 維羅里強調民族主義與愛國主義是兩種不同的情感。前者狹隘而後者寬廣。參見商戈令：〈讀維羅里《關於愛國：論愛國主義與民族主義》〉。載《公共理性與現代學術》。但是在中國這兩種思潮的關聯則是相當之強的。因為在中國，民族主義的興起與愛國主義的高漲既在一個歷史時期，又恰恰相逢於國家建構的關鍵時刻。因此，二者的相攜性質使人難以將其完全區分開來。

41 參見羅伯特・蜜雪兒斯：《寡頭統治鐵律——現代民主制度中的政黨社會學》，第 4 章〈領袖的社會分析〉，天津：天津人民出版社，2003。值得注意的是，米氏的分析主要是以社會主義背景的社會民主黨為例。比之於社會民主黨更為強調集中的馬克思主義政黨，寡頭統治的傾向應該是有增無減。所以，後來憲政民主社會中的學者如李普塞特指出，像民主社會是有力量限制寡頭統治的。（參見米氏書英文版前言）只是馬克思主義政黨難以治理自己政黨的寡頭統治傾向。這從馬克思主義政黨嚴格的領袖譜系可以得到證明。

42 參見龔祥瑞：《比較憲法與行政法》，第 2 章〈憲法的基本原則〉。北京：法律出版社，1985。

43 參見【美】喬・薩托利：《民主新論》，第 15 章〈另一種民主〉。台北：東方出版社，1998。

44 參見本書下卷第四章〈在兩種憲政設計之間——自由主義與中國憲政改〉。

45 參見蔣介石：〈軍人的精神教育〉，載《中國現代政治思想史資料選集》上冊。

46 參見郝鐵川：《依法治國與以德治國——江澤民同志治國思想研究》，〈緒論〉，上海：上海人民出版社，2001。

47 參見《蘇聯興亡史》，第 11 章〈三十年代的蘇聯國內政治生活〉；以及第 17 章〈史達林的晚年思想和蘇聯社會〉。

48 參見朱玉湘主編：《中華人民共和國簡史》，第 3 篇〈文化大革命時期〉。福州：福建人民出版社，1991。以及《劍橋中華人民共和國史》下卷，〈毛澤東的繼承問題和毛主義的終結〉。

49 參見【德】愛德華・博克斯著，趙永穆等譯：《歐洲風化史——資產階級時代》有關章節，瀋陽：遼寧教育出版社，2000。

50 參見【美】彭尼・凱恩著，鄭文鑫等譯：《中國的大饑荒 1959–1961：對人口和社會的影響》，北京：中國社會科學出版社，1993。《劍橋中華人民共和國史 1949–1965》，第 8 章〈重壓下的中國經濟〉。以及《蘇聯興亡史》，第 23 章第 2 節「勃涅日涅夫執政後期的停滯和後退」。

51 蔣介石之強調「黨員只有義務沒有權利」是這種觀念的體現。毛澤東批評黨員「自由主義」也是一個表現。這類要求看起來是針對黨員的，實際上直接轉換為對於所有民眾的要求。近代以來中國人權利意識的孱弱多與此有關。

52 納粹德國也是典型的黨化國家形態。但是它延續的時間很短。因此不能與蘇東這類黨化國家「媲美」。

53 參見《蘇聯興亡史》，第 19 章〈赫魯雪夫執政初期的政治經濟〉；以及第 23 章〈勃涅日涅夫時期的蘇聯政治經濟〉，尤其是第 2 節「勃涅日涅夫執政後期的停滯和後退」。並參見黃葦町：《蘇共亡黨十年祭》，第 2 篇〈誰是蘇共的掘墓人〉，南昌：江西高校出版社，2002。

54 參見《轉型：透視匈牙利政黨—國家體制》，第 3 章〈再生產的動態過程〉。

55 參見《轉型：透視匈牙利政黨—國家體制》，第 3 章〈再生產的動態過程〉。

56 參見姜南揚：《台灣政治轉型之謎》，〈緒論〉，北京：文津出版社，1993。這裏所謂台灣的國家形態，不是在台灣之作為一個獨立國家的意義上講的，而是在一個政治實體的政治運作形態上來判斷的。因此，強調的是政治結構的規範形式的歸屬問題，不是政治實體的「國家」層次還是「地區」層次問題。當然還要指出，台灣地區的民族—國家基礎上的民主政治運作結構，由於遭遇到了族群關係的障礙，事實上又走上了歧路。但這是後話了。

57 參見顧忠華：〈公民社會在台灣的成型經驗〉，載陳祖為、梁文韜編：《政治理論在中國》，香港：牛津大學出版社，2001。

58 參見【美】理查・派普斯著，蔣琳琦譯：《財產論》，作者自撰「內容簡介」，北京：經濟科學出版社，2003。

59 如共產黨大都長期處在對於自身政黨紀律的運動式整肅狀態，以便維持它作為一個理想主義政黨的政黨性質。這無疑耗費了它的 組織資源。參見黃葦町：《蘇共亡黨十年祭》，第 2 篇〈誰是蘇共的掘墓人？〉，以及周尚文等：《蘇聯興亡史》，第 11 章〈三十年代的蘇聯國內政治生活〉、第 17 章〈史達林的晚年思想和蘇聯社會〉、第 19 章〈赫魯雪夫執政初期的政治經濟〉。李洪林：《中國思想運動史（1949–1989）》，香港：天地圖書有限公司，1999。

60 參見朱建華、宋春主編：《中國政黨史》，第 20 章〈共產黨領導的多黨合作曲折發展 國民黨「反攻大陸」和一黨專政的加強〉、以及第 21 章〈共產黨領導的多黨合作遭到嚴重破壞 國民黨統治的困挫與「革新保台」〉。哈爾濱：黑龍江人民出版社，1991。

61 政治學家鄒讜對於全輸全贏的政治心態下建立起的中國二十世紀政治遊戲規則，對於中國政治生活的不健康影響，有很好的分析。參見氏著：《二十世紀中國政治》，第 9 章〈天安門：從宏觀歷史與微觀行動的角度看〉，香港：牛津大學出版社，1994。

第三章

政黨、國家與憲法

中國的憲法——憲治分析

中華人民共和國的現行憲法是一九八二年頒佈實施的，這部憲法是繼一九五四年憲法、一九七五年憲法、一九七八年憲法之後頒佈的第四部正式憲法。對這部憲法的禮贊，不絕於縷；而對這部憲法的批評，接踵而至。考慮到中國有憲法而無憲政的政治事實，驅使人們從憲法文本與政治實踐的相關視角，對這部憲法進行有系統而深入的審查。本章特設定憲法的合憲性與非憲性這一對概念，作為分析一九八二年憲法的框架性理念。由此強調指出，由於一九八二年憲法的合憲性程度同以往三部憲法一樣較為低下，而非憲性因素充溢其中，因此導致這部憲法同以往三部憲法一樣無法通向憲政的窘境。為此，要從憲法通向憲政，必須保證憲法的合憲性，化解合憲性與非憲性的高度緊張。而要做到這一點的前提，則是轉變限制憲法合憲性資源聚集的政黨國家形態，使其坐實為民族—國家形態，滿足憲法合憲性的國家形態要求，從而保證憲法從純粹文獻落實為行憲政治的根本地位，並發揮其實際的憲制政治功能。

一、國家形態與憲法的合憲性

任何一個現代形態的國家，都有一部憲法，[1] 但是，現代形態的國家是一個高度包容性的概念。現代規範形態的國家，公認為民族國家（nation state），而民族國家的規範形態則是憲政民主國家。因此，現代憲法應當是民族國家的根本法（fundamental law）。一些稱之為現代形態的國家，其實是現代規範形態國家的轉變形態，並不是規範意義上的現代國家，而是現代變異的國家。這些國家制定的憲法，必須經過合憲性審查，[2] 才能斷定其憲法是否具有足夠的憲法性保障。正是通過這樣的審查，人們才可以理解，一些國家為什麼不同於規範意義上的國家，前者制定的憲法不能通向憲治，對國家實際的政治生活不能發生根本性的規導作用。

憲法的合憲性，是指一部憲法必須符合國家基本法的實質規定性。這就意味着，制定憲法並不是按照憲法的形式要素給出憲法條款，而是必須按照高於憲法條款的「高級法」，作為制定憲法的依據，並用於衡量一部憲法是否符合憲法的規範含義。憲法的合憲性，具有確定性指向和否定性指向兩個涵義。從前者看，合憲性是指憲法乃是一部限定或規範國家權力的根本法，它具有規範與約束國家權力的最高法規地位，發揮限制和規定國家權力合法作為的現實功能；就後者言，合憲性不是在憲法的形式上體現的一致性，而是憲法文本結構的一致性及規定性內容的一致性。可見，審視憲法本身的合憲性，是對憲法進行的「高級法」層次的政治審查，而不是一般意義上的法條之法律審查。[3]

民族國家需要一部憲法為成員認同國家提供基本價值與制度規則，但民族國家的政體形式不同，憲法發揮的作用也就大為不同。循此路徑，人們審視憲法之合憲性的進路也就明顯區別開來。民族國家的規範形態，即憲政民主國家中的憲法，既有人民主權、分權制衡、憲政法治的憲法性保障，又有實質性的國家—社會二元化整體結構作為憲法實施的保證。因此，建基於憲政民主政體的民族國家，憲法的合憲性是沒有問題的。與憲政民主政體基礎上的民族國家不同，實行政黨專政的民族國家，其憲法是執掌國家權力體系的獨佔性政黨的工具，其憲法的合憲性是需要辨析的問題。本來，政黨國家完全可以按照黨的政治意志統治國家，為什麼政黨—國家也要制定一部合憲性成疑的憲法？政黨的組織章程，不就是它據此建國的基本價值與制度選擇的原則性陳述麼？這是兩個需要分別回答的問題。要回答前一個問題，必須包攬所有政黨國家憲法的比較政治分析事務。筆者僅僅試圖從中國一九八二年憲法這個特定法律位元文本包含的政治資訊中，析出解釋這一問題的部分答案。要回答後一個問題，是一個勾畫政黨國家的政治運作與憲法關聯的大問題。這同樣是有限篇幅所無法完成的任務。本章也只是想借助一九八二年憲法來嘗試解釋政黨國家之憲法境遇的政治—法律緣由。

中國的一九八二年憲法是大幅修訂一九七八年憲法的結果。人們習慣上認為，一九七五年與一九七八年是堅持革命的憲法，而一九八二年憲法則是矯正無產階級專政下繼續革命、真正進入國家和平發展軌道的憲法。[4]這只是從中國政治變遷的視角給出的結論，而不是在憲法的合憲性視角上進行審查所得出的結論。其實，一九八二年憲法與一九五四年憲法相比，反倒具有旨趣上的一致性。如果說一九七五、一九七八年憲法是典型的繼續革命型憲法，那麼一九五四年憲法就更體現出革命後建國的基本精神。為什麼這中間出現了一種制憲的歷史跳躍呢？這樣的跳躍，當然與一九五六年起始的和平建設國家進程斷裂有着密切的關係。不過更為關鍵的是，革命建國的思維重新回到建國者，尤其是毛澤東的大腦，主導了他（們）的國家建構思路。因此，一部旨在依憲治國的憲法，就不符合他（們）的政治需要了。革命政治與中國人民共和國的立憲過程，就這麼交織在一起。簡單比較一下，一九五四年憲法旨在落定建國基本法，一九七五、一九七八年憲法旨在確立階級鬥爭的國家統治思路，一九八二年憲法的宗旨便是撥亂反正，對前兩部憲法作出修改，恢復秩序，啟動改革。就此而言，一九八二年憲法也還不是規範意義上的憲法，還是一部具有過渡意義的政治綱領。[5] 而這綱領，恰好反映出中國的國家結構與制憲的特殊關聯。

如果人們想對一九八二年十二月四日中華人民共和國第五屆全國人民代表大會第五次會議通過的《中華人民共和國憲法》（下稱八二憲法）[6] 做一個政治境況與憲法定位關係的估價，估價的條件之一，便是以預設恰當的知識性作前提，也可以稱為憲法解釋的知識進路。人們較為熟知的一個進路，是規範憲法學的進路。這是以法學家為主的解釋進路，基本上按照文本分析方法，把憲法作為規範性的文本結構加以對待，並循這樣的路徑，對憲法的基本內容進行描述分析和比較探究。這樣的憲法研究方式，基本預設是將那些命名為「憲法」的檔案，視為具有合憲性的規範性保障的憲法，因而把八二憲法天經地義地當作民族國家的根本法對待。另一個進路，就是一些學者宣導的政治憲法學進路。這是從政治變革的角度上探討如何為憲法聚集政治資源，並着力透視憲法文獻中的政治蘊含、思想與文化。這樣的進路，不再將那些命名為「憲法」的法律檔案，視為天經地義的國家根本法，而是試圖對那些真正發揮國家根本法作用的法律檔案，進行憲法的政治還原。[7] 這兩種解釋憲法的知識預設，實際上都是以民族國家作為國家形態的預設背景來處理憲法解釋問題，卻還不足以真正理解八二憲法的國家依託和政治意涵。

需要強調的是，既然以民族國家為背景的預設條件來分析八二憲法，恐怕不足以理解八二憲法與五四憲法、七五憲法與七八憲法的內在一致性，就需要另闢蹊徑，尋找更能準確地理解八二憲法的新路徑。很多論者認為，八二憲法超越了前三部憲法，甚至超越了共同綱領。我認為，四部正式憲法的內在精神是以一貫之的，差異僅僅是在革命的道路上走得遠和近、陷得深和淺的問題。在憲法的基本精神觀念上，前後四部憲法並不存在結構性的改變。假如預設八二憲法一定比前三部優越，起碼會遭遇兩次跳躍才能對之進行有效的解釋：第一重跳躍是從八二憲法直接跳到五四憲法，越過七五、七八（這裡的、太貼）憲法。因為八二憲法在某種意義上是五四憲法的回歸。五四憲法對人的基本權利規定，甚至八二憲法都還沒達到，因此在兩者之間的七五與七八憲法確實存在明顯缺失。另一重跳躍就是，如果說七五和七八憲法是頑強延續革命、階級鬥爭的憲法，那麼，從其政治規定性來說，八二憲法不過是對這一政治路線的校正嘗試，而不是四部憲法中共同存在的憲法精神的總體超越。[8] 在這個意義上，四部憲法都還不是真正想要確立民族國家之規範憲政體制的根本法，因此人們不得不跳回四部憲法的一貫性上對之加以審視。這種解釋跳躍的出現，就是因為解釋者僅僅着眼於憲法文本和民族國家的對應關係，而沒有跳出這一框架尋求解釋的新出路。

審視八二憲法，並一直回溯到五四憲法，人們試圖弄清中華人民共和國憲法的合憲性問題，就必須坐實到中華人民共和國的國家結構上來。人們恐怕要明白一個前提，那就是創制憲法文本的中國，並不是規範意義上的民族國家，而是民族國家的轉變形態——政黨國家（party state）。民族國家與政黨國家在國家形態上的差異，必然會投射到憲法的結構與功能定位上來。就本來的意義上而言，憲法作為國家的根本法，一方面是一個政治檔案，另一方面是法律檔案。作為政治檔案，它是對國家政治生活種種超越個人與組織意志之上的一系列基本規則的抉擇；作為法律檔案，它是對真正作為其他部門法的根本法精神的總體化、原則性表述。[9] 就當代不同政體形式的國家而言，政黨國家和民族國家都制定憲法，但它們之間存在着決定性的差異：政黨國家傾向於強調憲法的政治檔案性質，着重對一個國家政治生活的基本政治原則進行表述；而民族國家傾向於對一個國家的法律生活，尤其是部門法的基本精神進行系統表述，重視憲法的法律檔案性質。就此而言，在國家形態上審視憲法，就意味着制憲時刻可能在政治性或法律性檔案之間，有兩種不同的決斷情形：政黨國家傾向於前者，因此它無法促使憲法從政治文獻通向法律文獻，特定的制憲者不過是借助憲法這個法律之名來昭告天下，作為統治國家的基本政治理由。因此，憲法根本不是實行憲政的國家根本法，僅僅是想對革命的政治成果進行塵埃落定的坐實。這樣的憲法，只是種種政治條規的彙編，而不是法律條規的陳列。即使陳列一系列法律性的條規，也會因為這些條規從屬於政治原則，而必須在政治要求之下委曲求全。[10] 在經過這樣一種清理之後，我們就能解釋八二憲法為什麼同以往幾部憲法一樣，都不能推動中國從憲法走向憲政。

面對這樣的憲法解釋，會產生兩種焦慮：一種是理論形態的。由於我們無法按照規範憲法、抑或政治憲法以及其他種種憲法解釋的路徑，把中國的四部憲法當作民族國家的憲法檔案來對待，因此，在理論上會覺得無能為力。另一種焦慮是實踐形態的，即人們難以理解，為什麼中國有這麼多部憲法，尤其是當八二憲法被認為是終結革命或從革命轉向建設的一部根本法，卻仍然未能成功啟動憲政進程。這兩種焦慮是因為在解釋憲法時，沒有考慮到國家基本結構這關鍵因素導致的。排除國家形態上的差異性，憲法就只能當作國家的根本法來對待，而無法理解憲法中包含的非憲性（即不符合現代憲法的基本規定性）要素，以及這類要素足以瓦解憲法的政治張力。就此也無法解釋有些國家制定的憲法直接通向憲政，而有些國家制定的憲法嚴重阻礙國家憲政建構之迥然不同的憲法處境。

猶如前述，民族國家是現代國家的規範形態，政黨國家是現代國家的變異形態。這個變異形態，從國家變遷的特定過程中突顯出歷史的合理性與暫時性。政黨國家歷史的合理性是，它解決了「以黨建國」和「以黨治國」問題；政黨國家存在的暫時性是指它解決不了為國家制定一部根本法即憲法的政治—法律問題，因而很難打通從憲法到憲政的政治通道。政黨國家的憲法，是將「以黨建國」和「以黨治國」狀態，落定為一種常規性的政治狀態的剛性規定。但是，政黨國家並不是落定形態的國家結構。它是革命黨建構國家的臨時形態或過渡形態。一個國家，沒有最後落定在憲政民主的政治平台上，它就仍然是一個需要繼續其建國進程的建構中民族國家。[11] 一部文獻化、形式性的憲法，解決不了政黨國家的臨時形態向民族國家的正式形態落定的法律規則需要。就此而言，解釋八二憲法，一定要校正先設的民族國家之國家形態的固定視角，否則並不足以理解這部憲法。

一般而言，論者會認為，假設還有一種政黨國家的國家基本形態，那麼我們建立在民族國家基礎上的現代政治—法律理論，就不得不做出全方位的修正。與其如此，不如將中國理所當然地視為民族國家，憲法解釋就可以獲得某種借助民族國家政治—法律理論的闡釋便利性。這樣做，憲法解釋的便利性倒是有了，但憲法解釋的準確性卻沒了。在這樣一個悖反的狀態下，人們就不能把政黨國家的憲法解釋直接套用於民族國家的憲法解釋的理論系統。相反，如果我們一定要把民族國家的憲法理論解釋直接拿來解釋政黨國家的憲法，所有一切解釋其實是不能成立的，因為兩者的所指與能指均是錯位的。

二、政黨國家憲法的內在衝突：國家的雙重主體及其非憲性

不論是規範的民族國家、還是變異的政黨國家，只要制定了成文憲法，基本上都肯定了現代建國的「人民主權」原則。現代國家的人民主權原則，是神人揖別後「人為自己立法」的政治最高準則。但作為主權的「人民」，究竟如何行使自己的主權，在兩種不同類型的國家中，有着明顯的差異。在中國之作為政黨國家的實質性政治結構中，被憲法規定的、屬於人民的國家主權，實際的行使者卻是政治上自我期許、自我確立的政黨。這就造成了一種特殊的國家統治結構，僅就憲法規定的國家體制而言，人民是國家主權的所有者，政黨則是國家主權的行使者。憲法的主體，不是單純的「人民」，行使主權的組織與擁有主權的人民，具有同等重要的憲法主體地位。「政黨，人民」構成了中國憲法的雙重主體。就這一雙重主體關係而言，一方面，在兩者的各自構成上，「政黨」之作為高度組織起來的獨佔政治資源的強有力建制，具有行使國家主權的政治優勢；「人民」之作為政治正當性支撐的道義建構，也具有一種道德高位的社會優勢。在兩者分別發揮其主體優勢的情況下，它們似乎能夠相容。但若兩者關聯起來，非得判明究竟誰更能夠呈現自己憲法主體作用的時候，兩類主體的憲法地位就出現地位分化了：政黨和人民，本來應該處在後者矯正

前者的狀態，但常常處於前者絕對訓導後者的狀態。另一方面，從「政黨，人民」在政治上的特殊貫通機制上看，政黨借助於革命建國時所獲得的強大政治力量，對人民實行一以貫之的有效統治。這是政黨國家的性質賦予憲法的一種特殊政治機制：憲法序言的政治陳述，高於憲法正文的法條。因為，前者是對國家據以建立的政治原則陳述，是後者得以出台的前提條件。因此，後者的所有條款，都應當以前者為根據。其地位的高低、作用的大小，判然有別。[12]

正是由於八二憲法設定了憲法的雙重主體，因此，八二憲法的文本結構是需要特殊梳理的。這一梳理，不是從規範憲法或政治憲法的既定視角可以完成的。因為，八二憲法對憲法主體的這一設定，限定了憲法對所有政治體成員平等的政治規約。這就與憲法平等對待所有政治成員與政治組織的合憲性原則相左。這樣的憲法，很難成為規範意義上的憲法，只能成為執掌國家權力的政黨正當化統治權的政治文獻。

為什麼八二憲法不是一部嚴格意義上的、規範的民族國家憲法，而是一個政黨國家的政治文獻呢？因為這部憲法的三重矛盾性結構，註定使它很難從一份政治檔案通向一部法律檔案，從各種政治規定通向嚴密法律規則，從諸種政治的嚴格要求通向一個法律的規範治理。

這三重矛盾性的結構是：第一，八二憲法與五四、七五、七八憲法一樣，設置了一個憲法意義上的雙重國家主體，因而很難讓現代國家的單一主體——人民，成為憲法諸規定的唯一主體支持，未能讓憲法成為人民意志基礎上形成的基本政治—法律規則。八二憲法的雙重國家主體，就是「政黨」和「人民」。[13] 制定憲法的時候設置雙重的國家主體，本身並不是一個大問題，但問題在於中國制定憲法設置的雙重國家主體，與美國毫無問題的雙重國家主體有着結構性的差異。與美國的制憲雙重主體「我們—人民」的對等性相比較，中國憲法的雙重主體具有上位與下位的明顯區別。制憲時設定雙重主體如果是一個順接關係，就不會導致誰主導憲法制定與實施的難題。一旦憲法設定的雙重主體具有主次、輕重、高下之別，就會引發一個誰主導制憲和行憲的難題。而這一問題若得不到徹底解決，憲法就必然停留在文獻層面，而無法通向憲政。

「我們—人民」在政治結構上具有貫通性。這是因為，美國憲法的「我們，人民」（We the People），[14] 是一個具有高度一致性的雙重主體設定。「我們—人民」，共同作為美國立憲的政治行動主體，兩者之間是沒有結構性的矛盾，能夠高度統一起來的政治主體和政治意志：我們即人民，人民即我們。「我們—人民」為建立一個國家而制定一部基本法，並共同遵循這部法律。這就決定了被選舉出來的官員，不能假借人民的名義立法。[15] 在憲法的具體行為主體上，以各具獨立價值的、單獨的個體作為立憲規則的實施主體，並由此建立起一個旨在保護國家每一個成員權利的工具性國家。國家的這種保護性功能，成為美國憲法創制的根本規則。如果一個國家屬於目的性國家便不需要這樣的憲法基本規則的。

八二憲法之「政黨—人民」的雙重主體設定，與「我們—人民」的憲法主體設定具有結構性差異。這種差異本身並不證明優劣。但差異導致的政治後果，卻直接決定了行憲的不同結局。中國憲法的雙重主體「政黨—人民」兩者之間存在矛盾：黨是個集合性概念，人民當然也是個集合性概念。但是，黨是高度組織起來的政治集團，而人民在憲法中是以主權身分獲得頒佈憲法的決定性制憲角色。兩者同為主體，便意味着憲法的規範性指令受制於政治處境不同的政黨意志和人民意志。[16] 於是，一種難以避免的紊亂便會出現：一方面，八二憲法把立憲與行憲的主體界定為人民；另一方面，又將政黨這樣的政治組織，作為高階的政治主體加以界定，這中間便必然包含一系列難以克服的矛盾。譬如，作為國家基本法的憲法，本應該建立在人民—個人主體的基礎上，但因為組織主體與個人主體突兀地成為制憲主體，憲法作為保護公民個人的根本法就變成不可能。憲法勢必成為一個以集體主義或群體主義為針對對象的政治檔案。因此，一個突兀的政治局面就會呈現出來：以個人為具體保護與限定物件的法律檔案——憲法的正式文本部分針對的是公民個體，而憲法的序言針對的是一系列群體，政黨、民族、階級、階層、集團。於是，憲法的行為主體之間便出現內在的緊張。這種內在的緊張，導致憲法行為主體取向的不一致。我們既想通過政治解決的方式，把階級、集團、政黨這些東西在憲法裏安頓好，而不是在部門法，譬如於政黨組織法裏將其規範起來。因此本屬於部門法的內容，便由此上升到根本法的高度，這就使得憲法作為根本法的「根本性」受到了顛覆，或者至少受到嚴重削弱。憲法的根本法內涵變得來冗雜無比，並因此模糊，甚至喪失其根本性。這就是憲法的非憲性，也就是憲法不符合憲法一般特質的鮮明體現。

與此同時，在「我們—人民」的結構中行為主體的一致性，轉換為「政黨—人民」（the party, the people）結構中的人民對黨的政治意志的高度尊崇和謹言慎行。在這樣的憲法結構中，突顯憲法之作為政治性檔案的憲法序言，規定了國家必須在群體性、階級性或政黨性概念之下展開政治行動，政黨的高位性與人民的低位性，便成為替換人民主權而張揚政黨意志的必然走向。同時，憲法本應突顯不分公民和組織的背景條件，一律平等保護其成員的精神，也就得不到實現，中國憲法的雙重主體論因而有可能變成相互顛覆的主體結構。在這樣一個主體結構中，無從理順國家根本法中的個人主體和群體主體的關係。由於群體主體的定位使憲法無法付諸實施，只有個人主體的定位才能讓憲法付諸實行，當個人主體和群體主體共同在憲法中得到主體地位規定的時候，行憲究竟是個人主導的、還是群體取向的，就無法一以貫之地確定起來。由此，憲法完全作為國家基本法實施就變得困難重重——對於部門法而言，一旦制定，便入死胡同，保護誰的問題都無法得到順暢規定，也限定了法律的程式化運作。司法機構的服從對象亦不得而知。

第二個矛盾性結構是由於憲法不具有司法功能，[17]司法必須直接訴諸於部門法，因此，一種悖反的定勢就出現了：本應主導司法的根本法不具有司法功能，而必須臣服於憲法的部門法。司法的憲制精神成了無源之水、無本之木。據此，根本法與部門法勢必服從不同的司法準則。就根本法的意義上講，司法必須從根本上遵守執掌全國權力的獨佔型政黨的組織體系安排和政治意志取向；從部門法的意義上説，具體的司法案件審裁則依據的是低位法的法條規定，並且具體接受前述政黨的實際指導。這個時候，政黨的政治意志和法律的法條至上、政黨的實質正義與法律的程式至上之間，勢必演變為一個法律體制的程式和政治安排的組織意志之間的博弈關係。由於這樣的博弈是在既定的上位與下位剛性規定條件下展開的，誰能夠佔據優勢是毋庸多言的事情。

在憲法不能訴諸司法過程的時候，意味着憲法作為政治規則，反映執掌全國權力的政黨意志的憲法序言部分，絕對高於部門法，即由司法體系和體制安排來運作的法條要求和法律程式。程式法的走向，已經在憲法中被內地遏制住了。憲法無法司法化，也就無法保障憲政化。一個公民完全無法引用憲法條規來為其公民基本權利進行辯護，憲法的權威性就無法深入人民內心之中，而且由於制憲的工作受擁有全國權力的政黨所主導的法律程式安排，註定了政治意志高於司法意志。憲法就此無法作為一個國家公民行動、司法程式及共同最高的法律依據。即使在一般的民刑事案件審裁中，一旦政治意志開始發揮效力，司法程式也必須服從政治意志的作用過程。這就是中國一般民刑事審裁都曠日持久、且必然受到政治因素影響的深層原因。

第三個矛盾性結構是，憲法的制定就是要安頓革命，進入後革命的國家建構（state construction）狀態，但實際上中國的憲法中革命張力和後革命訴求之間是明顯悖反的。在八二憲法的序言中，得到鮮明強調的是革命的正當性和革命組織者的行為正當性，以及革命組織者掌握後革命時代的國家權力和制定法律權力的正當性，而憲法的正式條規，伸張的則是不論組織與個人的活動都必須符合憲法條規的原則，這中間存在難以化解的張力或衝突。很多論者指出，如果把憲法序言從憲法文本中刪除，僅僅把憲法正文作為憲法的全部文本內容，就可以保障憲法的一貫原則，打通從憲法到憲政的通路。

其實，這是不理解中國憲法之成為憲法的基本前提。作為政黨國家，絕對不能允許刪除憲法序言。因為在革命和革命組織的正當性表述之前，憲法之作為國家最高意志的體現就隱而不彰了。這對於中國的執政政黨來說，絕對是不能接受的政治改變。而且，缺少了憲法序言的政治規定，所謂制憲權的問題就插入不進去。政黨國家的憲法，將政黨的制憲權給予了不容置疑的先在性確認。但插入一個人民的制憲權問題，勢必引發憲法的最大內在矛盾，這一矛盾使憲法正文的規範性表述得不到呈現。因此，黨權與制憲權的高度統一，成為中國制憲的剛性前提。這一前提是由「打天下者坐天下」的政治邏輯給予的，而不是由一般民族國家制憲時突顯出來的人民意志賦予的。如果人們按照人民主權的一般憲法結構表述，對中國的憲法，尤其是憲法中的格式化表述進行分析，就會得出一個可怪的結論——如論者指出，憲法強調的「中國共產黨領導中國人民建立中華人民共和國」的政治原則，改寫成「中國人民在中國共產黨的領導下建立中華人民共和國」，便與現代民族國家制定憲法時尊崇的人民主權論相符合。[18] 但是我認為這樣的論述證明論者還不夠理解政黨國家與憲法的關係，也不理解憲法清算革命遺產是帶着革命的絕對正當性作為前提。八二憲法一定要將中國的建國表述為「中國共產黨領導中國人民」建立國家，這樣的政治主位與客位關係的確定不移，恰恰是一個政黨國家對憲法的基本政治原則的正當性表述。

而中國人民在中國共產黨領導下怎麼樣卻是一個非正當性表述。一個政黨國家，必定要肯定政黨領導革命的正當性，並將革命精神貫穿於憲法。試圖進入後革命狀態，就是試圖斷言革命已經終結，而這對於一個政黨國家的執政黨來說，絕對無法接受，也是顛覆性的。革命及革命終結的一個悖反性的歷史安排，本是制定規範意義上的民族國家憲法的必然處境。但一個政黨國家的根本法，則不僅不會終結革命，更設法延續革命。因為終結革命就是終結自己的政治權力、政治使命和、政治地位和政治功能，這豈是政黨國家執政黨所可以接受的政治事實？

總而言之，上述三重矛盾性結構，使得四部憲法的差異性驟然縮小，共同性明顯加大。這四部憲法，都是作為政治檔案制定的，其決定性的政治功能，就是輔佐黨章發揮作用。憲法檔案制定出來後，實際的行憲安排，其實早就被憲法的政治定位所腰斬。這是個不帶感情的事實描述，而不是某種善良或惡劣的政治願望所可以改寫的。

三、憲法的文獻化及其行憲的政治掣肘

由於憲法未能司法化，因此八二憲法便是一部文獻化的憲法，意味着它沒有充分發揮國家根本法的功能。需要解釋的問題是，這部憲法為什麼仍然與以往的三部憲法一樣是文獻化的法律，而不是實質性的憲治保障？在規範憲法學的研究中，論者都樂意強調八二憲法相對於七五、七八憲法的重大變化，願意直接將八二憲法與五四憲法連接起來，認為八二憲法對接上了五四的憲法「傳統」，兩者共用着重要的憲法理念。[19] 客觀而言，八二憲法是意在中止革命的「憲法」的立法成果，立意是大力推動中國的改革開放。其相對於此前的兩部憲法之完全成為正當化革命政治的立法取向，自然是迥異其趣的。但正如前述，這樣的政治定位，並不改變八二憲法的基本法法律地位與功能。中國之作為政黨國家，其國家形態便決定了無一例外地將憲法文獻化。

順着這分析思路下來，問題便會呈現在人們面前：既然政黨國家的憲法基本上是一部政治文獻，而不是一部法律文獻，尤其不是一部用於司法的法條彙集，那為什麼政黨國家還需要一部「憲法」？這是一件容易使大家覺得矛盾的事情。這個矛盾問題引申一個更進一步問題就是，政黨國家既然花費巨大的人力、物力和財力資源和大批政治家、法律家的

心力去制定憲法，又為什麼不實行憲法？[20] 政黨國家文獻性憲法的功能或者作用究竟在哪裡？分析四部憲法，尤其是八二憲法，憲法之於政黨國家，明顯有其出台的強大理由。我認為，政黨國家需要憲法，是因為憲法具有將其組織意志國家化而不可替代的功能。

政黨國家的憲法並不是一個為「憲法」字眼兒的法律檔案所約束的政治—法律規則彙集，而是對「憲法」進行了擴展性處理的政治原則彙集。八二憲法之着意強調「中國共產黨領導中國人民建立中華人民共和國」，不是沒有憲制針對性的單純政治聲明。其實，這是獨佔性地執掌國家權力的政黨，對國家權力最後歸屬的無條件限定。這一限定的憲制意味不在體現人民主權規範國家權力的憲法指令之必要性與重要性，而在宣誓國家之所以建立起來的權力來源決定權力歸屬的不可改變，自然也就不可讓渡的掌權方式。這是中國之作為政黨國家制定憲法最重要的政治動力：一方面，憲法的制定，表明政黨國家革命階段奉行的「打天下者坐天下」的權力邏輯，轉換成為依憲全面執掌國家權力的文明形式。另一方面，在確認憲法序言與憲法具體條文之間的政治統一性基礎上，政黨國家完全可以從容地獨佔國家權力。相反，一切旨在懷疑或挑戰這種獨佔國家權力的嘗試，都會成為違憲的行為。這對獨佔國家權力的政黨所具有的吸引力，是不言而喻的。

不過很顯然的是，八二憲法之作為體現執政黨改革開放意志的「基本法」，並不是一部孤立的憲制性文件。這與現代國家的憲制性檔案並不完全是憲法，是相吻合的。這不僅是就法律文獻的單份與多份意義上而言，也是從具有憲法效力的卻未被命名為憲法的其他檔案的存在意義上講的。如果將憲法這部文獻作為理解其法律精神的單一文本，那就完全不足以透徹地了解憲法精神和憲法法條。循此路徑，人們嘗試去理解八二憲法，也就不能僅僅停留在這部憲法檔案上，進行斟詞酌句的文本概念、表達方式和深層含義分析。於是，理解八二憲法，乃至於理解整個中華人民共和國的四部憲法，都需要放寬視野，才能透徹了解憲法內外所示的綜觀意涵。我們試圖從一個比較擴展的憲法性檔案的視角，來解釋政黨國家的憲法地位與功能：一方面，取決於憲法體現政黨政治意志的前提，理解八二憲法，必須將執掌國家權力的政黨章程，作為解釋憲法的預設性文獻。另一方面，需要將憲法文本作為理解其地位與功能的核心文獻，從中析出它的政治限定內涵與法律基本精神。再一方面，需要對黨章、憲法之外，具有憲制性意義的重要文獻進行梳理，才能夠更深入全面地理解中國之作為政黨國家的憲法性檔案體系。

基於此視角，在我的分析框架當中，中國的憲法性文獻起碼有三部。其中一部是《中國共產黨黨章》。[21]《中國共產黨黨章》之作為憲制性文獻，不是一般地發揮組織、整合和激發中國共產黨黨內力量的作用。在政黨國家的定位上，《中國共產黨黨章》具有統攝一切政治力量的地位與能量，它也就為組織內成員和組織外的政治體成員提供均具效果的、最基本並有憲制性的政治生活規則。此前有論者提倡憲政社會主義，反映論者並不知道中國早就實行憲政社會主義了。[22]只不過特殊意義上的、憲政社會主義的憲章，不是現代民族國家規範意義上的憲法，而是政黨國家的黨章。憲政社會主義的憲章如果是憲法，那就一定只能是社會民主主義或者民主社會主義的定位。在史太林式的社會主義國家中，假如實行憲政社會主義，其憲章只能是黨章。因為一個以黨建國、以黨治國的政黨國家，其政黨組織的基本章程也就順理成章地成為建國與治國的基本章程，絕無令人驚奇之處的。

在憲法研究中，幾乎從來沒有人把《中國共產黨黨章》作為憲法性檔案來對待。這是不明白政黨國家的國家形態之於憲法的內在關係的結果。把黨章當作史太林式的社會主義國家的憲法性文獻，是因為黨章中規定了政黨組織結構對整個國家的權力掌控的政治依據之所在。政黨本身對國家的政治路、思想路線、組織路線行使的全面領導權，成為連接政黨國家的黨章與憲法的內在精神觀念。在黨章與憲法之間，直接約束的物件，不過是政黨成員和公民個體而已；而間接約束的對象，也不過是以黨治國，即以黨的政治意志約束國家的法律意志而已。可見，政黨國家的結構，預設着政黨意志與國家意志的高度一致，但也確認存在着一個政黨統治國家的意志轉換問題：政黨組織的政治意志必須轉變為國家的法律意志，政黨對國家權力的獨佔性行使，才具有法律上的保障。否則，政黨自身缺乏組織規則，國家缺乏政黨供給的法律規則，政黨國家便有陷入失序的危機。[23] 這樣的國家結構，實際上已經預設了整個國家要制定一部根本法，並如何處理這部法律地位的答案。

由此可見，如果要強行或是不恰當地劃分黨章與憲法的憲制性地位的話，中國共產黨黨章就是中華人民共和國憲法的高級法（higher law）。中國不是沒有高級法，只不過不是西方規範意義上講的自然法或者神法，而是執政黨的章程，憲法就是在這樣的高級法引導下制定出來的。這樣的高級法地位與作用，在中國共產黨黨章中，從三個角度加以明確的規定。[24] 一是國家結構之作為政黨國家特質的呈現，這是對中國共產黨足以領導政黨國家的政黨性質的確認。「中國共產黨是中國工人階級的先鋒隊，同時是中國人民和中華民族的先鋒隊，是中國特色社會主義事業的領導核心，代表中國先進生產力的發展要求，代表中國先進文化的前進方向，代表中國最廣大人民的根本利益。黨的最高理想和最終目標是實現共產主義。」二是將維護政黨及其建國主張作為立國基本原則。「堅持社會主義道路、堅持人民民主專政、堅持中國共產黨的領導、堅持馬克思列寧主義毛澤東思想這四項基本原則，是我們的立國之本。在社會主義現代化建設的整個過程中，必須堅持四項基本原則，反對資產階級自由化。」三是政黨全面行使領導國家的一切權力。「黨的領導主要是政治、思想和組織的領導。黨要適應改革開放和社會主義現代化建設的要求，堅持科學執政、民主執政、依法執政，加強和改善黨的領導。黨必須按照總攬全域、協調各方的原則，在同級各種組織中發揮領導核心作用。」這三條，保證了黨章足以懸置在憲法之上的「高級法」地位，也註定了國家憲法必須在政黨章程之下來制定和實施的定勢。

在中國的憲制性檔案中，憲法是第二位階的憲制性檔案。前文已經提出並粗略解釋了政黨國家黨章的意義，那為什麼還要制定憲法呢？具體分析起來，可以給出三個基本理由：第一，獨佔性地執掌國家權力的政黨，儘管有黨章約束着整個國家，但它畢竟是一個政黨的憲章。黨章直接約束的行為物件和行為主體，只能是黨員。政黨要統治國家，一定要把政黨意志換算為國家意志，這是政黨國家不得已要進行的政治—法律安排。就像民族國家要把民族意志換算成人民意志，再以人民的意志制定憲法一樣，它們都有一個換算的過程。只不過民族國家的憲法所謂的人民是針對每一個普通成員而言的，而政黨國家的憲法則是針對政黨意志而言的。這個政黨意志，超越於政黨的普通成員，是一個抽象的道德意志和政治意志：一者，它能發揮一種控制政黨所有成員的功能，從而形成超強的政黨統治國家的政治意志；二者，它會自信地佔據道德高地，從而將全民放置到相對的道德低位上，為自己聚集起最為充分的道德統治資源。經過這樣的道德與政治抽離，黨的政治意志就成為統治國家的超然意志，而不受現實政治利益的牽扯。據此，黨的意志的抽象至上性，實際上就等於神法的至上性。黨的意志，對人法、世間法，便具有一種高級法的效能。作為中華人民共和國這一世俗政治建制的國家憲法，黨憲的準宗教性質對世俗的建制一定是處在高位的。不過若不進行政黨黨憲與國家憲法換算的話，政黨便無法越出組織範圍統治普通公民，因此憲法的有限而不可缺少的價值，便呈現了出來。只是憲法就此也必須劃定明確黨憲優先，並高於國憲的序言與正文兩個部分來。[25]

第二，只有在憲法的名義下，國家資源才能聚集為政黨資源，黨憲才有一個上升為高級法或「神法」的地位，並給國家的根本法提供道德化論證。據此，從政治論證到道德論證，再到法條坐實，才能打開一條通路，進而從國家資源聚集坐實為政黨意志體現，憲法正文的有限作用也才有鍥入部門法，並發揮低位法律功能的空間。就此而言，政黨國家的憲法也不會是一部完全虛玄化的法律，相反，政黨國家總是要借助憲法的法律權威，整合政黨意志和公眾意志。即使這樣一部缺乏「基本法」地位的法律，只是作為黨憲之下的國憲，處在國家憲制性法律的第二位階，但它對政黨統治國家而言，還是必不可少的。這樣的必不可少，可以從兩個角度給予證明：一是憲法規定的公民權利與義務，使政黨足以用之規範政治體成員的行為，從而建構國家的社會政治秩序。二是以對國家權力結構的設置，進一步保證政黨統治國家的權力全面坐實。

第三，最簡單而直接的理由就是，作為國家的法律意志不能訴諸政黨的組織紀律來實施。它一定要借助於一個世俗的分權機制來落實。這個分權體系，儘管只是在次級權力的意義上得到劃分，而不是在政黨國家的政黨之首級權力層次上區隔，但它們也必須在憲法中得到明確規定，以作為國家權力的不同功能機構實施法律條規。一方面，在政黨權力與國家權力的層級上有着明顯不同，另一方面，權力的分化對政黨國家的有效統治還是不可或缺的。儘管在政黨組織意志中，各種權力形態是高度統一的。但在國家的權力形式結構上，立法權力、行政權力與司法權力這些現代國家的主要權力形式，必須要有一個形式性的分化，才足以將政黨化的國家意志付諸一個相對分權的結構，並借助相對分權的權力體制，以及相應的司法安排塑造社會政治秩序並貫徹政黨的政治意圖。

可見，憲法在地位與功能上雖然從屬於黨章，但它本身對政黨統治國家具有不可或缺的必要性與重要性。不過，黨章與憲法的不同位階卻是必須予以強調的，否則立憲的高級法根據便會喪失。同時，黨章與憲法發揮作用的方式也大為不同，後者對前者的臣服，是維護政黨國家社會政治秩序的必須，否則，政黨國家的秩序就難以理順。

在中國的憲法性檔案體系中，還存在着一個第三位階的憲法性檔案，那就是《中國人民政治協商會議章程》。之所以說政協章程是第三位階的憲法性檔案，是因為這一章程是在中國共產黨黨章和中華人民共和國憲法精神之下制定出來的檔案，[26]不僅限定了政協章程的更低位階，也限制了政協章程的功能及其實現機制。本來，政協是用來安頓中國各種政治力量的政治機構，也曾經直接發揮了立憲機構的功能。[27]不過，在人民代表大會的一院制議會結構被確立起來的時候，政協的政治功能定位，變成了以非政治的手段實現政治目的的特殊機構：其政治目的依然是安頓各種政治力量；其使用的方式，是一種非政治的協商方式。這一機構的「基本法」檔案即政協章程，一方面，是明確各種政治力量必須承諾的基本政治規則，那就是必須承認中國共產黨的絕對政治領導權為其獲得政治權力份額的前提。另一方面，則是各種政治力量在國家權力結構中各佔席位的權力均衡原則的制度化安排。再一方面，便是對國家範圍內的政治合作機制進行了明確規定。這是對中國共產黨章程基本綱領、也就是憲法序言呈現的國家政治基本準則的權力分配方式的細化。因此，政協章程也具有憲法的意涵。只不過需要指出的是，與黨章和憲法相比較，現行政協章程的憲法意義是相對較弱的。因為，它並不直接處理立國的基本準則、公民的權利與義務、國家權力的安排。它僅僅處理政治性或政策性問題的協商，同時，構成政黨國家處置國家權力的組織化分享的機制。正是後一功能，保證了政協章程仍然具有最低限度的憲法檔案性質，但這一最低限度的憲法性檔案，對於政黨國家卻是不可缺少的。因為它關乎與建立國家的獨佔性政黨曾經真誠合作過的政治組織，如何與中國共產黨分享國家權力的體制安排。這對政黨國家之獨佔性政黨分流部分無關國家基本權力掌控的、低位的零星權力，從而保有獨佔型政黨與非權勢型政黨和政治組織的有限合作，是一個重要的安排。

由上面的描述與分析可知，由於憲法受制於黨章，也在低位上必須與政協章程對位，因此，它作為國家根本法、基本法的地位受到內在局限。正是政黨國家的政治制度，決定了憲法無法或不必要發揮基本法的作用，它僅僅只是在政黨國家之獨佔型政黨需要的情況下出場並發揮作用。因此，它的純粹文獻化處境，也是意料之中的。

四、國家形態轉變與憲法合憲性的歸位

中國的一九八二年憲法呈現出合憲性與非憲性的高度緊張。簡而言之，合憲性是指這部憲法具有合乎現代憲法在人民主權原則下制定國家基本規則的規範性內涵。非憲性是

指這部憲法受制於執掌國家權力的政黨之黨章的政治意志，以及政協在政治組織間分配國家權力的妥協性需要，因此，它不太符合規範意義上的國家根本大法的要求。這種合憲性與非憲性緊張感的存在，首先向人們顯示，這部憲法確實具有合憲性因素。其次也提醒人們，這部憲法確實存在非憲性內容。究竟怎樣強化這部憲法的合憲性內涵，減少這部憲法的非憲性內蘊，才能令憲法坐實為國家基本法地位，發揮國家基本法功能的客觀要求？化解現行憲法合憲性與非憲性二者間的緊張，依賴於兩個基本條件：一是必須先行辨認這部憲法中哪些內容是合憲的，哪些內容是非憲的。由此限定或刪除憲法中的非憲性條款，突顯憲法中的合憲性規則，以便憲法可以脱出政治檔案的限制，在政治意志之外、也在政治意志之上，坐實其至高無上、基於人民主權原則的基本法地位。二是必須確認憲法實施、憲法修訂和重新立憲的邊際界限。無疑，對於中國的現行憲法，也就是八二憲法來講，將憲法實施放到首要的位置，應當説是改變憲法落空，而成為政黨章程的低位、輔助性法律的尷尬一個最好的出路。這是一部後革命卻保有政黨國家之政黨的自利性政治利益的憲法，真正可以發揮憲法功能的平和進路。

誠如前述，基於八二憲法的時代限制，它並不是一部規範的憲法檔案。加之其於序言與正文之間存在的強大張力，使得這部國家基本法存在重大修改的必要。只要人們還承諾八二憲法是一部修改得好的憲法文本，它就會促使中國走向依憲行政的法治境地，從而杜絕顛覆性的革命的發生。假如人們認定八二憲法非經重造，便不足以發揮行憲的功能，那麼，一場革命就勢不可免。[28]不過，這樣的革命，並不需要完全拒斥，因為現代革命可以區分為不流血的、靜悄悄的革命，與流血的、疾風暴雨式的群眾大革命兩種形式。無疑，從一種近似於鄉願的立場出發，人們更願意期待改良式的修憲，因為這樣是促使憲法通向憲政最便捷的道路。但這樣的進路，似乎與中國的國家結構嚴重錯位。從蘇聯和東歐這類政黨國家的既定經驗上看，政黨國家的憲法非經基本原則的更動，否則不足以促使國家走上憲政的軌道。因此，憲法具體條文的興廢，恐怕不是八二憲法的最佳出路。但要杜絕大規模的、群眾疾風暴雨式的暴力革命，就需要引入一場靜悄悄的革命，將政黨國家轉變為民族國家，將人治國家轉變為憲治國家。在這一轉變的基礎上，憲法的合憲性問題，才能得到根本的解決。

坐實八二憲法的現代憲法規範性或合憲性，需要一場靜悄悄的革命。這無異是說，那些忠於八二憲法的合憲性條規的人們，尤其是掌握着國家權力而又具備這種忠誠感的人士，需要扭轉自己被八二憲法的非憲性條款蒙蔽的狀態，真正弄清楚其合憲性條規得以坐實的政治前提，從而，願意在這種認知的基礎上，大力提升八二憲法的國家治理引導能力，拒斥沿行那種以執掌國家權力的政黨意志治理國家的陳舊套路。這場革命，由於不需要重造國家，不需借助於疾風暴雨式的群眾大革命運動，只需要將現行憲法中不符合規範意義上的現代憲法含義的條款刪除，保留合憲性的諸條款，從而保證憲法發揮規範所有公民個人和組織的同等效用，就可以實現靜悄悄的、坐實憲治的革命目的。

這裏涉及到兩個相互關聯的問題：一是如何客觀清醒地確認八二憲法的合憲性與非憲性張力問題。二是如何借助一場靜悄悄的革命將政黨國家轉變為民族國家、人治國家轉變為憲治國家，從而打通從憲法順暢通向憲政的通道。

先看前一個問題。假如我們試圖解開中國八二憲法的合憲性與非憲性的緊張死結，必須選擇一個可靠的進路。這不是從規範憲法學或政治憲法學的角度，化解文本張力或政治紐結所可以實現的目標。唯一的出路是，將政黨國家形態扭轉為民族國家形態，並將之作為憲法合憲性之作為制定憲法、實行憲政的條件。假如國家仍然處在政黨國家的結構中，我們僅僅從憲法的規範表述上看，八二憲法完全是一部值得人們讚賞的國家根本性法律檔案。在政黨國家範圍內講，八二憲法是其可以制定得最為周全的憲法檔案。它着意指向的國家改革開放之治國路徑，已經真實開闢出了一條促使國家經濟增長，能於較長時期連續發展的進路。[29] 但這部憲法確實還沒有發揮出有效的、整合國家社會政治秩序的法治效用。而且，國家在這部僅僅顯示政黨國家之統治權歸屬，以及在政黨捕獲國家的前提條件下，全方位行使國家權力的憲法作用機制中，遠遠不能打通從憲法通向無憲政的進路。憲法的文獻化處境，成為國家必須面對的治理難題。超越於憲法之上的、獨佔性執掌國家權力的政黨，依然在依靠其政黨的政治意志治理國家，成本無限高企，收益無法保證。這是一種必須打破的治國僵局。[30]

解開八二憲法合憲性與非憲性之間的張力，需要明顯強化這部憲法之合於現代憲法的規範含義。現代憲法只能是一部體現人民主權的國家基本法。這就意味着，一方面，立憲的主體不能是無法一致化的雙重主體。「我們—人民」與「政黨—人民」的雙重主體建構，其中的結構性差異，不是功能性調整可以彌補的。這兩種確立憲法主體的進路，不存在以國別重視誰、輕視誰的選擇，但存在誰究竟更容易打通從憲法到憲政進路的差異。正是這樣的差異，啟發人們思考一個問題，那就是如何理順憲法雙重主體的關係。要理順八二憲法「政黨—人民」雙重主體的關係，有兩個路徑：一是讓政黨繼續處於人民之上，成為領導人民立憲與行憲的超然力量，讓中國共產黨黨章繼續成為憲法的高級法，繼續發揮憲法實施的、坐實於部門法的憲制作用。二是讓政黨下降到人民主權，也就是國家主權之下，成為受制於憲法的政治組織，從而將政黨主體從憲法主體位置下降到受憲法規範的主體地位。這樣，憲法就足以保證其規範所有個人與組織的國家根本法地位與功能，國家就此走上憲治的軌道。前者等於維持現狀，毋庸多論。後者，是坐實八二憲法合憲性條規的、靜悄悄革命的核心問題。而這場靜悄悄的革命，在近期，事實上一直由執掌國家權力政黨的最高領導人在自覺推動。[31]他們的推動，不是源於個人的聰明睿智、登高一招的氣勢，而是深切感受到國家的治理困局。這樣的表態，相對於前此的政黨國家領導人而言，是一個重要的變化。而這樣的表態，只要實際切入中國的政治進程，它勢必引發一場將政黨國家扭轉為民族國家、人治國家轉變成法治國家的不流血革命。這樣的靜悄悄革命，確實具有推動中國步入憲政軌道的、「於無聲處聽驚雷」式的驚心動魄的力量感。

以政黨國家領導人自覺認識行憲重要性為政治動力，興起中的公民社會，也成為行憲的社會動力。這就為人們常常自問自答的一個問題，尋到的可靠答案提供了可能：中國的憲法在什麼情況下才能夠真正從憲法通向憲治？要想真正打通憲法通向憲治的道路，需要三個剛性條件：首先，中國的國家形態必須扭轉。所謂國家形態的扭轉，就是必須把臨時性的「以黨建國」和「以黨治國」的國家形態，扭轉為現代的、規範性的民族國家形態，[32]也就是真正在「中華民族」這個政治民族的基礎上，建立一個現代憲政民主國家。這樣的國家建構定位，是規範的、具有合憲性保證的憲法得以出台的前提條件，而且是憲法之作為政治檔案與法律檔案合一之體的先決條件。只有在這個意義上，才能超越政黨國家制定憲法檔案的一個最大困局，那就是人們熟視無睹或未能正視的國家的基本法跟國際主義、共產主義的一個反國家結構，悖反地存在於國家根本法中的困局。這就意味着，八二憲法的高級法背景必須調適，以現代民族國家的基本價值，而不是以政黨章程，作為重新釐定憲法條款的價值支撐。[33]

其次，中國的憲法要走向憲政，必須解決黨權的權力結構和國權的權力結構對政治意志和法律意志的交錯作用問題。一方面，需要把黨的超級意志還原或者下降到國家的基本意志之下，真正使得任何組織和個人都在憲法之下活動。如果不把政黨國家扭轉為民族國家，國家的法律意志不能公平地應用於每一個個人和組織，那麼，在憲法之下活動的原則，就只能是一種對非政治組織的剛性要求。而對執掌國家權力的政治組織，也就是對憲法提供高級法根據的那個政治意志，就絕對無可奈何。至於憲法對國家的個體成員與組織成員的有效約束，也就無法期待。這樣的轉變，勢必要求理順憲法檔案中的雙重主體關係，真正以人民主權及其代表的關係，作為憲法制定與實施的設定主體。由此，化解憲法檔案中的主體張力，讓憲法成為源自人民共同意志的命令，因此官方必須執行、人民樂於監督的國家基本法夯實基礎。

再次，中國的憲法要通向憲政，必須在法律結構上做出技術性調適。儘管這不是憲法直接規定的內容，但卻是憲法發揮效能的重要條件之一。諸如部門法如何與憲法匹配的問題、司法體系的相對獨立性問題、整個法律體系的運作通暢化的問題，都關係到憲治作為實施憲法的政治—法律狀態的實效性高低，對之不能掉以輕心。其中，需要加以強調的是，作為國家基本法的憲法，是一切部門法制定與實施的正當性與合法性來源。代表政黨國家中政黨一方執行日常國家權力的行政權，絕對沒有權力頒佈違逆憲法精神的行政法規。自然，任何政治組織也就只能臣服於憲法的權威，無權以超越憲法權威的組織規則，作為約束其成員的剛性戒條。國家權力體系維護憲法，是整個社會承諾憲法權威的重要前提條件。國家權力體系，尤其政黨國家中政黨權力部門，對憲法的權威不加承諾，對行憲的政治嚴肅性缺少認知，對憲法的國家治理效果缺乏意識，對憲政的長治久安功效懵然無知，以一種頗具戰鬥精神的方式，維護國家的政治統治進路，拒斥國家的憲治方略，那對政黨國家的政黨前景是非常不利的。長此以往，政黨國家的治理勢必陷入一種難以自拔的困境：在政黨具有全面控制國家能力的時候，國家成為政黨的工具；一旦政黨喪失全面控制國家的能力，國家就會先陷入可怕的失序狀態。蘇聯東歐這類前政黨國家所提供的沉痛教訓，需要人們從憲治的國家治理高度，認真汲取，盡力避免。

註釋

1 這是一個強勢的斷定。但證實這一斷定的條件則是弱勢的，因為現代背景下的國家都有一部憲法，是基於一種相容性的表述，既指成文憲法，也指不成文憲法，更指憲法性檔案檔案或制憲的法律意圖表述。就這三個指向而言，可以斷定所有國家都有憲法，即所有現代國家幾乎都有一部總攬國家治理的根本法。參見姜士林等主編：《世界憲法全書》，青島市：青島出版社，1997，目錄，第1–9頁。

2 合憲性，在憲法的法理學上一般是用來判斷部門法是否符合憲法的概念。「合憲性推定（presumption of constitutionality）作為一種重要的憲法方法，意旨在合憲性控制過程中，對制定法首先在邏輯上推定其合乎憲法，除非有證據可以證明該行為明顯超越了合理的限度而違反了憲法。」王書成：《合憲性推定論：一種憲法方法》，北京：清華大學出版社，2011，第1頁。主要在本章中，合憲性概念是直接針對憲法本身是否合乎憲法的規範意義而設定的獨特概念。主要處理的問題是，作為人定法的憲法，不是將某項法律命名為憲法就可以實質上將之作為憲法對待。憲法之謂憲法，有着規範上的基本涵項，缺少這些規範涵項，就不能將名之曰憲法的法律真正作為國家基本法對待。其中最為關鍵的合憲性指標，就是指向自由、平等和法治的人民主權原則。

3 在一般的規範憲法學研究中，對憲法進行政治審查不在其研究範圍內。規範憲法學主要關注的是憲法文本及其文本間的異同。其特點是，「研究全世界各國憲法的書，在……提出和從事研究、收集和分類整理資料、分析結果的過程中，……無意探討與成文憲法有關的歷史和思想背景，也無意於分析憲法在其中發揮作用的法律傳統和政治文化。」參見【荷】亨利・范・瑪律賽文等著，陳雲生譯：《成文憲法的比較研究》，北京：華夏出版社，1987，第2頁。

4 參見許崇德：《中華人民共和國憲法史》，第19章〈一九八二年憲法的產生經過（下）〉，第3節「全國人民代表大會通過憲法」的相關記述，福州：福建人民出版社，2003，第753–765頁。

5 有論者指出，「八二憲法的特質，源於塑造它的歷史情境，該情境由兩大基本史實構成：其一，它屬於共同綱領及五四憲法奠定的憲法傳統；其二，它是在反思並告別文革的背景下制定的。這兩大史實決定了八二憲法主要是政治改革綱領。」翟小波：《論我國憲法的實施制度》，北京：中國法制出版社，2009，第17頁。論者還將八二憲法歸為改革憲法，五四憲法歸為革命憲法的不同類型，同前書，第23頁。

6 此處對八二憲法的援引或概述，均參考王培英編：《中國憲法文獻通編》，第1編〈中華人民共和國憲法（1982年12月4日中華人民共和國第五屆全國人民代表大會第五次會議通過）〉，北京：中國民主法制出版社，2007，第1頁及以下。

7 在中國的憲法研究中，這兩種研究進路之間的分歧與爭執，是近期一個令人關注的現象。辯論雙方的一些基本設想，可參見高全喜等：〈政治憲法學的問題、定位與方法〉，《蘇州大學學報》（哲學社會科學版），2011年第3期。

8 這從許崇德記錄的一九八二年憲法制定過程上，可以得到非常清晰的印象。參見氏著：《中華人民共和國憲法史》，第17、18、19章，第548頁及以下。

9 參見龔祥瑞：《比較憲法與行政法》，第1章〈憲法的概念〉，北京：法律出版社，2003，第21–28頁。

10 只要人們流覽中華人民共和國四部憲法的序言，就會發現這四部憲法都同樣地被分為兩個部分：序言和正文。序言是一系列剛性的政治規定，而正文是序言諸政治規定之下的國家統治基本法規。兩者的重要性顯然不同，而且序言的政治原則重要性遠遠高於正文的諸法條。政治之約束法律，由此可見一斑。分別參見王培英編：《中國憲法文獻通編》，第 2–4、141–143、180–181、197–198 頁。更值得注意的是，八二憲法的序言部分做出的政治規定，不僅篇幅大大增加，而且範圍明顯擴大。

11 參見任劍濤：〈建國的三個時刻：馬基雅維利、霍布斯與洛克的遞進展現〉，《社會科學戰線》，2012 年第 2 期。

12 只要閱讀八二憲法的序言與總綱，便可以知曉其中的重大差別。序言陳述的是中國之建構「國家」的理據，這是中國展開所有國家行動的理念與制度前提。總綱陳述的是政體組織方式，這是在國家歸屬於政黨的基礎上引申的法律條規。至於憲法總綱之後對公民權利與義務、國家機構的設定，那就更是總綱約束的公民-國家機構的關係了。參見王培英編：《中國憲法文獻通編》，第 2–26 頁。也許是制定憲法或提供修改意見的人士，意識到了憲法序言與憲法正文之間的張力，因此，有人建議憲法不用政治性過強、但規範性不足的序言開篇。參見許崇德：《中華人民共和國憲法史》，第 564 頁。

13 對之的經典表述就是，「一九四九年，以毛澤東主席為領袖的中國共產黨領導中國各族人民，在經歷了長期的艱難曲折的武裝鬥爭和其他形式的鬥爭以後，終於推翻了帝國主義、封建主義和官僚資本主義的統治，取得了新民主主義革命的偉大勝利，建立了中華人民共和國。從此，中國人民掌握了國家的權力，成為國家的主人。」，參見王培英編：《中國憲法文獻通編》，第 2 頁。

14 參見姜士林主編：《世界憲法全書》，〈美利堅合眾國憲法〉導言。導言的原始表述是，「我們合眾國人民，為建立更完善的聯邦，樹立正義，保障國內安寧，提供共同防務，促進公共福利，並使我們自己和後代得享自由的幸福，特為美利堅合眾國制定本憲法」，見該書第 1615 頁。

15 參見【美】布魯斯・艾克曼著，孫力等譯：《我們人民：憲法的根基》，第1章〈二元民主〉，北京：法律出版社，2004，第5頁及以下。

16 有論者認為，「我們人民」成為制憲主體，是憲法足以提供那些突顯人民主權的規範命令，而其他任何個體與組織也就此喪失了這種制憲的權力。參見【美】拉里・亞歷山大等編著，付子堂等譯校：《憲政的哲學基礎》，第3篇〈憲法是什麼（以其他基本問題）〉，北京：法律出版社，2007，第114–116頁。

17 有論者明確指出，憲法的司法化訴求會引發政體爭論。「圍繞憲法司法化的論爭，本質上是政體之爭。真正確實的、可以成功運作的憲法司法化，必然要求確立等位且制衡的分權結構，並以後者為前提，而這是完全違背我國人大制度的。因此，在我國，真正的、而非徒有其表的憲法司法化的確立，就等於是發動憲法革命。」翟小波：《論我國憲法的實施制度》，第83頁。

18 參見陳端洪：《憲治與主權》一書所收的〈論中國憲法的根本原則及其格式化修辭〉的相關論述，北京：法律出版社，2007。

19 參見翟小波：《論我國憲法的實施制度》，第23頁。

20 中國的現行憲法究竟有沒有實施，是一個處在爭論中的問題。憲法自身確實沒有付諸司法過程，就此而言它似乎沒有實施。但在憲法之下，以法條精神的合乎憲法性制定出來的部門法及其實施，可以說是憲法實施的司法表現。據此，憲法實施並沒有完全落空。不過需要注意的問題是，憲法自身的非司法化，使憲法違反部門法而必須矯正其違憲的下位法，顯得無能為力。這是中國諸如違憲的收容遣送、勞動教養、強制拆遷等法例，能夠如此順利出場，多年難以廢除的重要原因。憲法對下位的「惡法」喪失了救濟功能，恐怕不能視為憲法實施的表現。

21 參見中國革命博物館編：《中國共產黨黨章彙編》，〈中國共產黨章程（中國共產黨第十一次全國代表大會一九七七年八月十八日通過）〉。黨章總綱對之進行了全面的闡述，參見該書，北京：人民出版社，1979，第225頁及以下。《中國共產黨黨章》這文本，後來經過多次修改，但基本精神從未動搖。

22 參見華炳嘯：《超越自由主義：憲政社會主義的思想言説》，導論，第3節「新社會主義的崛起」，西安市：西北大學出版社，2010，第26–29頁。

23 中國「文化大革命」時期的情況，堪為明證。

24 此處引文引自二〇一二年十一月十四日中共第十八次全國代表大會部分修改的《中國共產黨黨章》。http://news.xinhuanet.com/ziliao/2002-11/18/content_633225_1.htm（瀏覽日期：2014年6月18日）。

25 《中華人民共和國憲法》明確規定黨的政治主張對於國家政治制度的先在性和上位性。憲法總綱第一條不是對人民主權的伸張，而是對中國共產黨追求的社會主義目標的申述，人民主權原則放到了憲法總綱的第二條，就可以明確證明這一點。對此，可以參見憲法序言對之的表述。王培英編：《中國憲法文獻通編》，第2–4頁。

26 《中國人民政治協商會議章程》總綱的前兩段話，直接表述了這一章程的憲法位階。「中國人民在長期的革命和建設進程中，結成了由中國共產黨領導的，有各民主黨派、無黨派人士、人民團體、少數民族人士和各界愛國人士參加的，由全體社會主義勞動者、社會主義事業的建設者、擁護社會主義的愛國者和擁護祖國統一的愛國者組成的，包括香港特別行政區同胞、澳門特別行政區同胞、台灣同胞和海外僑胞在內的最廣泛的愛國統一戰線。中華人民共和國憲法規定：中國共產黨領導的多黨合作和政治協商制度將長期存在和發展。」。http://news.xinhuanet.com/ziliao/2004-11/16/content_2223787_1.htm（瀏覽日期：2014年6月18日）。

27 第一屆政協制定的《中國人民政治協商會議組織法》、《中華人民共和國中央人民政府組織法》、《中國人民政治協商會議共同綱領》，都是具有憲法性質甚或是憲法檔案。參見李玉英：《政協史研究》，第3章〈中國人民政治協商會議〉，第3節之第3小節「人民政協制定的三大文件的主要內容」，濟南：山東友誼出版社，1999，第176–180頁。

28 有論者試圖將憲法修訂與憲法重造對峙起來，將前者作為憲法實施的改良進路，將後者作為新訂憲法的革命進路。這既是一種保守的行憲設計，也是一種拒斥坐實憲法規範的合憲性要求的進路。事實上，這樣的溫和設計，具有字面上的可行優勢，但不具備實際上行憲的理性力量。而且，在一種憲法無法通向憲政的政治處境中，試圖排除政治進路，而借助憲法行動就促進行憲的坐實，無異於「詩人」的幻想。參見翟小波：《論我國憲法的實施制度》，第16頁。

29 論者強調，「如果說『中共』十一屆三中全會為新時期法制建設掃除障礙創造了思想條件，那麼，一九八二年憲法則為法制的發展和振興奠定了新的法律基礎。」蔡定劍：《歷史與變革——新中國法制建設的歷程》，第3篇〈重建與發展（1976–1997）〉，第5節「法制發展的基石——八二憲法」，北京：法律出版社，1999，第139頁。

30 中共十八屆三中全會做出的《中共中央關於全面深化改革若干重大問題的決定》，提出的改革總目標及其實現要領，就充分體現了執掌國家權力的政黨對國家治理困境的自覺認知和改變意欲。「全面深化改革的總目標是完善和發展中國特色社會主義制度，推進國家治理體系和治理能力現代化。必須更加注重改革的系統性、整體性、協同性，加快發展社會主義市場經濟、民主政治、先進文化、和諧社會、生態文明，讓一切勞動、知識、技術、管理、資本的活力競相迸發，讓一切創造社會財富的源泉充分湧流，讓發展成果更多更公平惠及全體人民。」。www.sn.xinhuanet.com/2013-11/16/c_118166672.htm（瀏覽日期：2014年6月19日）。

31 中國共產黨近兩任總書記胡錦濤與習近平，上任後分別在二〇〇二、二〇一二年舉行了八二憲法頒佈二十周年、三十周年的紀念大會，並共同強調一個基本原則——任何個人和組織都必須在憲法之下活動。這是非常具有靜悄悄革命之象徵意義的政治行動。

32 參見任劍濤：〈從帝制中國、政黨國家到憲制中國：中國現代國家建構的三次轉型〉，《學海》，2014年第2期。

33 近期由官方頒佈的「社會主義核心價值」，即富強、民主、文明、和諧，自由、平等、公正、法治，愛國、敬業、誠信、友善，已經從一個側面顯示出中國回歸現代普適價值的動向。

第四章

兜底的憲政秩序

從國體論視角切入

在任何一個制定了成文憲法的國家，由憲法確定的政治基本規則，以及由合憲性推定原則確立的法律法規，以及對這些規則的實施，構成一個國家的憲法秩序或憲制政治。從國家結構的視角審視憲法秩序，可以從政體論與國體論兩個視角進入。但今天中國論述憲法秩序的學者，一般不會從國體出發看待這一問題。似乎法學界遵循着一條就政體談憲法、憲政的俗成進路，而沒有興趣就國體談憲法、憲政。這自然是對憲法與所謂國體—政體關係的政治知識史做出的一種處理。但是，在社會主義國家，尤其是史太林式的社會主義國家脈絡內部，需要承諾國體和政體劃分的某種正當性，承諾從國體論視角審視憲法與憲政問題的必要性。依照馬克思主義法理學的邏輯，進入這一邏輯之中分析憲法、憲政問題，看它會不會是一條拒斥憲制政治的進路，會不會跳不出兜底的憲政秩序，還是一個具有學理性的問題。假如一開始觸及憲法與憲政問題，就否定這一進路，便等於輕率地讓渡了從這一視角審視憲法與憲政問題的學術空間。

一、國體、政體與憲法

國體與政體之分，在馬克思主義關於國家與法的論述邏輯中，是清楚明白的：國體講的是國家的階級屬性問題，也就是哪個階級掌握國家政權的問題。政體講的是政權的組織形式問題，而不問階級屬性與階級地位。對此，一個言簡意賅的表述是，「國體問題，……就是社會各階級在國家中的地位。」[1]「『政體』問題，就是指的政權構成的形式問題。指的一定的社會階級取何種形式去組織那反對敵人保護自己的政權形式。」[2]這樣的劃分，不見於現代西方政治學主流理論。西方政治學理論一般只對政體形式進行類型學的劃分和比較研究。這是自亞里斯多德以來的西方政治思想傳統，但這樣的論述進路，在馬克思主義者看來，政體論的宗旨就是掩蓋國家的階級實質，因此是必須批判和揚棄的。因為，「資產階級總是隱瞞這種階級地位，而用『國民』的名詞達到其一階級專政的實際。這種隱瞞，對於革命的人民，毫無利益，應該為之清楚地指明。」[3]顯而易見，對國體與政體的嚴格劃分，是特定的社會主義國家所特別重視的國家建構問題。這涉及到社會主義國家的階級屬性，關乎由此建構起來的社會主義國家對「革命的首要問題」——誰是我們的朋友，誰是我們的敵人，進行有效辨認。相對於革命首要問題的界定，國家建構的首要問題就是階級敵人與人民陣營的劃分問題：對人民民主、對敵人專政，這是國家建構的首要問題，也是社會主義國家之區別於資產階級國家最重要的地方。

這樣的政治理論主張，得到政治知識和政治實踐的雙重歷史傳統的支持。從政治知識史的角度，國體、政體的劃分來源於經典馬克思主義作家，但這個翻譯詞彙則來自於日本，坐實於中國共產黨延安時期領導人對國家與法的論斷。馬克思主義經典作家從來都將國家視為階級鬥爭的產物，而且堅持不懈地認定，一切旨在張揚其作為全民國家，其實是剝削階級的國家，總是力圖掩蓋國家的階級屬性。「國家無非是一個階級鎮壓另一個階級的機器，並且在民主共和制下也絲毫不弱於在君主制下。國家至多也不過是爭取階級統治獲得勝利的無產階級所承受下來的一個禍害，已獲勝利的無產階級也將如公社一樣，不得不立即斬去這個禍害最惡劣的方面，直到那在自由新社會條件下成長起來的一代人能夠把這全部國家制度的廢物完全拋棄的時候為止。」[4] 這段論述，包含了後起的社會主義國家討論國家問題的三個重要觀念：一是不承認資產階級建立起了超階級的國家，強調國家不過是階級統治的工具。二是引導出無產階級專政的國家，不過是無產階級統治國家的工具。三是無產階級面對國家的最終態度，就是消滅國家。第一方面的意思引申出後來建立的社會主義國家對國體與政體的區分。第二方面的表述直接導致社會主義國家對國家兩種基本功能的區分——對人民民主、對敵人專政。協力廠商面的陳述則向人們表明，社會主義國家最終的任務是消滅國家，但消滅國家之前，社會主義國家必須以無產階級的專政，實現消滅剝削階級的任務，因此國家在具有承續理由的情況下，只能是階級鬥爭的工具，而絕對不會是超階級合作的建制。

至於從古代中國傳入日本，近代又從日本「出口轉內銷」傳入的「國體」這個政治詞彙，其字面含義倒是與馬克思主義者所指涉的含義沒有太大關係。「以天皇的權威塑造國家精神的『一體性』，力圖讓國家與臣民在被『神格化』了的天皇統治之下得到統合。」[5]但日本學者對國體與政體的劃分，並用以分解性地詮譯西方政治理論所指的政體不同含義，倒是對深受日本政治思想影響的中國人產生了不可小覷的作用，對受到民國時期政治思想影響的毛澤東來說，更具有不容忽視的觀念史啟發意義。[6]

而在政治實踐史上講，中國共產黨領袖，尤其毛澤東對國體、政體的劃分，則直接來源於列寧—史太林主義的蘇俄政治經驗。由於毛澤東屬於政治領袖人物，他對國體的論述，跨越政治理論觀念史與政治實踐操作史兩個領域，具有幫助人們理解兩個領域中「國體—政體」概念的效用。蘇俄國家形態是毛澤東斷定的世界各國都將坐實的國家形態。「無產階級專政的共和國，……除蘇聯外，正在各資本主義國家醞釀着。將來要成為一定時期中的世界統治形式」，[7] 這樣的認知，是毛澤東做出國體—政體類型區分強有力的現實支撐。說到底，毛澤東強調國體與政體的區分，一是為了突顯馬克思主義的階級鬥爭觀念在國家建構中的重要位置，二是為了革命進程中辨明革命物件和團結盟友，三是突顯將要建立的國家所具有的嶄新人民性特質。一旦無產階級當家作主，由無產階級專政的國家，便相應地實行民主集中制的政體形式。「只有民主集中制的政府，才能充分地發揮一切革命人民的意志，也才能最有力量地去反對革命的敵人。」[8] 循此思路，它將新民主主義時期的中國國體確定為各革命階級聯合專政，政體確立為民主集中制。一新民主主義革命進入社會主義革命階段，國體自然就是人民民主專政，政體形式自然延續着民主集中制。

我們的國家是工人階級領導的以工農聯盟為基礎的人民民主專政的國家。這個專政是幹什麼的呢？專政的第一個作用，就是壓迫國家內部的反動階級、反動派和反抗社會主義革命的剝削者，壓迫那些對於社會主義建設的破壞者，就是為了解決國內敵我之間的矛盾。例如逮捕某些反革命分子並且將他們判罪，在一個時期內不給地主階級分子和官僚資產階級分子選舉權，不給他們發表言論的自由權利，都是屬於專政的範圍。為了維護社會秩序和廣大人民的利益，對於那些盜竊犯、詐騙犯、殺人放火犯、流氓集團和各種嚴重破壞社會秩序的壞分子，也必須實行專政。專政還有第二個作用，就是防禦國家外部敵人的顛覆活動和可能的侵略。在這種情況出現的時候，專政就擔負着對外解決敵我之間的矛盾的任務。專政的目的是為了保衛全體人民進行和平勞動，將我國建設成為一個具有現代工業、現代農業和現代科學文化的社會主義國家。[9]

在人民民主專政的國體中，專政的物件確定了，專政的政治功能坐實了。問題也隨之浮現出來：誰來行使專政權力呢？專政的物件必須與專政的主體共同出場，才能完整突顯人民民主專政國體的雙重功能。對此，毛澤東也進行了毫不含糊的論述。

誰來行使專政呢？當然是工人階級和在它領導下的人民。專政的制度不適用於人民內部。人民自己不能向自己專政，不能由一部分人民去壓迫另一部分人民。人民中間的犯法分子也要受到法律的制裁，但是，這和壓迫人民的敵人的專政是有原則區別的。在人民內部是實行民主集中制。我們的憲法規定：中華人民共和國公民有言論、出版、集會、結社、遊行、示威、宗教信仰等等自由。我們的憲法又規定：國家機關實行民主集中制，國家機關必須依靠人民群眾，國家機關工作人員必須為人民服務。我們的這個社會主義的民主是任何資產階級國家所不可能有的最廣大的民主。我們的專政，叫作工人階級領導的以工農聯盟為基礎的人民民主專政。這就表明，在人民內部實行民主制度，而由工人階級團結全體有公民權的人民，首先是農民，向着反動階級、反動派和反抗社會主義改造和社會主義建設的分子實行專政。[10]

這段話可以說是對中國的社會主義國家之國體與政體問題進行的最全面的概括。在這裏不嫌其長，加以闡述，顯然不同於毛澤東對新民主主義革命階段中國國體與政體的闡述了：必須施以專政的物件擴大了，而行使民主權力的人民範圍則縮小了。但總的說來，國體論述致力清理的對誰民主、對誰專政的問題已經相當明確地規定下來了。

對本章論題的探究顯得非常為關鍵的問題是，訴諸於國體、政體劃分建構起來的當代中國政治體系，讓人們必須從國體視角來審視憲法、憲政問題。這也是執掌國家權力的中國共產黨政治領袖所強調的、理解憲法的進路。在一九五四年制定中華人民共和國第一部憲法的時候，毛澤東就明確指出，這部憲法既總結歸納了晚清以來制憲的經驗教訓，又總結了中國革命的革命經驗與建設經驗，還結合了國內經驗與國際經驗。但這部憲法的性質則明確無誤地屬於「社會主義憲法類型」。這樣的一部社會主義憲法，具有資本主義憲法所無法比擬的政治優越性——因為它不再是一部「欺騙和壓迫多數人」的憲法。相反，它是一部旨在保護人民的憲法。

我們的憲法草案，結合了原則性和靈活性。原則基本上是兩個：民主原則和社會正義原則。我們的民主不是資產階級的民主，而是人民民主，這就是無產階級領導的、以工農聯盟為基礎的人民民主專政。人民民主的原則貫串在我們整個憲法中。另一個是社會主義原則。我們現在就有社會主義。憲法中規定，我們一定要完成社會主義改造，實現國家的社會主義工業化。這是原則性。……缺乏靈活性，就行不通，就會遭到反對，就會失敗。[11]

中華人民共和國的一九五四年憲法，以其時代的政治規定性，確立了「社會主義憲法」的基本類型歸屬，從而把中國共產黨對國體問題的重視，真正坐實為憲法原則，確立的中華人民共和國之「革命的憲法」、「人民民主的憲法」定位，也就成為此後幾部憲法的政治定位。「一個團體要有一個章程，一個國家也要一個章程，憲法就是一個總章程，是根本大法。用憲法這樣一個根本大法形式，把人民民主和社會主義原則固定下來，使全國人民有一條清楚的軌道，使全國人民感到有一條明確的和正確的道路可走，就可以提高全國人民的積極性。」[12]這個「明確的、正確的」道路，是相對於資本主義憲法而言的。因為資本主義憲法「掩蓋」其階級性，「欺騙」人民群眾；社會主義憲法「明確」其階級性，「獲信」於人民群眾。

這樣的論述進路，成為此後中國憲法政治定性的基本定勢。這也就成為在中國政治語境中討論憲法、憲政問題的基本進路。這一進路，與現代主流政治學主張的制定憲法與實施憲法、呈現憲法秩序，也就是坐實憲政大為不同。現代主流政治學的主張，與社會主義國家一樣，也是建立在人民主權原則的基礎上。但是，這裏的人民不是一種經過對峙性的政治學規定而獲得它的政治屬性的，人民包含所有公民，是在全體人民的意義上得到界定的概念。在這個意義上，人民主權與契約觀念同等重要。享有國家主權的人民、保留自己的基本權利（生命、財產與自由），以更有效的自保和互保需要，將部分權力授予國家，從而形成受社會限制和規範的國家權力機制，因此，國家權力必須受到法律主治的憲制約束。就此而言，憲法並不着意區分旨在保護的人民對象，全力打擊的敵人陣營。制憲的重點，就落在廣義的政府法律規則上面，[13] 而對規定哪個階級執掌國家權力、哪個階級被國家權力排斥或鎮壓的國體問題，存而不論。

在當代中國，務必從哪個階級掌握國家權力的國體進路去探究憲法精神。這是前述人民民主專政的國體所註定的事情。否則，至少會導致兩種無法把握中華人民共和國憲法精神的悲劇性結果：一是對國家權力極力維持的統治話語不清不楚，無法處理國家權力皈依憲法、憲政的現實政治出發點問題。二是與國家權力的憲法主張直接對立，國家權力依照憲法對反對者進行階級鎮壓，反對者也就只好接受。因此，切入國體和政體二分的憲法論述進路，通過國體觀察政體，反過來在邏輯上分析政體運行的實際狀態並用以觀察國體存廢情形，就可以免除與國家既成權力體系及其憲法預設直接對立的尷尬甚至危險。在國體與政體的相互性分析中，首先，可以從既定國體的政體運行方式來觀察國體的正當性與合理性。其次，可以從一定政體運行的效用差異來分析國體政治訴求的實現可能，從而在此基礎上得出不同國體需要的政體的差異性與共同性，以及不同政體在國體上反映出來的國體迴異性與趨同性。

前者是一個需要辨析的政治理論問題。從國體看政體，如果一定國體肯定會與相關政體相互匹配，在統治的具體狀態達成相對一致的話，那就證明政體的效用有限，國體作用論——即政體並不是關乎國家統治狀態的決定性因素，國體也會對政體發揮重大的影響作用；如果一定國體並沒有與之完全一致的固定政體，國體也需要某種與之適宜的政體形式或要素與之匹配的話，那麼也就證明國體不具有註定國家統治狀態的決定性作用。國體優先性的主張，必須完全克服政體運行的困難，才能證明其優先性主張的合理性；政體優先性的主張，也必須證明它可以完全脱離階級、階層與集團的約束，才能確證國體的言説缺乏論説意義。如果在國體優先的情況下出現政體運行的一定困難，便證明國體問題也必須解決政體問題；假如在政體優先的情況下，不是完全對付得了國體提出的階級、階層對立的問題，那麼政體運行也就必須處理國體安排問題。可見，國體述説不能脱離政體問題，獨立成為一種辯護國家形態的公法學理論與政治哲學理論。如果讓國體論述完全脱離政體論説、強調國體的絕對性、忽略政體的影響力，那就無法處理國體之下存在的政體組織形式，也無法處理政體之上存在的政治正當性來源問題。人們不能隨便站在國體的立場把政體選擇的問題徹底掩蓋、忽略，同時也不能忽略政體運行形式需要的國體安排需要。

就國體論主導的現代國家而言，政體選擇不是一個可以忽略的問題。這些國家、尤其是史太林式的傳統社會主義國家，大多就是因為忽略了政體問題，使其國體完全處於掛空的狀態。結果，這些人民主權至上的國體主導論的國家，反而成為人民完全無法當家做主的國家。為了落實憲法的人民主權原則，為了工人階級統治國家的法條之憲法實現，這些國家必須將人民（工人階級與農民階級等）當家作主的國體坐實為實際的政權組織形式。換言之，必須在國家基本政治制度的安排上，讓人民（工人階級與農民階級等）成為真正掌握國家權力的政治主體。這樣的人民絕對不能是少數人代表得了的，它必須是人數眾多的主體階級成員，佔據全國人口的絕大多數，真正掌握國家的基本政治權力。就政體論主導，尤其是民主政體主導的現代國家而言，也必須解決超階級的政治制度安排中，各階級真正進入國家權力體系的制度容納問題。假如掌握國家政治權力的階級太過單一，人數上僅僅屬於小眾，國家權力就會遭到其他階級、人數上屬於大眾的集群的反對，國家權力就會處於相當不穩定的狀態。在國體論的政治理論邏輯中，憲法制定與憲法實現、憲政秩序緊密聯繫在一起。在政體論的政治理論邏輯中，憲法制定與憲政秩序直接連在一起。兩者的區別是明顯的：國體論不直接申述憲政政體論，政體論主觀上不講階級統治觀，但兩者的一致性也是明顯的：兩類國家制定憲法，都不是為了政治觀瞻，而是為了政治運行。因此兩類國家都不會將憲法懸置起來，而要將憲法作為國家政治秩序的保障者。憲法的實現，是兩者制定憲法的共同政治目的所在，無論兩者在實現憲法的政權組織形式即政體上有什麼重要差別。就此而言，如果人們從國體論的角度將憲法僅僅視為政治策略的體現，因而拒絕實現憲法，那就是對憲法制定及其實現的貫通邏輯一種絕對無知的表現。[14]

基於此，我們對中國的現行憲法與憲政的關係可以有較為深入的分析，而不是流於實際政治操權的需要，並將中國的憲法與憲政絕對隔絕起來。無疑，中國的憲法還沒有真正通向憲政。這中間既有歷史定勢，也有現實障礙，更有理論阻力。但這是不是使人們有充分的理由斷言，中國的憲法是一種無意通向憲政、僅是一種政治策略的安排呢？顯然，這樣的斷言有些過分武斷。因為，無論是從中華人民共和國現行憲法的國體聲稱上看，還是從憲法所訴求的政權組織形式上說，抑或是從憲法實現的結果上衡量，中國憲法的政權組織體制，都不是反憲政體制的。起碼而言，它與憲政體制有着一種天然的親和關係，甚至就是一種憲政體制的形式。否則，在國體論角度申述的憲法，就完全無法實現自身，既無法成為一份具有政治分量的基本法政文獻，也無法成為保障國家政治秩序的基本政治制度指南。它就實質上成為全無意義的一紙空文。這絕對不是中國人民共和國開國領袖們花費巨大政治資源制定憲法的初衷，也不是後起的、尋求長治久安的政黨—國家領袖所願意見到的糟糕政治圖景。中共第一代領袖落力制定憲法，第二代領袖大力伸張憲法原則，第三代及其後起領袖一再強調憲法精神及其實現，不論所要實現的這種憲法秩序稱不稱之為憲政，背後都是具有一種實現憲法秩序的政治訴求。

由此，具有分析價值的第二個問題便反映出來：在國體論的視野中，如果必須處理一定國體的政權組織形式問題。那麼，在既定國體之下，政體選擇和政體運行怎樣可以與國體相一致，就成為既定國體需要解決的實際政治運作問題。這是一個翻轉過來從政體看國體的視角。中華人民共和國的國體為憲法法條明確規定為「工人階級領導的、工農聯盟為基礎的人民民主專政」。那麼，在憲法實現的既定邏輯推進中，如何實現工人階級、農民階級領導的人民民主專政，就成為憲法實現的最根本問題。這是一個政體問題。民主集中制引導下的人民代表大會制度，乃是要坐實人民民主專政的國體所必要仰仗的政體形式。民主集中制之成為人民代表大會的運行制度，就是要落實人民主權原則，進而坐實對人民民主的憲法功能。缺乏這一政體形式的有效運作，人民就可能無法當家做主，而國家的敵人也就可能難以鎮壓下去。因此，人民代表大會制度之民主集中制的有效運行，也就對國體的坐實發生巨大影響。如果連這一點都不承認，以政體論為支點贊成憲政論、以國體論為理由反對憲政論的論者都會遭遇困難：僅僅支持國體論階級劃分的人士會被政體論者攻擊為反憲法，只是着重政體論之憲政取向的人士會被國體論者攻擊為反體制。為了避免這種對等式的尷尬，雙方都得走上一個具體對待或分析中華人民共和國國體坐實的進路。這就是一種先不論政體選擇，即不論中國是否「搞不搞」憲政，而僅就憲法規定的政治規則的實現與否進行討論的進路。這是一種從國體論的內部視角觀察，分析它內含的政體要求的進路，也是一種審視國體論邏輯中是不是包含可能的憲政因素的特殊視角。

二、階級話語與憲政秩序

誠如前述，中國現行憲法規定的國體，是工人階級領導的、以工農聯盟為基礎的人民民主專政。這使國家當政的三種主體相形而在：工人、農民、人民。工人階級是中華人民共和國處於最優位置的政治主體、農民則是國家權力體系盡力團結的物件，工人、農民共同構成為統治國家或行使國家權力的「人民」之主幹。至於隨時代變遷和政局演進而納入人民範圍的其他階級成分，則是一個流動性的結構——新民主革命時期，這一納入範圍相對較廣；社會主義革命時期，這一納入範圍則相對較窄。但作為「革命首要問題」的敵我之分，是納入還是排斥某一階級或集團在人民範圍的政治標準。「大家要好好團結起來，劃清敵我界限。今天我們之所以有力量，是因為全國人民的團結。我們在座的人的合作，各民主黨派、各人民團體的合作。團結和劃清敵我界限是非常重要的。……除了劃清敵我界限之外，在內部還有個是非界限。兩者相比，是非界限是第二種界限。」[15] 在具體行使人民權力的時候，採取的是「民主專政」的政體形式，再細分地講，是對人民民主、對敵人專政的政權組織形式。敵我之分，成為國體論視角看待憲法實施的關鍵問題。這一方面徹底打破了以往的、資產階級國家的憲法以不分階級和敵我確立起來的、對所有國民都同等有效的憲法原則。另一方面，鮮明確立起區分敵我界限和人民內部範圍這樣的憲法適用立場，但是否這樣的階級、敵我、人民劃分，就能解決了所有憲法實施的問題，而可以不問人民民主的憲法目標究竟如何真正坐實呢？顯然不行。因為人民這個集群概念，在中國的實際政治中，已經被區分為行使國家領導權的工人階級和必須聯盟的農民階級，至於需要在統一戰線名義下加以團結的、周邊的民族資產階級、小資產階級、知識分子、宗教人士、民主黨派、民主人士，就更是將人民民主的複雜性地提高。加之人民行使憲法權利的民主集中制本身，也還有諸如民主多少、如何集中，民主基礎上又如何集中有效統一起來等問題，故而也是需要在憲法實施的視角進行具體的分析。

循此思路，三個應予具體分析的問題因而出現。

一是居於國家領導地位的工人階級如何領導國家？這是中國落實國體首先要解決的問題。從政治制度的視角看，不存在籠統的工人階級對國家的籠統領導方式。而工人階級本身也不是一個抽象的存在，在社會各個群體中，哪些人屬於工人階級，工人階級又由哪些人具體組成，都是需要分析的。中國共產黨發動革命的初期，毛澤東對中國社會各階級進行分析，就採取了相當具體的階級分析方法，沒有將階級視為抽象的、凝固性社會集群。事實上，在社會中沒有一個抽象的工人階級。中國的工人階級構成，極為特殊：一方面，「中國因經濟落後，故現代工業無產階級人數不多。」[16]另一方面，無產階級的內部結構也是高度分化的。按照馬克思主義的政治分析邏輯，工人階級最先進的部分，體現了人類發展未來的遠大前途，是實現共產主義的主體階級。但在工人階級內部，也容納了部分流氓無產階級，而從農村剛剛進入城市的那一部分人，無法瞬間成為先進產業工人階級的組成部分，至於農村無產階級與遊民無產者，就更是無法簡單納入為革命領導階級的無產階級範圍。依照毛澤東的階級分析話語，後兩者需要「引導得法」，[17]才能加入革命隊伍，成為革命力量，行使領導權。可見，工人階級是一個複合型存在。如果説沒有一個抽象的工人階級領導國家，那麼就出現了一個工人階級的那個部分領導國家的問題。這就是當代中國所説的工人階級的先進部分——中國共產黨領導國家所包含的意思。工人階級的先進部分，由共產黨人組成，因此共產黨人領導國家是基於工人階級先進構成部分而建立起來的政治結論。如果不對工人階級進行具體分析，抽象或籠統的處理工人階級領導國家，就有可能包含否定執政黨執政理由的危險，進而也就有可能依靠流氓無產階級領導國家了。流氓無產者，即那些乞討的、賣淫的、盲流、小偷、輕微的打砸搶人員、可以教育好的貪腐人員，都屬於無產階級。但他們絕對無法領導國家，也絕對不是毛澤東階級分析話語中可以擔當重造國家大任的集群。就此而言，即使人們承認國體選擇的優先性，承認憲法規定的工人階級領導國家的正當性，也還必須在階級話語中具體處理工人階級的組成部分及其政治功能問題，否則，便不足以揭示誰是國家領導集群問題的真正答案。

二是工農如何聯盟？在中國共產黨奪取全國政權時，工農聯盟屬於政治聯盟，主要是為了反對自己的敵人而建構的政治同盟。在中國共產黨奪取全國權力之後，如果通過憲法把臨時的、用於戰爭動員的戰時政治同盟，即以農民作為主要的革命者來協助工人階級進行新民主主義—社會主義革命的同盟，轉變為社會主義條件下的法政同盟，就成為統治國家的現實問題。在馬克思主義的話語裏，農民代表落後的生產力，農民是封建生產力的主體。而在中國的社會主義政治話語中，工農聯盟成為國家統治的階級基石。假設這一聯盟在政治理論上不存在受人質疑的問題，那麼從聯盟發揮的實際政治功用的角度説，也還會遭遇一個工人階級與農民階級的階級結構及其功能劃分的問題。在工農聯盟中，工人階級是當之無愧的領導階級。工人階級領導誰呢？在聯盟內部自然首先是領導農民階級。[18]至於工人階級如何領導農民階級，不僅需要前述的、對工人階級的具體分析。對於被領導的農民階級本身，也需要具體分析。在這樣的分析中，需要把農民階級具體地階層化。一個農民，在革命年代，可能是富農、中農、下中農、貧農、雇農等。這是當年毛澤東分析的農民階層；在今天，同樣存在進城和就地發財的農民、以及陷入貧困境地的農民之別。這麼多的農民階層，都是工人階級的聯盟對象。但工人階級主要跟誰聯盟呢？恐怕對農民階級的具體構成部分，還是有先後、主次之分。如果革命年代工人階級只是跟貧農、雇農聯盟，革命就很難成功；在革命成功獲得國家政權後，如果不分青紅皂白地聯合農民，其統治國家的政治支撐力度顯然也是不夠的。因為這樣就無法有效動員農村的居民、或進城尚未獲得城市居民身分的農民，起來支援中國共產黨的革命事業、建設工程。在這些具體的分析基礎上，盡可能團結一切可以團結的力量，構成工人階級行使權力的最廣泛社會基礎。[19]在中國共產黨的革命歷史上，只要願意參加革命或者資助革命的中農、富農，都必須團結起來。當下亦然。團結的物件，絕對超過拒斥的物件。在中國共產黨奪取全國政權之後，由工人階級領導的工農聯盟，這個聯盟的主體構成應當包含所有農民階層。因為，只有這樣才能為中國共產黨夯實最廣泛的群眾基礎。這時候，工農聯盟才意味着聯盟的深厚基礎和領導的社會力量是充分坐實的。但如何接納的問題，成為一件政治藝術和法律甄別事務。

從工人階級與農民階級的階級分析上講，人民民主專政的「人民」概念，也絕對不是籠統的、抽象的政治哲學概念，而是具體的法律性概念。所謂法律性概念，就是把工人、農民這樣的集群性概念下降為階層、集團或群體化的具體概念。一旦將抽象的無產階級打散，並將之群體化，怎樣實現人民民主專政的主體結構問題，就會突顯出來。對人民要民主，對敵人要專政，這樣的原則性劃分，才能在政治統治的具體過程中，因應於敵我陣營的有效劃分加以落實。但當中國共產黨取得全國政權之後，人民與敵人已經不是由戰場上刺刀見紅的敵對雙方鮮明呈現出來的，而是由政治上明確規定、法律上依法裁定之後才能區分的陣營。中華人民共和國憲法規定了國家的主人是人民，但人民有着如此複雜的構成，它究竟具體指哪些社會階級、階層、集團？便是一個必須審慎處置的重大問題。同時，敵人如何才能有一個相對清晰的界定，以至於國家權力能夠成功將之限定在法律鎮壓的物件範圍？這些都是需要進行操作化處理的問題。

第三個需要辨析的問題隨之出現：如何穩定有序地處理對「人民」的民主和對「敵人」的專政問題？關於人民與敵人陣營的劃分，成為執掌國家權力的政黨依照憲法有效施政的必須。除非這樣的劃分是相對穩定的，有效的施政才是可能的；假如這樣的劃分太過靈活，施政的績效就缺乏保障，因此勢必危害統治者的掌權利益。此前為毛澤東強調的制憲原則性與靈活性問題，再次嚴峻地呈現出來：依照原則性來建構社會主義法政秩序，試圖一步登天，只會走向敗途；但完全以靈活的手法處理國家治理的問題，則又無法突顯憲法權威和執政秩序。自中國共產黨建政以來，這樣的原則性與靈活性困境，出現過兩次：一是文革及其以前相對明確且顯得僵化的劃分，二是改革開放之後兩者界定的日益靈活且邊界日趨模糊。前者毋庸贅述，後者令人撓頭。隨着中國改革開放以及國家處境的重大變化，中國的政治體構成日顯複雜：首先是出現了「國內境外」的說法，[20] 在國內境外之外，存在一個特殊的台灣問題，然後才有中國—國外的相對性說法。對這麼複雜的政治體結構而言，取決於人民與敵人概念的模糊性，人們不得不花費極大的政治精力，才能勉強區分出誰是人民、誰是敵人。而這樣的區分，對不斷變化的中國政局來說，由於處在遊移不定的活性狀態，人們真要在法律的既定性上搞清楚誰是人民、誰是敵人，還真不是一件容易的事情。譬如，對大陸的「人民」來說，只要支持中國共產黨領導，同意由中國共產黨帶領人民奔向社會主義和遠大的共產主義目標的人，都屬於人民範疇。在這樣的界定中，為反憲政派所痛斥的社會主義憲政派、自由民主憲政派、儒家憲政派都支持共產黨領導，誰也沒有說要推翻共產黨，因此他們都屬於人民，都是國家統治要致力依賴的對象，是不能隨意加以攻擊的。倒是反憲政派對他們所抱的敵意，是一種政治上的幼稚表現。對境外和國外而言，人民與敵人的界定就更是一件複雜的事情——對台灣來說，是否反對中國共產黨是無所謂的，只要支持「中國」統一，不主張「兩個中國」，就屬於人民範疇。對香港而言，情形又有所不同。尤其是近期由於香港本土派的出現，他們認定某些政治事件僅僅是大陸人的問題，不是香港人的問題，香港人應當關心自己的前程，要求「去中國化」。[21] 這種在「要麼贊同、要麼反對」之外另立國家認同，證明雙方圍繞的政治圓心已經不再是同一個，完全跳出了大陸的政治話語與權力圓心，雙方就真正成了不相干的南轅北轍。這樣就等於消解了共同的國家認同，國家處在一種隱性分裂的狀態。基於此，大陸有關方面似乎對香港政策有了微妙的調整。你們紀念大陸官方不高興的某些政治事件，證明你們愛國，因之產生了具有反憲性嫌疑的社會結果：雖然反共，但是愛國。這就猶如國共兩黨，數十年對壘，但彼此相知甚深。因為國共兩黨對話都是在「一個中國」的前提下，如果台灣說大陸跟台灣無關，大陸方面就會失去政治對話的對手。當年民進黨登台，大陸方面一時失語，就是因為兩黨不在同一個政治場域發話的緣故。但只要民進黨不宣佈台獨，也都還處在中國共產黨願意與之談判的、可以合作的範圍內，都還不是「敵我矛盾」。[22] 由此可見，「人民」概念的靈活性程度有多高。在特定政治條件下，那些反對大陸統治集群的人居然也屬於人民陣營，並且因之受到大陸政權的承認，被劃入人民民主的物件範圍，免於被專政或潛在專政的命運。

在這樣的動態背景下，人民都是民主的主體，國家對誰專政呢？毫無疑問，國家專政的對象範圍愈來愈窄、人數愈來愈少。這是多麼巨大的變化。對這樣的變化，有必要進行歷史回顧。一個簡單的回溯是：在中國共產黨剛剛贏得全國政權的時候，專政物件非常清楚，人數不少、階層眾多：官僚、地主、買辦三座大山被推翻了，但他們的殘餘勢力無疑屬於國家的敵人，必須以專政的手段加以對付。到一九五六年，隨着生產資料所有制改造的完成，中國共產黨正式宣告：儘管一定範圍內的階級鬥爭還會長期存在，但大規模、急風暴雨式的階級鬥爭、群眾運動已經結束了。國家權力體系需要對付的敵我矛盾明顯減少，主要面對的是人民內部矛盾。不過即便如此，國家還是做不到對敵我的明確且準確的劃分。對人民民主、對敵人專政還是只能作為高度活性的概念來對待。換言之，國家還必須努力尋求劃分人民與敵人的穩定界限——一旦這一界限相對穩定，國家的統治就較為有序；假如這一界限模糊不清、變化隨意，國家的統治秩序就非常混亂。國家之落於「文化大革命」的泥淖，就是因為毛澤東的「無產階級專政下的繼續革命理論」致力於揪出「黨內的資產階級」。在這樣的敵我跳躍性思維中，國家建立不起基本的政治—法律秩序，反而處於自己搞亂自己的統治思維與行動錯亂之中。

作為高度活性概念的人民與敵人，要真正坐實「人民當家做主」的國體安排，需要與靈活性相伴而在的原則性的支持。猶如前述，國體安排的關鍵是國家政權的階級屬性，即解決誰當政的問題。根據憲法，誰當政的問題似乎是清楚明白的：工人和農民組成的聯盟。但對兩個階級進行具體的分析，讓人們發現誰當政的問題，國體論是無法清楚、徹底地進行定位的。這對相應的政權組織形式及其效應，便會發生負面影響。正是因為國體論的階級話語，或者説在無產階級的階級基礎上代表這些階級的先進政黨，也就無法直接在政治和法律上（憲法上）規定清楚誰是人民、誰是敵人，因而「由工人階級領導的、以工農聯盟為基礎的人民民主專政」的國體問題，就面臨着非常嚴峻的政體挑戰——面對民主，中國當然必須接受民主制，雖然可能是高調民主，也可能是立憲民主，但民主的實現機制在高度活性的人民與敵人理念中無法確立起來。加之人民民主專政的政體選擇本身，就存在着內在的邏輯矛盾：對人民民主而言，中國選擇的必須是民主政體；對專政物件而言，中國勢必選擇專政政體，因為專政必須借助國家機器對專政物件進行無情的打擊，否則不足以實現保護人民和鎮壓敵人的國家目的。但民主與專政的物件確定、機制區分、相互關係，則不是那麼好清理的兩種政體要素。綜合這兩個政體的中華人民共和國之作為一種混合政體，哪些民主政體的成分與專政政體的成分應納入其中，而哪些成分被拒斥在政體運行之外，兩種政體成分又如何混合而有效地運行，都還是未解決的問題。

中華人民共和國的憲法是在國體問題上落實的，但國體不能懸空，必須下落為政體，即從「誰掌權」下落為「誰如何掌權」。當其時，政體選擇的壓力就會突顯。這些壓力會從多方面體現出來：一方面，面對人民民主和面對敵人專政，對人民和敵人之具體主體的確定，是一個因時因地變化着的存在。而以國家根本法面目出現的憲法，自然是以穩定的政治法律秩序為追求的。原則性對撞靈活性，這是人民民主專政的國體，坐實為民主集中制的政體所面臨的強大壓力之一。另一方面，面對制度抉擇，依循什麼樣的辦法去保護工人、農民，而工人、農民如何有效掌控國家權力，也是非常具有挑戰性的問題。因為人民不是一個統一的抽象集群，而是一個在法理上區分開來的階層、集團和個人的複雜結構。如果在國家統治的過程中，僅僅用一種實質正義的道德統治行使人民主權，那麼統治就會沒有規則、缺乏程式。由此可見，太過強調國體，就得面對政體的無規則性。相反，如果在國家統治的過程中，主要運用對敵人專政的辦法來統治國家，用國家機器毫不留情的鎮壓反對者，可能會使這種鎮壓處於兩種悖反的狀況：可能昨天屬於人民，今天就屬於敵人；而昨天屬於敵人，今天則變成人民。於是，民主與專政的物件之急遽跳躍，必然會導致民主與專政手段的嚴重錯置——國家權力可能今天對某人、某集團進行專政，採取專政體毫不留情的暴力原則，而明天當專政者自身變成被專政的物件時，就對前此施加給別人的專政拒之千里，專政者對前此的專政痛恨無比，因此人民民主專政的專政認同，就很難建立起來。同時，在對人民實行民主的時候，可能還沒有坐實某些「人民」的民主權利的時候，這些「人民」因為抵抗國家權力而瞬間變成了敵人，人民就此需要不斷地變換定位，不斷地劃分人民的集群邊界。出現這樣的詭異，是人民民主專政面臨的政體困難之必然。人民民主專政的政體形式，源自於無產階級當家作主的國體安排，因此必然使那些掌握國家權力的人士在鎮壓別人時拒絕程式而只要實質正義，在別人鎮壓自己的時候渴求程式正義而拒絕實質正義。這樣的矛盾，不只是體現在某些個案中的問題，而是國體論壓倒政體論之後必然出現的普遍悖謬。

由此可見，階級話語主導下的國體安排，要順暢通向民主集中的政體制度，還存在很多需要澄清的問題。國體論註定的階級劃分，難以劃出一個穩定的憲法秩序來，因此留下了不斷的政治主觀作為的空間。憲法作為根本法的出場，明顯受到抑制。憲法促成國家穩定的政治法律秩序，就變得勉為其難。制憲之後的行憲，還需要坐實在相對穩定的階級劃分基礎上，進而坐實在行之有制的憲法秩序上。

三、國體、憲法實現與憲政

僅僅重視無產階級掌握國家權力的國體論，在坐實為人民代表大會之民主集中制的政體時，不僅人民的民主會遭遇困難，專政施加的物件也沒有穩定確立起來的方略。人民民主專政這樣一種由無產階級掌握國家權力的國體形式註定的民主集中制政體類型，面對政體的實際操作，也很難落實為一套行之有效的穩定規則。由於穩定規則的匱乏，不僅穩定的憲法秩序很難浮現，還可能造成人民民主專政下國家成員高度的不安全感、不穩定感和秩序紊亂感——高度不安全感指的是人們在這種憲法體制下，對自己到底是民主物件還是專政物件，缺乏準確判定的把握，人人都處於一種不能確定自己受國家保護或國家鎮壓的不落實狀態。高度不穩定感是指這種統治的不落實，人們隨時隨地對政治變化充滿一種不確定性，無法預知未來的任何變化，從而陷入一種日常生活的惶恐狀態。秩序紊亂感是指人們無法對現實生活的既定性懷抱信心，不得不時刻保持一種警覺性，而不讓自己陷入無法把握的人生漩渦，時時刻刻地調整人生策略，讓人們不能不跟隨權力的舞步翩翩起舞或群魔亂舞。[23] 這樣的狀態，當然是不利於執政黨穩定自己權力的，執政者也沒有理由認為這種狀態有利於穩定自己的權力。

人民民主專政的國體對應於無產階級統治的政治需求，在階級的對壘基礎上造就的人民代表大會之民主集中制度，這一匹配關係使國家處於一種左右為難的狀態：一方面，國家無法按照極左邏輯去施加民主邏輯，那樣會走上一條高調民主的不歸路。同時，國家也無法按照右翼的邏輯坐實在憲政平台上，那樣會使得執政者無法永享掌權的機會。於是，國家不得不在一個極左的政治訴求和極右的政治訴求之間極力調適——左派的高談闊論，就此可以輕而易舉地扼制國家命運的咽喉；而右派的低沉論政，就此無法引起當政者的積極回應，處在一種政治失落的狀態。雙方都對這樣的國體—政體結構嚴重不滿，但大家卻又無法維持在一個平台上和平討論國家統治問題，讓國家統治依法、依規而行。換言之，在國體論主導之下，政權組織形式的問題還不能不花費巨大功夫來合理設計，才能解決國體安排既定情況下的政權組織績效問題：從國體出發進行政體的設計，首先需要關注規則，講究各方嚴格遵循、絕對不能突破的底線規則。無產階級當政的國家，既然無法排除政權組織形式的問題，政體選擇也就多種多樣。起碼就此可以引申出憲政社會主義、自由憲政主義、儒家憲政主義或專斷政體等多種組織形式。這些政體形式，都不與民主集中制相左：只是這些政體的具體形式，要麼偏向集中多一些，要麼偏向民主多一些。一個被階級話語牽制着的民主集中制，是很難在民主與集中之間實現精巧平衡的。如果說這些政權組織形式連起碼的規則都不講了，那就是一種任由國家陷入混亂的說辭，就是一種缺乏起碼的政治責任感的胡言亂語。相信即使是反對憲政的法政理論言說者，也不會贊同這樣的政治法律言述。

假設無產階級當政的國家也必須講究政治法律規則的話，那會是什麼樣的規則？依循以憲治國的理路來看，實現憲法是一個必經道路。實現憲法的路徑很多，從完全的憲政到不完全的憲制安排，都是實現憲法的方式。現代憲法之通向憲政，依賴兩個基本條件。一是憲法的制定符合現代憲法的基本特性。即符合私有產權、主權在民、分權制衡、以法治國以及權力平等和政治自由原則，[24] 這是憲法的五個要素，也是憲法得以實行的五個憲則前提。二是憲法的實施要件必須具備。這些要件包括：其一，遵循憲法慣例，「政府或從政的人之所以必須遵守這些準則，是因為這些準則能把法律搞活；能使法律上的憲法運用自如；能使憲法和流行政治觀念（時代潮流）相一致。憲法要靠人來執行，要靠全國各部門通力合作。憲法慣例之被遵守就是為了實現這種合作。而且，憲法也需要隨着形勢的變化而變化，舊的條文規定必須適應新的需要。憲法慣例就起着這種應變的作用，從而使憲法和法律能夠貫徹實施。」[25] 其二，要有憲法的保衞者。「護憲機關通過對憲法、法律的解釋而行使其『司法審查權』。『司法審查』也就是終審的解釋。憲法的修改也可以説是一種解釋，即重新解釋。憲法的解釋和適用過程，也是憲法的實施過程」。[26] 其三，憲法要因時修改。憲法的修改，是因為它是法律而不是契約，依憲修憲就成為必須。同時，因為社會政治變遷的緣故，憲法的可變性也為人們所承諾。[27] 其四，需要有違憲審查機制。「憲法是根本法，具有最高的法律效力，是立法和執法的基礎和根據，法律和法令從形式到內容，都不得同憲法條文相抵觸；司法機關主要是最高法院或憲法法院被認為是保障憲法的機關，因而一旦產生法律和法令是否合憲的問題，它們就可以宣告該項法律和法令違憲而無效。」[28] 比較而言，憲則的合憲性與行憲的諸要件，前一個條件是行憲的法條基礎，後一個條件是行憲的制度安排。缺少哪一個環節，憲法就無從實施，憲法秩序就難以實現，憲制政治就無以坐實。

按此標準，當然中國目前的社會主義憲法是難以坐實憲治制度的。因為從前一方面的五個要素上看，即使是八二憲法加上相應的修正案，都還很難將其視為規範意義上的憲法檔案。譬如，八二憲法的修正案，首次將私有財產的保護納入憲法條款。但對財產權的憲則規定而言，也只是強調國家權力依法同等保護公有財產、集體財產和私有財產，而且在保護三者所使用的辭藻選擇上，體現出不同的位階，公有財產使用的是「神聖不可侵犯」字眼，而私有財產僅僅是加以保護而已。[29] 顯然，私有制處在失寵的「小三」地位，在邉論憲法規範文獻所要求的後四個要件。但即使如此，作為「小三」的私人財產權利，在憲法裏具有必須予以保護的底線地位，論者要不要採取保護的立場？你不同意保護就是違反憲法，你贊同憲法就還得保護私有財產。這就使得中國的憲法有一種通向憲治的狹小口徑：換一種進路，我們在論述社會主義市場經濟時，即便最講究教條根據的學者，也依據馬克思《資本論》的論述，指出馬克思主義對個體所有制的高度重視，這成為社會主義市場經濟條件下國家保護個人所有財產的經典根據。[30] 個體所有制，也就是一般習稱的私有制，其實可以有一個更為準確的稱謂，在哈耶克理論中便將之稱為「專屬財產權」（special possession）。私有制有排斥性，專屬財產權沒有排斥性。即使在毛澤東極左的時候，國家還是尊重個人專屬財產權利的。譬如除了打砸搶的短時混亂時期，在文革時期，國家也不容許任何人隨便到哪個人家裏把屬於人家的東西拿走。在保護財產的基本底線上，中國憲法遭遇最嚴峻挑戰和政治秩序最紊亂的時候，國家似乎也沒有打算突破這底線。這意味着，中國的憲法並不是一紙空文，實際上發揮着憲法規範國家運行的某種特殊效用。

至於財產權利之外的憲法要素，儘管中國也無法嚴格遵守，但也都有合於底線規則的限定：在權力分割制衡上，中國官方斷然宣告，「不搞」三權分立制衡。但中國的國家權力結構並不是鐵板一塊，而是俗稱五套班子（政黨、人大、政協、政府、紀委）的分權結構，這也是對權力分割制衡原則的一種特殊實踐。至於權力分割制衡是不是符合上限標準，即讓三種理想類型的權力相互分立制衡，或是讓不規範的五種權力分立制衡，這都不是關鍵。唯獨某種權力無法制衡，譬如黨權獨大，才是涉及規範權力的關鍵問題。但無論怎樣，五套班子這樣的權力體制，還是處在分權制衡的大框架之中的。如果沒有分權的底線要求，所有權力形態就應當是高度混一的，國家權力只要一套班子就夠了：從中央到基層，不論各個層次，只要中國共產黨的政黨機構就行了。但中國共產黨自己確立的政黨制度就特別強調，中國共產黨與民主黨派之間「長期共存，互相監督；肝膽相照，榮辱與共」的方針。[31] 這一說法給人們的啟示是，人民結構的複雜性，使那些作為政治組織的民主黨派有其必要，即便是最先進的無產階級代表——中國共產黨，還是要講究「黨外有黨，黨內有派」。在承認黨外有黨、黨內有派的情況下，也就等於承認了政治統治上的權力必須分割的原則。

循此思路，在具體政治操作上，兩個政治原則也就突現出來：第一，中國共產黨是執政黨，八大民主黨派是參政黨，但它們得共同承諾一個政治原則——人民當家做主。三權分立制衡可以不搞，但黨派權力的分立和制衡則是保護人民利益的必須。第二，黨治與法治之間存在着一個孰高孰低的問題。在中國法學界，刀制（法制）和水治（法治）爭論了多年，嚴格說來沒有必要。因為到最後，都是一個服從法律的問題。當我們以人民為主體制定憲法，人民自己去實現憲法，刀制與水治的精神就高度合一了。我們姑且不把這樣的治理模式命名為憲政，只當作憲法秩序的表現，但限制權力的憲政底線原則就呈現出來了。除非一個人說，中國制定的法律根本就不反映人民的意志，從來就是統治者個人意志的產物，那麼一切遵循法治的要求就無從談起，限制權力的現代政治原則就此可以束之高閣，否則，分權制衡的憲制原則就必須加以承諾。既然「中華人民共和國一切權力屬於人民」，[32] 一切政治組織的意志都必須在人民意志之下，受人民意志制約，一切政治組織和個人也就毫無藉口地受到法律規範，「一碗水端平」的法治精神就此展現出來，無產階級統治國家的法治之水治原則，而非法制之刀制原則，也就曝露給人們。

至於權力平等與政治自由的原則，在中華人民共和國八二憲法中明確的規定是觸目可見的。整個憲法第二章處理的都是這一主題，[33] 而這些自由且平等的權利，是任何一部現代憲法莊重承諾的。儘管在八二憲法文本中，這些自由而平等的公民權力放置在國家結構陳述的總綱之後，有泰山壓頂的感覺，似乎公民權利與義務都是在國家之下受到嚴格約束的產物，而不是國家據以產生的理由。但總的說來，八二憲法沒有以國家權力捨棄公民權利，而且公民權利的重要性和周全性皆有考量，證明國體論言說中出台的憲法，也還不得不莊重而平等地承諾公民的諸權利與諸自由。

從後一個角度看，中國要落實憲法規則、坐實憲政秩序，更有相當難度。從嚴格的角度看，中國缺乏起碼的憲法慣例和法律。這可以從兩個角度印證：一是歷史傳統上的君主專制和相權嚴重地不對等，因此沒有有效限權的政治傳統和習性；二是革命政治一直是現代中國的絕對主導邏輯，革命政治乃至一種造反政治，旨在顛覆現行秩序。在完成顛覆現存秩序的基礎上，才會開始設計新的政治法律秩序。由於顛覆現存秩序的革命具有強大的慣性，革命之後，也還會滑行在既定的革命軌道上，新的政治法律秩序很難順利登台。人們的非憲法習性就此形成。與此相關，憲法的解釋缺乏法理支持，總是處在政治漩渦之中。一者是憲法的修訂相對頻密，截止一九八二年，中華人民共和國建國三十三年，如果將「共同綱領」計算在內，先後有五部憲法出台了。二者憲法解釋機關並不是護憲機關，而是憲法執行機關。因此，憲法究竟應當修訂與否，還是該重起爐灶，都成為革命政治的產物，甚至是革命領袖的政治工具。更關鍵的是，由於沒有設置憲法法院，合憲性審查完全懸置，行政權的控制就此失去了憲法依託，變成政黨所使用的行政工具。在這裏，中國政黨權力與行政權力機關的並行發文定勢，也就成為以黨治國，而不是以憲治國的最好註腳。但不是說中國完全堵塞了通向憲法秩序的道路嗎？通過實際政治的觀察，人們可以發現，一些行憲的通道似乎是打開着的：一是中國共產黨的領導人一直表達重視憲法的意願，體現出執政黨努力踐行憲法的政治願望。二是中國確立的、建立與健全社會主義民主與法治的治國進路，表明圍繞憲法建立起來的法治體系，有其不可動搖的政治意義。三是中共一旦進行政治糾偏，總是借助憲法和法治的方式，憲法和法治就此在政治演進中扮演關鍵的角色。這就註定了憲法實施的必然，而不會完全被虛置。只是說這樣的憲法實施，遠不能說形成了憲法秩序，但憲法也不是一般人所認為的紙上談兵。

只要有一個最低限度的憲法實施情景，憲法實施的一些關鍵標誌就會突顯出來。一方面，實現憲法的基本建制結構，決定了具體的政權組織形式中分享權力的必然。既然無產階級中作為統治者的工人階級、農民階級經已成分複雜，此外還存在其他階級、階層、集團，但是，只要是屬於人民陣營，就具有行使國家權力的政治—法律資格。在實際的權力行使過程中，由於具有行使權力資格的人數眾多，無法同時行使某項權力，因此權力的輪替就成為必須。國家權力的輪替不能被簡單地歸於一個政黨輪替問題。中國的政黨制度具有特殊性。執政黨設定了自己的先進性。但由於黨領導下的階級，成分非常複雜，你要保證先進人物能夠長期執政，就必須有一個執政周期。為什麼呢？因為執政黨自己預設，部分掌握權力的人會腐化變質。為了防止腐化變質，把權力用於私人目的，就需要趕在掌權者腐化變質之前進行調換，從而保證權力的人民性。這樣就預設了一個政治輪替問題。今天的人們，贊許中國權力交接已經制度化，沿着這種黨和政府所承諾的說法往下走，權力的交接就是權力的輪替。這不是政黨輪替，而是權力自身要求的周期性輪替。一旦這樣的權力交替制度化安排之兜底原則付諸法律規定，任何政治組織和從政者個人都得無一例外地服從，那就是一種法治的狀態，也就是一種憲政秩序狀態。可見，即使是社會主義的國家權力，在具體行使過程中，也得遵循與憲政相近的、限制權力與規範權力的兜底原則。

另一方面，從國體的角度出發，首先要考慮哪個階級當政的問題。但當政的階級進入執政狀態後，則必須進一步考慮當政的權力運作形式問題。依規治國的政治和法律理念，就此有了切入階級主導的國家權力運作過程的強大理由。這樣的政治法律體制一旦落實，人們完全可以不把它命名為憲政，而直接命名為「依規統治」。這樣的統治與憲政的親緣關係不言而喻。這是不需要花費太多口舌就可以明白的道理，除非論者根本就拒絕為階級主導的國體提供維持自身統治的基本秩序，他才會拒絕實現憲法帶來的基本政治——法律秩序。只要不欲求混亂的政治局面，人們就此必須承諾憲法實現基礎上的憲政秩序。循此路徑，深入觀察，兩個結論便呼之欲出：一是建立在指責政體論掩蓋了國家權力的階級性的國體論，實際上不得不在維持階級統治權的情況下，着力處理階級內的人民民主權力問題。人民民主必須借重憲法秩序，才足以維繫，因此無法乾淨徹底、完完全全地拒斥民主的憲政秩序。二是重視國家權力階級歸屬的國體論，與重視國家權力的合理組織方式的政體論，就有了一個視界融合的最終歸宿。就此而言，中世紀實在論與唯名論之爭的經驗與教訓，足以給人們切合當下現實的強大啟迪。這便是一種國體論論斷也排遣不了的、兜底的憲政秩序。這正是憲法、憲制在不同國體或政體中似乎同等重要的深刻緣由。

「憲法之所以重要，是因為：（一）憲法是一個國家內最高的和最有權力的政治階層所做的決策活動結果。（二）憲法構成了一個國家公法的核心，即使不是法律規範的頂端。（三）憲法包括一些全世界都信仰的價值觀念和規範。（四）憲法是一個國際範圍內的發展影響到國家範圍的管道。（五）憲法提供了關於國家組織和正式授權的大部分可靠的情報。（六）憲法提供了比較政治制度的方便手段，至少從表面上來說是這樣。」[34]

國體論與憲政論，還是無法斷然切割開來。所謂兜底的憲政秩序，是現代所有國家必須承諾的政治秩序。

註釋

1 毛澤東：〈新民主主義論〉，載《毛澤東選集》第2卷，北京：人民出版，1991，第676頁。

2 毛澤東：〈新民主主義論〉，載《毛澤東選集》第2卷，第677頁。

3 毛澤東：〈新民主主義論〉，載《毛澤東選集》第2卷，第676頁。

4 復旦大學法律系國家與法的理論、歷史教研組編：《馬克思恩格斯論國家與法》，北京：法律出版社，1958，第131頁。

5 林來梵：〈國體概念史：跨國移植與演變〉，《中國社會科學》，2013年第3期。

6 參見林來梵〈國體概念史：跨國移植與演變〉，第三、四兩部分「國體概念在中國的移植及早期演變」和「國體概念的現代演變：中日之間的反差」。

7 毛澤東：〈新民主主義論〉，載《毛澤東選集》第2卷，第675–676頁。

8 毛澤東：〈新民主主義論〉，載《毛澤東選集》第2卷，第677頁。

9 毛澤東：〈關於正確處理人民內部矛盾的問題〉，載《毛澤東選集》第5卷，北京：人民出版社，1977，第366頁。

10 毛澤東：〈關於正確處理人民內部矛盾的問題〉，載《毛澤東選集》第5卷，第366–367頁

11 毛澤東：〈關於中華人民共和國憲法草案〉，載《毛澤東選集》第5卷，第127–128頁。

12 毛澤東：〈關於中華人民共和國憲法草案〉，載《毛澤東選集》第5卷，第129頁。

13 參見【英】K. C. 惠爾著，翟小波譯：《現代憲法》，北京：法律出版社，2006，第1–2頁。在英國，情況較為特殊，因為它沒有成為憲法，在不成文的憲法中，包含了大量的習慣、風俗、默契和慣例。但這些規則仍然是用來規範廣義的政府行為的，儘管有些規則採取了成文法的形式，有些規則的存在形式不是法律。這兩種規則僅僅是形式上的差異，而不會因而發生針對階級、集團或群體出現的保護或鎮壓的功能之別。

14 現代西方國家制定憲法，實行憲政，具有一種不言自明的通暢關係。有人說，社會主義國家制定憲法主要是為了不給資本主義國家提供攻擊自己不依法執政的口實，因此憲法並不是用來實施的，而是用來遮羞的。這是一種需要商榷的看法。一九五四年憲法草案制定出來後，毛澤東就特別強調，「這個憲法草案是完全可以實行的，是必須實行的。當然，今天它還只是草案，過幾個月，由全國人民代表大會通過，就是正式的憲法了。今天我們就要準備實行。通過以後，全國人民每一個人都要實行，特別是國家機關工作人員要帶頭實行，首先在座的各位要實行，不實行就是違反憲法。」毛澤東：〈關於中華人民共和國憲法草案〉，載《毛澤東選集》第5卷，第129頁。如果說中國的行憲結果還不能令人滿意，需知不是有沒有實行憲法導致的問題，而是實行憲法不力的結果。因此，要追究的是如何更好地實行憲法，實行不好憲法的原因所在，從而真正坐實憲法。制憲，就是為了行憲；行憲，就是推行憲政。推行憲政，才是憲法得到實行的標誌。否則，憲法就會懸空，將制憲者置於違憲的可怕地位。

15 毛澤東：〈團結起來，劃清敵我界限〉，載《毛澤東選集》第5卷，第68頁。

16 毛澤東：〈中國社會各階級的分析〉，載《毛澤東選集》第1卷，北京：人民出版社，1991，第7頁。

17 毛澤東：〈中國社會各階級的分析〉，載《毛澤東選集》第1卷，第9頁。

18 列寧指出，「歷次革命的一般進程表明了這一點，在這些革命中，往往有過短時間的、暫時得到農村支持的勞動者專政，但是卻沒有過勞動者的鞏固政權，經過一個短時期，一切都又倒退了。所以倒退，是因為農民、勞動者、小業主不能有自己的政策，他們經過多次動搖之後，終於要倒退回去。」黎澍主編：《馬克斯恩格斯列寧史達林論歷史科學》，北京：人民出版社，1980，第170頁。唯有無產階級領導的工農聯盟革命，才能獲得革命的徹底勝利。史達林指出，「我們國家是世界上工農聯盟戰勝了地主和資本家的唯一國家。這是什麼原因呢？因為過去領導並且現在繼續領導我國革命運動的是在戰鬥中久經考驗的工人階級。」黎澍主編：《馬克斯恩格斯列寧史達林論歷史科學》，第171頁。這樣的判斷，為中國共產黨領導人所忠實傳承。

19 這是八二憲法序言強調統一戰線重要性的理由所在。「社會主義的建設事業必須依靠工人、農民和知識分子，團結一切可以團結的力量。在長期的革命和建設過程中，已經結成由中國共產黨領導的，有各民主黨派和各人民團體參加的，包括全體社會主義勞動者、社會主義事業的建設者、擁護社會主義的愛國者和擁護祖國統一的愛國者的廣泛的愛國統一戰線，這個統一戰線將繼續鞏固和發展。」王培英編：《中國憲法文獻通編》，第3頁。

20 香港是屬於中國的領土，但內地人要前往香港，需要辦理出入境手續。這就構成了一國兩制之下的、特殊的憲政問題：香港是國內領土，但屬於「境外」管理機制。台灣問題的總體定位大致相同。但台灣的政治獨在性特點，明顯強於香港。這更是極為特殊的中國國家結構。對於這兩個地區而言，人民與敵人的界限劃分，標準與內地與大為不同，愛國愛港、愛國愛台，成為劃分敵我的基本標準。這無形中大大增添了中國之「敵」、「我」判斷的難度。

21 參見百度百科「港獨」詞條。http://baike.baidu.com/link?url=1jfxMEY8wZKIVknYQ-qwSwiAs2YIjjEPU2jwmFn3Ltqoe1p-EXfQORdJgekWCAVGU-CgXbmORWU1luFg93-je_（瀏覽日期：2014年6月23日）。

22 參見胡錦濤：〈攜手推動兩岸關係和平發展，同心實現中華民族偉大復興〉，載中共中央文獻研究室編：《十七大以來重要文獻選編》，北京：中央文獻出版社，2009，第 844–847 頁。

23 這正是中國人熟知的大規模疾風暴雨的群眾運動「七八年就來一次」的深層原因。改革開放之後的政治動盪，儘管在規模和激烈程度上遠遜於此前，但頻次並不比此前更低，偶發性的大規模動盪引發的政治聚變，有甚於從前的記錄。八二憲法仍然念茲在茲的「階級鬥爭還將在一定範圍內長期存在。中國人民對敵視和破壞我國社會主義制度的國內外的敵對勢力和敵對分子，必須進行鬥爭。」發揮着阻礙憲法秩序形成的消極作用。王培英編：《中國憲法文獻通編》（修訂版），第 3 頁。

24 參見龔祥瑞：《比較憲法與行政法》，第 2 章〈憲法基本原則〉，北京：法律出版社，2003，第 46–92 頁。

25 龔祥瑞：《比較憲法與行政法》，第 93 頁。

26 龔祥瑞：《比較憲法與行政法》，第 97 頁。

27 參見龔祥瑞：《比較憲法與行政法》，第 106–107 頁。

28 龔祥瑞：《比較憲法與行政法》，第 109–110 頁。

29 參見王培英編：《中國憲法文獻通編》（修訂版），八二憲法第十一、十二、十三條，第 6 頁。

30 參見鄭元葉：〈財產權、個體和共同體之間的內在張力——馬克思所有制思想與西方近代財產權理論的比較〉，《福建論壇（人文社會科學版）》，2009 年第 1 期。

31 〈中共中央批轉中央統戰部《關於新時期黨對民主黨派工作的方針任務的報告》的通知〉，載中共中央文獻研究室編：《十一屆三中全會以來重要文獻選讀》，下冊，北京：人民出版社，1987，第 1086 頁。

32 王培英編：《中國憲法文獻通編》（修訂版），第4頁。

33 參見八二憲法，第2章〈公民的基本權利和義務〉。王培英編：《中國憲法文獻通編》（修訂版），第9–12頁。

34 【荷】亨利・范・瑪律賽文等著，陳雲生譯：《成文憲法的比較研究》，北京：華夏出版社，1987，第375–376頁。

第五章

政黨駕馭國家

政黨國家的國家理念與治國定勢

二〇一二年的中國共產黨第十八次全國代表大會是在特殊處境中召開的。這特殊性是就兩個向度而言的：一、就國內處境而言。就政黨的執政來說，政黨自身處在一個亟需調適的情景；就黨國關係來說，雙方都突顯了需要矯正的問題；就執政狀態來說，社會的回饋機制反映出執政滿意程度的下降；就執政績效來說，長期的高成本低效益已經到了非改變不可的地步。二、就國際社會而言。中國的崛起促使國際格局的大變化，但中國如何應對複雜的國際局勢，恰當處理各種國際難題，實在是需要艱難摸索才能做好的事情。這樣的處境，使中共十八大在其政黨九十年歷史上顯得異常特出。總的說來，這次會議既是一次連續呈現中共政黨特質的會議，又是中共勉力克服危機走向駕馭國家新境地的會議。相對而言，中共的政黨轉型、政黨與國家的法治化關係、政黨如何處置國家事務並保證績效的問題，還有待在未來解決。

一、中共十八大與政黨國家特質

如同中共執政以來歷次全國代表大會受到廣泛關注一樣，中國共產黨第十八次全國代表大會也受到世界的高度關注。中國共產黨的代表大會之所以受到這樣的關注，是由中國的特殊國家形態所決定的。中國不是一般意義上的民族國家，而是頗具獨特性的政黨國家。從政治理論上講，闡釋政黨國家的政治事件，需要一個與民族國家不同的視角。在民族國家，闡釋一切政治事件，只需要放在法治框架之中，就可以較為清晰地縷析政治事件的來龍去脈。在政黨國家，則需要將國家的政治事件放置到執掌全國政權的政黨組織框架中，才足以理解國家發生的政治事件的意味。[1] 前者，一般從憲法及其運行狀況切入；[2] 後者，必須從執掌國家權力的政黨基本文獻着手。政黨的基本文獻，除政黨章程以外，就是政黨定期召開的全國代表大會的政治報告。[3] 因此，從中國共產黨第十八次全國代表大會的政治報告觀察分析中國的局勢，就具有基本理由。

每一屆中國共產黨的全國代表大會，都會發表與政黨最後奮鬥目標以及當前形勢和任務相關的政治文件。在中國共產黨爭奪國家統治權的過程中，這樣的政治文件基本圍繞如何奪取國家權力的目標展開，其實現共產主義的最後目標，常常是作為政治願景提出來的。在中國共產黨掌握國家權力機器以後，全國代表大會的政治報告則主要圍繞如何牢固掌控權力、進行資源配置的目標進行論述，共產主義主要是作為政黨—國家的意識形態背景因素存在其中的。中共十八大的政治報告，正是圍繞這兩個論述主題展開的。但比較近幾屆中共全國代表大會而言，十八大所論述的兩個主題，都具有明顯的當代特徵。就前者言，這次代表大會對於中國共產黨執掌國家權力的總體處境、總的佈局與總的任務進行了全方位的描述與分析。就後者論，中國共產黨重提共產主義信念對於政黨的精神引領作用。這是值得具體分析的兩個方面。

自一九七八年中國共產黨啟動改革開放的進程以後，在總的政治路線上對共產主義信念的強調已經顯得明顯弱化。隨着改革開放的深入，物化思維在全黨和整個社會彌漫開來，中共自身凝聚全黨的精神力量也相應處在一個被削弱的狀態。在十八大前夕，中共領袖們明顯感覺到重新激活全黨精神力量的必要性與重要性。為此，中國十八大政治報告着重指出，「堅定理想信念，堅守共產黨人的精神追求。對馬克思主義的信仰，對社會主義和共產主義的信念，是共產黨人的政治靈魂，是共產黨人經受住任何考驗的精神支柱。」[4] 這是最近幾屆中共全國代表大會沒有明確強調過的信念問題。做出這一強調，是基於中共國家統治權的物化危險。物化的危險不僅體現為中共統治的社會土壤的鹽鹼化，更主要體現為中共自身缺乏改良社會土壤的精神力量，其統治資源因此嚴重貧瘠。重新激活革命時代形成的強勢共產主義信念，涉及到中共持續掌握國家統治權的精神基礎。中共之所以試圖重整這樣的信念，是因為它具有多方面的功能。一是政黨對整個國家道德高地的佔居，以及由此具備的統領國家精神走向的觀念優勢。二是政黨以其組織能量的高度整合，足以形成一個具有共同政治意志的領導集團。三是政黨在組織意志貫穿領導國家的全過程中，可以將政治意志用來彌補威脅組織領導權的法治空缺。這是中共強勢重提共產主義信念的驅動力。

另一方面，中共十八大政治報告對政黨行使領導權的整體狀態進行了全面刻畫。「建設中國特色社會主義，總依據是社會主義初級階段，總佈局是五位一體，總任務是實現社會主義現代化和中華民族偉大復興。」[5]「中國特色社會主義」是中共立定的國家發展「道路」，也是其行使國家統治權並據以整合全國資源的「旗幟」。「中國特色社會主義」由三個部分組成。一是關乎國家發展的政治路線，這被定位為中國特色社會主義道路的「實現途徑」，即「中國特色社會主義道路」，「就是中國共產黨領導下，立足基本國情，以經濟建設為中心，堅持四項基本原則，堅持改革開放，解放和發展社會生產力，建設社會主義市場經濟、社會主義民主政治、社會主義先進文化、社會主義和諧社會、社會主義生態文明，促進人的全面發展，逐步實現全體人民共同富裕，建設富強民主文明和諧的社會主義現代化國家」；二是關乎聚集國家精神資源的政治理念，這被定位為中國特色社會主義的「行動指南」，即「中國特色社會主義理論體系」，「就是包括鄧小平理論、『三個代表』重要思想、科學發展觀在內的科學理論體系，是對馬克思列寧主義、毛澤東思想的堅持和發展」；三是關乎國家基本制度的設計與運行，這被定位為中國特色社會主義的「根本保障」，即「中國特色社會主義制度」，「就是人民代表大會制度的根本政治制度，中國共產黨領導的多黨合作和政治協商制度、民族區域自治制度以及基層群眾自治制度等基本政治制度，中國特色社會主義法律體系，公有制為主體、多種所有制經濟共同發展的基本經濟制度，以及建立在這些制度基礎上的經濟體制、政治體制、文化體制、社會體制等各項具體制度。」[6] 這樣的政治藍圖，在中國共產黨的歷史上，是首次全面呈現的。貫穿於其中的，是執掌國家權力的中國共產黨力圖打通理想與現實、連接理論與實踐、對接理念與制度的宏大氣魄。在世界現代政治史上，一個政黨對於國家發展進行如此宏大的籌劃，幾乎可以說是絕無僅有。「中國特色社會主義」的道路、理論與制度相互支撐的緊密結構，確實給人們一種執政黨成竹在胸的、治國的雍容大氣感。這是世界所有其他政黨所無法具備的政治氣勢。[7]

將中國共產黨對自己政黨理想信念的強調，與其對現實統治權的謀劃對照，可以發現政黨對其間存在的政治落差進行了合意的彌補。本來，就現代政黨的定位來講，它不過是一個爭取國家領導權的政治競選組織而已。[8] 因此，它依賴某種信念，但毋需上行到理想信念的高度。就現代政黨的組織目標來說，不過是在執政期間實施其政策目標的組織建制而已，因此沒有必要對國家意識形態、基本制度安排和不同領域的發展事務進行剛性且全面的籌劃。[9] 但為什麼中國共產黨闡釋自己的統治方略的時候，對理想信念、國家意識形態、國家基本制度與國家發展情形要進行整全（comprehensive）的政治論述呢？這問題，推動人們去仔細琢磨中國當代政治的特殊性。

顯然，中國並不是規範意義上的民族國家。中國的國家形態是極為特殊的政黨國家形態。構成中國的國家要素，不是民族與國家，而是政黨與國家。這就意味着，民族國家那種以一個政治民族建構國家權力體系的進路，即立定憲法原則、實施分權制衡、促使國家與社會二元發展、政黨之類的政治組織在國家之下活動等等政治安排，不能用來理解中國的政治現實。對於中國政治而言，以執掌國家權力的那個政黨的理念、制度訴求和施政方略來看待整個國家的狀態，是一種恰切理解中國政治態勢的方式。對於這樣的超級政黨（super party）[10] 來說，它執掌國家權力的方式，絕對不同於民族國家的民主憲政模式。以黨建國和以黨治國的政黨國家結構形態，決定了執掌國家權力的政黨，必須從政黨的理想信念一直下貫到治國的實際舉措。這種直線下貫的政黨國家理念，是足以顯示政黨國家特質的政治理念。

中共十八大延續了自己歷時九十年形成並成熟的政黨國家理念。政黨國家理念突出的特點，就是全面執掌國家權力的政黨，處在國家之前、之上與之外。處在國家之前，意味着它比國家要優先。這種優先性顯示政黨致力建構的國家一定位居政黨意志的背後；處在國家之上，意味着它比國家更有優勢。這種優勢感促使政黨一直掌握着國家事務的謀劃權力；處在國家之外，意味着它比國家完美。這種完美必然呈現為政黨的自足性治理及其對國家治理的絕對性。由此就不難理解中共十八大強調的國家治理成就完全依靠自己政黨的斷言。「我們能取得這樣的歷史性成就，靠的是黨的基本理論、基本路線、基本綱領、基本經驗的正確指引」。[11] 也就不難理解政黨領袖強調的政黨狀態決定國家狀態與人民生活情形，「黨堅強有力，黨同人民保持血肉聯繫，國家就繁榮穩定，人民就幸福安康。」[12] 不是政黨國家的執政黨，完全沒有發出如此豪邁的政治宣言的想像力。在建構政黨國家的過程中，也就是在中共致力奪取國家權力的長期革命鬥爭中，這種豪邁感就深深扎根在政黨組織目標之中；在治理政黨國家的過程中，不論處在艱難時勢還是順暢發展的執政狀態，這種豪邁都一如既往地展現給人們。這是政黨國家獨具的政治特性。這是中共十八大強力申述「道路自信、理論自信、制度自信」[13]的政治根據之所在。

二、政黨對國家事務的完備部署

猶如前述，中共十八大從政黨精神上繼承了黨的政治理念傳統。但相對於以往中共全國代表大會而言，中共十八大也具有它的特殊性。中共以往歷次代表大會都呈現出它的特殊性。這是由每次全國代表大會所處的時間、地點與條件所決定的。但與以往歷次代表大會相比而言，中共十八大的特殊性又格外明顯。這不僅因為它是在前十七次代表大會的基礎上召開，因此必須對以往代表大會有所繼承且有所超越。而且是因為中共所處的國內外情景有了很大的變化——黨情、國情與世情都發生了顯著的變化。更是因為中國共產黨作為全方位控制國家政治生活的組織，對於國家事務的統攬與部署，進入了一個非常關鍵的時期。它必須給出一個完備的發展願景。

對於一個歷史長達九十年的超級政黨來講，政黨的歷史遺產，一定會成為政黨執掌國家權力的重要指南。因此，中共十八大勢必會忠誠延續政黨的政治路線。這一政治路線，主要體現為它對馬克思主義原理的信守、對社會主義道路的堅持、對政黨政治遺產的忠實。「九十多年來，我們黨緊緊依靠人民，把馬克思主義基本原理同中國實際和時代特徵結合起來，獨立自主走自己的路，歷經千辛萬苦，付出各種代價，取得革命建設改革偉大勝利，開創和發展了中國特色社會主義，從根本上改變了中國人民和中華民族的前途命運。」[14] 對於一個改變了民族命運的政治遺產來說，堅定地採取繼承的態度，完全在情理之中。為了不至於喪失政黨、國家與民族「正確」發展的政治法寶，守護足以捍衛這一政治遺產的關鍵要素，就成為持續「正確」下去的當然之手段。「必須堅持黨的領導。中國共產黨是中國特色社會主義事業的領導核心。要堅持立黨為公、執政為民，加強和改善黨的領導，堅持黨總攬全域、協調各方的領導核心作用，保持黨的先進性和純潔性，增強黨的創造方、凝聚力、戰鬥力，提高黨科學執政、民主執政、依法執政水平。」[15] 循此思路，政黨對於國家事務的全面統籌，也就順理成章。只不過歷經九十年的政黨演進，這樣的全面統籌，已經不再是觀念上的面面俱圓，而是觀念、制度與舉措的全方位謀劃。

中共十八大對於國家事務的完備謀劃，便超越了此前該黨歷次全國代表大會。這體現在以下諸方面。

一是對政黨謀劃的處境加以全面估價。中共一向重視所處時局與相關任務的認知。這一認知貫穿整個黨的歷史。但就中共十八大而言，對世情、國情和黨情的梳理，成為申述政黨治國方略的前提條件。一方面，這次代表大會認定，就世情、國情而言，中共治國處在一個重要的戰略機遇期。另一方面，這樣的戰略機遇伴隨着重大挑戰。在挑戰與機遇之間，立定中共的執政方略，就成為中共十八大必須完成的任務。「進入新世紀新階段，國際局勢風雲變幻，綜合國力競爭空前激烈，我們深化改革開放，加快發展步伐，……變壓力為動力，化挑戰為機遇，堅定不移推進全面建設小康社會進程。」由此證明中共準確抓住了戰略機遇，成功應接了挑戰。同時，由於「我們取得一系列新的歷史性成就，為全面建成小康社會打下了堅實基礎。」[16]，就將中共行使國家統治權的目標，調整為進一步貫徹政黨政治意志的更高水平。中共處在這種機遇與挑戰並存的局勢之中，應接挑戰以成就更大的統治業績，乃是一個應然的選擇。既然中共選擇了迎接挑戰、把握重要機遇的進路，那麼它維護既定政治進路，就勢所必行。

二是對政黨統治國家關係的自覺強調。對一個執掌國家權力的超級政黨來講，在政黨與國家關係上，雖然有着黨在國之前、國之上和國之外的既成優勢，但是維持這樣的政治局面，需要不斷夯實優勢，才足以保證政黨對國家行使絕對的統治權。夯實政黨對國家的統治權，需要不斷聚集不可或缺的統治資源。而其中最為重要的統治資源，就是涉及到統治國家的軍政權力。「治黨治國治軍」[17] 在這裏具有一以貫之的政治邏輯。如果說治黨本身需要另行專門討論的話，那麼治國與治軍就成為中共統領國家最關鍵的事務。軍事權力是政黨國家足以建構起來的決定性權力。在爭奪國家統治權的過程中，「槍杆子裏面出政權」是中共足以推翻國民黨統治，贏得國家統治權的關鍵所在。因此，掌握槍杆子一直是中共穩穩握有國家統治權的首要現實前提。在處理政黨與國家關係的時候，中共一向高度重視軍權的控制。中共十八大同樣呈現出了這一特點。在從國家視角申述了軍事現代化重要性的基礎上，中共十八大政治報告對政黨強有力地控制軍隊有極為明確的立場。「毫不動搖堅持黨對軍隊的絕對領導，堅持不懈用中國特色社會主義理論體系武裝全軍，持續培育當代革命軍人核心價值觀，大力發展先進軍事文化，永葆人民軍隊性質、本色、作風。」[18] 這裏對軍隊領導權與軍隊性質的定位，顯然是將軍隊的政治傾向作為政黨國家政治傾向的強力支柱。毫無疑問，對於中國共產黨來說，軍隊一旦在政治上稍有改變，國家性質就會發生難以預料的變化。黨軍的定位，會就此得到強勢延續的政治理由。

與此同時，政黨對國家事務的全面控制權，也成為政黨國家的日常支持條件。中國共產黨對於國家治理的全面介入，已經使政黨成為行使國家權力與行政權力的一個龐大行政體系，而國家的行政體系則成為政黨行政意志的執行者。這也是一個政黨國家體系必然的選擇。因為政黨不處在一個控制國家日常資源的、實際操控行政權力的狀態，它就不可能維持政黨國家的國家形態。即使是軍隊控制在超級政黨手中，缺乏行政資源，也會使超級政黨喪失控制軍隊的物質基礎。以黨治軍和以黨治國，在這裏就有了高度吻合的驅動力量。

三是對政黨統攬國家諸事務的全面陳述。這是以黨治國的中共政治定位所註定的事宜。作為超級政黨的中國共產黨，在顯示其政黨國家特質的政治宣示上，一向以對整個國家所有事務巨細無遺的統管，來彰顯其國家特質。中共十八大在這方面展示出毫無遺漏的國家事務管控權。在中共十八大政治報告中，人們可以非常清楚地認識到這一點。在國家發展的總體定位上，中共闡述了保證人民主體地位、解放和發展社會生產力、堅持改革開放、維護社會公平正義、堅持共同富裕、堅持社會和諧、堅持和平發展的種種政治原則。這些定位最後服從的原則當然是中國共產黨的領導。[19] 在這一宏觀的治國定位基礎上，各個領域都確立了「建立小康社會」的目標：經濟持續健康發展、人民民主不斷擴大、文化軟實力顯著增強、人民生活水平全面提高、資源節約型與環境友好型社會建設取得重大進步。[20] 循此思路，國家治理的諸領域事務，也就成為政黨工作部署的任務：在經濟建設這個興國之要的中心任務中，深化經濟體制改革、以創新驅動發展、對經濟結構進行戰略性調整、推動城鄉一體化、全面提高開放型經濟水平被全面陳述。[21] 在政治文明的建設上，支持和保證人民通過人民代表大會行使國家權力、建立社會主義協商民主制度、完善基層民主制度、全面推進依法治國、深化行政體制改革、健全權力餘寧制約和監督體制、鞏固和發展最廣泛的愛國統一戰線相攜出場。[22] 在文化建設上，加強社會主義核心價值體系建設、全面提高公民道德素質、豐富人民精神文化生活、增強文化整體實力和競爭力受到相關重視。[23] 在社會建設與管理領域，努力辦好教育、提高就業質量、增加居民收入、統籌城鄉社會保障、提高人民健康水平、加強和創新社會管理成為關聯事務。[24] 在生態文明建設上，優化國土空間開發格局、全面促進資源節約、加大自然生態系統和環境保護力度、加強生態文明制度建設同樣得到重視。[25] 除了經濟、政治、文化、社會與生態文明五位一體的建設任務之外，中共十八大還專門對國防與軍隊建設、國家統一問題、中國的對外關係與國際事務進行了專門部署。這類論述，顯示出全面執掌國家權力的超級政黨對於國家事務絕無遺漏的包攬。從上述概括可以看出，中共將國家、社會與市場不同性質的事宜悉數納入政黨事務的範圍，從而將構成現代國家的諸要素收攝在政黨的政治意志之下。只有政黨國家才可能這樣籌劃國家事務，一切民族國家中的政黨，完全無法想像這樣的治國進路。對於這些問題的論述，絕對不能在執政方式變化的視角中進行論道，[26]只能在政黨贏家通吃的格局中獲得理解。[27]

四是對政黨統治國家的現實目標的顯著提升。這提升的動力來自中國共產黨實施超級政黨全方位控制國家領導權的經濟增長成就。前述「道路自信、理論自信、制度自信」的依據，正在於此。這一自信心理，在毛澤東時期不曾出現，因為那時中共向「帝修反」的全面挑戰，引發了政黨統治國家的全面危機。在鄧小平時期，這樣的統治自信也不曾浮現，因為那時主要解決的問題是為困窘的計劃經濟尋找一條出路，這條出路處在一個「殺出一條血路」來的探索狀態。只有在經濟增長取得巨大成功以後，中國共產黨的第十八次全國代表大會，才會以如此自信的政治心理來處理治國的諸種事務。從殺出血路為GDP翻番衝刺，到建設小康社會，再到如今的建成小康社會，中國共產黨統治國家的目標日漸推高，使之可以自陳一種實現現代化和民族復興兼得的宏偉目標。自毛澤東以來似乎謙恭地尾隨西方國家以尋找先進真理的政治心態，已完全不見蹤影。這足以向世界宣示，政黨國家的治國績效，完全可以跟規範的民族國家媲美。中共十八大對國家大大小小事務的總體籌劃和完備設計，在此有了強有力的支持力量。

三、政黨駕馭國家的困境

在中國共產黨致力貫通以黨建國和以黨治國政治邏輯的嘗試中，政黨的全能型定位日漸落定。到中共十八大召開時，這樣的國家定位似乎由政黨對種種國家事務的全方位籌劃，得到了最為有力的坐實。但透過中共十八大政治報告來看，在政黨國家的結構形態中，政黨對國家的駕馭並不完全是處於一個愈來愈順的狀態，相反政黨卻遭遇了控制國家的空前難題。

按照國家的自我定位與呈現出來的發展態勢，我們可以將國家類型區分為兩類：防禦性國家與進攻性國家。前者是沒有成功建構穩定的國內政治秩序的國家，因此總是提防着別的國家顛覆其國內政治秩序。這類國家，以中國堪稱典型。中國是當今世界在規模和影響力上登臨巔峰的發展中國家。不過作為發展中國家，中國依賴的是全面執掌國家權力的超級政黨。國家狀態完全取決於政黨狀態。政黨成功則國家成功，政黨失敗則國家失敗。於是，中國共產黨自身的成功運行就成為以黨治國績效的唯一保障條件。這是一種高風險的國家治理模式。截至現今來看，中國共產黨的確取得了令人矚目的成就。但政黨自身面臨組織與組織成員的政治信仰、組織聚合功能和組織活動動力衰變的考驗。政黨對國家的關係處在一個需要全面矯正並推向法治化的關鍵時期。外部挑戰也日益尖鋭。這增強了中國共產黨治理一個政黨國家的憂患感和危機感。因此它不可能抱持一種進攻性的治國態勢。它會高度提防內外挑戰對政黨國家秩序的顛覆性影響。其防禦性心理會愈來愈強。後者即進攻性國家，是成功地建立起穩定的國內政治秩序的國家，因此對外總是採取進攻性姿態，以獲得國際社會的領導權為國家治理的目標。被中國共產黨視為敵對國家的西方發達國家就是這樣的國家形態。相對而言，就國家的自我意識來説，前者總是處於高度的警覺狀態，後者總在尋求施展實力的機會。

中國作為一個防禦性國家，這可在中共十八大的政治報告中得到印證。這似乎與前述中共對以黨治國諸事務的完備部署有些矛盾。因為一個處於防禦狀態的國家，似乎無法從容籌劃事無巨細的國家治理事務。但中共十八大對複雜的治國事務的完備部署，完全向人們展示出政黨以黨治國的自信，這豈不是一種進攻性的狀態？這兩者的關係需要解釋。

從以黨建國、以黨治國的政治慣性上講，中共必須在此前治國績效基礎上更上層樓，因此提升此前全國代表大會並不完備的治國謀劃。呈現為五位一體的完備治國籌劃，完全是沿循既定的政黨國家的政治邏輯所做的事情。但進行這種謀劃的自信心之來源，提供給人們判斷自信心的力度是不是與完備的治國謀劃對等，還是個問題：如果這種自信心是來自黨外、社會的支持，那麼它就具有深厚的支持力量；如果這樣的自信心主要來自黨內的自我鼓舞，那麼它就還必須化解黨外或社會影響超級政黨自信心的各種挑戰，以及這種挑戰引發的種種危險。一種包攬全域的進攻性部署，就此具有了事事不能遺漏的防禦性內涵。

事實上，中共十八大政治報告顯白地告訴人們，超級政黨的自信心主要是來自政黨的既定成就，但在取得這些成就的同時，卻遭遇了政黨駕馭國家的空前難題。這就是胡錦濤明確提出的「四大挑戰」與「四大危險」。「新形勢下，黨面臨的執政考驗、改革開放考驗、市場經濟考驗、外部環境考驗是長期的、複雜的、嚴峻的，精神懈怠危險、能力不足危險、脱離群眾危險、消極腐敗危險更加尖鋭地擺在全黨面前。」[28] 這絕對不是居安思危情景中的未雨綢繆，而是中共面臨的現實困境的直接陳述。

所謂「四大考驗」，涉及到中國共產黨面臨未曾遭遇過的複雜環境引發的種種難題。對中國共產黨的執政而言，在計劃經濟時代「黨的一元化領導」格局中，政黨掌控國家權力，完全不需要去處理執政的藝術問題。政黨指令就是國家意志，也就是政府施政方略。但中共在今天執政的過程中，必須訴諸高超的政治藝術，否則完全不足以實現長期執政的預期目標。此前那種依靠黨的政治指令與黨員的政治忠誠就可以收穫的治國效果，當下完全被複雜的技術手段和差異化的社會要求所終結。一個呈現為「個人服從組織、下級服從上級、少數服從多數、全黨服從中央」[29]的指令性政黨，如何適應指導性的現代領導要求，確實是嚴峻的考驗。改革開放的局面也是此前中共所不曾經歷的。一方面，中國的改革已經步入深水區，不能夠再以「貓論」和「摸論」作為指引。任何改革舉措都處於「牽一髮而動全身」的複雜狀態。系統而精細地謀劃改革事務，對於一個習慣於氣勢恢弘地部署國家發展的革命黨來說，實在是生疏至極。另一方面，僅僅對西方發達國家實施經濟開放的局面早已打破，西方國家的現代謀劃全面挑激着中國人的發展神經。而對非西方國家的開放，更考驗着中國共產黨較為單純的定向開放思維。處理多元文化的衝擊，完全無法依靠簡單的一元文化慣性。而指令性政黨的一元定勢，絕對不是想打破就可以順利打破得了的。至於中國共產黨推動發展的市場經濟，確實構成了嚴峻的經濟管理考驗。在斯大林主義的社會主義模式中，一黨專政、計劃經濟與一元文化鐵板一塊地勾連在一起。在鄧小平啟動的社會主義自我完善的改革開放中，這種搭配關係出現了裂變——一黨掌權、市場經濟與多元文化成為新的治國匹配模式。毫無疑問，中共熟絡於心的計劃經濟不可能迅即退出政黨的經濟謀劃，這就使得中共以計劃經濟模式謀劃市場經濟發展，造成比比皆是的南轅北轍情況。計劃經濟是一種權力經濟形式，市場經濟是一種自主經濟形式。中共如何跳出以權力思維對待經濟資源的市場配置，實在是橫亘在政黨面前的大難關。外部環境眼花繚亂的變化，對於一個組織程度極高的共產主義政黨來説，也很難去應對。改革開放以前，中共需要治理的是一個固定化程度很高的落後國家。黨內黨外差別不大，治黨與治國區別很小。而且在一種閉關鎖國的狀態中，根本不存在影響國人生活狀態的外部因素。但今天完全不同了。儘管國家治理者還極力沿循一種封閉性的治國思路，但信息時代的到來，使公眾自主判斷的信息來源封無可封。這促成了價值觀、人生觀、事業觀、生活觀的大變化。高度集中的黨權不再能夠有效整合來源極端複雜的黨員認同，更無法有效整合高度分化的社會公眾。加之國家間競爭的處境日趨複雜，不是中共以往那種以意識形態劃分敵我的思維所可以應對得了的局面，中共自身的重整與借此重整國家的事務，變得來異常具有挑戰性。

所謂「四大危險」，就更是直觀地將中共面臨的現實困難及其危險性呈現在人們面前。精神懈怠的危險，指的是中共自身在處於全面執掌國家權力地位的情況下，對權力缺乏敬重的態度，表現出一種理所當然的當權者姿態，因此對掌權必須的謹小慎微缺乏起碼的認知。這樣必然促使人們疏離權力、冷漠權力、拒斥權力、反抗權力，最後可能讓執政者喪失執政地位。能力不足的危險，指的是中共在精神領域、制度安排、日常生活上發揮影響力的能力缺陷，以及在實施其政治佈局與政策意圖上的能力限制。一元哲學對多元社會、剛性制度對彈性需求、刻板要求對豐富生活，顯示出中共在統治國家的時候既有能力上的嚴重局限。脱離群眾的危險，指的是中共領導層高高在上，對群眾的所思、所想、所欲不聞不問，完全依照自己的政治意志來統治國家。而群眾對國家權力的限制欲求、對政治生活的參與願望、對自尊自主自治的強烈追求，幾乎都在領導集團的視野之外。整個中國因此明顯區分出互不關聯的領導集團與社會公眾。這對中國政權的社會基礎是一個明顯的削弱。消極腐敗危險，指的是中共領導集團存在的不主動作為、以權謀私、權錢勾結、公權私用，這些現象日顯普遍、有禁不止，引起社會公眾的極大不滿。這就嚴重影響了中共的治國理政權威性，進而引發公眾普遍的社會政治憤懣，造成國家權力的軟化，甚至打亂國家的政治秩序。四大危險，明顯嚴重影響公眾對中共掌控的國家權力的認同，進而威脅到中共的統治地位。這是以「危險」來命名四種情況的原因所在。

處在四大考驗和四大危險之中的中共，在完備地謀劃執掌國家權力的諸事務時，就不能不以防禦性的心態，先期直面影響有效執政的各種考驗、克服有礙正常施政的各種危險，才能進入一個正常施政的制度化狀態。從表面上看，中共十八大對於自身面臨的考驗與遭遇的危險的警覺，是一種具有預見性的政治理性的表現。但深入進行分析，這些考驗與危險的存在，對中共而言並不是可以在理性預見之下旋即可以解決的難題。就解決這些問題的進路而言，中共遭遇到的這些難題，不是功能性的、而是結構性的。換言之，這些難題之所以出現，是由於中共統治的是一個政黨國家，這是革命時代落定的國家特殊形態，是一種非常時期的特殊結構。如果不作別政黨國家形態，走上和平時代應然的國家正常形態，將國家治理安頓在法治平台上，試圖經受住四大考驗、化解四大危險，是無法期望的事情。影響這一轉型的關鍵，是中共從革命黨向執政黨的轉變。而這恰恰對於中共來說是最大的考驗。[30] 這需要中共首先作別自我優越的政治定位，作別毋庸置疑的自證正確的政治定勢，作別爭奪國家權力的革命時期形成的戰時思維，作別拒絕限制黨權與國權的制度思路，作別政黨全方位謀劃國家事務的行政化進路。

但從中共十八大政治報告來看，中共實現從革命黨向執政黨轉變的目標，還需要更多艱苦的努力。一方面，中共的革命黨定位，即由政黨全面控制國家的思路，還處在一個亟需夯實的狀態。這也是一種正常的狀態。因為從革命黨轉變為執政黨的定位雖然確立了，但轉變過程一定會碰到起起伏伏的曲曲折折。加之革命黨的以黨治國思路操作起來已經爛熟於心，要轉變為執政黨的分享權力和平等協商，確實需要一個長期的努力。另一方面，中共以黨治國必須進行的政治動員，其基本模式仍然是戰時動員體制。由此彰顯了戰時思維對中國共產黨政治謀劃的絕對主宰性。「我們一定要堅定信心，打勝全面深化經濟體制改革和加快轉變經濟發展方式這場硬仗，把我國經濟發展活力和競爭力提高到新的水平。」[31] 這樣的政治修辭突顯出一個輪廓鮮明的戰時政黨形象。不克制戰時思維的影響力，就很難落定在理性思維的平台上。另一方面，中共的治國技藝尚待提高。在革命黨的政治思維中，氣勢恢宏的大佈局、包攬全域的總部署、事無巨細的統籌安排，成為其治國理政的基本傾向。至於細緻有加的治理技巧、政黨—國家—市場—社會的分工合作、抓大放小的實際舉措，都在革命黨的視野之外。而且因為處處需要提防顛覆政黨國家的內部力量和「外部勢力」，政治上總攬全域的治國定勢必須常抓不懈，行政上的精緻做法無法切入到政黨—國家領導集團的治國思維之中。

四、未決之疑：政黨國家治國難題的破解

以黨建國、以黨治國是中國共產黨建構國家和治理國家的政治定勢。中共十八大鮮明地突顯了這一政治定勢。從現代國家形態的比較上看，政黨國家與民族國家本身並無優劣之分。兩種國家的成形，只表明建國的驅動力量不同而已——民族國家的形成動力主要是代表民族的政治精英，而政黨國家的形成動力主要是代表政黨的政治精英。但兩種國家一旦建構起來，其運行的方式逐漸顯示出類型差異：民族國家主要依賴法治的方式，政黨國家主要依靠政治動員。即使就這兩種治國方式而言，本身也不會呈現出高下之分。因為在具體的治國績效上看，它們都在不同時限範圍內發揮過推動國家迅速發展的功能。差別僅僅是，政黨國家的短期治國效益遠遠高於民族國家；立於法治的民族國家，治國理政的長期效益更具有保證。即便如此，國家形態的運行效果也僅僅是長期、短期效益之別。

民族國家與政黨國家的真正區別，不在國家形態本身、治國方式的選擇上，而在它的結構—功能對治複雜的治國問題時呈現出來的走勢。當民族國家落定在法治平台上之後，治國過程是一個波瀾不驚、平穩有序的狀態。比較起來，政黨國家必然要在不斷訴諸政治上的自我調適。由於國家總是在超級政黨的政治意志上獲得治國動力，政治上的博弈和變

化，就成為國家治理起伏跌宕的決定因素。作為革命黨的中國共產黨，在黨內一直存在左傾與右傾不同光譜的政治價值取向，存在計劃經濟與市場經濟不同的發展經濟主張，存在控制社會與放鬆管制的不同管控思路，這就勢必給政黨成員在政治上達致妥協的治國方略，增加政治上的變數。不斷地尋求規模巨大、成員複雜、品質參差的黨內派系和重量級領導者在差異性基礎上達成政治原則的一致性，便成為中共治國理政的首要工夫。這就註定了中共必須將自己治國理政的主要精力和重要資源，投入到黨內的政治妥協過程中。

對於政黨國家來講，治國首先需要治黨。治黨是關係到治國效果的決定性政治事務。中共在爭奪國家政權和掌控國家權力的九十年歷史上，不斷進行的黨內整風，就是治黨之具有中心地位的標誌性事件。中共十八大繼承了這一傳統。十八大政治報告專門辟出一章，論述治黨、治國以及兩者之間的關係。就治黨的重要性來看，中共十八大以強烈的憂患意識主導政黨治理。對四大考驗與四大危險的直白表述，鮮明地表現了政黨國家的治理中政黨治理的優先性和重要性。同時就此強調了政黨治理對國家治理的決定性影響。在政黨治理上，如前所述，中共十八大將馬克思主義的信仰、共產主義的信念重新提到「政治靈魂」[32]的高度，並圍繞這一宗旨，明確提出了中國共產黨的組織建構目標，以及黨員的價值選擇與行為範式。至於政黨的自我治理，同時強調組織建設的黨內民主與維繫政黨組織體系的政黨紀律。就前者言，黨內民主的地位被明顯突出出來。「黨內民主是黨的生命」。黨內民主的治理改革，主要從黨員權利與代表機制上着手，並對黨內的政治錄用、黨外的人才吸納進行了原則性闡述。就後者而言，為了應接四大考驗和化解四大危險，提出了從嚴治黨的治理思路。一則將「集中統一」視為黨的力量所在，強調兩個「絕不允許」——「絕不允許『上有政策、下有對策』，絕不允許有令不行、有禁不止」。[33] 並且以嚴肅政黨紀律的震懾性口吻為之作保。二則將反腐倡廉作為保證中共「政治本色」的重大舉措，露出反對腐敗的決心。

從嚴治黨，自然有政黨治理的組織目標。但更為重要的目標是為了有效治國。在治黨與治國的關聯性上，中國十八大報告從政黨的共產主義信念中引導出的治國理念，就是以人為本的「為人民服務」這一「黨的根本宗旨」，以及由此形成的治國過程中努力營造融洽的幹群關係的思路，「堅持問政於民、問需於民、問計於民，從人民偉大實踐中汲取智慧和力量；堅持實幹富民、實幹興邦，敢於開拓，勇於擔當，多幹讓人民滿意的好事實事。」[34] 這當然與中共全面掌控國家權力的現實目標具有密切關係：共產主義信念保證中共具有統治國家的精神優先權，人民滿意的結果保證中共具有統治國家的實際支持理由。

從嚴治黨與治黨理念、治黨進路緊密聯繫在一起。如果說重新喚回的共產主義信念解決了從嚴治黨與治黨理念的關係的話，那麼從嚴治黨還需要明確的治黨進路來保證。治黨進路，與足以凝聚超級政黨全黨政治意志的「道路」和「旗幟」的決定有密切關聯。這是中共十八大嘗試解決的治黨的重大問題。老路、邪路與中共特色社會主義道路的相形而在，回答了政黨國家「走什麼路、舉什麼旗」的問題。「在改革開放三十多年一以貫之的接力探索中，我們堅定不移高舉中國特色社會主義偉大旗幟，既不走封閉僵化的老路，也不走改旗易幟的邪路。中國特色社會主義道路，中國特色社會主義理論體系，中國特色社會主義制度，是黨和人民九十多年奮鬥、創造、積累的根本成就，必須倍加珍惜、始終堅持、不斷發展。」[35] 所謂的「老路」，就是文化大革命時期形成的一元化領導、計劃經濟與封閉文化的道路；所謂「邪路」，就是現代西方國家呈現的多黨輪替、市場經濟與開放文化疊加而成的道路；而「中國特色社會主義道路」，就是中國共產黨絕對主導的一黨執政多黨參政、國家主導的市場經濟與有限開放文化組合而成的發展道路。免於老路與邪路的干擾，行走於公眾認同度較高的中國特色社會主義道路，是中共九十年歷史探索落定的政黨國家治理之路。

道路與旗幟的決擇，牽扯着中共的主要政治精力。一方面，這促使中共必須進行長期的「接力」探索。另一方面，圍繞道路與旗幟主題，中共務須在五年到十年的期限內不斷擇路與舉旗。因為中共產生領導人的制度化安排，在五年一屆的代表大會召開之時，十年一次的黨內領導代際交替之時，都得重申道路與旗幟的政治決斷。於是，一方面使決擇與舉旗成為一波接一波地整合中共黨內力量的重大要務。另一方面則使中共不斷地籌劃國家的重大事務，不斷地重申一些需要堅持的治國理政要務。比如作為中心工作的經濟建設。否則就不足以整合政黨政治意志，形成以黨治國的政策思路，出台以黨治國的重要舉措。

可見，中共十八大是無法徹底解決以黨治國的各種重大問題。這是因為，道路與旗幟的問題需要不斷地探索並重申。這也意味着以黨治國的治國方略中，重大政治問題的重要性一定會超過重大政策選擇的重要性。這是以黨治國局面中政治意志統領一切，並將行政執行內卷其中所註定的治國狀態。在這種治國情景中，足以彰顯治國者宏大氣魄的政治原則闡述，遠遠比追究細節的、精雕細琢的治國技藝來得重要。循此思路來解讀中共十八大政治報告，可以發現中共未來建成小康社會進行的政治部署，確實呈現出追求宏大政治目標，對具體治國理政的技藝較為輕忽的特點。這是政黨國家在治國理政過程中敲定的政治烙印：政黨是以共產主義作為奮鬥目標的，因此在對國家治理進行佈局的時候，一定會致力展現誘人的政治願景。以長期願景引導治國理政，自然就會浮現登高望遠的治國特徵。因此，可以理解中共十八大進行的治國理政全面部署，何以會展現出對總體佈局、全面規劃、過程狀描與結果預期頗為側重，而對具體做法僅僅輕描淡寫的特點。

正如前述，中共十八大報告對政黨的歷史處境（即建設中國特色社會主義的「總依據」）、治國理政的宏觀部署（即建設中國特色社會主義的「總佈局」）、政黨努力實現的遠期目標（即建設中國特色社會主義的「總任務」），論述非常到位。但這些事項的具體內涵、制度安排與重大舉措，基本上是在原則問題上加以處理的，具體的路線圖和時間表基本上都沒有描述。在中共治國理政的三個重要支點上，還有待拿出收攝人心的實際舉措。一個支點是中國共產黨自身的建設問題。中國共產黨如何作別革命黨，成為執政黨，是中共落定在常態情景中統治國家的前提條件。黨內民主的目標模式，就是一個規範執政黨以民主方式執掌國家權力的模式。這正是中共刻畫的從黨內民主通向人民民主所內涵的執政走向。黨內民主，關鍵的問題是化解黨內政治錄用張力、形成政黨的制度化機制、突顯黨員權力的平等。但目前關於黨內民主的部署，還不足以具體解決相關問題。至於以黨內民主帶動社會民主，還需要在政黨的組織民主與社會民主之間搭建過渡的橋梁，才足以打通政黨組織民主與社會公眾民主之間的通道。這些也還有待佈局。[36] 另一個支點是中共治國理政的技藝與績效問題。中共治國理政還處於順從戰時體制的狀態之中。有必要作別戰時體制，不再以「打勝仗」等政治修辭來表達自己的治國理政理念。與此同時，還需作別追求氣勢、忽略細節的治國理政方式。坐實精細佈局、嚴控成本、提高績效的治國理政進路。粗放的戰時體制與精細的理性治理，還是擺在中共面前的兩條需要決斷的治國道路。

另一個支點是收拾人心、聚集群力的問題。由於近三十餘年中共將自己的全幅精力放到發展經濟上。這一方面確實使中國取得經濟的迅速增長，但另一方面導致影響經濟發展的其他領域的萎縮，這就與經濟持續發展所需要的綜觀條件不符。進而導致權貴經濟的興盛。貪污腐敗已經嚴重影響中共治國理政的威信。人心佚散，是中國不得不重視的嚴峻問題。為此，中共如何放下居高不下的政治身段，俯身與社會公眾打交道，滿足人民對自由和福利的追求，成為中共是否能夠適應市場經濟興起之後國人成型的嶄新趣味的關鍵問題。這些問題，都有待後十八大時期回應和解決。

註釋

1 二〇一二年十一月五日，中共中央聯絡部新聞發言人黃華光接受記者專訪，談中共十年對外交往，指出了中國的這一結構特質。參見黃華光：〈了解中共是了解中國的一把「鑰匙」〉。http://news.cn.yahoo.com/ypen/20121105/1408927.html（瀏覽日期：2013年1月26日）。

2 參見【法】讓・布隆代爾（Blondel, J.）等主編：《政黨與政府——自由民主國家的政府與支持性政黨關係探析（*Party and Government: An Inquiry into the Relationship Between Governments and Supporting Parties in Liberal Democracies*）》，導論，北京：北京大學出版社，2006，第11頁。

3 中國共產黨全國代表大會的政治報告，基本上都由政黨領袖宣讀。但這報告並不是政黨領袖的個人意見，而是代表了政黨領袖集團的政治意志和治國傾向。因此，本章不強調宣讀報告的中共領導人在其中所起的作用，重在分析這一報告所代表的中國共產黨的政黨立場。

4 胡錦濤：〈堅定不移沿著中國特色社會主義道路前進，為全面建成小康社會而奮鬥——在中國共產黨第十八次全國代表大會上的報告〉（簡稱「胡錦濤報告」），北京：人民出版社，2012，第50頁。

5 胡錦濤報告，第13頁。

6 胡錦濤報告，第12–13頁。

7 參見林勛健主編：《西方政黨是如何執政的》，導論，第3節「西方政黨執政權力的取得、運作及制約」，北京：中共中央黨校出版社，2001，第7–15頁。

8 參見【法】讓・布隆代爾（Blondel, J.）等主編：《政黨政府的性質——一種比較性的歐洲視角》（*The Nature of Party Government: A Comparative European Perspective*），北京：北京大學出版社，2006，第49頁及以下。

9 參見【法】讓・布隆代爾（Blondel, J.）等主編：《政黨與政府——自由民主國家的政府與支持性政黨關係探析》，第2–3頁。

10 超級政黨、或霸權黨制是喬治・薩托利用來描述規模上和功能上佔據獨大位置的政黨體系的用語。「霸權黨制可以描述如下：霸權黨概不允許正式的、也不允許事實的權力競爭。」見薩托利：《政黨與政黨體制》，香港：商務印書館，2006，第321頁。

11 胡錦濤報告，第7頁。

12 胡錦濤報告，第49頁。

13 胡錦濤報告，第16頁。

14 胡錦濤報告，第10頁。

15 胡錦濤報告，第15頁。

16 胡錦濤報告，第5–6頁。

17 胡錦濤報告，第9頁。

18 胡錦濤報告，第42頁。

19 參見胡錦濤報告第2部分，〈奪取中國特色社會主義新勝利〉，第10–15頁。

20 參見胡錦濤報告第3部分，〈全面建成小康社會和全面深化改革開放的目標〉，第16–18頁。

21 參見胡錦濤報告第4部分，〈加快完善社會主義市場經濟體制和加快轉變經濟發展方式〉，第19–24頁。

22 參見胡錦濤報告第5部分，〈堅持走中國特色社會主義政治發展道路和推進政治體制改革〉，第25–30頁。

23 參見胡錦濤報告第6部分，〈扎實推進社會主義文化強國建設〉，第31–33頁。

24 參見胡錦濤報告第7部分，〈在改善民生和創新管理總加強社會建設〉，第35–38頁。

25 參見胡錦濤報告第8部分，〈大力推進生態文明建設〉，第39–41頁。

26 西方國家的學者通常抓不住中國政黨制度的本質，常常只是在政黨運行方式的改變上論道中國共產黨執掌國家權力的狀態。參見【法】菲利普・德拉朗德：〈中國共產黨能否堅持一黨制？〉，載呂增奎主編：《執政的轉型——海外學者論中國共產黨的建設》，北京：中央編譯出版社，2011，第273–284頁。

27 參見鄒讜（Tang Tsou）：《二十世紀中國政治——從宏觀歷史與微觀行動角度看》（*Twentieth Century Chinese Politics: From the Perspectives of Macro-History and Micro-Mechanism Analysis*）。鄒讜切中肯綮地指出，二十世紀中國的政治模式可以概括為「圍繞着不可分割的權力和政策問題所發的嚴重衝突，先是導致各種對抗，然後或遲或早地總是導致這樣一種結局：勝者全勝，奪得全部權力，而敗者則全敗，決無分享決策之可能。」香港：牛津大學（香港）出版社，1994，第135–136頁。

28 胡錦濤報告，第49頁。

29 毛澤東：〈中國共產黨在民族戰爭中的地位〉，載《毛澤東選集》第2卷，北京：人民出版社，1991，第528頁。

30 近期，學界頗多討論中國共產黨轉型的論著，涉及到中國共產黨政黨轉型的理念、組織、制度與進路等等問題。參見王邦佐主編：《執政黨與社會整合——中國共產黨與新中國社會整合實例分析》，尤其是第 4 部分「權威轉型與合法性再造：執政黨社會整合的新要求」，上海：上海人民出版社，2007，第 144 頁及以下。

31 胡錦濤報告，第 24 頁。

32 胡錦濤報告，第 50 頁。

33 胡錦濤報告，第 55 頁。

34 胡錦濤報告，第 51 頁。

35 胡錦濤報告，第 12 頁。

36 有學者從依法治國與依法治黨的角度對治進行了探討，但基本上是一種理論陳述，並為進入政黨決策者的視野，更為呈現為制度坐實的狀態。參見俞可平主編：《依法治國與依法治黨》所收諸文，尤其是該書第 1 部分中「執政方式轉變的理論探討」所收的四篇文章。北京：中央編譯出版社，2007，第 3 頁及以下。

第六章

在組織理論的視野中論黨內民主與人民民主的關係

中共十七屆四中全會為中國民主發展設計了路線圖，這就是要先行在黨內實踐民主，然後從黨內民主推向人民民主。[1]這是對未來中國走向民主政治懷抱高度期待的人們，必須認真對待的一種理論陳述和實踐籌劃。在中國實行市場經濟三十餘年，奠立了國家較為堅實的現代經濟基礎的情況下，中國政治的民主走向，一向被認為是中國經濟是否足以持續發展的重要條件。政治民主路線圖的刻畫，可以說提供了一種經濟政治關聯性發展的藍圖。因此，有必要從理論和實踐兩個向度同時思考這一問題，疏解黨內民主與人民民主的關係，從而為其提供較系統的理論證明和實踐支撐。本章以組織理論為視角，[2]分析黨內民主通向人民民主的可能性與需要克服的難題，為黨內民主的社會擴展提供理論支持。

一、可控的黨內民主及其優勢

從理論上講，理解從黨內民主推向人民民主這一命題，首先需要分別從政黨民主與人民民主兩個視角準確了解什麼是政黨民主及人民民主。其次則需要對兩種民主形式的推進可能進行多方向的構想，再而則需要對這一推進的積極與消極後果進行理論預演，以確保可以從黨內民主真正推進到人民民主。而這三方面的分析，首先建立在政黨黨內民主結構與功能的清晰描述與分析的基礎之上。《中共中央關於加強黨建若干重大問題的決定》（下稱《決定》）第四部分以「堅持和健全民主集中制，積極發展黨內民主」為題，較為有系統地闡述了黨內民主及其向人民民主推進的基本問題。這可以說是目前中國關於兩種民主形式之間的關係最權威的闡述。因此，這一闡述就構成了理解兩種民主類型及其相互關係的必然出發點。

《決定》對黨內民主首先進行了總覽式的刻畫，「黨內民主是黨的生命，集中統一是黨的力量保證。必須堅持民主基礎上的集中和集中指導下的民主相結合，以保障黨員民主權利為根本，以加強黨內基層民主建設為基礎，切實推進黨內民主，廣泛凝聚全黨意願和主張，充分發揮各級黨組織和廣大黨員的積極性、主動性、創造性，堅決維護黨的集中統一。堅持以黨內民主帶動人民民主，以黨的堅強團結保證全國各族人民的大團結。」這是關於黨內民主推向人民民主的總體規劃，也是對兩種民主的先導性民主形式即黨內民主的全面表述。其中的幾個要點是接下來《決定》論述兩種民主何以需要依託在黨內民主的基礎上重要的支撐點：一是黨內民主必須保證黨的集中意志對黨以及國家的有效控制，二是黨員權利及其坐實是黨內民主的關鍵，三是黨內民主的推進需要有集中意志的引導和有力的控制。顯然，這是一種以穩定性為前提的組織民主形式。

其次，在上述原則性表達的基礎上，《決定》分為五個具體的方面對黨內民主的結構、功能、主題、形式以及推進的着力點進行了論述，並以對黨內民主紀律的嚴肅強調結尾。為了分析黨內民主的特質，需要對這五個方面做一簡述：第一方面可以稱之為對黨內民主的定位及其領導力的闡述，核心問題是「堅持和完善黨的領導制度」。其中一系列關乎黨內民主的原則性問題在這裏得到明確規定，諸如「科學的領導制度是黨有效治國理政的根本保證。堅持黨總覽全域、協調各方的領導核心作用，堅持黨的領導，人民當家作主，依法治國有機統一，改革和完善黨的領導方式和執政方式，提高黨的領導水準和執政水準。」對執政黨與國家權力和政治組織機構如人大、政府、政協、司法機關和人民團體的關係進行了明確規定，「依照法律和各自章程獨立負責、協調一致地開展工作，又要發揮這些組織中黨組的領導核心作用，保證黨的路線方針政策和黨委決策部署貫徹落實。」對於執政黨實現自己對國家權力控制的方式與藝術給予了重視，「堅持和完善人民代表大會制度，支持人大及其常委會依法履行職能，善於通過國家政權組織實施黨對國家和社會的領導，加強和改進黨的群眾工作，充分發揮工會、共青團、婦聯等人民團體聯繫和服務群眾的作用。」

對執政黨自身組織建設作出了要求，「以明確權責為重點，完善地方黨委領導體制和工作機制，健全部門黨組（黨委）工作機制，健全黨對國有企業和事業單位領導的體制機制。」最重要的落腳點則是執政黨對國家暴力機器的控制，這是執政黨得以在穩固地控制國家暴力機器的基礎上，從容推行黨內民主的絕對排斥性條件。「堅持黨對軍隊絕對領導的根本原則和制度，在全面建設小康社會進程中實現富國和強軍的統一。」

在這一部分，對於「一黨執政、多黨參政」的中國黨際關係以及執政黨與各種社會政治力量的關係進行了闡述。「堅持和完善中國共產黨領導的多黨合作和政治協商制度，堅持長期共存、互相監督、肝膽相照、榮辱與共的方針，完善黨同民主黨派合作共事機制，支持民主黨派加強自身建設和更好履行參政議政、民主監督職能，真誠接受民主黨派和無黨派人士監督，鼓勵黨外人士做我們黨的摯友和諍友。加強對統一戰線的領導，促進政黨關係、民族關係、宗教關係、階層關係、海內外同胞關係的和諧。」

接下來會分別從三個角度對黨內民主的民主性內容進行原則性陳述，其一，「保障黨員主體地位和民主權利」。這涉及的是黨內民主的權利主體問題。構成要素是：黨員知情權、參與權、選舉權、監督權，黨員對黨內事務的參與度、生活中的主體作用，黨務公開，黨員意見表達管道通暢，黨內事務聽證諮詢、黨員定期評議基層黨組織領導班子成員等。目的是鼓勵和保護黨員講真話、講心裏話，營造黨內民主討論、民主監督環境。擴大黨內基層民主，發揮黨的基層組織在保障黨員民主權利方面的作用。推進的方式是加強民主集中制教育，提高黨員民主素質，引導黨員正確行使權利、認真履行義務。

其二，「完善黨代表大會制度和黨內選舉制度」。這一方面涉及的是黨內民主的競爭性因素導入問題。基本要點一是改善黨代表大會代表結構，增強代表廣泛性。擴大黨代表大會代表對提名推薦候選人的參與，改進候選人提名方式。二是建立各級黨代表大會代表提案制度。三是落實和完善黨代表大會代表任期制，建立健全代表參與重大決策、參加重要幹部推薦和民主評議、列席黨委有關會議、聯繫黨員群眾等制度和辦法，做好代表聯絡工作，保障代表能充分行使各項權利，反映黨員意見和建議。四是繼續選擇一些縣（市、區）試行黨代表大會常任制。五是完善黨內選舉行利制度，改進和規範選舉程式和投票方式。在公開推薦與組織推薦的基礎上，逐步擴大基層黨組織領導班子直接選舉範圍。尊重選舉人依照規定自主行使選舉權，維護選舉結果嚴肅性。

其三，「完善黨內民主決策機制」。這方面涉及的是黨內民主的決策機制問題。決策原則是集體領導、民主集中、個別醞釀、會議決定。重視全委會對重大問題的決策作用，完善常委會議事規則和決策程式，推行和完善票決制，健全和規範黨委常委會向全委會定期報告工作並接受監督制度。以科學決策、民主決策、依法決策為導向，加強黨委決策的民主研究，落實重大決策報告制度，健全決策失誤糾錯改正機制和責任追究制度。完善集體領導與個人分工負責相結合的制度，運用民主方法形成共識，防止個人或少數人說了算。

最後，對黨內民主的紀律提出了嚴格要求。那就是毫不含糊地將「維護黨的集中統一」作為黨內民主的主要目標。中國共產黨黨員務必把黨和人民放在最高位置，黨員個人必須服從組織、少數必須服從多數、下級組織必須服從上級組織、全黨各個組織和全體黨員必須服從黨的全國代表大會和中央委員會，最重要的是全黨服從中央。在思想上、政治上、行動上，黨員和黨的地方組織必須同黨中央保持高度一致，以便將地方積極性同中央權威性結合起來。對中央重大決策部署的執行情況定期檢查和專項督查，防止有令不行、有禁不止。黨員對黨的決議和政策的不同意見，在堅決執行的前提下可以有序表達，但不能公開發表和散佈同中央決定相反的意見，違反黨紀，嚴肅處理。

就《決定》對黨內民主基本輪廓的刻畫來看，黨內民主確實具備了現代民主的基本要素，權利哲學、競爭狀態與理性決策都被納入到黨內民主的範疇加以通盤的考量。就總體性設計而言，對黨內民主的極端重要性加以了毫不含糊的強調，對黨內民主發揮的重大社會政治效用給予了明確肯定。在五個具體問題的闡釋中，既對黨內民主涉及的權力體系之間的關係有明確的論述，也對構成現代民主的基本要素有自覺的強調，更對黨內民主得以有序推進的組織紀律進行了明確規定。從對黨內民主的這些設想來看，它的民主性是有保證的。同時，由於這一民主形式是在強調組織紀律的前提下展開，組織的先進性與領導權緊密關聯起來，因此組織內部的推展將沒有太大障礙，而組織效用則有較為充分的保障。可以預期，這種以強有力的組織力量推行的民主形式，可以實現它的預期效果。但也很明顯，《決定》對黨內民主的規定較為詳實，但對黨內民主如何推向人民民主則語焉不詳，這中間就留下了大量需要解釋的問題，僅就組織特性上分析，從黨內民主推向人民民主就必須解決組織化民主推進的前置條件、推移仲介和制度供給等重大問題。

二、組織差異與政黨民主外推的難題

斷言黨內民主可以收到預期效果，是因為這種民主形式是政黨組織結構所註定的高效民主形式。從結構特質上看，中國共產黨極度重視的黨內民主，乃是一種高度可控的組織民主。無疑，與傳統社會的分散性相比較而言，現代社會是組織化的社會。[3] 組織化社會將社會成員納入不同的組織之中，作為成員們理念認同、協同行動、謀求利益、爭取發展的社會平台。各種現代組織的分類及其特點，對不同組織的運作發揮着制約作用。要想明瞭中國共產黨的黨內民主特質，必須在組織之間的特性比較中確立它的組織特徵，才足以準確把握黨內民主的組織特性與民主特徵。劃分現代組織，可以根據不同的標準區分出各種相關的組織類型。從神聖性與世俗性的角度看，可以區分為宗教組織和世俗組織。從組織構成的社會要素上看，可以區分出政治組織、經濟組織、文化組織、教育組織、科學研究組織等等。從組織的利益基礎上看，可以區分出企業組織、公益組織。從國家與社會的二元視角看，可以區分出國家權力組織和社會利益組織。這些組織類型，在各自組織內部還可以細分出次級組織形態，如政治組織就可以區分為政黨（政客）組織、行政（官僚）組織、利益集團。而政黨組織還可以進一步根據政治特性細分為革命政黨與執政政黨，根據國家的政黨制度細分為競爭性政黨組織和非競爭性政黨組織，根據政黨組織的結構方式細分為緊湊性組織和鬆散型組織，根據政黨規模細分為超大規模政黨、常態規模政黨和小黨。[4] 在高程度的現代組織化情況下，個人的組織歸屬可以交叉重疊的。如作為信仰的個體，他可以是某一個宗教組織的成員；作為公民，他必定是某個國家組織的成員；作為謀生的個體，他會是他獲取生存發展資料的供職機構的一分子；作為社會成員，他可能是某一個公民組織的構成者；作為關注道義問題的人，個人也可能是某個公益組織的活躍分子；作為關注政治生活的人，個體可以參加某個黨派，成為黨員，如此等等。這都證明了在現代社會中，組織歸屬是無可逃避的宿命。

在我們分析主題的範圍內看，政黨組織是一個具有特殊性的現代組織。一方面，它不同於宗教組織，不是建立在黨員的信仰基礎上、帶有皈依性質的嚴密結構。政黨組織依賴成員的信念一致性，黨員的信念是他們結構成政黨組織的精神基礎，但其信念屬於世俗範疇。因此政黨屬於世俗組織形態。另一方面，由於政黨組織出現的機緣問題，政黨組織的特性大為不同。在現代情景下成立的政黨組織，乃是為了謀求國家權力，在國家之下活動的政治組織；而在國家建構之前，為了建構國家而成立的政黨組織，則是一些基於理想主義的政治信念建立起來的世俗性救贖組織。再一方面取決於政黨的組織強度差異，一些政黨組織的加入和退出是較為自由的，因此政黨成員的進退帶有較強的隨意性，政黨的行政運作依賴黨務活動的精英來進行；另一些政黨組織因為具有強烈的理想目標和剛性的組織要求，因此成員加入或退出組織的難度相對較高，且政黨的行政化特性較為明顯，政黨組織對所有成員的組織忠誠要求相應很高，組織的維繫需要浩大的物質資源支持。[5]

中國共產黨作為一個現代組織，無疑是一個世俗的政治組織。但在組織特性上，中國共產黨卻包含了非常複雜的組織性質。作為一個以黨建國的理想主義政黨，它對黨組織和黨員的共產主義信念的強調，達到了幾乎可以宗教組織媲美的狀態。但同時，它對世俗國家權力的要求，以及在掌握國家權力之後對權力的戰略性與策略性掌控，反映出它作為世俗組織對世俗資源控制的強大能力。中國共產黨在革命年代形成了黨的組織傳統，在取得國家權力之後，建立了政黨國家的國家形態。黨既在「國」中，也在「國」上。在「國」中，指的是它借助於國家這個政治空間展開黨的活動；在「國」上，指的是它供給國家運作的基本理念、制度，並實際控制整個國家的資源配置、公民的社會活動，乃至民族的精神生活。這使得中國共產黨的狀態直接地決定了中國的國家狀態。正因為如此，中國共產黨對它的組織周邊政治、組織內部結構、組織成員的政治忠誠度、組織巨大規模的維持、組織運轉物質資源的聚集，都有剛性的要求。[6] 中國共產黨在長期爭取國家權力與控制國家權力的過程中，以其組織特性擊退了與其競爭國家權力的政黨並力保江山社稷的掌控權。這掌控以「無產階級文化大革命」時期的「黨的一元化領導」達到登峰造極的狀態。

但是，在政黨國家中運作的中國共產黨早就開始為革命政黨定位所困。一方面，隨着黨掌握國家權力，足以號召人們積極成為其成員的理想主義開始衰變。這衰變，產生了兩種影響中國共產黨控制國家權力的能力的消極效應——一是政黨內部的整合日益困難，「黨管好黨」的問題困擾政黨領袖始自建政之日，在毛澤東時代表現為如何防止組織改變顏色的問題，在鄧小平時代體現為如何防止龐大的市場利益侵蝕黨的機體，在當下顯現為權錢的組織化勾結難題。[7] 二是政黨外部力量的整合日益艱巨。在中國共產黨建政初期，國家結構簡單易控，社會市場要素幾可忽略。但近三十年的改革開放，國家結構日趨複雜，政黨、國家、市場與社會的四種力量結構逐漸成型，這使得政黨習慣的、操縱自如的道德號召，難以獲得社會的充分響應。另一方面，政黨國家促成黨的行政化，這不僅需要維持一個規模十分龐大的政黨組織，耗費不菲的國家財富，而且使得政黨的行政化、低績效和寡頭化日益嚴重，因此政黨試圖告別強控性的組織結構，走向競爭性、民主化的現代結構，面臨着組織自身轉型的巨大困難。再一方面，中國共產黨三十年來全力投放在經濟建設上面，以對國家力量的全面投入，開創了一個經濟高速成長的奇跡，但這使黨相對忽視了與經濟建設匹配的其他重要事務，如政黨自身的建設、國家的建設、社會事務的處置、人心的收攝等等。加之財富迅速積聚的同時，造成了財富分配的嚴重不公，中國共產黨此前從未碰到的群體抗議事件頻頻發生，執政的外部環境明顯變得緊張，黨內民主就此成為難於實現預期的重大事務。

換一個角度看，人民民主是怎樣的民主形態呢？必須強調的是，不存在抽象的人民民主，人民民主就是人民之作為公民個體和組織起來、各有歸屬的各人民團體的民主。這就意味着政黨民主演進到人民民主，必須借助公民組織和組織之間的民主機制，黨內民主才足以推向社會並演進為人民民主。公民民主，意味着承諾公民個人的自由和價值，並予以可靠的制度保障；公民組織民主，意味着承諾公民的自由結社，承諾社會的自治原則，承諾免於政黨組織和國家權力對公民自治的干預。在一個缺乏個人主義傳統和社會自治習性的國家，不說政黨組織和國家權力對個體民主與公民組織民主的承認有難以逾越的障礙，就是公民個人和公民組織的民主習性也還需要長期養成。公民個體與初生的公民組織很容易在民主推行的初期，陷入與政黨和國家的情緒化對抗狀態。在某種意義上說，人民享受憲政民主制度的大餐，需要有效避免消化不良的政治病症。從嚴格的政黨組織民主跳躍性地直奔人民民主，是一個難於駕馭的艱難政治過程。與此同時，由於人民民主意味着公民個體與公民組織競爭性地獲取政治權力或監督政黨與國家權力，因此，相應的公民組織建構和制度供給要求較高，而這是政黨民主無法順帶解決的問題。解決這類問題，需要在中國共產黨的黨內民主之外進行大量艱苦的政黨制度建設、國家制度建設、法律制度建設，俾使黨際關係、政黨與公民組織之間的關係能夠坐實到平等互動的民主平台上。再者，作為公民個體與公民組織結構起來的人民民主，需要市場、社會與國家的健全互動，市場供給個體自由地運用自己知識、智慧和財富，促進公私兩個領域的分化；社會以自治原則促使公民與公民組織養成自治習性，為民主提供深厚的社會土壤；國家建設完成規範權力和提高權力運作績效的任務，為公民在公共領域平等地提供政治舞台，這些也都需要在執政黨黨內民主之外、仰賴人民民主坐實之前的民主建設。

就此可以斷言，從黨內民主向人民民主的演進需要中間環節。這是由政黨組織的強烈政治性註定了的事情。公民結構起來的社會組織在政治性上與政黨組織具有重大的不同：政黨的政治性是它存在、運作和維續的前提條件，而公民組織不一定具有政治性；政黨組織的組織成員服從邏輯是組織順暢運轉的基礎，而公民組織的成員僅僅對組織承擔相對服從的義務；政黨組織需要穩定的成員隊伍，因此成員的約束顯示出明顯的強制性，而公民組織隊伍的穩定來自於組織成員的自願，因此對成員的強制性約束明顯較弱；政黨組織需要起碼的理想主義作為組織動員的手段，而公民組織主要依託在相對現實的諸種因素上；不論政黨理想是什麼，政黨的現實目標都是國家權力，因此政黨組織的組織特性相對一致，而公民組織千差萬別，因應參與各種不同組織的組織成員的目的而建立和運作；政黨組織的運作重於成員的忠誠、內斂、紀律和一致，公民組織的運作建立在成員自主、自願、自治和自適的基礎上。因此可以説，政黨組織和公民組織是兩類性質不同的組織，在較為嚴格的政治組織與較為鬆散的社會組織之間，甚少相同的組織準則，也很少相互貫通的組織運作方式。

由此可以確信，因從政黨民主發展到人民民主不是一個直接相通的過程，而是一個需要中間環節以便順利過渡的狀態。於是，中國共產黨的黨內民主就不得不借助組織類型相對一致的群體結構，並將之作為自身組織民主推向人民民主的中間環節。中共的黨內民主就此與八大民主黨派的黨際民主緊緊連結起來。

三、黨內民主與黨際民主

如前述，中國共產黨的黨內民主要成功地發展為人民民主，不可能直接從政黨組織下移到公民組織，這是組織之間的特性所註定的事情，因此具體分析中國共產黨黨內民主首先推向黨際民主的可能，就十分必要。這裏所謂的黨際民主，具有兩層含義。一是指中國共產黨的黨內民主對於八大民主黨派的共同有效性，即各個黨派都實施相似於中國共產黨黨內民主那樣的、現代的政黨民主制度。二是指中國共產黨與八大民主黨派逐漸同處於現代政黨的平等位置，黨與黨之間不存在超級政黨與邊緣政黨的定位，都是在國家之下的、平等謀求國家權力的政治組織。

為什麼中國共產黨黨內民主的第一步外推，需要將黨內民主制度推向八大民主黨派的內部民主與黨際民主呢？這首先需要從政黨制度出發，去理解中國共產黨黨內民主與黨際民主的關係。從一般政黨制度看，在單一制政黨體制中，政黨的組織規定性是剛性的。在多黨制的情況下，黨際的良性政治競爭與惡性競爭決定着國家民主的組織狀態。在一黨執政、多黨參政的政黨體制中，執政政黨組織的政治規定性和參政政黨的非政治規定性決定了兩者在政黨特性上的重大差異。從某種意義上說，中國的執政黨與參政黨的「政黨」含量具有極為重要的差異，以至於可以將兩者放置到超級政黨與邊緣政黨的位置上加以衡量。所謂超級政黨，就是基本佔有了一個國家的政治資源、並在政治生活中佔據絕對支配地位的政黨組織。這樣的政黨組織，不僅其政黨意識形態會直接成為國家意識形態，它的組織建制滲透到社會各個縱向層級和橫向層面，其組織生活方式就更是國家的生活方式。因此。黨員與公民的身分在政治上具有甄別意義，但在生活上的差別不大。所謂邊緣政黨，指的是一些具有政黨組織形式，同時具有政黨政治命名、黨員組織結構、政黨行政科層，但這些組織並不具備政黨的政治功能，它僅僅是執政黨合法執政的政治象徵，沒有政治分肥的制度空間（如參加國家的競爭性選舉）。它的資源來自於執政黨的供給，對於政治職位和政府職位的享有受執政黨的惠予機制決定。就此而言，超級政黨不是現代規範政黨理論所可以分析的，也不是現代規範民主政治所可以定位的，當然也不是現代國家所可以制約的政黨政治類型。[8] 可見，超級政黨與邊緣政黨遠不是第一層級的政黨與第二層級的政黨這樣的關係，超級政黨決定邊緣政黨的政黨性質、政黨組織和政治活動，邊緣政黨的組織規模、組織活動、政黨領袖安排都直接受制於超級政黨。

由於中國目前的政黨制度將執政黨與參政黨進行了定位不易的安置，因此不能在西方政黨政治理論與實踐的視角簡單觀察中國政黨制度，尤其不能簡單移植西方黨際關係理論來觀察中國執政黨與參政黨之間的權力關係。但是不是就此斷言中國完全沒有與中國共產黨類似的政治組織，因而就不能尋找到中國共產黨黨內民主向人民民主推進的仲介組織載體呢？答案是否定的。儘管中國共產黨作為超級政黨與八大民主黨派作為邊緣政黨的關係是鐵定不易的，但相對於下述兩類組織而言，八大民主黨派與中國共產黨的關係具有明顯的特殊性：第一類組織是中國共產黨的附屬性組織——中國共產主義青年團（下稱青）、中華全國總工會（下稱工）、中華全國婦女聯合會（下稱婦）等。這類組織幾乎是中國共產黨的翻版，因此在組織特性不具有任何社會內涵擴展性。即使中國共產黨的黨內民主在青、工、婦中推行，那也只能被解讀為組織內部的擴展性施行，而不是不同組織間的推行；另一類組織是剛剛興起的民間組織，[9] 這些組織可以被稱為社會組織，但其社會性還處於模糊狀態，需要進一步廓清。這類組織蓬勃發展，作為新生的民間力量，是中國組織化民主的新型載體。但目前它們所具有的政治組織力、對接中國共產黨的組織民主外化的能力都還很低，因此不足以承接中國共產黨黨內民主外推到中國社會的政治責任。相比較而言，八大民主黨派的現代政黨屬性不足，但它畢竟作為政治組織存活了數十年之久，因此在組織特性上它與中國共產黨較為接近，但又不至於與中國共產黨的組織特性混淆，因此最容易對接中國共產黨的黨內民主。就中國共產黨與民主黨派的組織特性相近性講，它們都是政黨定位，而不是政黨與社會組織或群眾團體的不同定位。雖然兩者之間的政黨含量，即屬於現代政黨的屬性，具有重大差異，但在法律地位、政治承認和社會認可度上，它們的政黨性質都是一致的。就中國共產黨與民主黨派的組織活動方式對接上說，由於中國共產黨是法定的執政黨，而民主黨派是法定的參政黨，因此在國家民主推進過程中具有先後次第之分，民主黨派只能是對接中國共產黨政治生活模式的組織，而不可能是實行民主政治先於中國共產黨的政治先行者。

理解中國共產黨黨內民主與黨際民主的關係，如前所述可以區分為兩個角度。一個是在現行的中國政黨制度框架內確認的中國共產黨黨內民主與黨際民主的關係。另一個角度是在規範意義上的黨際民主視角理解的中國共產黨與民主黨派間的黨內民主問題。前者關乎黨際民主意義上中國共產黨與民主黨派的內部關係處置問題；後者關乎中國共產黨與民主黨派的黨派平等關係問題，兩者是緊密聯繫在一起的。缺乏前者為後者奠定基礎，後者就不可能坐實；缺乏後者的繼起性作用，前者的效用就非常有限。

從前一個角度看，首先，中國共產黨的黨內民主必須界定為對民主黨派的黨內民主具有同等實效性的民主形式。當下對黨內民主的規定，僅僅限於中國共產黨一個政黨內部。民主黨派的黨內組織生活準則付諸闕如，這使得民主黨派的政黨特性處於暗昧狀態。無疑，在中國式的政黨制度中，中國共產黨對民主黨派具有全面的示範性。這種示範性，既是政黨性質的，也是國家性質的，甚至是社會性質的。政黨性質的示範性，體現為中國共產黨對民主黨派自身的組織建構的啟迪作用，中國共產黨完整的組織建制、全國的政治動員方式、組織對權力控制的模式等等，都是一個政黨必須具有的組織基本功；國家性質的示範性，體現為中國共產黨對於國家權力的有效控制能力，對民主黨派掌握相同權力時的啟發作用；社會性質的示範作用，體現為中國共產黨具有向社會延伸的各種輔助性組織，而民主黨派要成為規範意義上的黨派，這種社會能力只有模仿中國共產黨才可能具備。當中國共產黨以黨內民主的方式將自身提升為一個標準的現代政黨的時候，它對民主黨派的示範性就會發生擴展性的功用。這種功用不説是民主黨派對中國共產黨的亦步亦趨，起碼也可以説傾向一致。這裏的關鍵問題是承諾八大民主黨派與中國共產黨都屬於現代政黨。在做出這一承諾的前提條件下，中國共產黨所設計的黨內民主，自然對其他黨派具有相同的效應。但必須指出的是，中國共產黨黨內民主對民主黨派的示範效應，不等於超級政黨對邊緣政黨居高臨下的示教，而是居於執政黨地位的政黨對於潛在的執政者的示範而已。對於民主黨派來説，黨員權利、黨內代表機制、領導產生方式、黨內決策體系，也需要像中國共產黨一樣回歸民主軌道。

其次，中國共產黨與民主黨派對於國家權力的分享和公共政策決策的行政權力的共用，具有同等的政治屬性。中國共產黨之所以需要建構黨內民主，是因為政黨民主對於它所執掌的國家權力是否民主發揮着決定性作用。一個不民主的超級政黨掌控所有國家權力與行政權力，一方面意味着國家不可能運行在法治的軌道上，另一方面則意味着國家的公共政策決策不可能合理化。就前者言，獨享國家權力的政黨從本質上講不可能知曉民主立法的精髓。在獨佔國家權力的情況下，即使這一政黨再怎麼熱愛民主，它也切入不了民主的政治機制之中。因為沒有權力的制衡機制，民主只會成為權勢者自我正當化的工具，而無法成為限權狀態下的理性制衡機制，民主也就無從落地生根。就後者論，現代政府公共政策的制定，只能在民主化的條件下才能保證其公開、公正、公平。假如缺少權力的民主制衡機制，公共政策就演變為政策制定者自我認定的優良政策，也許惡法、庸政被視為天經地義的良法、善政，實施良久才會發現這些法律與政策的缺陷所在與惡劣之處。因此，黨派之間分享國家立法與政策制定的權力，這種黨際之間的民主，就此成為良法善政的基本保障。可見，中國共產黨與八大民主黨派共用國家權力與共同決斷公共政策的重要性。

再次，中國共產黨與民主黨派之間的政治協商機制必須重建。在某種意義上看，中華人民共和國建國之初，中國共產黨與民主黨派之間關於中國政治與行政的「政治」協商比較健全。以一九五七年為界，中國共產黨與民主黨派之間的政治協商之政治意味逐漸衰變，並最終使得執政黨與參政黨之間的政治性協商演變成為事務性協商。原本在中國政治生活中發揮着重要作用的黨際政治協商就此終結。在中國共產黨啟動黨內民主進程的當下，促使民主黨派回歸政黨定位，並共同保證國家權力運作的正當性與公共政策的合理性，就成為中國共產黨尋找失去的政治盟友的推動力量。這裏所謂的政治盟友，不是指一般意義上的政治支持者，而是指政治上見解有明顯差異，但可以達成重要政治共識的、不同政綱的黨派之間的合作關係。在政協組織中，中國共產黨與民主黨派真正坦誠相見、肝膽相照、榮辱與共、同舟共進，從而將政黨組織之間的政治合作關係重新建立起來，[10] 以黨際民主推動中國社會民主。

從後一個角度，即規範的黨際民主來看。首先，政黨對於國家權力的分享應當享有同等的政治地位。這意味着所有政黨都必須在國家之下活動，而不能將某一政黨放置在國家之上和國家之外，[11] 亦意味着執政黨與參政黨的絕對界限必須被打破，而政黨對自身先進性和領導權的關聯性預設也就有可能遇到挑戰。在所有政黨退居國家之下的前提條件下，對國家官員進行選舉的普選制度建構，意味着政黨之間的民主不能不是競爭性地獲取國家權力的機制。就此而言，黨際民主就不再存在執政黨對參政黨的示範作用。政黨基於政綱對黨的組織活動的自主性規定，成為政黨獨立活動的基本準則，成為政黨之間民主對待的起碼要求。這就是民主國家中政黨政治的常態，也是中國從非競爭性政黨制度回歸競爭性政黨制度的直接體現。[12]

其次，政黨間對於國家公共事務，尤其是政府公共政策的決策享有同等的決斷權力。就此而言，兩個互動的方面必須同時被承諾，一方面，執政黨必須以開放的心態面對政府決策和公共事務處置。另一方面，民主黨派對政府事務的參與就不是席位的排定問題，而是公共政策決斷者隊伍中的平等一員。這一關聯式結構，此時就不再是黨際關係的政治釐定，而是國家權力結構的法治安排。黨際的這種平等關係，既體現為政黨競爭關係的法治化建構，也體現為政黨輪替關係的建制，更體現為各個政黨不尋求建立自身的先進性與領導權的直接勾連機制。政黨之間必須以它跟國家、社會、市場的積極互動，尋求領導國家的權力，進而尋求維持這一領導權的合法支持。

再次，黨際民主意味着各個政黨各自獨立地在市場空間和社會空間中爭取政治資源。肯定一個政黨就是一個明確尋求國家領導權力的政治組織的時候，[13] 政黨組織自身的組織維持與規範化運作，就成為它獲得國家領導權的前提條件。為此，政黨組織的諸種維持條件就出現在人們面前。這些條件包括政黨的政治原則或意識形態、政黨組織運轉所必須的物資資源、政黨的社會動員機制、政黨的核心組織與周邊組織建設等等。對於一個政黨來說，假如它為執掌全國權力的執政黨，對於它吸納需要的所有資源具有極大的好處，而對於一個處在參政黨或在野黨位置的政黨而言，它動員社會資源，尤其是物質資源的能力相形受到較大的限制。為此，在國家層面上看，必須給出各個政黨平等民主的動員社會資源的法治條件，俾使各個政黨民主分享有利於開展政治活動的資源總額。當然，這中間絕對容許政黨間在法治之下，因動員能力差異而產生的資源獲得份額的不同，但這些份額獲得的不同，不是先於政黨活動的其他政黨的限制，而僅僅是因為政黨自身組織建制、活動方式與資源吸取能力差異自然導致的區別。否則，那種一個政黨限定另一些政黨資源吸取能力的政黨制度，絕對難以稱為民主的政黨制度，它也無法有效地區分現代政黨與宗派組織。

四、黨際民主與人民民主：在民主轉型的非線性發展中

由於政黨組織的組織性特質顯然強於各有所屬的人民組織或公民組織，在黨際民主成為政黨內部和政黨之間的民主常態之後，它們的民主機制、民主操練、民主經驗和民主習性才能夠逐漸向社會推廣，從而保證民主政體的如常運作。這不是一個民主發展的絕對先後秩序，卻是一個民主發展可選擇的擴展進路。

從黨內民主發展到人民民主，不僅涉及到組織民主向公眾民主的轉型，實際上還涉及到非民主的社會政治形態向民主社會政治形態轉型的複雜問題。這明顯是相互關聯、交錯作用的雙重轉型。

就前者看，從某種特定形態的民主形式向另一種特定形態的民主形式轉變，不管兩種民主形式在構成特點上有什麼一致性，它們之間都不可能存在由此及彼的邏輯推導或實踐推演關係。這是由民主的物件所註定的民主形式決定的。如果說民主的形式之間必須建立起某種邏輯推導關係和實踐演進關係，那就必須嚴格地建立起兩種民主形式之間推導與演進的、環環相扣的連結狀態。兩種缺乏基本連結關係的民主形式是無法相互推導的，這可以從兩個角度說明，一是兩者的推導關係必須是相互還原的。換言之，從黨內民主推向人民民主，意味着人民民主也可以推向到黨內民主，這中間不存在只能從黨內民主或人民民主出發的理論前提；另一個是實踐的角度，黨內民主必須借助相同類型的組織民主，才可以借助組織間的民主實踐向社會延伸。缺乏必要的實踐中間環節，黨內民主就只能是一種組織內部的民主形式，而且它絕對缺乏民主之限制國家權力的基本內涵。論及前者，需知從人民民主或黨內民主出發建立相互推導的關係是不可靠的，這意味着同時啟動黨內民主與人民民主並無不可；而後者啟發我們思考，從黨內民主這種組織民主形式推向黨際民主這種民主形式，都是組織民主形式，組織之間的排斥性意味着它們相互之間可以借鑒，但很難打通。它們在精神實質上和制度安排上，都與國家基本制度上的現代民主存在距離。因此，從黨內民主到黨際民主、再到人民民主，依然是一條需要不斷重新籌劃的民主遞進道路，而不是一條直接相通的民主升級程式。無疑，這就給從黨內民主推進到人民民主的論爭增加了論證的困難、實踐的難度。如果說從黨內民主到人民民主借助於黨際民主這個仲介，可以獲得間接推進的橋樑的話，那麼這種間接推進的變數就不得不被高度重視。

就後者看，即就非民主社會向民主社會的轉型來看，情形就更為複雜，成敗也更難逆料。在整個二十世紀後期動盪的民主轉型歷程中，不少民主轉型國家都處於轉型的政治泥潭之中，難以自拔，第三波民主的「回潮」成為怵目驚心的國際政治現象。[14] 這證明，從非民主社會向民主社會轉型，不存在不可逆轉的發展態勢。從民主的構成類型上看，組織民主、選舉民主與自由民主屬於民主的不同類型。從一般管理理論上分析，組織民主本身是一種較為低級的民主形式，因為它涉及的是組織內部的民主管理與組織認同問題，它並不涉及國家基本制度的民主與否問題。只不過在中國，中國共產黨的黨內民主具有某種特殊性。因為中國共產黨掌握了國家的基本資源，從國家意識形態，到國家基本制度，再到國家基本生活模式，無不在中國共產黨的控制範圍內。因此中國共產黨的組織民主具有一般組織民主所不具備的社會示範效應。但即使如此，中國共產黨的組織民主形式與國家民主形式，不管是較低水準上被認可的選舉民主或是基礎深厚且指向多元的自由民主，都還有相當的距離，甚至是本質上的差別。在後兩種民主形式支持的民主社會中，就前者論，普遍選舉是產生國家領導人的基本方式，絕對不至於限定在一個政黨的組織內部。就後者言，自由民主涉及到選舉之外的限制國家權力、司法獨立、個人自由、新聞自由等等複雜的民主保障條件。[15] 只有自由民主才能被稱為民主社會，而黨內民主或選舉民主僅僅是一個社會的局部民主形式，它遠不足以讓人們實施民主社會。如果說在黨內民主、選舉民主與自由民主三者之間建立起了通暢的遞進關係，那麼，民主社會的建構才能說大功告成。而這一遞進過程，恰如亨廷頓對第三波民主浪潮的敍述一樣，將會是異常曲折的社會—政治變遷過程。對於中國的民主化進程來説，從黨內的組織民主遞進到黨際民主，將會是比較可控的民主演進。因為這兩種民主建構都只是在組織內部進行，儘管會導致相應的社會反響，但不至於擴展為社會震盪。但當黨際民主開始推向社會的時候，不論具體選擇什麼公民組織作為推進組織民主的物件，將會出現不可避免的社會震動，因為公民組織之間的平等性與政治安排的一致性關聯在一起，那將勢不可擋地出現一個推進民主的社會浪潮，這個時候，民主的進步與民主的回流將會同時出現，民主的光明前景將很難保證。

可見，從非民主社會轉向民主社會，從黨內民主啟動人民民主的進程，在理論上都是很容易刻畫的社會—政治發展狀態。僅僅從政治理論上看待這樣的轉變，很容易形成民主的線性發展思維。在這種線性政治思維中，人們簡單而草率地把民主轉變視為不可逆轉的發展趨勢，而且認定民主的進程將會遵循一條從低級到高級、從局部到普遍、從拒斥到歡迎、從混亂到規範的演進路線。這是一種政治幼稚病。從亨廷頓對民主三波的經驗觀察可以看出，任何社會中的民主導向轉變都是一個複雜而難以逆料的漫長過程。因此，民主發展不是一個線性的過程，而是一個非線性的過程。

就中國共產黨作為執政黨描繪從黨內民主向人民民主的發展過程來講，不會是一帆風順的自然過渡歷程。原因在於，在本章所刻畫的這一推進的三個支點上來看，都存在推進不暢、長期停滯和明顯回流的可能性。就中國共產黨的黨內民主看，其間就有幾個難以克服的矛盾：一是加強黨的領導與推進黨內民主的矛盾。黨內民主通常容易遭遇到的困難就是，黨員享受的民主權利增強了，黨員的自主性勢必強於對組織的服從性，於是組織的渙散就成了問題，黨的強勢成員就會跟進性地要求加強黨的組織控制力度，於是黨內民主在自主和控制的拉鋸戰中耗費政黨能量。二是黨的代表制度與黨的常設機關之間在運作中的摩擦，會造成政黨對黨員號召力和組織能力的下降，隨之而起的就是黨的決策機制的二元分化，甚至分庭抗禮，黨員行使民主權利的過程就成為黨低效率的寫照，這對一個高度統一的革命黨來説，是一種難以容忍的狀態。三是黨的民主集中原則與政黨的民主原則順暢過渡的問題，有可能導致政黨的明顯離心力。對於一個以強有力的控制保障政黨力量的政治組織而言，變革需要黨員依託於民主突顯的政治智慧，黨員的民主是政黨適應環境、保持活力的前提；但政黨過於活潑勢必成為政治空談俱樂部，一個雷厲風行的政黨集中意志成為列寧主義政黨的生命線，否則政黨就會因為民主化取向而走向崩潰。蘇聯東歐在這一方面進行過嘗試，其不如人意的結果對中國共產黨推行黨內民主是一個警醒。[16]

就黨內民主推進到黨際民主而言，這種推進的進展也殊為困難。這些困難是，其一，中國共產黨作為高度組織起來的現代政黨，它組織資源之豐富，使它足以應付各種組織挑戰。因此，在從容維持組織狀態的前提條件下，中國共產黨完全可以因應來自黨內不同的思想對於民主轉型的非難與為難作出對應——意識形態上的非難，僅僅以「與時俱進」就足以對付；而政治上的為難，也因為中國共產黨面對的民主化浪潮，可以將黨內反民主的勢頭壓制下去。儘管中國共產黨內對於民主的意識形態與政治行動的抵制不容小覷，但政黨的總體利益對於不同意見的整合力度以及由此達成黨內民主轉變的總體一致卻似乎可以保障。然而，中國共產黨的黨內民主要向黨際推進，從黨內民主對於民主黨派民主的同等適應力起步，再到黨與黨之間民主相待，共用國家權力，恐怕不僅會遇到黨內的強大阻力，更會遇到民主黨派間政治分肥導致的八大黨派間的政治不均衡。這個時候，中國共產黨黨內對民主黨派享有同等政治權力的民主轉變，就有一個艱難適應的問題；而民主黨派自身是不是能夠進入角色，從而發揮適當的民主推進者的作用，也是值得疑慮的事情。在長期定位不易的執政黨與參政黨的政黨制度中，民主黨派的政治能力是孱弱的，黨內民主的建構既難以像中國共產黨那樣具有充分資源的支持，也難以像中國共產黨那樣具有強有力的組織建制給予支撐，加之八大民主黨派之間的組織結構、成員來源、政治資源和政治地位差異很大，它們能否同時且整齊地應付中國共產黨黨內民主的變革舉措，恐怕也是值得分析的問題。因此，從中國共產黨黨內民主推進到黨際民主的前景，不敢輕言樂觀。

從黨際民主向人民民主的推進，就更具挑戰性。相對而言，從黨內民主推進到黨際民主，是一種跨度相對較小的民主推進形式，從黨際民主推向人民民主則是跨度較大的民主形式的遞進，因此難度絕對遠超過黨內民主的內部推進以及從黨內民主向黨際民主遞進的兩種民主轉變形態。且不說黨內民主與黨際民主在其成員和組織習性上對民主的接納與實踐能力問題，即使是這種習性不是問題，兩種民主的組織水準也還需要一個長期的過程才能提高和優化。至於人民民主，由於中國文化中個人主義資源的相對貧乏、政治自由理念的未曾普及、民主政治實踐經驗的稀少，造成中國民眾組織化實踐民主的歷史資源的貧瘠。加之在現代處境中，中國民眾實踐民主的物質條件、法治條件、智力條件、心理條件以及保護性條件的缺乏，[17] 實踐民主的巨大困難可想而知。當中國共產黨的黨內民主推向黨際民主，進而推向人民民主的時候，民主的承接條件愈來愈薄弱，因此實踐民主的挑戰性就愈來愈強。習慣於集權政治的民眾在經歷民主艱難曲折的情況下，最容易產生對政治專斷的戀舊情緒，這對民眾形成逃避民主的習性將會有極大的助推作用，也正是民主的第三波浪潮出現轉制回流最重要的原因之一。[18]

由此可見，中國從共產黨的黨內民主，借助黨際民主推向人民民主的政治演進過程，不會是一個風捲殘雲的民主蕩滌過程。相反，在民主演進的歷程中，不僅會遭遇三個環節的曲折，而且每一個環節的回流困難也不能迎刃而解，因此，從中國共產黨的黨內民主順利走向人民民主，將會是一個「艱難困苦，玉汝於成」的社會政治蛻變過程。

註釋

1 參見中國共產黨第十七屆四中全會的決議《中共中央關於加強黨建若干重大問題的決定》，北京：人民出版社，2009，第四部分，第15–19頁。文中未出注的引文皆出自這一文本。

2 本章所指的組織理論，不是現代管理科學專指意義上的、基於組織共同的官僚性特徵進行分析的組織理論，這種組織理論可謂狹義的組織理論。本章的組織理論可謂廣義的理論形態，主要是在狹義組織理論所忽視的組織類型、組織形態與運行差異視角對組織之間的關係進行分析。

3 組織現象是人類最古老的現象，但對組織進行分門別類的深入研究，以提高組織績效，則是典型的現代現象。而以組織理論的研究與組織績效的提高為組織發展的動力，則更是組織化的現代社會的產物。因為只有在幾乎所有社會成員都被納入到不同組織之中的時候，組織維持的成本與績效對組織興衰才具有決定性，而組織理論才成為如此嚴肅的理論問題。參見【英】D. S. 皮尤編，彭和平等譯：《組織理論精粹》（*Organization Theory*），導言，北京：中國人民大學出版社，1990，第3–4頁。

4 參見【法】莫里斯·迪韋爾熱著，雷競璿譯：《政黨概論》，第二部分〈政黨制度〉，香港：青文文化事業有限公司，1991。

5 莫里斯·迪韋爾熱對政黨的分析是基於成熟的西方政黨制度，即政黨在國家之下活動的制度，所以他切入的研究視角是「政黨的制度及其在國家中的地位，而不是政黨的主義或者他們的社會成分」。這是因為他認定「現代政黨的特徵不在於它們的綱領或其黨員的階級成分，而在於它們的組織；政黨是一個有着特殊結構的群體。現代政黨的特質主要表現在其內部結構上，即初期政黨的雛形結構已經被二十世紀政黨的複雜及細緻分工結構所取代。」《政黨概論》，原序第5頁。總體上講，這斷定是正確的。但他對社會主義國家政黨的分析，其有效性較弱。

6 黨的先進性與領導權剛性的聯接，使中國共產黨奪取了全國政權，但也正是這一剛性聯接，使得黨難以應付和平年代，尤其是聚集財富的市場經濟時代的難題，並繼續以維持其先進性且以之為理由全面掌控國家權力。前者可參見毛澤東在中共第七屆全國代表大會上所做的政治報告，後者則可以從江澤民提出的「三個代表」可以觀察到。

7 毛澤東以「不斷革命」來阻止這情況的出現，鄧小平以「反對自由化」的方式來防止黨員的蛻化變質，而今天的高層領導人則以「唱紅打黑」來對應性地保證紅色江山並對付黑社會的組織犯罪。

8 薩托利在《政黨與政黨體制》中將這類超級政黨政黨命名為「霸權黨」。所謂霸權黨，「既不允許正式的、也不允許事實的權力競爭」。霸權黨制絕對排斥政治競爭，因此絕無權力更替這樣的政治事件出現的可能。這一政黨體制，強勢的時候表現為意識形態霸權黨制，弱勢的時候體現為實用主義的霸權黨制。需要注意的是，霸權黨制與一黨制具有重要區別。我們只能在霸權黨制與一黨制之間來理解中國目前的政黨制度。參見【意】G. 薩托利著，王明進譯：《政黨與政黨體制》（*Parties and Party Systems: A Framework for Analysis*），香港：商務印書館，2006，第321–333頁。

9 之所以說民間組織還不是建立在高度分化的社會分工與合作基礎上的社會組織，一方面是因為民間組織的法律地位還有待確認，民間組織之謂「民間」組織，僅僅是與「官方」相對而言的；另一方面也是因為民間組織還需要在社會分工與合作基礎上分化、發展為與「國家」相對而言的「社會」組織。再一方面，民間組織是中國古代命名鄉土社會組織的詞彙，不足以用來指稱現代社會組織。參見王名等著：《民間組織通論》，總論部分，北京：時事出版社，2004，第13–23頁。

10 參見黃瑢、任劍濤：〈事務問責與政協政治功能的重建〉，《江蘇社會科學》2010 年第 1 期。

11 參見胡錦濤：《在首都各界紀念中華人民共和國憲法公佈施行二十周年大會上的講話》。新華網 2002 年 12 月 4 日。

12 參見【意】G・薩托利：《政黨與政黨體制》，第 6 章〈競爭性體制〉、第 7 章〈非競爭性體制〉，見該書第 184–333 頁的相關論述。

13 參見《政黨與政黨體制》第 23 頁引述的伯克的話「（政黨的）如此坦坦蕩蕩地爭取權力的意圖……」。伯克引人矚目地承認了政黨這類政治組織的極端重要性，並一般性地得出一個結論，「人在沒有團體的情況下是如何進步的，對我來講是極端不可思議的。」這與本章在組織狀態下審視政黨民主與人民民主的關係旨趣相同。轉引自《政黨與政黨體制》，第 24 頁。

14 參見亨廷頓著，劉軍寧譯：《第三波——二十世紀後期民主化浪潮》（*The Third Wave: Democratization in the Late Twentieth Century*），上海：上海三聯書店，1998，第 353–358 頁。

15 參見亨廷頓《第三波——二十世紀後期民主化浪潮》，序〈第三波：二十年之後看未來〉，第 6–7 頁。區分選舉民主與自由民主，也許是對熊彼特用選舉來界定民主的程式主義民主理論的矯正。

16 參見【英】阿波利爾・卡特爾著，范琦勇等譯：《南斯拉夫的政治改革》（*Democratic Reform In Yugoslavia: The Changing Role of the Party*），第 2 章〈黨內民主改革〉，北京：春秋出版社，1988，第 45–73 頁。以及王立新：《蘇共興亡論》，第 5 章〈黨內組織制度的衰敗及其民主化〉，尤其是第 4、5 兩節，北京：中共中央黨校出版社，2007，第 174–210 頁。兩書對於蘇東國家在民主動力不足的情況下展開的黨內民主改革情形進行了描述和分析，較為一致的現象是，黨內民主不可能是充分意義上的、規範的民主，因此註定這種民主形式難以走遠。

17 關於民主實踐的諸條件，美國學者卡爾・科恩撰著的《論民主》（*Democracy*）有簡明扼要的論述，他所列舉的民主條件，就涵蓋了這幾個方面。參見氏著，聶崇信等譯：《論民主》，第四部分〈民主的條件〉，北京：商務印書館，1988，第102–205頁。

18 參見亨廷頓《第三波》（中譯本），第354頁。亨廷頓從七個方面總結了從第一波到第三波民主浪潮產生回潮的原因，其中首當其衝的就是民主價值觀念（或民主習性）的薄弱。

第七章

社會的萎縮與重建

在「國家—社會」視角的審視

中國的「現代」轉型，始自明清，在晚清民國漸成規模，結構轉軌在當代。從政治架構轉型視角看，這種轉型的核心是「國家—社會」的二元關聯結構的興起。使用「國家（state, government）—社會（society）」的分析框架，來突顯中國「現代」社會變遷的狀況，首先需要對於這一分析框架的有效性和局限性進行限制。[1] 但是需要強調的是，對於中國現代轉型的宏觀分析框架而言，在理論的有效性上看，還沒有超過這一分析框架的。本章正是在這一方法思路的引導下，描述和分析中國現代轉型的國家—社會對峙格局。從這一描述和分析的時空限度來説，時間上從晚清到當代；空間上則限定在「現代」中國。處理的是「傳統」中國向「現代」中國轉型中，「國家」與「社會」的關聯問題。而大思路則是，自晚清經民國、到中華人民共和國的中國「現代」轉型，尤其是改革開放以來的中國「現代」轉型進程，國家試圖吞噬社會的基本態勢沒有改變，社會的萎縮乃是一個基本的狀態。而社會本身的建設與重建也處於一個自發的遞進過程，沒有完全中斷過，而社會的建設與重建狀態，與中國社會的現代化廣度和深度，是聯繫在一起的。在既定的分析框架中，國家與社會能否相形而立，尤其是社會能否脱離國家的主宰性控制，構成為中國現代轉型的關鍵環節。就此而言，國家—社會的二元分析框架，便成為一個描述分析中國現代化轉型的有效框架。本章沿歷史線索，對於近代以來中國「國家—社會」的分流成型與衍生關係，進行宏觀的勾畫與分析。

一、古典全能國家格局的蛻變

古典中國的國家定位是全能國家的定位。這樣説也許得冒着古事今説的危險。因為，就典範意義上的全能國家而言，它是一個現代事件。[2]但是，假如我們將這斷定作一個限定的話，則是可以成立的。全能國家固然是一個現代事件，但是，如果將全能國家定義為吞噬了社會自治空間的國家組織狀態的話，斷定古典中國乃是一個全能國家，也是有支持依據的。當然，必須指出這種全能國家是「古典式」的全能國家，需要強調，古典中國作為一個全能國家，具有特別含義，只能是在古典中國的國家之成為國家的特殊理由方面得到確認。在古典中國，一般意義上的國家與社會是疏離的。國家作為一套高度組織起來的權力結構，通常限定在上層精英社會的範圍內。它對於基層社會來講，則沒有起到多大作用，而基層社會則沿循一套相對獨立的治理原則。[3]在古典中國作為國家之成為國家的時空範圍內來看，國家對於與他相互適應的那個上層「社會」，是具有完全的吞噬能力的。如果將基層社會作為一個自組織的物件來處理，而將古典國家作為一套基本上是作用於上層社會的政治機制來對待，那麼説古典中國是一個「古典式」的全能國家，就能夠成立。不可忽視的是，這中間有幾層含義必須説清。

其一，從國家的基礎結構上來看，可以斷定古典中國是一個全能國家，亦是家國同構的社會。與此相適應的是，古典中國是一個典型的二元結構社會。前者指的是古典中國的國家建構，依託的是建立在血緣基礎上的家庭結構。家庭結構的特性使古典國家具有某種天生的吞噬功能。後者指的是古典中國的社會結構的二元性，使國家對於它控制或駕馭的物件受到限制，也因此加強了它對於控制和駕禦物件的控制力度。兩方面的合成，促使古典中國形成為古典式的全能國家形態。

從前者看，古代中國的家國同構，是為國家尋找源自自然秩序的一個原型結構。家國同構的最大特點，是使國家成為放大了的家庭組織。這就產生兩個重要的特點：一是家庭裏完全無法變更的血緣關係，成為國家本可變更的組織歸屬關係的範本，導致國家組織變成剛性建構。源自血緣關係的強力控制，成為應當源自利益需要的妥協性國家政治的控制方式的超穩定性控制藍本。這種強控制既保有血緣控制的親情基礎，又保有血緣控制的以上奪下的明顯傾向。建立在此基礎上的國家，勢必以情感與行動的雙重控制作為自己控制機制的核心導向。在國家範圍內的全方位支配，就理所當然了，國家的天性就此具有吞滅與之性質相異的其他社會建制特點。

從後者看，古典中國的二元社會結構，使上層社會與下層社會有着幾乎完全不同的運行狀態。國家有效統治的範圍基本限定在上層社會。下層社會基本上處於一種「自生自滅」的狀態——它按照自然秩序運轉。國家對於它治下的疆域並沒有達到一種從上層到基層的整體控制。國家的控制範圍是社會上層，上層社會也就依附在國家權力體系中，而國家價值就是上層社會的通行價值，國家制度就是上層社會運作的指南。因此國家之全面而強勢地控制社會空間，也是順理成章的。[4]

其二，從國家的功能定位上來分析問題，可以認定古典中國是一個全能國家。古典中國是一個政教協和的社會。與此相適應的是兩個獨特的中國現象：一個為皇權至上的社會，另一個為倫理支配型的社會。

政教協和，要求政治與教化的相互配合甚至是完全同化，使得政治倫理化、倫理政治化。政治的倫理化，造成權力控制的人情化。政治權力似乎軟化為一種人情感化，而權力的橫暴性支配就此掩蓋了起來。倫理的政治化，造成軟性規範的剛化。倫理規則被改造成為政治制度，倫理專制與政治專制就此統合為一，使國家的控制機制非常嚴密、異常穩定，卻使得國家的全能化定位閹割了社會的活性機制。[5]

正因為政教協和的國家定位制約，使佔據最高統治地位的君王具有政治支配與倫理訓誡的雙重政治控制權力。國家在發揮它的社會政治功能時，就自然地具有全方位制約的制度取向。王權主義的盛行，也許是對此的一個最好證明。[6] 與此同時，由於古典中國的地域廣袤，實行有效統治的方式又在法治之外、倫理之內，因此倫理的感化對於國家的統治具有不可小覷的功用。倫理中心主義之作為統治方式，就有一種對於其他社會要素健全地作用於國家、社會運作的排斥性。而統治國家僅僅依附於單一的倫理要素，它的強制性就顯而易見。[7] 加之古典中國地域的特殊性帶來的所謂「治水社會」性質，[8] 導致的國家統治的特殊需求，更使得國家的全能化走向具有某種必然性。

其三，從國家的維持系統來審視問題，可以認定古典中國是一個全能國家。古典中國是一個文化國家的國家結構形態。與此相適應的是，國家是一個全面吸納所有社會資源的機器。基層社會的相對獨立與基層社會的絕對貧困是聯繫在一起的。前者是有效保證國家全能統治的需要；後者是保證「社會」無法與「國家」抗衡的必要條件。

就前者而言，古典中國國家體系對於各種資源的吸納，實際採取的是一種高壓壓榨的制度。「以天下恭養」的統治態勢，「溥天之下，莫非王土；率土之濱，莫非王臣」的資源歸屬，「事無巨細皆決於上」的決策方式，「君要臣死，臣不得不死」的政治關聯式結構，使得國家具有榨乾社會資源的走勢。一治一亂的社會運行節奏，就是古典全能國家一成一毀的演變節奏。就後者而論，當社會資源被壟斷使用後，社會獨立運行的資源支援條件也就喪失殆盡。因為支撐社會組織起來的私人財產處於一種疲軟態勢，社會組織起來的希望顯得渺茫，國家的獨大就有了根本保證。[9]

這種古典式的全能國家，與現代的全能國家，尤其是極權國家相比較，具有它自身的特點，但是作為一般全能國家的基本蘊涵，則是相對一致的。恰如鄒讜指出的，「『全能主義』（totalism）的概念與三十年代中國和西方當前一般理論家所用『極權主義』（totalitarianism）不同。它指的是一種指導思想，即政治機構的權力可以隨時地、無限制地侵入和控制社會每一個階層每一個領域。『全能主義政治』則是以這個指導思想為基礎的政治社會，但僅限於表達政治與社會關係的某一種特定形式，並不涉及該社會中的政治制度與組織形式。」[10] 將鄒讜的分析納入古典全能國家的分析視野，仍然能夠成立。雖然它作為全能國家的典範性是不足且不穩定的，卻總是能在一治一亂的節奏中畫出它的軌跡，而且隨着古典中國後期的歷史延續，它的超穩定維持亦愈來愈困難了，這就出現了古典全能國家的蛻變問題。

古典全能國家的蛻變是漸進的。但到了晚清，它的蛻變卻變得急進，以至於發生了形態的轉化。民主的或極權的國家運行體制，成為替代性的選擇。從古典中國之作為全能國家蛻變的歷史進程來看，「世襲社會」的解體是一次瓦解性的重組，而「選舉社會」的崩潰則是一次死亡宣告。[11] 至於民主國家的理念與制度傳入中國後，古典全能國家的理念就喪失了號召力與整合力，而建立在血緣關係基礎上的古典社會政治制度就喪失了它的約束力與強制性。前兩個方面是古典全能國家蛻變的內在原因，後者則是古典全能國家蛻變的外在動力。當兩種力量分別作用於古典中國的時候，古典全能國家的自我維持不會瓦解，還具有某種自我修復的能力。尤其是當前兩者以一種朝代更迭的方式發揮作用的時候，它甚至成為古典全能國家修復機制的必要條件。但是，隨着歷史向晚近階段的推進，修復機制的內部吻合疏漏愈來愈多——就制度理念看，儒家治國理念受到愈來愈多的質疑（從晚明王學左派延續到晚清批判思潮，可以佐證）。就制度運行而言，明以後古典中國的制度活性因素愈來愈少（從明代取消宰相制到清朝嚴重的文字獄都可以證明）。就日常生活的約束來說，晚明以來的自我放縱消解板着面孔支持制度與精神世界的禁慾生活方式（從明的放縱生活到清朝模仿西方的生活方式可以看到）。這些都使古典中國內部支持全能國家的資源衰減，當西方的現代國家理念和制度安排，以及連帶的生活方式傳入中國後，一方面其力量感動搖着中國人對於古典國家的信心，另一方面也顯示出「現代」國家的魅力，這就自然而然地加速了古典全能國家的蛻變。

二、「社會」力量的崛起

因着內在資源的匱乏與外部瓦解的進波助瀾，卻並沒有使古典中國步入現代境地。因為，沒有內在的替代因素消解傳統中支持全能國家的因素，古典全能國家的自我維持還是可以期望的。只有在「社會」興起的情況下，國家的獨大才會被終結。因此，觀察分析中國現代國家興起的起點，恐怕還不是現代國家形態出現的問題，而是促使現代國家出現的那些因素，是否已經出現在中國的社會政治之中，與現代「國家」對應而生的現代「社會」是否出現，就成為古典國家更新的觀察與分析起點。

一個基本的預設是，「國家」與「社會」的關係，並不是一個內在貫通的關係。它們各自具有自己的領域，因此它們的關係具有相斥性。假定一定時空條件不變，而存在於這一時空條件中的巨型政治組織——如某個古典國家或現代國家，所佔有的整個組織生活空間是一個不變數的話，那麼，社會空間與國家空間勢必成為你少我多、此進彼退的對應狀態。從整個古典時段來看，中國社會的國家制約之強大，社會獨立空間之弱小，形成鮮明的對比。雖然在農民「揭竿而起」造反的時期，社會的鬆散化狀態給隨之而起的、同樣是鬆散的自治社會組織（如行會）以一定空間，但是，那不是社會成長的正常情形。從整體情形來看，古典時段的中國，與國家相對而立的、具有限制國家權力能力的「社會」，是沒有出現過。國家吃掉社會，乃是持續的現象。然而，這樣的基本態勢愈是往古典社會的後期延續，就愈是呈現出一種國家對於社會控制的鬆弛狀態。

與晚清古典式的全能國家的國家控制逐漸鬆弛相映成趣的是，晚清社會力量的崛起是一個顯而易見的事實。社會的崛起，便逐漸有了原來由國家控制的空間。晚清的國家控制，在控制者的主觀意願上，還是試圖維持國家對於社會的吞噬格局。但是，因為兩個原因，這種維持的主觀意圖與客觀效果，已經難於統一。一方面，原來掌握一切資源的國家機構，已經失去了它對於各種資源的壟斷性控制地位，它僅僅只是分享資源的一個主體。

另一方面，社會力量的組織化態勢初步顯露，使得古典中國那種單一的國家是唯一高度組織起來的一個權力系統結構機制，而社會則分散為極小的單位或乾脆建立獨立的家庭家族的格局。國家的對峙形態就此出現。

這一轉變的歷史線索遠較人們觀察到的浮出水面的轉變現象為長。明清之際，古典中國社會的根基就有所動搖——所謂明清之際啟蒙思想的出現，可以證明這種動搖的確實性。[12]而清代的統治進路，完全沒有緩解明代的統治矛盾，反而有相當程度的加劇。一方面，族際矛盾是清代統治一個難以化解的問題，這使得統治者始終抱着一種警惕全社會人士的心態，統治的緊張程度自然就相當的加強了。另一方面，清統治者在政治上是征服者，而統治方式卻是臣服，文化上更可以說是被征服的。這種錯位的關係，使清統治者在尋找自己的統治法度時，難以找尋一個統治的良善策略。這兩個方面統合起來，使得清的統治勢必以一種高壓的態勢維持。[13]再一方面，清的閉關鎖國政策使得她沒有辦法找到一條走出日益嚴重困境的道路。當統治的外部緊張緩解之路關閉之後，就更加重了統治的內在緊張。前兩個方面猶如呂思勉所總結的「清朝歷代的皇帝，都是頗能自握權柄，不肯授權於臣下的。他以異族入主中原，漢族真有大志的人，本來未必幫他的忙。加以他們予智自雄，折辱大臣，摧挫言路，抑壓士氣，自然愈見孤立了。所以到乾、嘉之間，而局面遂一變。」[14]後一個方面則如日本學者市古宙三指出的，「即使在改革帝國專制主義的時候，清政府仍力圖限制思想」，「它的改革方案可以被看作是滿洲統治者及漢族督撫和紳士企圖保存，甚至擴大他們勢力的嘗試。但這些人的行事往往各有打算。結果，這些改革反而促成了王朝的滅亡。」[15]這樣，使得「天朝的崩潰」成為必然。[16]

正是在晚清時期國家控制逐漸鬆弛的情形下，國家被動地讓渡出一些空間，使「社會」有了空間生長。隨之而來的兩重結構轉變，使得中國歷史上第一次有了與國家組織機制相抗衡的「社會」結構。一重結構轉變是，中國本土生出的資源壟斷性、效用全能性的國家組織衰變之後，國家組織逐漸轉變為與社會結構變遷相妥協的自我調整性機構。這種調整使得國家沒有辦法對資源獨佔性地加以支配，原來國家組織天生的那種全能傾向被自身的調整所抑制。傳統國家急速地向現代國家轉型。另一重結構轉變是，中國的社會結構經歷着一個與本土自生的家庭血緣結構無法組織起基層社會生活的變化，家庭血緣結構的社會或縱向關係的社會結構逐漸轉變為普遍交往基礎上的「社會」的或橫向關係的社會結構。家國同構的中國本土社會組織機制也就逐漸走向瓦解。傳統社會急速地向現代「社會」轉變。前一轉變，使得國家—社會的對應性結構的生長成為可能。後一轉變，使得建立在現代經濟—社會活動方式基礎上、足以打破血緣家庭結構形態的「社會」自身具有生長的現實空間。而推動這種轉變最為有力的動力，來自經濟組織方式的變化——這就是經濟活動形式的轉變。社會組織的逐漸興起，也使得新理念逐漸傳播，進一步使得新制度廣為人知，人們追求新的生活方式。這是「社會」足以興起的兩個動力及兩個標誌。

先看經濟活動方式的變化。在此，經濟活動方式的變化，指的是原來本土的完全農業經濟，具有了現代資本主義經濟的成分。這種經濟成分，是中國本土經濟活動方式中此前所完全缺乏的。[17] 資本主義經濟活動方式源自西方列強的入侵，是西方國家在侵略中國並掠奪中國資源的同時，攜帶資本主義生產方式進入中國的。這是促使當時中國人「向西方尋找真理」[18] 的最現實、最有力的動力。這種關係，為西方學者理智的陳述，「在清朝最後四十年，有許多因素促使中國社會發生變化，其中最重要的各種形式的外國入侵。它直接造成如買辦和洋務專家等新的社會集團的產生，也促使某些行業衰退，如手工紡織業和華中、華北的傳統水陸運輸業。在許多地區，對外貿易使得經濟發展不平衡，從而增加了有些居民的貧困和失業。不過，外國滲入的間接後果似乎對中國社會的影響要深遠地多。」[19] 直接影響社會經濟活動方式，不可能再沿循過去的農業經濟活動方式，隨着資本主義經濟活動方式的興起，亦間接影響「社會」經濟組織的興起。

資本主義經濟與推動資本主義經濟成長的社會組織之間具有一種互動的關係。一方面，隨着晚清國家對於各種資源控制力度的軟化，它容許甚至鼓勵作為新經濟的資本主義經濟發展，也就容許自覺推動這種經濟形式發展的社會組織的生長。[20] 另一方面，與新經濟生長相伴隨興起的經濟組織——商會，具有了自己的自我組織、自我發育和自我壯大的功能。商會與國家具有了相離而生的自治特質。這種自治，一是指它與的國家直接控制具有某種距離。二是指它具有自我約束的組織機制。就前者而言，商會具有三個層面的獨立活動。其一是獨立的經濟活動。它們聯絡工商、調查商情、興辦商學、維持市面，並且開展國際商務活動。其二商會有了獨立的政治活動。它們為維護利權而組織抵制洋貨的活動，他們為立憲而開展革命活動，而且積極調和各派之間的政爭。其三是商會有了獨立的司法活動。他們爭取到受理商事訴訟權，設立了商事公斷處。就後者而言，商會積極努力擬訂商法，以便對商會活動和商事進行規範化的管理。並積極地組織商會獨立的輿論工具，以便組織更多的「社會」資源。[21]

與資本主義經濟活動興起伴隨而起的商會活動相映成趣的是，進入新式學堂、接受西學訓練和從事革命宣傳和鼓動的新知識分子，也組織了與國家相對而立的各種「學會」。一方面，這些「學會」傳播西方思想，使新的「國家—社會」格局的興起具有某種合理性思想的支持。另一方面，這些「學會」推動新的社會—經濟—政治活動方式的成長。以至於「在清末中國社會的演變過程中，知識分子在實現社會經濟變化似乎比帝國主義起了重要得多的作用。」[22]就前者看，留洋學生發揮了不可替代的作用。他們既是接受和傳播先進的西方思想的人格載體，又是組織「社會」資源的實際行動者。中國早期自覺攜帶「現代」理念的「社會」組織，就是留學生的組織，諸如日本的勵志會、國民會、亡國紀念會等等。[23]就後者論，知識分子組織起來的團體，不僅傳播革命觀念，更會組織革命行動，成為自覺瓦解舊式的全能國家的新生力量。從興漢會，到軍國民教育會，再到同盟會，這類組織的社會功用，在當時就是革命運動的主要社會推動力量。

兩會（商會與「學會」）的發育與壯大，開闢了中國現代「國家」與「社會」對應性關係的新結構。一時間「社會」力量的崛起，顯示了中國走出古典全能國家境地，進入現代健全社會的希望。

三、現代意義「國家」與「社會」的膠着

但是，歷史的運轉總是複雜的。中國近代歷史各種新舊因素的犬牙交錯，更使得新的社會結構生長變得來異常困難。這一是因為從傳統全能的、定位在文化價值懾服基礎上的國家轉變為現代有限的、定位在利益交易、權力制衡基礎上的國家，本身就必然要遭遇全面的社會危機。基礎性的價值（fundamental values）的顛覆、制度運行起碼效用的喪失、日常生活秩序的實際紊亂，使得「現代」國家與「現代」社會的組織化、規模化成長，變得一波三折。其二則是因為古典全能國家之退出社會政治舞台，時間上太急驟，它騰出的空間，新生而且尚未成型的現代「國家」還不足以佔據。與此同時，現代意義上的「社會」的生長還比較緩慢——這一方面是指社會的各類組織建構的緩慢，另一方面則是指這類組織的健全化進程非常緩慢，也還不足以進入古典國家退讓出的社會政治空間，使之能夠發揮國家組織不到的領域組織功用。

從國家結構的形態轉變來看，中國人在晚清以來的歷史進程中，對於傳統國家與現代國家的根本差異，是沒有認知到位的。古典的國家形態基本左右着人們認知和接受現代國家的思維神經。古典的「無限」（全能）國家與現代的「有限」國家之間的分界線，沒有被

人們所把握。而古典的價值認同基點上形成的國家理念與現代的民族—國家理念之間，沒有刻畫出鮮明的界限，古典國家的人格化運作模式與現代國家的制度化運作模式之間，也沒有做出認真的區分。儘管晚清有所謂憲政運動，但是，就清統治者而言，主要是為了應付統治的危機。他們對於什麼是憲政，實際上並不願深究。而對於追求憲政的「新民」而言，憲政也只是解除中國被動的國際處境的應急出路。這種幾乎是完全出於功利的決定，使晚清國家的轉型與社會的轉變不可能有效和徹底。[24]

這些因素的作用，造成了晚清時期「社會」生長的阻滯，如既傳播新經濟活動理念，又傳播新活動方式的商會，在晚清就步履為艱。一方面，它們在與國家的衝突與較量中，居於下風。另一方面，它們自身組織的不健全——獨立性不強而依附性甚強，發展欠充分而成長不足，政治權利有限而政治功用難以發揮，內部派系林立而無法有效整合。它們無法帶動一個足以與國家抗衡的市民社會。[25] 再看傳播新思想、推動新政治的「學會」，在晚清也無法獲得生長發育的適宜條件。晚清政府對於這類組織的打壓是自覺的，他們倒是察覺到這類組織與自身的對抗性，而這類組織的混雜和相互排斥，使得思想的整合與組織的整合都處於一個極低的水準。這樣，他們既無法提供轉型中國強有力的觀念力量，也無法提供給轉型中國以制度動力。他們最多只能發揮「趕跑一個皇帝」的功用，而無力將國家與社會結構加以根本性的調整。[26]於是即使相對於處在衰頹狀態的國家，「社會」也依然是處於一種顯見的萎縮狀態。

一九一一年具有象徵意義。這一年古典全能國家的人格標誌——皇帝，退出了政治舞台。國家的轉型具有某種成功的跡象。「中華民國」的建立，似乎象徵着人民主權原則之下的現代國家誕生，也就似乎象徵着人民自主、自治，並與國家相形而立的歷史開端。但是，中國的「現代」轉型如果是一次革命就能完成的話，那麼後起現代國家的社會政治變革就顯得太容易了，而事實上這是不可能的。民國時期，「國家」的自我膨脹與社會的頑強生長同樣令人矚目。「國家」對於「社會」的抑制一直是社會運行的基本態勢。「社會」的自我組織仍然處於低水準。但是，「國家」與「社會」的膠着，顯示出「社會」生長的大趨勢。

就此而言，民國年代「國家」與「社會」互動的情形比較晚清來講更為特殊。特殊就特殊在，民國的建立，無疑是在「國家—社會」的現代二元框架基礎上結構起來的。但是，民國政府對於「社會」的姿態並沒有相比於晚清政府而言的根本性改變。

首先，從民國時期國家的黨化定位、國家權力的黨化享有、黨化國家系統對於「社會」系統的凌駕三個方面，可以看到民國時期全能國家定位的輪廓。黨化國家的定位，使得「國家」與「社會」對應性框架的雙方存在態勢，自始就大不一樣。在現代背景中，政黨本來是國家組織框架中的一個次生組織，僅僅是為了謀求國家權力的社會組織。[27] 這就意味着政黨是在國家架構之下活動的，而且是多黨的，相互競爭的。但是，中國現代轉型中的政黨組織，所起的作用遠遠不止於謀取國家權力。它一出現在政治舞台上，就是現代「國家」得以建立起來的組織者。它居於國家之上。現代中國「國家」不是像它的西方原型那樣，建立在「民族」的政治認同和高度組織的基礎之上，成為「標準」現代的「民族—國家」（nation state），而是走偏為「黨化國家」（party state）。這裏無意譴責處於現代化初期的歷史舞台上的政治家們如何將現代政黨「扭曲」了軌道。就後起現代國家而言，由於政黨在國家興起時具有的不可替代的作用，成為黨化國家具有某種客觀性。只是這種黨化國家的國家定位所連帶而出的社會政治問題，確實與掌握了國家資源的那個政黨建立初期試圖振興「國家」的意圖恰恰悖反。國家的黨化，一方面是政黨意識形態對於國家意識形態的替代，使得具有高度約束性的政黨意識形態，直接淩駕於本身較為鬆散組織起來的各種社會組織之上。這種約束就窒息了社會組織的活力。另一方面，黨化國家的統治理念來自於政黨理想，這使得政黨理想的理想主義宰製了國家的現實運動。在理想主義的統治進路中，制度也許具有純粹形式上的存在，但是它完全無法發揮實際的社會控制功能。國家的控制實際上滑向了古典中國全能國家的那種以理想化道德代替現實化政治的狀態。再一方面，由於現代中國的政黨都是以革命為號召的，它的革命取向意味着它對於國家的穩定運作，即對於權力的有效制約、官僚化的運行機制、技術化的治國思路、交易性的妥協解決問題方式，具有天然的排斥性。另外，黨化國家的政黨機制也是不健全的。它總是追求一黨獨大，排斥黨際競爭。黨和國家的單一性統合，使得從革命黨轉變為執政黨的獨大政黨，無法進入可以平等地與它和平競爭的多元政黨格局之中。它仍然會以自己的獨大理念支撐自己的政治統治。它的腐化墮敗就成為必然。[28] 民國時期國民黨政府對於各種「社會」組織的擠壓，之顯示為從始至終的狀態，就證明了這一點。當國民黨的創始人孫中山將黨置於國家之上，聲稱政黨先於國家。同時認定國民黨建國之後，要考慮中國國情，從憲政追求退回到訓政，乃至軍政狀態時，他就將國家定位在全能國家基點之上了。後來國民黨嚴格限制各種政黨組織與社團活動，也就是可以「理解」的事情。按照這種邏輯，治國就變成為治黨。在國民黨之外的所有其他「社會」組織，自然就成為多餘，被視為累贅。對於這些組織，不是封殺，就是打壓，也就是「治國」的一個有機組成部分，而不會是什麼奇怪的舉動。[29]

但是，其次要指出的是，國民黨已經不是可以完全控制所有社會政治經濟文化資源的超級壟斷組織了。它本身作為一個興起於現代邊沿的組織結構，自身就在不斷的調整之中。這種調整使得它不得不讓渡部分空間出來，以便自己有一個自我整合的空間。同時，它試圖組織起新的國家的政黨理念，使得它必須盡量充分地動員各種有利於這一新國家誕生的資源。這樣，它就不得不借助於與它的理念相近甚至相反的其他社會政治組織的力量。前者決定了國民黨統治會有所不達，後者決定了國民黨統治有所借重。這兩者使得國民黨統治時期「社會」空間至少還有「大和小」的存在狀態。因此民國時期，尤其是民國早期，「社會」的成長也還算是明顯的。社會的成長，主要體現在下述幾個方面，晚清時期曾經發育生長的兩會，在這一時期有了進一步的發展。從五四時期到抗日戰爭以前，是國民黨政府從一個無力完全整合國家的時期到基本控制國家資源的時期。這一時期，工商業的發展，使得中國有了一個「資產階級的黃金時代」，他們既創造了經濟奇跡，又組織並成立了很多為了支援工商業活動的組織，[30] 而觀念性的社團組織也有了相當的成長，[31] 像「少年中國學會」、「新潮社」、「平民學社」等等，差可代表。後來因為抗日原因的國共合作，也可以說是現代中國歷史上少有的黨際和諧狀態。加上農民運動對於國民黨黨化的消解、地方政府對於中央政府的消極對付，「社會」還是明顯地存在着的。民國時期「社會」

的成長之所以呈現為這樣的態勢，主要是因為，第一，國民黨的國家理念的複雜性。在憲政與訓政之間徘徊的政黨，是很難將黨化國家固定在完全吞噬社會的基點上。第二，國民黨政府在統治方式選擇上的遊移性，表現出傾向極權與顯示民主的兩極走向，它就不得不刻意維護一種不走極端的治國態勢。第三，國民黨的黨國定位，畢竟是「現代」定位，「現代」的追求與傳統的統治奇怪地結合，使它必然留下現代社會活動的某些可能性。

由此可見，民國時期國家與社會的關係，已經走出了那種國家對於社會的吞噬性格局，而顯現為前述的那種膠着狀態。這種膠着狀態，從現象上來看，一者表現為「國家」與「社會」的相形而立，二者表現為「國家」試圖吞噬「社會」的失敗，三者表現為「社會」對於國家運作的壓力性作用。這個時期國家與社會處於一種膠着狀態，最主要的原因是因為經濟力量的強勢介入。經濟力量的核心功用，是此前中國國家與社會對局結構中沒有的。

四、「社會」的退卻與全能國家的再生

一九四九年對於中國現代「國家－社會」的生長發育有極巨大的影響。一個建立在完全黨化基礎上的國家組織的建立，意味着「社會」的死亡。一九四九至一九八五年之間，黨化國家對於社會的全面控制，將「社會」的所有空間吞噬了。儘管這種黨化在今天來看，仍然具有某種客觀必然性。這種客觀必然性大致從三個方面得到證實。一方面是國家的統一需求，使得具有高度一統能力的政黨能夠超出其他與之競爭的政黨，適應國家統一的要求。中國共產黨是建立在列寧主義基礎上的政黨。列寧主義政黨的武裝革命訴求、與支部建在連上的嚴密組織方式，都是當時中國試圖有效統一和有效統治國家的政黨所匱缺的。另一方面，國家的現代化意願已經強烈到要求一個統治國家的政黨組織，必須以簡單的方式有效整合國家力量來開展現代運動的地步。這種動員方式，絕對不是自我有限在城市裏的中產階級、資產階級政黨所可以從事的活動。只有中國共產黨這個源自農村、來自農民的政黨切合這一需要。它的共同發財的簡單動員方式與急於脫離貧困的普遍社會期待恰相吻合。再一方面，國家的大型與複雜，使得國家的控制問題趨向嚴重。而國民黨政府在地方勢力控制上的軟弱無力，和它自身的隊伍建設的疲軟，整個國家貪污腐敗的風氣，

使得人們對於它控制國家的能力喪失信心。而中國共產黨在革命時期的嚴明、廉潔和自控控人能力，則被廣泛認同。當國家統一、社會治理、普遍繁榮的希望完全寄託在中國共產黨身上的時候，它的黨化國家理念，也似乎具有完全區別於國民黨的不同狀態。人們心甘情願地接受這種黨國理念。以至於完全的黨化狀態並不需要刻意的推行，就在自然而然的社會政治進程中實現了。「黨領導一切」和「一切交給黨安排」的口號，反映了黨化國家典型的理念。前者反映了政黨自身的與國家同一的政黨定位，後者則反映了社會各個階層、集團對於黨化國家的自覺認同。[32]

這一時期國家的完全黨化，可以從三方面獲得認知。一方面，「社會」的理念完全失去了存在的理由，黨化的國家意識形態佔有了一切觀念空間。另一方面，「國家」的組織狀態與「社會」的組織狀態有嚴格限制。「社會」對於「國家」的附庸性存在形式剛性地確定起來。再一方面，國家與社會在日常生活中有意地重疊起來，以至於「國家」與「社會」沒有了任何界限。

從第一個方面看，由於中國共產黨認定自己代表了最多數人的最遠大利益。因此，在黨的社會政治理念之外，其他社會政治理念就是落後於時代的。這樣，與之曾經具有競爭性合作的政黨被安頓到難以與歷史進程相吻合的、落後的「民主黨派」的位置上。而向中國共產黨的意識形態接近，就是接近「先進思想」，否則就是「自甘落後」。這一定位，使得一切非共產主義的意識形態喪失了存在理由。正是以此為支撐，一九四九年以來，以黨化的意識形態為基礎開展的思想運動，接連不斷。早期的延安整風運動，為這種思想的高度壟斷性統一模式奠定了基礎。而一九五〇年代初期的思想改造運動，為的是樹立共產主義意識形態的絕對權威。接下來的「百花齊放」運動和連帶的反右派運動、大躍進運動、階級鬥爭運動、文化大革命，使得黨化理念成為整個國家、全民族的內化式社會政治理念。在黨之外，簡直就無法想像還有什麼其他社會政治理念、政治制度、國家結構方式及結社組織。[33]

再從「國家」對「社會」的完全控制或徹底吞噬來看，一九四九年以後，政黨對於國家資源採取一種完全的、絕對的支配姿態。從社會實體存在的表像上看，「社會」不僅存在，而且還很「發達」。各種「社會」組織建立了起來——就「新社會」的主體構成人員而言，工人有工會，農民有農會（後來解散），知識分子也有全國文聯和各種協會組織。婦女有婦聯，學生有全國學聯，青年不僅有共產主義青年團，還有全國青年聯合會，乃至兒童也有少先隊，而各行各業都有自己的行業協會。就代表「舊社會」的人格載體而論，工商業者有全國工商聯，其他人士有各自歸屬的民主黨派。就是僑胞，也有僑聯。「社會」組織的形式建制，遠遠超過近代以來中國歷史所有時期。

但是，這些「社會」組織建制是不具有自治的實質意義的。因為，它們都是政黨的附庸性組織。這種附庸性，一方面是它們都接受執政黨組織的觀念、黨綱——「統一思想」。另一方面則是因為它們都遵循執政黨的統一行動部署——「統一行動」。再一方面則是因為它們都按照執政黨的指揮而來，按照執政黨的指揮而去——「統一步調」。[34] 由此便註定了各種組織在一個強大組織的制約下進行組織活動的命運，各種組織的非組織化也就成為事實。因為制約各種組織的強大組織本身直接控制着國家權力資源，高度組織起來的國家權力機構又是所有資源的支配者、分配者，權力與資源的統一掌握，使得各種組織能夠順當地納入被領導的軌道，並有效地防止了與強大的、直接控制國家權力與資源的主流組織相非相反走向的組織出現和生長，從而保證了國家的高度同質性和同構性。一旦主流的強大組織及其人格代表感知到與自己的組織原則和組織走向不一致的組織或導向組織的思想與行動，就具有將其遏制並加以有效擠壓的能力，進而理順到「正確」的軌道上來。

於是，在此前具有明顯的自治特質的兩會組織，首先就成為了組織改造的物件。由於新生國家對於經濟發展的仰賴——它必須具有恢復發展經濟的能力，才具有統治國家的基礎或前提。原來自治的城市經濟機構與經濟組織，與農村分散化的經營方式，對於高度統一基點上的高度資源壟斷的經濟活動方式來說，都是無益的。因此，就城市而言，代表與新生的社會主義經濟模式相反對的資本主義經濟形式，就是要加以強力改造的。「公私合營」的進路有效地瓦解了與社會主義經濟不一致的經濟成分和經濟組織。就農村來說，從互助組，到合作社，再到人民公社，將分散的農村資源和分散的農民們高度組織了起來，黨對於城市和農村的控制就達到了一個完整的狀態。城市自治組織的改造與農村分散化的徹底改變，使得黨從經濟視角看社會，有了一個全面歸化結構。[35] 全域意義上的公有經濟的建立，使得經濟領域的黨化組織方式成為現實。

而知識分子的組織工作，則是黨化國家的組織工作較為困難的領域。因為，現代知識分子群體特質，就是自由地進行思想和自主地追問真理。因此，將知識分子對於黨化國家的認同安頓到知識分子的大腦，就成為改造知識分子的最重要工作。因為在政黨領袖看來，知識分子與黨的指導思想距離較遠，絕大多數都有程度不同的資產階級、唯心主義和個人主義思想。[36] 這樣，在舊邦新命之際，新政權將知識分子以往不曾理解的那個政黨而導致的自卑感、愧疚感充分調動起來，使得他們意識到一心跟黨走的必然性。政治學習運動開闢了知識分子第一個政治檢討浪潮，批判《武訓傳》掀開了知識分子第二個政治檢討浪潮，「洗澡運動」開啟了知識分子的第三個政治檢討浪潮。到後來，胡風事件、反右運動、文化大革命，接連不斷的改造知識分子運動，終於將知識分子基本納入政黨理念之中。[37] 知識界的組織，大致圍繞黨的理念來運轉。

這樣的改造，終於使得經濟生活是較為單一的社會主義國有—集體經濟生活，政治生活基本上是共產主義—集體主義的實踐，而文化生活大致上是社會主義新文化的「創造」。黨化國家將國家完全塑造成為一個政黨理念的製成品，人們的日常生活變成為黨化國家理念的日常體驗。教育灌輸的是黨化理念，被教育者對於國家的忠誠轉換為對於黨的忠誠。文學藝術享受喪失了藝術主導的特性，被改變為書寫黨化典範的僵化形式（八部樣板戲可謂這一狀態的極致），而人的塑造也只有單一的模式——「社會主義的新人」，[38] 就此使得國家與社會在日常生活中也被重疊起來，無以區分一個與黨化國家哪怕是細微的差別。

自踏入近代門檻以來，「社會」在此是完全退卻了。全能國家的全能性質有了一個最為全面的表現。這一時期的中國的「國家」是最為典型的全能國家，因為它完全滿足全能國家的基本特性：「政治權力可以侵入社會的各個領域和個人生活的諸多方面，在原則上它不受法律、思想、道德（包括宗教）的限制。在實際上（有別於原則上）國家侵入社會的程度或多或少，控制的程度或強或弱。」[39] 可以說，一九四九到一九八〇年間，全能國家在中國的土地上成功再生。這再生，是對於古典全能國家的超越性回歸。一方面，一九四九年後的全能國家是「現代」國家，它組織社會政治資源的方式已經從限於社會上層走向全社會，它動員到全能國家中的社會諸階層人士從上層精英下延到最為廣泛的諸類人等，它的控制領域從價值的選擇全面透入觀念世界、制度安排和日常生活，它頗具「現代性」特質的組織動員方式決定了它對於古典全能國家的超越。另一方面，它又確實是古典全能國家的回歸。這種回歸最為典型的表現就是恢復了古典全能國家那種國家對於社會的全面控制，在這方面，古典全能國家與現代全能國家，並沒有構成架構上的差別。只是前者可以說的「質上的全能國家」（qualitative total state）——行使職能方面有絕對權力的國家，而後者既是「質上的全能的國家」，又是「量上的全能國家」（quantitative total state）——即在權力的界域方面毫無限制，因此不存在國家與市民社會的界限。[40]

一九四九年後建立起來的「現代」國家之所以能成為一個全能主義的國家，追究原因，自然是多方面的。最為關鍵的就是鄒讜先生所指出的那個簡明運算式「全面危機—社會革命—全能主義的國家社會」。[41] 在一個全面的危機時期，傳統國家的整合能力基本喪失，經濟領域的秩序也無法保障，觀念世界的人心秩序也已經十分紊亂，尤其是作為危機中心的政治危機，是引發其他危機的核心因素——上及觀念世界的危機，下及生活世界的危機，使得一個全能主義國家出來收拾局面的需求，變得有些自然而然的意味。

五、「社會」的重建

中國的全能國家定位，要到了一九八〇年代以後，才有根本上的動搖。這時期是中國的改革開放時期。本來，改革開放只是作為一種策略性的政策選擇，改革的籌劃者與組織機構，並沒有從根本上改造全能國家的意圖。[42]但是，隨着改革開放本身的時間延續，它之向縱深的推進，就是一個無論是個人或是集團人為都難以控制的事情。這種發展趨勢，落在我們討論的「國家—社會」話題上，對於「國家—社會」的良性互動成長，具有極大的影響。

猶如論者指出的，改革開放就是一個對於國家與社會關係進行重組的運動，實際上就是黨化的「全能國家」對於全方位控制「社會」的放鬆。[43]從改革開放定位的視角看，改革初期確定的「放權」格局，就是「國家」對於「社會」的空間讓渡。而後來從農村體制、到城市體制、從經濟體制到社會體制的漸進改革，則明顯是一種國家淡出特定的社會領域的取向。到九十年代晚期，關於政治體制改革的公開爭論，顯示出國家對於「社會」控制的進一步的被動放鬆。

從改革開放的價值取向、制度建構和社會生活結構轉變三方面，也可以看出「社會」的蘇醒。就第一方面來看，源自「解放思想」運動的意識形態控制的鬆弛，使得社會具有了自我確證其價值與功用的精神基礎。現代「社會」的成長是在自覺的政治觀念基礎上達成的，也即是在自覺地限制國家對於「社會」的限定的基礎上達成的。在一種以國家力量嚴格限制「社會」活動範圍的意識形態氛圍中，「社會」的成長缺乏起碼的觀念基礎。改革開放就是要縮小國家制約社會的範圍與降低國家限制社會的嚴格程度。解放思想運動，就是要為這種變化提供觀念氛圍。黨化國家理念的鬆動，是為國家退出「社會」領域提供意識形態的前提。對於這一點，我們今天在離改革開放歷史起點的二十餘年後拉開歷史距離來看似乎更為清楚。一九九八年紀念改革開放歷史起源大事件——中共十一屆三中全會的諸種學術的與政治的文獻中，人們都可以輕而易舉地讀出這種促使自主社會成長的觀念蘊涵來。[44]其實，當年宣導解放思想，就是要宣導從黨的一元化領導中解放出來的思想，宣導從這種基本政治理念中包含的黨化國家單一地制約社會生活的局面中解放出來。改革開放二十餘年來，國家意識形態與社會意識形態的分流發展，以及由此顯示的國家發展狀態與社會發展狀態的某種差異性，恰好表明了國家站立在權力、權威、集群視角的意識形態建構，與社會站立在權利、自主、個體視角的意識形態建構相反，對今天中國社會邁向的深度現代化，具有不可小覷的影響力。

就第二方面分析，以「社會主義市場經濟」定格的新經濟制度建制中的社會經濟發展自主的成分日益增多。世界範圍內的市場經濟發展史告訴我們，只要一個期望實現現代化的國家，就不能拒絕市場經濟，而只要實行市場經濟，就必須接受「公共領域」與「私人領域」的劃分。進而，對於公共領域實行以權利制約權力和以權力制約權力就是勢所必然的事情。國家之退出私人領域，讓出「社會」的活動空間，就不是什麼大驚小怪的事情。市場經濟是社會空間出現，並且是「社會」意識成長的有力催化劑。人們在市場實踐中日益自覺的權利意識，逐漸推動他們形成維護自己權益的組織機構，使得社會的組織化程度得到加強。而人們為市場中活動的個體權利的辯護，又推動了學術中人與市場中人走向結合。行業協會一類商會組織的再度興起與學派、學會性組織的再度昌盛，從一個角度證明了這一點。[45] 況且，市場經濟就是法治經濟的呼聲，日益贏得國家與社會各界的認同。人們對於憲政的要求、法治的呼喚、自由平等的制度的追求，日益反映出新的經濟形式與舊的經濟形式（原來的中央計劃經濟體制）所攜帶、所要求或者所匹配的社會—政治生活方式的巨大差異。在國家管理理念上的從統治向治理，乃至於善治的轉變，也多少證明了它正在褪去全能主義的色彩，承諾社會的對應性存在。[46]

就協力廠商面剖析，日常社會控制的完全非意識形態化現狀，證明「公共」領域與「私人」領域的劃分正成為現實。國家逐漸學習以硬性權力制約權力體系，以軟性引導約束社會生活的新社會政治控制控制手段。輿論這類軟性工具在國家統治與治理過程中逐漸發揮出的正面功用，正漸漸為國家與社會所共同承認。比如像《南方周末》這類「公共媒體」所受到的報道事實、評論事件的官方壓力，至少不會隨時放置在關閉的景況中考量。而較為關鍵的是，私人領域的活動，雖然有過度私密化的危機，但是它的正當性已經被承認。在國家吞噬社會景況下，國家直接參與於私人生活的現象在逐漸減少。支撐私人生活的領地——家庭以及類似家庭的社會結構，正在成為當代中國與國家政治生活狀態不一的另一生活狀態的領地。最明顯的事例就是，在全能國家時代國家意圖直接干預的婚姻家庭生活，現在國家採取了退卻的姿態——一些保留國家全能主義心態的學者或政治家，意圖以婚姻法直接干預人們複雜微妙的感情生活的努力，在新婚姻法的司法解釋中遭到挫折。道德的問題歸於「社會」自我干預的問題，然而，法律的問題才是國家要干預的事情。「國家」與「社會」的這種分化，為官方和民間所共同接受的另一個標誌是，在承諾「國家」與「社會」分離基點上的「第三域」（the third sector）研究，成為中國學術界和官方共同推動的事業。

可以從兩個視角概觀當代中國的「社會」重建：即歷史的總結與理論的提煉。

歷史的總結，在改革開放的進程中，「社會」之得以重建的原因，一方面是因為全面地控制「社會」主體自顧不暇的被動因素。國家對於社會開放的放鬆，其實換一種說法，也可以是國家對於社會控制的乏力和無奈。另一方面則是「社會」具有的某種自主天性使然。現代「社會」與傳統社會大不一樣的是，後者的自主性相當之弱，而前者的自主化組織能力則相當之強。後者之具有自主的組織化能力，一方面是因為社會存在廣泛的思想資源、多元化的思想局面支援多元化的社會取向。另一方面則是制度變遷的現代情形，使制度的建構與修繕需要多方面的制度資源，源自不同社會階層和集團的制度需求，可以提供給制度重建時期的制度改良和制度再造以作多種支持。再一方面也是因為現代社會組織具有一種社會組織間相互作用的態勢，這使得社會組織可以自主地開闢出自己的生存空間，指出組織間互動的各種規範，反映其附庸性特性愈來愈弱，而自我的優化能力愈來愈強。

理論的提煉，從「國家—社會」關係的黑格爾式定位到自由主義式的定位，是當代中國「國家—社會」關係變遷的一個總體趨勢。國家與社會關係的黑格爾式定位，就是國家優於和先於社會的模式。一方面，它認識到社會對於國家具有的獨立性。另一方面，它強調社會的非自足性。再一方面，它就此聲稱，由於社會是不自足的，也是無法自我達致正義的，故相對於國家而言，它就是次生和次級的。在將國家視為神的意志、理性的載體和道義的實體的前提下，黑格爾認為國家具有吞沒個人組成的社會趨向，但是這卻有利於解決市民社會的非正義缺陷，將市民社會所支持的特殊利益納入一個代表了普遍利益的政治共同體之中。[47]無疑，黑格爾的這一大思路經由馬克思主義的改造，深深紮根在中國現代黨化國家的第一代組織者腦海之中。但是，主流的現代「國家與社會」劃分，是自由主義的。自由主義者對於國家與社會關係的論述，有多種模式可以歸納，但核心是所謂洛克——康德模式。[48]這一派特別強調，社會先於國家，國家只是生活在社會中的個人為了自己達到其目的而形成的契約產物。因此，限制國家權力就是極其重要的，從而保證社會的前國家或非國家定位（政治自由主義對此加以特別的重視），並保證經濟自律而不受國家干預（經濟自由主義對此特別強調）。這比之於黑格爾的主張，自然有利於社會的成長，也有利於國家在對峙性的限定結構中發展。所以，對於自由主義與現代社會，甚至現代

「社會」的緊密關聯，一直是人們所重視的。[49] 當代中國的改革開放引導出的國家與社會關係的重組，正是從黑格爾式的國家與社會的關聯式結構走向自由主義式的國家與社會的關聯式結構。一方面，自由主義的國家與社會理念在近期的漢語語境中，有較好的梳理和接受。另一方面，自由主義的國家與社會各自定位的制度安排，也是解決當下中國改革開放向重心推進遭遇到的難題的現實參照。再一方面，自由主義對於國家與社會關係的彈性處理，也為國家與社會關係的重構預留了空間。

但是，在中國的語境中，社會是否足以成長到與國家對峙而在的程度，從而建立起較為典範意義上的「現代」結構，實在是一個難以預料的問題。這結論，是複雜曲折的中國現代運動提點我們不要輕易樂觀的結果。

註釋

1　對於這一分析框架有效性與局限性的不同視角的分析，可以參見《中國社會科學季刊》1993–1994年期間關於「國家和市民社會」主題討論的有關文章。鄧正來、J. C. 亞歷山大編：《國家與市民社會——一種社會理論的研究路徑》，北京：中央編譯出版社，1999。張靜主編：《國家與社會》，杭州：浙江人民出版社，1998。也可參見Jean L. Cohen, Andrew Arato: *Civil Society and Political Theory* 一書的第一部分第二節 "Conceptual History and Theoretical Synthesis" 對於「國家—（市民、公民）社會」概念史及其理論綜合的梳理。在這裏，需要區分國家、社會兩個概念使用的自然語義與政治學專門語義的差異。就自然語義的國家與社會兩個概念而言，大致是指某種條件下社會政治舉行組織的歷史存在形態，如一般意義上說的古代中國、中國社會，或現代美國、美國社會等等。而作為政治學專門術語的「國家」與「社會」，則具有起特殊的含義。二者作為對應的分析概念，一般專門用來指近代以來「民族—國家」興起以後代表整個巨型組織的政治機制，而「社會」則是指與機制化的國家相疏離、與這一機制互動的社會各階層、各集團的自治性組織及其活動領域。在本章中，特指的國家與社會，一般依據上下文加以限定。而泛指的國家與社會則只是一種直陳。在具體的表述中所取的是那種含義，可以根據上下文作出區分。

2　就全能國家作為一個分析性概念而言，它是在「國家—社會」的對應性分析框架出現以後才可能出現的一個概念。因為，只有在國家吞噬社會的基礎上，才有所謂全能國家的概念。假如沒有國家對社會的這種侵吞關係，也就沒有國家完全替代社會的功用而成為全能國家這一說法。而國家與社會的對應性架構是十七、十八世紀才出現，並成為一個理論話題。這一時段正是「現代」興起並逐漸定型的一個時期。參見唐士其：《國家與社會的關係——社會主義國家的理論與實踐比較研究》第1章〈國家與社會關係及其模式的歷史演進〉對於國家與社會關係問題的清理。北京：北京大學出版社，1998。

3 這就是費孝通在《鄉土中國》裏指出的，「從基層上看去，中國社會是鄉土性的。我說中國社會的基層是鄉土性的，那是因為我考慮到從這基層上曾長出一層比較上和鄉土基層不完全相同的社會」。見該書〈鄉土本色〉部分。北京：三聯書店，1985。

4 參見呂思勉：《呂著中國通史》前三章對於古典中國婚姻、族制和政體的分析，大致可以清晰地了解這一點。上海：華東師範大學出版社，1992。

5 參見任劍濤《倫理政治研究——從早期儒學視角的理論透視》第4章對於古典中國社會機制的分析。廣州：中山大學出版社，1999。

6 參見劉澤華：《中國的王權主義》。尤其是該書第1章〈王權支配社會〉對於這一問題的分析。上海：上海人民出版社，2000。

7 比如法律的儒家化，就正在強化國家統治的強制性。從董仲舒倡「腹誹罪」到戴震譴責「以理殺人」，都可以得到證明。參見瞿同祖《中國法律與中國社會》，第6章〈儒家思想與法家思想〉、以及附錄〈中國法律的儒家化〉兩部分的相關分析。北京：中華書局，1981。

8 「治水社會」是卡爾・魏特夫用來分析「東方專制主義」的一個背景性術語。它的理論認同度不算太高。中國歷史學界對之尤其不能同意。李祖德、陳啟能主編：《評魏特夫的〈東方專制主義〉》，北京：中國社會科學出版社，1997。見該書有系統的表述。但是，魏特夫對於東方社會某些特性的分析還是具有啟發性的。比如東方國家中「國家比社會強有力」（該書第3章）的斷定就可以成立。本章在此基點上使用魏特夫的「治水社會」概念。

9 參閱前述魏特夫著作，第3章第4節。

10 鄒讜：《二十世紀中國政治——從宏觀歷史與微觀行動的角度看》。香港：牛津大學出版社（香港），1994，第 69 頁。

11 參見何懷宏所著兩書：《世襲社會及其解體——中國歷史上的春秋時代》，北京：三聯書店，1996；《選舉社會及其終結——春秋至晚清歷史的一種社會學闡釋》，北京：三聯書店，1998。對於古典中國與社會演變的描述。雖然他所使用的兩個概念還是可以商榷的，而且對於科舉的性質斷定也不無疑處，但是他對於古典中國國家與社會變化軌跡的基本描述，還是基本可以信從的。

12 參見蕭捷父：〈中國哲學啟蒙的坎坷道路〉。載《吹沙集》，成都：巴蜀書社，1991。至於明清之際三大思想家（顧炎武、黃宗羲、王夫之）的思想能否稱之為「啟蒙」思想，還是個可探討的問題。但是他們對於古典國家思想的某種清算，則是可以確認其歷史價值的。

13 參見費正清編：《劍橋中國晚清史 1800–1911》（上卷），第 1 章〈導言：舊秩序〉第 3 節「行政」。北京：中國社會科學出版社，1993。

14 呂思勉：《呂著中國通史》第 49 章〈清代的盛衰〉。

15 參見劉廣京：《劍橋中國晚清史》（下卷），第 10 章〈社會變化的潮流〉第 4 節「社會變化的動力」，北京：中國社會科學出版社，1985，第 473–477 頁。

16 參見茅海建：《天朝的崩潰——鴉片戰爭再研究》有關章節的描述和分析，北京：三聯書店，1995。

17 參見任劍濤：〈理論・歷史・方法——從明清看封建中國不可能開出資本主義〉，《道德理想主義與倫理中心主義——儒家倫理及其現代處境》。北京：人民出版社，2003。

18 毛澤東：〈論人民民主專政〉，《毛澤東選集》（合訂本），北京：人民出版社，1964，第1358頁。

19 《劍橋中國晚清史》（下卷），第10章〈社會變化的潮流〉。第673頁。

20 參見朱英：《轉型時期的社會與國家——以近代中國商會為主體的歷史透視》，第3章〈清末之際國家對社會的扶植〉。武漢：華中師範大學出版社，1997。本書以「國家－社會」的對應分析架構描述和分析了晚清以來作為「社會」組織的商會的興起和壯大。對於商會的現代性質、現代動力、現代結構、現代功用等方面具有較為詳實的討論。足值討論近代以來中國「國家－社會」關係的論者參考。

21 參見上書，第5–10章。

22 《劍橋中國晚清史》（下卷），第673頁。

23 參見桑兵：《清末新知識界的社團與活動》，第5章〈早期留日學生社團與活動〉，北京：三聯書店，1995。此書對於晚清以來中國社會中出現的與商會性質相同的「學會」有詳實的描述和分析。與朱英一書相配合閱讀，可以對於晚清以來中國「社會」的兩大類組織——商會、學會，有全面的了解。這裏之所以將「學會」打上引號，是因為學會雖然稱之為「學會」，但實際上是社會政治組織，而不是單純的學術興趣團體。

24 參見蕭功秦：《危機中的變革：清末政治中的激進與保守》，第9章〈近代中國人對西方立憲的「誤讀」〉，上海：上海三聯書店，1999。

25 參見朱英書，第12–15章。

26 參見蕭功秦書，第15章。以及毛澤東論孫中山的歷史功績與歷史局限，《毛澤東選集》（合訂本），〈新民主主義論〉，〈論人民民主專政〉等。

27 參見榮敬本、高新軍主編：《政黨比較研究資料》，第二部分「理論」中，喬瓦尼・薩托利、西摩爾・馬丁・李普塞特等人的文章，北京：中央編譯出版社，2002。

28 參見榮敬本、高新軍主編：《政黨比較研究資料》；另參見斯塔西斯・卡爾瓦斯：〈前蘇東國家一黨制的衰朽和瓦解〉，北京：中央編譯出版社，2002。

29 參見易勞逸：〈南京時期的國民黨中國〉，載費正清編：《劍橋中華民國史》（第二部），上海：上海人民出版社，1992。

30 參見白吉爾：《中國資產階級的黃金時代 1911–1937》，第 3 章〈城市裏的新興企業家〉，上海：上海人民出版社，1994。

31 參見張允侯等編：《五四時期的社團》，〈前言〉，北京：三聯書店，1979。

32 需要強調的是，這裏的「黨化國家」僅僅是一個中性的分析性術語，既不帶有貶義，也不屬於褒義。它與「民族國家」概念一樣，只是分析現代國家形態的一個工具。關於黨化國家的概念解析，可以參見劉小楓：《現代性社會理論緒論》，第 5 章第 5 節，香港：牛津大學出版社（香港），1996。

33 參見李洪林：《中國思想運動史 1949–1989》序幕，第 1–7 章，香港：天地圖書有限公司，1999。

34 從形式規定上來講，這三個統一只是對於黨組織的組織原則規定。「民主集中制」是黨的組織原則。但是，從它的實際影響甚至控制力量來看，三個原則對於所有組織都具有同樣的影響力和控制力。參見《民主集中制理論與實踐》有關章節，北京：黨建讀物出版社，1994。

35 參見費正清、麥克法考爾主編：《劍橋中華人民共和國史 1949–1965》有關章節。尤其第 3、第 7、第 8 章，上海：上海人民出版社，1990。

36 周恩來的講話大意。參見《人民日報》1956年1月30日，第1版。

37 參見於鳳政：《當代中國知識分子歷史命運三部曲之一：改造》，鄭州：河南人民出版社，2001。以及《劍橋中華人民共和國史 1949–1965》第5、第10章。

38 參見費正清、麥克法考爾：《劍橋中華人民共和國史 1966–1982》有關章節。尤其第7–11章，上海：上海人民出版社，1992。

39 鄒讜：《二十世紀中國政治：從宏觀歷史到微觀行動角度看》，香港：牛津大學出版社（香港），1994，第223頁。這裏要特別強調鄒讜先生對於全能國家的學術上的含義與政治上的含義的所做的區分的重要意義，以避免簡單使用這一概念，來肢解現代中國複雜的社會政治現實。

40 這是德國著名法理學家卡爾・施密特劃分的兩類全能國家形態。參見李強：〈自由主義與現代國家〉。載陳祖為、梁文韜編：《政治理論在中國》，香港：牛津大學出版社（香港），2001。

41 前引鄒讜書，第234頁。

42 這從中國改革開放從經濟體制改革向政治體制改革的改革結構轉型的艱難程度上可以覺察。假如一開始改革籌畫者就具有從根本上改造全能國家的意圖，那麼政治體制的改革就自然地成為經濟體制改革的延伸。而改革籌畫者的改革預期實際上只是為全能國家提供經濟支持而已。因此，改革常常在涉及到全能國家（黨化國家）的問題時，落到了改革的底線上，而不得不折回。這正是改革曲曲折折的根本原因。參見吳國光：〈改革的終結與歷史的接續〉，《二十一世紀》（香港），2002年6月號。

43 參見前引鄒讜書，〈後記：從傳統權威政治系統到現代全能主義政治系統〉。

44 參見龐元正等主編：《讓思想衝破牢籠——「真理標準討論」與新的思想解放》，北京：中國人民大學出版社，1998。

45 參見淩志軍著：《沉浮——中國經濟改革備忘錄 1989–1997》有關章節，上海：東方出版中心，1998。

46 當然，在中國，要達到國家承諾與社會對等性存在的現代水準，還是一個遠期的事情。就此而言，中國什麼時候出現一個國家與社會的二元化結構的成熟狀態，還是無法預測的事情。社會的成功重建還是一個異常沉重的話題。

47 參見薩拜因：《政治學說史》（下冊），第 31 章〈黑格爾：辯證法與民族主義〉，北京：商務印書館，1986。以及鄧正來：〈市民社會與國家——學理上的分野與兩種架構〉，載《國家與市民社會》。

48 參見前引鄧正來文。以及薩拜因書有關霍布斯、洛克和近代自由主義關於國家與社會關係論述的章節。

49 參見 Richard Bellamy: *Liberalism and Modern Society*. 該書篇幅不大，但是對於作為現代社會的英國、法國、意大利、德國與自由主義的關聯性，進行了較為有系統的清理。

第八章

拒斥自由主義

一個觀念與行動的交互分析

三大現代意識形態——激進主義、保守主義與自由主義，在現代中國歷史上的命運大為不同。自由主義的命運最為可悲，它遭到了最為堅決的拒斥：從思想層面上說，它未能抵抗激進主義的進擊和保守主義的消解。從實踐層面上講，它未能化解政治人物的敵意和排拒。自由主義由此成為退隱於現代中國歷史運作舞台背後的唯一的現代意識形態。但是，自由主義卻是最能與現代進程統一起來的意識形態。[1] 就此而言，現代中國之拒斥自由主義，就具有了必予認真考察的思想史主題的意義。

一、自由主義的尷尬處境

自由主義遭到中國「現代」歷史的拒斥，乃是一個長遠的既存問題。因此，回顧中國現代歷史與中國現代思想的互動過程，可以看到這一歷史情景，以及形成這一情景的各種原因。這一歷史回觀，大致可以從中國「現代」歷史運作的三個重要時期來作分別觀。其一是中國「現代」歷史性突進的三四十年代，二是中國「現代」再起始的八十年代，三是中國「現代」結構性重組的九十年代。

為了更為清晰地展現歷史的風貌，我們採取一種由近到遠的歷史回觀方式，看看現代中國對自由主義的拒斥，所展示的尷尬處境。

首先，我們從九十年代的思想——學術爭論與社會運動的互動關係上來分析一下這種局面。九十年代，既是中國現代化進程最為迅速的一個時期，也是中國現代化進程進入一個結構化重組的時期。就前一方面來說，之所以九十年代中國的現代化進程能夠急速展開，是因為現代化有了一個完整而正式的啟動和嚴肅的安排。而且，現代化的內在動力積累了數十年之久，官方與民間對於現代化的社會運作目標，基本達成了共識。[2] 因此，現代化的進程得以按照現代化的自身流程展開，不至於像以往那樣，因為現代化與某些政治權威人物的價值主張相左，而被人為阻斷。

但是，九十年代的現代化進程並不是一帆風順的。原因很簡單，因為現代化的深層內涵，仍然與當代中國社會的主導政治力量有一種對峙性的關係。儘管在現代化的廣泛層面上說，這種主導力量與其處於同一種社會運動方向。但是，一方面以批判現代化建立意識形態理據，另一方面以完滿的現代化為最終目標的這一政治主導力量，是無法與實現了的可行性現代化方案融洽相處的。因為二者在現代化的價值理念、制度要求與日常生活層面，均具有一種內在的相斥性，這種相斥性是由現代化的世界主流體系先起性，與時下中國的現代化主流方案基於批判和超越前者的特點所註定。這樣，源自西方的、現代化的社會自發運動與出於抗拒的、批判的、中國現代化的設計方案之間，就存在一種原初起點意義上的緊張關係。一旦這種緊張外化為社會運動，那就勢必是一種社會動盪。主導的政治力量對於導致這種社會動盪的原因，具有解釋權力。因此，它會對於原生形態的、典範化的現代化及其內涵的觀念主張，施加打擊。這種打擊，表現為一種觀念的方式，當然地落在自由主義的頭上。因為，正是自由主義提供了最為促進現代化進程良性發展的一攬子方案。[3] 而它與以批判自由主義的原生現代化方案起家的修正的社會主義、共產主義等等祈求完美的現代化方案，處於一種天生的敵對狀態。而且，這種敵對，不單單只是體現在社會政治的實際主張上面，而且也體現在現代意識形態的價值—制度—生活方式諸方面。換言之，這種敵對不僅會體現於「現代」中國的社會實踐上，更會體現於「現代」中國的思想運動中。於是，因這種情形，九十年代，終於從知識界內部發出了聲討自由主義的聲音。這種聲討，聚焦於三個主題上面：一是自由主義導致了現代世界的不平等。二是自由主義引起了當代中國的不公平。三是自由主義理論言述處於一種自相矛盾的狀態。前兩者可以說是基於現代社會運動視角的指責，後者則是基於現代社會理論視角的申斥。這種說辭彙集為一個「命題」，就是自由主義所主張的現代社會發展道路乃是一條「到奴役之路」。[4]

相對於八十年代而言，這是一種新的態勢。在八十年代，自由主義所受到的反對與抵抗，主要來自於政治力量。而且，不是以反對自由主義的基本價值為焦點的。知識界本身對於自由主義，則有一種發自知識分子的自由天性的要求。在批判傳統社會主義集權體制的旗幟下，聚集了官方（在位者）與民間（在野者）的兩種資源：政治家從政治統治合法性重建的視角，清算集權政治給「真正的」社會主義帶來負面影響。而思想家從思想自由與學術繁榮的角度，批判過去專制觀念的消極作用。政界與學界，各就其內部和相互之間的主流見解而言，沒有原則性的分歧。而隨着改革開放的深入，對於已經取得的改革成就，究竟作出什麼樣的評價，又如何籌劃更進一步的改革，政界產生了深刻的分歧。而學界也因為對於改革開放評價所取的價值傾向的分化，發生了嚴重的分歧——試圖抵抗西方資本主義及其文化霸權、眷念社會主義的一部分學者，急劇地左轉。而試圖沿循經濟改革的路線，邏輯地深入到自由民主憲政的政治體制改革的學者，則籲求人們認同現代政治的主流價值。政治主流的傾向與學界左翼思維的暗合，促成了自由主義之成為當代中國改革失誤的替罪羊和未來中國危機之途的論斷。自由主義的尷尬處境，達到歷史頂點。

其次，我們來看看八十年代的狀況。說起來，九十年代知識界對於自由主義的聲討，其實是八十年代政治家對於自由主義聲討的一種合邏輯的延續。在集權的政治形態下，知識界可以以自己抗拒集權的特點凝聚起來。八十年代中國恰好處於一個既需要反對古典中國的集權政治（其中不乏虛擬的歷史），又要反對現代中國的集權政治的景況當中。因此，知識界集中批判抵制現代化的各種非現代化與反現代化思潮與行動方案的主題上。至於這種批判的正當性，則為同樣宣導這種批判的、主張改革的政黨領袖所佔有。在一種以現代化的基礎性目標——「四個現代化」為底線的大氛圍中，一切其他制度主張與觀念主張都是干擾性的。而這種並非原生西方現代化的底線意義上的現代化，其實與任何現代價值主張與社會工程都是相容的，所以才會有從反「左」到反「右」再到「不爭論」的政治引導。以前毛式的那種以「窮過渡」來追求現代化的左傾社會主義方案，自然為黨內重量級人士的拋棄而失去了感召力。但是，在西方率先實現了的那種自由主義式的現代化方案，無論從意識形態上，還是從民族情感上來說，都是無法為爭取民族獨立與解放的那一代政治家所接受的。而且，這種拒斥，相比於毛式對於西式現代化的拒斥，還要徹底。[5]原因在於：其一，這種現代化是不符合他們對於共產主義意識形態終身追求的價值口味的。其二，假如他們在策略的角度引進這種現代化模式，他們就不得不進行艱苦的、統治的正當性與合法性的重建工作，而這恰恰是他們力不勝任的事情。其三，他們對於改革開放的定位本就是策略性的，因此無法對於改革開放涉及到的社會制度安排與深層價值取向這些戰略性的問題，提供藍本。因此，在完成一種淺表層次的改革之後，他們對於自己籲求的深層次改革喪失了起碼的把握能力。所以，這一方面必然造成政界對於改革「下一步」的疑惑與分歧，使得改革的籌劃處於一種幾乎可以說是完全的試錯狀態。八十年代早期（一九八三年為軸線）、中期（一九八六年為焦點）、後期（一九八九年為核心）改革的三起三落，充分證明了這一點。另一方面則造成了政治弱控制條件下的思想活躍，使得思想界在原來一統的認取「現代化」情形下走向了「道術將為天下裂」的分解狀態。九十年代所謂的「新左派」，大致可以被視為這種政治弱控制狀態下，與八十年代政界左翼思想的合流產物。而自由主義思潮則可以被視為沿循改革「應當」路線的產物。於是，總體上說來，八十年代由政治力量在引導思想走向，即對於自由主義現代作用的社會主義警惕，由政治家天生的對於政治意識形態的敏鋭嗅覺覺察到。他們以反對自由化表達對於自由主義的警覺，成為了八十年代自由主義無法對於健全改革予以健康影響的強勁動力。這種拒絕，顯然比單純的思想交鋒對於自由主義的拒斥要徹底得多。可以説，自由主義在九十年代的尷尬處境，在這種引導中已經奠定了底蘊。

再次，我們把目光聚焦於三四十年代。遠看歷史可以知曉，八九十年年代自由主義的這種處境，早在三四十年代就預演了。那個年代，也可以說是中國早期現代化的一個關鍵時刻。學習西方的現代化，是需要奠立一種學習性的文明模式。那時中國的現代化，正由晚清的奠底，到民國初年的嘗試，進入到一個選擇什麼樣的現代化模式的十字路口。而外敵的強伺，內患的厚積，使得政治家與思想家都以為自由主義提供的主流現代模式，乃是一種不可憑藉的東西。於是，政治家與思想家不約而同地認定只有走一條與自由主義宣導的完全不同的現代道路，中國的現代化才可以期望。[6] 後來自由主義的尷尬處境，也就在這個時候顯示了出來。就此而言，自由主義一進入漢語世界，便處於一種由政治領袖與思想權威們人為的與中國現代運動脫鈎的狀態。這一方面預示了中國現代運動必然要遭遇的精神動力不足問題，另一方面則使得試圖為中國現代運動提供精神基礎的自由主義者們，不得不在扭曲的情形下為自由主義與現代運動的正向關係，提供證明。無疑，這強化了自由主義外懸於中國現代實踐的尷尬局面。

二、拒斥之作為行動

自由主義之受到現代中國的拒斥，從總體上來，説體現為一種連貫的中國現代社會思想文化現象。分開來看，則表現為兩種似乎沒有關聯，實際上卻相互支撐的拒斥狀態：一是政治家在政治運動的組織過程中對於自由主義的組織化拒斥。二是思想家在西方現代思想的接引與創造中對於自由主義的鬆散性排拒。前者的拒斥，因為必然借重政治權力與社會運動，可以説是一種行動取向的拒斥。[7]後者的拒斥，因為依靠思想力量與邏輯論證，可以説是一種觀念取向的拒斥。兩者構成了拒斥自由主義這一個問題的兩個面向。

首先分析一下前者的拒斥。這一分析，可以從兩個視角入手。其一是從現代中國政治家趨同的一般反應上看。其二則是從政治領袖之作為典型行動類型的人物具有的影響力上來看。

從一般角度看，政治家對於自由主義的拒斥，是從社會的現代運動之如何可以便捷地組織這一視角着眼的。他們對於自由主義的拒斥，一般的理由不外有四：其一是因為自由主義與中國傳統精神不相容。中國傳統重群體的精神與自由主義重個體的精神，在此處於一種不能相容的狀態。其二是因為自由主義所主張的憲政制度在中國的實踐後果令人失望。二十世紀初期，晚清以及北洋軍閥的憲政實踐為其提供了支撐。其三是因為以自由主義為精神支持的西方，太具侵略性而缺乏公平對待弱勢民族的善意。中國近代的創傷記憶為其作出了證明。其四是因為自由主義對於現代中國國家的形成具有消極作用，不利於對一盤散沙式的中國社會進行強有力的組織，以便使得中國社會結構成為一個強大的現代國家。當然，政治家以上述理由對於自由主義所作的拒斥，相對於自由主義之難以作用於中國現代社會這一問題而言，肯定是致命性的。這是因為，其一，由於中國的現代起點與現代的政治社會組織扣合在一起，因此政治家是現代中國最具社會影響力的人物，他們的價值主張與人格魅力，足以對剛剛開始形成的中國人現代觀念產生決定性的影響。其二，政治家在現代中國當然地是社會工程的組織者與實施者，他們可以付諸組織力量將自由主義排斥在進入現代社會組織過程之前。其三，現代早期的中國政治家是集政治權力、思想領袖於一身的人物。他們通過自己的著述，對於思想理論界產生了舉足輕重的制約作用。

後一排拒，因為是相對於政治家實際地發揮的行動性作用而言的，因此對於自由主義之無法影響中國現代思想與現代行動方案的實質構成，是根本性的。因為，其一，無論現代中國來自什麼黨派、文化教育背景、地域，所具有的不同價值理念、政治主張、理想目標、人生追求的政治權威人物，對於自由主義，均同樣採取毫不客氣的拒斥，乃至詆毀態度。這就產生了一種有效的拒斥自由主義的社會——文化氛圍。其二，政治家們都將中國現代化的耽誤，歸之於攜帶自由主義觀念而來的西方侵略者。於是自由主義一進入政治生活領域，就被強勢人物成功的妖魔化了，這就促成了一種拒斥自由主義的現實基礎。其三，政治家們都將中國現代化的希望寄託在嚴格組織起來的那種集權主義式的思想與行動主張上，這就營造了一種懸置自由主義之後的、解決中國問題的傾向性思路。

簡而言之，由於政治家主要是借助於思想來展開行動的人物，他們並不是在書齋裏對於自由主義進行玄思的思想家與學問家。故而，他們拒斥自由主義的主張，對於自由主義正常地發揮其強勁的現代功能，產生了無可挽回的致命性傷害。

從典型個案上看，就政治家對於自由主義遭到拒斥而產生的歷史性影響，則以三個時期的四個重要政治領袖人物為代表。第一個時期是國民黨統治時期，代表人物有二：一是開闢了中國「現代」社會運動大局的孫中山，一是領導三十、四十年代中國社會政治生活的蔣介石。相比較而言，奠定蔣介石精神底蘊的是被國共兩黨共同視為「現代」中國創始人的孫中山。孫中山的政治著述不少，但是短篇幅的《建國方略》體現了孫中山的基本政治主張。而他的《建國方略》實際上體現的排拒自由主義的心態，是一目了然的。從同情的角度看，孫中山對於自由主義所要求的憲政政治是認同的，否則他不會將憲政視為中國現代政治運動的預期目標。但是，當他將憲政的落實限定在一個僵化的格局之中時，事實上也就限死了中國通向憲政的道路。這可以從他指謂的中國通向憲政之路的幾個論述基點上看出來。孫中山以三民主義為中國現代政治的觀念根柢，以三種遞進的政治形式為中國建設憲政制度的基本關聯結構，以三種政治形式各自的制度要素刻畫為其能夠遞進的條件與動力，勾畫了一個以五權憲法為架構的現代中國政治框架。[8] 分析起來，孫中山的論述，結果預定的是憲政，但是起點和過程卻都是消解憲政的。就三民主義而言，孫中山將民生主義放在第一位，順延下來的才是民權主義，最後才是民族主義。其實，對於建立在「民族—國家」架構基礎上的現代政治來說，現代民族的生成與人民主權的保障、民生問題的解決，本是共治一爐的。憲政民主乃是一種將政治的活性實踐與理想建構完全鈎聯在一起的完整政治形式。而且，即使要將三者的起點與延伸作一個勉強的區分，那麼一定是現代民族誕生在先，民權落實為其奠立政治格局，而後民生問題方可以期望得到較好的解決，而不是以蔑視民眾的起碼智慧作為前提，將政治家（同時也是教育家）的作用誇大為憲政能否實現的決定性因素。這種政治構想，顯然是一種完全脱離實際政治的玄想產物。在實際的政治操作過程中，沒有民權保障解決的民生問題，從來就不曾有過。那只會為事實上的專制者以給民眾小恩小惠換來對於專制的忍耐提供思想援助。同時，孫中山想像的從軍政、到訓政再到憲政的遞進之路，事實上是一條完全無法行得通的道路。因為政治的支配性邏輯是權力邏輯。一種沒有得到有效限制的權力體系（軍政），是絕對不可能自動自我限制並走上通向憲政的道路。孫中山卻完全無視這一政治史事實，因此他只能成為一個「壯志未酬的愛國者」。[9]他的構想越是順當，就越是不具可行性。

蔣介石後來繼承了孫中山的這一大思路。並且為了穩固自己的政權，成功地將中國政治格局限定在孫中山所指的第一階段。這種局面當然不能歸諸於蔣介石的個人品質，而是因為權力邏輯使然——權力只有撼倒了足以對抗它的自由（權利）之後，才足以成為支配性的或獨大的，也才足以按照某種政治領袖預設的願望去完成某種政治理想，只是令人歎息的是，這種理想早就蛻變為它的反面。對此，可以從蔣介石三十年代掀起的所謂「新生活運動」，以及四十年代刊佈的《中國之命運》作一個雙面觀：前者代表着蔣介石的社會運動組織方式和意欲，後者反映了蔣介石試圖在思想觀念上制約中國社會的動機和方向。從前者看，三十年代的蔣介石，在政治聲稱上仍然是沿循孫中山的政治主張的。但是，它認定唯有通過一種強有力的、乃至當下顯示效果的組織過程，才可以期望將衰頹的中國重新振作起來。於是，在國民黨內主張向法西斯學習的氛圍中，蔣介石發起了新生活運動。這一運動的目的「是結合孔孟之道和現代軍事倫理學，通過宣傳禮儀廉恥儒家之道和『全國人民生活軍事化』來慢慢向全國人民灌輸一種新的社會意識和政治意識。」這項運動的「理想」是「本質上的……法西斯主義」，是以「改革社會，保國保種」為號召的「全國公民的生活徹底軍事化」。[10] 可見，新生活運動是由三個支點支撐而起的：一是極權主義對於現代中國社會政治生活具有的決定性意義，二是軍事化的組織方式是現代中國組織的唯一有效方式，三是以德治國比之於以法治國更有利於中國的現代轉變。顯然，這些支配了蔣介石三十年的新生活運動的基本思路，都與主流的自由主義憲政民主制度要求悖反。

就後者而論，蔣介石刊佈的《中國之命運》，可以說是對於他在三十年代嘗試的那種社會運動形式的一個理論化努力。在這本書中，蔣介石強調的，也不外是三個問題：首先就現代中國究竟應當不選擇什麼樣的政治意識形態進行了伸論。他對那些「模仿西洋民主制度的形式」嗤之以鼻，[11] 而且將自由主義與共產主義作為同樣需要反對的意識形態與政治組織方式，[12] 並將兩者視為近代中國動盪混亂的原因及列強支配中國的精神基礎。他怒氣衝衝地說，在振興中國的革命即將成功的時刻，「竟有假『民主』的口號，掩護其封建與割據，以『自由』的口號，裝飾其反動與暴亂，而以『專制』、『獨裁』種種污辱與侮蔑，加於國家統一大業，而企圖使之毀滅。」[13] 因此他提醒中國人「不陷於所謂自由主義分散國家民族為一盤散沙之弊」。[14] 並且發誓道「我們中國的民主制度，決不以歐美十九世紀個人主義與階級觀念的民主制度為模型。」[15] 這就完全將自由民主視為蔣氏試圖建立專制政治的絆腳石了。其與三十年代新生活運動時期蔣介石試圖成為「中國的希特勒」，在精神上完全是貫通的。其次，蔣就現代中國走向富強應當選擇什麼樣的意識形態作為支持進行了闡述。它將古典中國的德治思想與仁政觀念，視為中國邁向現代，成就繁榮富強的精神基礎。他強調「誠」之作為國家重振的精神底蘊，在他所擬訂的「今後建國工作之重心」的幾項條目中，[16] 心理建設上特別指出「其最重要的條目，則為發揚民族固有的精神──「中國智仁勇三達德，及其所以行此達德之『誠』字，實為我民族德性的結晶。」而倫理建設上則強調「培養救國的道德」──這種道德又在傳統中國的忠孝道德中得到了源泉。於是，現代追求埋沒在傳統辨認之中。「現代」究竟是怎樣的，簡直無從說起。再次，蔣介石在陳述自己建立這樣一種現代國家的過程問題時，一方面將孫中山的「軍政」─「訓政」─「憲政」進路祭出，同時，更加強調因為中國人於古典時期享有太多的「自由」，因此現在應當「結成很堅固的團體」，「個人不能享有像一盤散沙一樣的『自由』」。[17] 至於應如何結成這種團體，他開出的藥方就是黨化國家。「沒有了中國國民黨，那就是沒有了中國。」[18] 蔣氏的這一思路，大致為後來拒斥自由主義的政治家所繼承。

第二個時期，是中國共產黨建立自己的統治基礎的時期，代表人物是領導中國獨立運動而建立起「現代」意義的民族國家的毛澤東。他的「反對自由主義」可以被視為他拒斥自由主義的經典性命題。毛澤東所寫作的《反對自由主義》一文，着意不在於對自由主義進行學理清理，而是在這種清理的基礎上將自由主義革除革命思想的教門，或許這一點已經是毛氏論及自由主義所預設的前提。所以當他指責自由主義的時候，一開始就將自由主義、不講原則和模糊思想邊界道出，進而將有違黨組織紀律的種種表現歸咎於自由主義。歸結起來，他指出了自由主義與黨的思想難以相容的原因是「小資產階級的自私自利性，以個人利益放在第一位，革命利益放在第二位。」[19] 實際上，分析起來，毛澤東這裏所講的「自由主義」，與政治思想史上作為一大意識形態體系的「自由主義」，並沒有必然的關聯。他着力要申討的是與一般意義上的紀律相對而言的「自由散漫」。但是，由於他以「自由主義」為名義歸納當時黨內難以整合的諸種思想與行動取向，因此，他對於人們從政治思想的視角去認知自由主義觀念與行動方案，則不可避免地發生了相當消極的作用：這一方面使得對於現代自由主義思想相當陌生的中國人，尤其是後來掌握了一切社會政治資源的中國共產黨人，對於自由主義產生了一種毛氏意義上的敵意心態。另一方面，則使自由主義及其所提倡的制度精神與生活狀態，在中國共產黨執政之後，沒有任何機緣進入執政者的思考天地，執政者失去了最值得參照的一個為他們所追求的「現代」框架。而且，假如執政的過程中出現了任何與執政黨願望相左的情形，那自由主義就自然成為被歸咎的對象，而後來自由主義的處境，確實為我們證實了這一點。

第三個時期是中國共產黨決心改弦更張，將革命黨轉變為執政黨，將黨的工作中心從反西式現代化轉變為致力接近這種現代化的時期，代表人物是領導中國真正開始「現代」進程的鄧小平。他的「反對資產階級自由化」，典型地反映出中國現代政治家對於自由主義的政治警惕心理。構成鄧小平的這一觀念，有着三個層面的內容。一是在思想上對於自由主義的基本價值觀念的批判與拒斥。這在一九八三年的清除精神污染運動中，得到了表述。他認為精神污染「助長形形色色的個人主義思想泛濫，助長一部分人當中懷疑以至否定社會主義和黨的領導的思潮。」導致這一局面的原因，則是因為「有些同志對精神污染不聞不問，採取自由主義的態度」。因此他重申毛澤東的《反對自由主義》思想，「堅決克服軟弱渙散的狀態和自由主義態度，認真開展積極的思想鬥爭」。[20] 二是認為自由主義思想、制度訴求與中國的現代化運動發展是相矛盾的。「搞資產階級自由化，我們內部就成了一個亂的社會，不是一個安定的社會，什麼建設都搞不成了。」[21] 為此，他分析了以「自由化」的名義拒斥自由主義的制度理由，以及潛蟄的自由主義導致動亂的制度誘因——是因為三權分立，等於「實際上有三個政府」。[22] 三是他認為自由化必然導致中國人陷入「一盤散沙」的狀態，因此，要想實現中國現代化的目標，就需要一個強有力的領導集團和領導方式——「中國問題的關鍵在於共產黨要有一個好的政治局，特別是好的政治局常委。」[23]

通觀現代中國政治家對於自由主義的拒斥，正如前述，理由基本上是接近的。而說起來，四人對於現代中國拒斥自由主義的影響，則是長期性的。二十世紀的中國現代歷史，基本上可以說是由四人的政治活動書寫而成的。二十世紀的上半葉，孫中山與蔣介石產生了重大的影響。二十世紀下半葉，毛澤東與鄧小平控制着中國歷史的走向。他們對於自由主義的拒斥，實際上註定了自由主義之被排斥在二十世紀中國政治生活之外的尷尬命運。

三、拒斥之由於觀念

作為一種現代意識形態，自由主義首先是作為一種思想觀念體系而存在和發揮作用的。因此，即使政治家對於自由主義進行拒斥，也可能只是表面化的。因為，以政治行動來拒斥政治思想，常常只能限制這一思想發揮其社會功能，卻並不受政治的力量左右。因為，前者的軟性特質，使得它可以在適合自己發揮作用的時機，才真正顯示出它的力量感。政治家可以在它還不能發揮作用的現實社會背景條件下，對它加以壓制而限制它的作用。但是，它一旦尋求到發揮自己作用的豐厚土壤時，政治家的壓制就難以起到什麼實際的作用。倒是思想家的拒斥，由於是在思想觀念上的直接批判、乃至詆毀，對於自由主義的受限發揮着更大的影響力。就此而言，政治家對於自由主義的拒斥，遠遠不如思想家的拒斥來得有力。因為，思想家可以就自由主義在思想構成上的預設與盲點，加以有效批判，從而將自由主義置於思想的弱勢地位，使得它難以具備思想得以傳播的觀念力度與思想魅力。就此而言，現代中國三大思潮的互動態勢，對於自由主義處於一種被拒境地，起了更為直接而重要的作用。

在這種思想的互動態勢中，以深刻影響現代中國思想的社會局面，即作為一種社會思潮格局影響現代中國社會運動的思想態勢而言，兩種批判與一種自誤，可以說對於自由主義之作為觀念體系「失寵」於現代中國造成了決定性的影響。兩種批判，即激進主義、保守主義對於自由主義的批判。一種自誤，即自由主義者對於自由主義理論的誤解。

首先，看看激進主義對自由主義的批判。激進主義對於自由主義的批判，主要是圍繞兩個問題展開的。一個問題是較為純粹意義的思想向度，另一個問題則是思想的社會政治動員能力向度。就前者而言，激進主義者對於自由主義所強調的思想自由、個人主義感到極端不滿。就後者而論，激進主義對於自由主義所重視的民主主義、改良主義非常痛恨。從前者來分析，激進主義與自由主義是在處理誕生中的中國之作為一個「民族—國家」所必須的集群性問題上發生深刻分歧的。無疑，激進主義在這一問題上呈現了兩種走向：在思想上激進主義對於傳統的抽象集體主義——即儒家代表的那種僅僅強調家庭、宗族與國家價值的集體觀念，劃清界限。而在政治上，他們對於以個人主義為核心價值的現代自由主義，也同樣極端反感。因為，要想實現激進主義者所期望的，以迅速的社會政治動員使傳統的中國飛躍進入現代中國，只有以高度組織起來的鐵一般的黨化國家，才有可能。所以，他們在政治行動上不分黨派差異、意識形態教條與政治實際目標，對於自由主義所主張的個人主義大加批判，認為是一種消解民族力量聚合的思想觀念與行為方式。這從蔣介石對於個人主義的痛詆上可以看出，也可以從其他黨派的思想領袖對於個人主義的拒斥上瞧見。在一種迷信和推崇高度一統的政黨組織的思想氛圍中，主張個人主義與思想自由的自由主義，自然成為強勢的激進主義的思想祭品。對此，余英時的分析是頗為到位的，他指出，「從思想的實質說，第一個循環是從『五四』的自由主義，特別是其中的個體主義（individualism），迅速地向社會主義的一端轉化。『五四』時代強烈的個性解放和自我意識是對於傳統的『名教』的反抗。但此後的民族危機日深卻使『大我』淹沒了『小我』。社會主義與民族主義之間本無必然的歷史聯繫，不過二者之間有一個共同點，即以群體位本位。在這一點上，二者終於合流了。」[24] 而就後者而言，即激進主義對於自由主義所主張的民主主義、改良主義的不滿，則是在重振中國的有效方法問題上產生分歧的表現。對於激進主義者來說，漸進的、改良的方法，都是一種慢藥醫不了急病的方法。專制極權的、暴力革命的方法，才是可以當下見效的方法。結合自由主義在這一主旨下面宣導的個人主義，激進主義簡直就可以不費吹灰之力將自由主義打入一個消解民族凝聚力，而使得民族處於被動挨打的一盤散沙狀態，使其不能對於進行中的中國現代化過程起到漸進積累的正面作用。而且，由於早期自由主義者在領會自由精神的基點問題上沒有能力保持一種捍衞自由並與傳統對接的高度警覺，往往與激進主義的反對傳統思想恰相一致，使自由主義因此處於一個既無法與激進主義真正同盟，又被保守主義排斥的雙重尷尬境地。在激進主義成為中國推動現代化運動的精英們基本共識的情況下，自由主義之被激進主義擠出影響中國政治走向的中心舞台，就不是什麼可怪的事情。而國民黨時期的「藍衣社」運動，與後起的激進社會主義思潮，乃至無產階級文化大革命，對於中國現代的思想與運動發生同質性的影響，也就實屬正常。

其次，分析保守主義對自由主義的批判。說起來，保守主義對於自由主義的拒斥，是由於它忘記了保守主義對於具有自由天性的傳統保守，而不是以民族自尊心來保守自己的傳統。因此，近現代中國的保守主義者一開始的價值立足點就偏了。當時，由於自由主義者也在一開始，將自由在中國現代進程中的落地生根希望，寄託在與傳統的成功對峙基點上面，因此，它也就為保守主義以保守傳統遺產為號召，拒斥為自由主義提供方便法門。余英時說，「中國經過『五四』，先是否定了自己的文化傳統，認為的負面的，是現狀造成的主因。如果想改變現狀，就先要西方化，或近代化，或全盤西化。西化的標準是什麼？就是以民主與科學為主流的歐美傳統。」[25] 這種對峙性關係一旦從五四下延至今，就會使自由主義斷絕了傳統的臍帶，而認同傳統的保守主義者亦會處於十分緊張的對抗狀態之中。像現代新儒家的興起，就是為了「撥正」自由主義與激進主義「合謀」的全盤反傳統主義。基於自由主義者對傳統的反對，他們對傳統的整理自然掉以輕心。因此，傳統中那些可以與現代價值吻合的思想基因，幾乎完全不為他們所注意。倒是保守主義者們，尤其是那些認同現代政治基本價值的人，挖掘出了傳統中足以以自由主義相吻合的文化遺產，就將自由主義者置於了一個非常尷尬的境地：他們竟然想懸空地將自由民主的現代價值與政治組織方式空降到中國來！這確實抓住了自由主義的「犄角」。中國的自由主義者在被保守主義者搶佔了思想制高點的情況下，確實被保守主義者拒斥於傳統大門之外。而由保守主義者自己將中國自由主義者傾心的現代價值帶入了中國文化的尷尬境地之中，加之保守主義在伸張自己的這種主張時，對思想的技巧特別講究，這就更突顯了自由主義者在伸張自由時的幼稚狀態。他們以文化的力量將自由主義依靠邏輯力量想做的思想事業，推進了一步，使自由主義處於一種自然而然的被排斥狀態。可以說，激進主義對自由主義的排斥所起的作用，遠遠不如保守主義對於自由主義的被排斥所起的作用。[26]

再次，討論自由主義自身的歧路。從自由主義一進入中國文化語境之後的思想格局來看，自由主義對於自己的理論言路就不是十分清楚。早期引自由主義進入中國的那一代自由主義者先存而不論，就從較為成氣象的三四十年代的自由主義者來看，姑且不說他們對於自由主義與傳統文化的對置化處理所導致的自由主義的尷尬處境，以他們對於自由與公正關係的倒置，自由與平等關係的錯位，現實效用與長遠功能的互蔽來說，他們未能夠為自由主義在中國的有效傳播開闢道路。雖然今天這樣評論那一代自由主義者，似乎有失公允。但是，那一代自由主義者對於自由主義在中國尷尬處境，確實要擔負沉重的責任。

對此，我們可以從兩個方面來分析這種失誤。一是從西方國家留學回國，具有自由主義傾向的知識分子對於自由主義於中國現代轉型作用的認識上所發生的問題。這中間尤其引人注意的是三十年代那批本來同情，甚至說是認同自由主義價值理念的留學生放棄自由主義的言論。像後來對於中國現代政治學發展產生過相當影響的政治學家、留學哈佛大學的錢端升，就可以作為一個具有象徵意義的典型來看。他對民主價值本是具有信任的，但是，在面對中國的實際政治出路問題時，他卻認為專制乃是一個好的選擇。「至今我仍對把普遍民眾作為它的首要考慮對象的政府抱有無限的希望，對絲毫不問民眾利益的專制政府深感痛絕。但是，我不能不對這樣一種政府形式感興趣，即這種政府是組織良好、富有理想的，並且是能夠為民眾利益考慮的，哪怕這種政府是個專制政府。」[27] 因為「極權國家是絕對必需的。」而畢業於斯坦福大學的張金鑒及畢業於哥倫比亞大學的陳之邁，也持類似的觀點。這些接受了正宗的西方自由民主憲政文化薰陶的人士所發表的議論，表明他們對於自由主義的價值認同與對於極權主義的實際政治選擇，處於一種矛盾並存的狀態。就後者而言，他們已經站在完全的效果立場勢利地看待自由主義，所以錢端升才議論道「既然獨裁確實能夠促進大部分人的（幾乎是全體人民的）幸福，那麼任何人就不能因其壓制了少數人的自由而堅持要求民主，民主在謀劃人們利益的方面，是不能與獨裁等量齊觀的。」[28] 正是基於這種目光短淺的勢利眼光，像錢端升那一輩的專業政治學家，已經無法承擔起傳輸現代政治理念給中國人的重任，他們將自己本可以擔當的責任向後推移了。這種自由主義者的自誤，在今天看來，還是非常令人痛惜的。二是像胡適那樣堅定的自由主義者，對於自由主義之作為中國現代化進程的精神基礎的論證，所具有的理論的孱弱和實踐的幼稚特點，對於自由主義得以影響中國現代轉型發生的消極影響。在理論上，胡適從來就沒有能夠將自由主義的真精神交代給中國人，他是以頑強的信念來支撐自己對於自由、民主、憲政的理論選擇的。而當他從理論上闡述這些觀念的時候，他要麼將自由與道家的逍遙混淆，要麼將自由視為「娜娜的出走」。在付諸實踐時，他籲求的「好人政府」則顯示了他沒有能力在中國指認出自由主義的代表階層，為自由主義奠定成長的社會基石。[29]

與三十年代的自由知識分子從傾向民主轉變為認同專制不同，四十年代的自由主義者對於自由理念的把握，顯然要比三十年代的前輩們堅定得多。以當時這批人對於自由主義的幾種闡述來看，他們對於自由主義的理解是比較到位的。那時盛行的基本觀點大致被論者概括為三種：政治自由與經濟自由的關聯、政治自由與經濟平等的貫通及政治民主與經濟民主的連接。[30] 這些對自由主義的豐富內涵的認識，無疑較為充分突顯了出來。但是，他們對於平等的強烈訴求所表現出的明顯社會主義傾向，使得他們無法將底線的權利自由與自由民主的豐裕社會所特有的正義自由觀作適度的區分，從因為將下限自由與上限自由混為一談。而且，當他們將西方新自由主義的平等訴求作為基礎價值伸張，卻又處於一種受「左」「右」夾擊「統一戰線」的攻勢局面之中時，他們就喪失了對於自由主義真精神的把握來引導當時中國政治健全發展的任何可能性。他們對於憲政制度的籲求，也就落得被主流政治勢力愚弄的困窘結局，而且以他們對於諸自由相關性的輕慢，他們實在無法將自由主義以健全的形態帶給中國社會。實際政治的運轉，必然造成「政治自由主義在二十世紀中國的沉寂。」[31]

中經三十餘年的絕對斷裂，直到八十年代改革開放的迅猛發展，才又將自由主義提倡的現代社會價值理念與運作制度，提到思想的層面上來。但是，這時自由主義的基本處境卻沒有任何改善。由於追求國家富強是政府採取某種較為寬鬆的經濟政策的主要原因，也由於意識形態的「正本清源，撥亂反正」是思想解放的基本目標，自由主義並沒有因此獲得發展的思想與社會空間。一旦某種政策偏離了目標，一旦思想解放偏離了主流意識形態的正軌，那麼這種偏離與自由主義的某種連接，就會自然成為清算自由主義的思想與行動的動力，而且仍然具有三十年代那種影響知識界的能量。八十年代大多數自由知識分子對反自由化的認同，似乎可以作為一個佐證。當時中國社會出現的官方與民間的主要構成部分對於反對資產階級自由化的大合唱，就反映出自由主義遭到數十年拒斥之後的處境及沒有絲毫改善的思想格局。[32]而當九十年代自由主義宣導者可以在一個狹小的範圍內討論自由主義與當代中國改革開放走向的內在關聯時，權利哲學意義上的底線自由與平等哲學意義上的上限自由問題，[33]也將自由主義者的基本思路搞亂了。認同自由主義基本價值立場的人士，對於那些強調古典自由主義的權利哲學的人士，似乎有一種有意無意的敵視感。而對社會民主主義的親合，卻視為一種認同自由主義的當然選擇。其實，從做蛋糕與分蛋糕的關係，從底線上行的運作程式，以及從自由與平等的關聯方式諸方面來看，在一開始引導自由主義進入實際的中國社會政治生活過程之中，就把自由主義放置到社會民主主義的平台上，是不具理論合法性的，不管是出於良知的考慮，還是出於策略的企劃。[34]

然而，毫無疑問的是，這些思想觀念一旦形成合力，必然會使自由主義被排斥在中國現代社會運動之外。

四、告別妖魔化自由主義的時代

從上可見，自由主義之受到拒斥，顯然來自兩種交互的力量：一是政治家主要以行動為取向的拒斥，二是思想家主要地以觀念為取向的拒斥。前者並不僅僅停留在行動的領域裏，更向觀念的領域裏延伸。所以，政治家的拒斥常常反映為他們努力著述，對自由主義加以批駁。後者也不僅僅是停留在觀念的領域裏，它也試圖借助於組織力量向行動領域拓展。因此，思想家常常具有籲請專制的政治衝動。就這種思想態勢和行動趨向而言，二者具有一種天然的盟友關係：政治家既以自己作為政治家對於自由主義的天生反感排拒它，又以思想家的説辭作為排拒的理據。而思想家則總是將自己對於自由主義的觀念拒斥（或誤解），訴諸於政治家的組織化支援，而且極其善於從政治組織的效用上、政治權威的維護上着眼，激發政治家對於自由主義的反感，並有效動員社會諸方面的力量將自由主義全面醜化——妖魔化。這種妖魔化擴散至有關自由主義的各個方面：在觀念層面指責自由主義渙散了民族精神，既與傳統美德疏離，又與「現代」精神相隔；在制度層面指責自由主義忽視了公平，不僅有違大同宗旨，而且與民富國強的經濟發展目標相左；在日常生活層面指責自由主義瓦解了社會秩序，不單是打散了民眾的信念，並且將社會打入混亂境地。

因此，在政治家與思想家不約而同的拒斥中，自由主義成為近代以來最為中國普羅大眾社會所陌生，因而也最為他們無端排斥的現代性意識形態。他們無法通過以對於自由主義的合理理解來全面理解他們日思夜想的現代化，而且一旦要尋找一個中國現代化遲滯的觀念原因，在思想層面上將其歸結起來的話，自由主義總是成為被指責的焦點。

但是，現代中國對於自由主義的拒斥，是一種接引「現代」、而又拒斥「現代」的現代中國社會運動的悖論處境條件下的特殊產物。就「現代」社會運動而言，自由主義與「現代」的緊密關聯，乃是一個不容忽視的問題。[35] 就此而言，自由主義與中國「現代」社會運動的關聯，絕不會因為意欲「現代」結果而試圖排拒「現代」過程，意欲「現代」成就而又排拒「現代」代價，意欲「現代」理想而又排拒「現代」現實、意欲「現代」果實而又排拒「現代」精神的主觀意圖而改變——不論是政治家的幻想，還是是思想家的虛構，都不能阻止自由主義與一旦開始就無法回頭的現代化進程的緊密結合。因此，將自由主義妖魔化只能是政治家與思想家們思想與行動策略合謀暫時性結果，而不可能是主宰中國現代化全過程的一種必然現象。

因此，從中國現代歷史角度說，自由主義從被拒斥到被接納，具有某種思想運動的必然性。

當然，現代中國對於自由主義從拒斥到接納的思想運動，具有其艱巨性。這種艱巨性，既是因為政治家與思想家的共同拒斥，使自由主義在現代中國社會中被長期妖魔化，也是因為自由主義得到良好的理論清理與廣泛傳播，然而，還有相當多的難題需要解決。從前者來說，政治家與思想家對於自由主義的妖魔化，廣及各方面，以致於任何試圖化解這種醜化的努力，都得付出高昂的代價。這種醜化如前所述地體現為，其一，將自由主義妖魔化為西方侵淩中國的思想罪魁。其二，將自由主義順當地視為中國現代化進程遲緩的替罪羊。其三，將自由主義固定地看作為一種瓦解中國民族組合力量的散漫觀念。這些觀念，滲透進現代中國基層民眾的思想之中，因此，具有廣泛、深厚的精神土壤。從後者來看，自由主義自身的引入與所謂「創造性轉化」的工作，收效還不甚顯着。從嚴復，到胡適，再到殷海光，三代自由主義者因其脫離中國現代進程的理論與實踐進展要求，對於自由主義之有效作用於中國社會，都限定在引進觀念的範圍內。後起者的思想責任與行動責任，都顯然非常沉重。今天中國社會看待自由主義，依然是從過去那種拒斥自由主義的妖魔化着眼。

試圖將自由主義從妖魔化的狀態中解救出來，並將之與現代化的中國社會運動結合，對現代化進程提供最為健康的精神基礎與活性動力，既依賴於社會運動自身的諸條件的具備，也依賴於我們能否在理論清理上告別妖魔化自由主義的思維定勢。前者是外部因素，後者則是內在條件。

就前者而言，中國社會持續的現代運動，是走出妖魔化自由主義的深厚社會基礎。因為，自由主義作為一種與現代民族——國家及其運作形態完全吻合的意識形態，以及它作為論證最顯完備的政治理論和站在理論與實踐相交叉的邊沿上看待並引導現代社會政治問題的解決思路，都只能在社會本身的現代性因素突顯的過程中，漸次地得到認知。這無疑需要時間、耐性。為此，自由主義者必須克服自己急於證明其現實功效的急促心態。

就後者討論，首先我們不得不指出的是，中國現代歷史上對於自由主義橫加指責的政治家乃至思想家，是沒有認真對待過自由主義的人士。他們既沒有認真閱讀過自由主義的經典文獻，也沒有合理地思考過自由主義與現代進程的關聯性問題。說他們幾乎不懂自由主義，並不是一種危言聳聽的說法。其次，就認同自由主義價值的知識分子而言，也需要將自由主義的理論界限、歷史演進、中國處境等問題作分類，尤其需要強調的是，只是基於某種理論的邏輯興致，加入到自由主義的大合唱之中，對於自由主義應用現代社會進程的弱勢意識形態而言，意義極其有限。因為，他們會以自己作為自由主義理論新鋭的追求者，對自由主義理論歷史進展與實踐遞進的問題持輕慢態度，而無法提供一個解決社會政治現實問題的方案，而只能托出一個理論完備的理想化藍圖。這對於自由主義顯示自己為最適合「現代」之需的理論特質，只會產生負面的影響。[36] 就此而言，劃分清楚自由主義的有關理論界限，進而劃分清楚有關自由主義與其他現代意識形態的界限，就是極其重要的。這是絕對不能以一種鄉愿式的和諧或無原則的調和來對待的事情。在此，以強調自由主義的不可動搖的理論底線，絕對重要過不講理論價值原則的、與其他現代意識形態的所謂溝通問題。[37]

註釋

1 參見本書中卷第二章〈意識形態與改革的歷史定位〉。節略稿刊登於《北京大學政治行政學刊》2000年第1期。全稿刊於《戰略與管理》2010年第7–8期。收入本書第二章。

2 這種共識，當然是在底線意義上說的。因為，除了要實現現代化這個共同點之外，恐怕對於現代化的價值認取、制度安排、生活方式諸如此類的問題，在作為分析性概念的「官方」與「民間」二者間的差異，其實是蠻大的。因此，有學者認為，九十年代是產生官方與民間正式分化的一個時期。

3 參見任劍濤：〈全球化、民族性與自由主義的普適性〉。2000年中國哈佛燕京學者蘇州「文明對話：本土知識的全球意義國際研討會」會議論文。收入本書下卷第三章。

4 這類指責可以參見張世濤等編《知識分子立場：自由主義之爭與中國思想界的分化》中所收的汪暉、韓毓海諸文，長春：時代文藝出版社，2000。後者似乎「嘩眾取寵」的命題則是李少君刊於《天涯》雜誌一篇文章的題名。

5 細心體會《鄧小平文選》第3卷中一系列論述，便不難看出這一點。

6 參見費正清主編：《劍橋中華民國史》，第2部，第3章。

7 這裏所謂政治人物的行動性拒斥，並不是指他們採取什麼樣的具體政治舉措來拒斥自由主義，而是指他們之作為行動型的政治人物反映在政治觀念上對自由主義的拒斥，這種拒斥相對於他們的某一政治舉措來講，具有更為深層次的註定其政治行動的價值導向內涵，因此比之於他們的單一政治舉措反映出的政治傾向還要來得深刻和值得關注。

8 見《孫中山選集》下卷，〈建國方略〉。北京：人民出版社，1957。

9 參見【美】韋慕廷著，楊慎之譯：《孫中山——壯志未酬的愛國者》，尤其第8章對於孫中山具體處理政治問題的乏力的分析陳述，廣州：中山大學出版社，1986。

10 參見【美】柯偉林著，陳謙平等譯：《蔣介石政府與納粹德國》，第6章〈樸素、法西斯主義與「新生活」〉，北京：中國青年出版社，1994。

11 參見蔣介石：《中國之命運》，第2章第3節「辛亥革命的成功及其失敗的教訓」，台北：正中書局，國民黨廣東省黨部翻印本。無翻印年月。學界曾經指出，這本書是陶希聖所著。其實，就現代中國的政治家來而言，他們的著述，大半是其秘書所寫。但是，很顯然思想是這些政治家的，至少說是他們「欽定」的。就此而言，以《中國之命運》來討論蔣介石的思想，是足可依憑的。

12 蔣介石：《中國之命運》，第94頁。

13 蔣介石：《中國之命運》，第97頁。

14 蔣介石：《中國之命運》，第124頁。

15 蔣介石：《中國之命運》，第138頁。

16 參見蔣介石：《中國之命運》，第5章〈平等互惠條約的內容與今後建國工作之重心〉。

17 蔣介石：《中國之命運》，第182–183頁。

18 蔣介石：《中國之命運》，第195頁。

19 《毛澤東選集》第2卷，北京：人民出版社，1991，第360頁。

20 參見《鄧小平文選》第3卷，《黨在組織戰線與思想戰線上的迫切任務》，北京：人民出版社，1993。

21 《鄧小平文選》第3卷，《搞資產階級自由化就是走資本主義道路》。

22 《鄧小平文選》第3卷，《旗幟鮮明地反對資產階級自由化》。

23 《鄧小平文選》第3卷，《善於利用時機解決發展問題》。

24 余英時：《錢穆與中國文化》之〈中國近代思想史上的激進與保守〉，上海：上海遠東出版社，1994。

25 余英時：《錢穆與中國文化》，第205頁。

26 參見任劍濤：〈西化自由主義與儒家自由主義〉，以及〈現代自由主義與中國古典傳統〉兩文中對於這一問題的分析。均收入《中國現代思想脈絡中的自由主義》，北京：北京大學出版社，2004。

27 轉引自易勞逸：《流產的革命》，北京：中國青年出版社，第184頁。

28 易勞逸《流產的革命》，第187頁。

29 當然，從自由主義之得以成功地傳入中國來說，一定得對二三十年代留學西方國家，回國後努力播種自由主義思想的那一代人士，表達我們的欽佩之情。只是由於我們必須超越這種類似於兒女情長的感懷，對於他們傳播自由主義的教訓加以嚴格的總結，才能為自由主義在現代中國轉型過程中發揮更為有效的作用鋪墊基礎，因此得硬着心腸對於他們的失誤加以檢討。至於胡適一輩自由主義者論道自由主義的得失，可以參見【美】格里德著，魯奇譯：《胡適與中國的文藝復興——中國革命中的自由主義（1917–1950）》，南京：江蘇人民出版社，1989。

30 參見胡偉希等：《十字街頭與塔——中國近代自由主義思想研究》，第6章，上海：上海人民出版社，1991。

31 參見胡偉希等：《十字街頭與塔——中國近代自由主義思想研究》，第 300 頁。

32 關於這種思想格局，可以參見馬立誠等：《交鋒——當代中國三次思想解放實錄》，北京：今日中國出版社，1998。

33 需要強調的是，在西方社會裏，這種勉強區分的「底線自由」與「上限自由」具有一種連貫的關係，即無法將二者分開來加以審視。但在中國的處境中，也同時是在分析的語境中，我們權且將之分開來觀察。當然，這僅僅是一種分析的區分，而不是一種實際過程的分解。

34 這種親合導致的對於自由主義真精神的扭曲，參見任劍濤：《在古典自由主義與新自由主義之間——當代中國自由主義的理論定位問題》，2001 年香港政治哲學國際研討會會議論文。收入《中國現代思想脈絡中的自由主義》，北京：北京大學出版社，2004。

35 參見本書下卷第三章，〈全球化、民族性與自由主義的普適性問題〉。

36 在一九九〇年代的中國社會理論爭論中號稱「自由左派」的人士，對於自由主義的有關看法，就無可避免地發揮着這種作用。

37 有些關心一九九〇年代晚期自由主義與新左派爭論的文化評論者，對於這種原則界限非常輕視，以為可以懷抱一種在學術上令人可敬的溝通態度來解決所謂自由主義與新左派的分歧。這種說法是不成立的。參見王嶽川：《中國鏡像——90 年代文化研究》在有關評論，北京：中央編譯出版社，2001。

第九章

在政黨國家與憲政國家之間

胡適的國家認同

胡適研究中一個被忽視的重要話題，就是他的國家認同問題。[1] 但對於胡適思想與行動而言，國家認同問題絕對是一個不可忽視的重要話題。在晚清中國發生國家形態的結構性轉變之際，胡適面對的最令其感到困擾的問題之一就是國家認同問題。在祖國與國家的辨析上、在中國與美國的國家差異體認上、在中國主權者的轉變感受上，胡適在在體會到國家認同的艱難困苦。中國一日不坐實在憲政民主的國家結構平台上，胡適就一日無法完全落定自己的國家認同對象。胡適終生處在緊張的「中國」辨認中，文化中國與政治中國是撕裂胡適的兩種力量，也是讓胡適在政權交替時期無法從容地決定自己的國家認同，不得不選擇軟性流亡的導因。胡適的期待是，中國能夠建成憲政民主的國家，從而讓國民能夠理性而自覺地認同文化與政治涵義相統一的「中國」，從根本上解決近代以來中國的分裂性國家認同困境。

一、國家轉型與國家認同

胡適是在中國從古典國家轉變為現代國家的重要關頭，表達自己的國家認同理念與決定自己的國家認同行為的。

從政治理論上說，國家轉型（transformation of state）有兩個涵義：一是國家的功能化轉型，二是國家的結構性轉型。國家的功能化轉型，存在於國家建設（state building）的長期過程之中。只要一個國家需要強化自己的國家能力，它就務必對國家運行機制的缺失方面、軟化要素，加以調適，進行補強。否則，國家就會失去其強大的體制能力，逐漸衰落，甚至是陷入紊亂。[2] 國家的結構化轉型，出現在國家基本結構的建構時期，國家建構（state construction）是一個國家選擇基本制度、搭建國家框架結構的事務。前者解決的是一個國家的規模、範圍與職能的有效建設問題，後者解決的是一個國家的立憲民主制度的建構問題。無論一個國家如何着力國家的功能性優化工程，即將國家建設提高到如何令人興奮的高度對待，不解決好整個國家的立憲民主制度的國家建構問題，一切有效的國家建設努力，都會逐漸喪失動力，陷入績效衰變狀態，最終落得國家失敗、乃至崩潰的悲壯結局。近代中國的國家轉型，顯然既有國家的功能化轉型問題，也有國家的結構性轉化問題。但相比而言，後者的重要性遠遠超過前者。

國家認同（national identity），按照標準的政治思想辭典的解釋是：「在政治語境中，『認同』（identity）常被用作表示一種自我指認（自我認同），而不是指每一樣東西與其自身所保持的對應關係。只有具有意識的生命體，或者以有意識的生命體作為成員的事物，如社會、國家、俱樂部和機構，才具有認同（identity）。當一個機構的成員不僅能夠將這個機構與其他機構區分開來，而且能夠以言辭、姿態、行動來傳遞這個機構的獨有特質，從而使他們自己確信它應當存在，而且他們有理由屬於它時，這個機構就具有了認同。因此，『國家認同』的出現涉及到人們一種不斷增強的意識——認為他們是自然地相互所屬的，擁有共同的利益、共同的歷史和共同的命運歸宿。」[3] 在公眾對這政治詞匯的理解上，國家認同「是個政治概念。國家認同是一個國家的公民對自己歸屬哪個國家的認知以及對這個國家的構成，如政治、文化、族群等要素的評價和情感。……在國際社會中，一個國家只有得到本國國民和國際社會的認同才能得以存在。因此國內外對國家認同的研究也主要有兩種範式：國際層面的國家認同和國內層面的國家認同。」[4] 概括來說，國家認同指的是一個國家內部的成員對國家所懷抱的歷史文化情感、政治的認同心態。前者的客觀性質較強，後者的主觀色彩明顯。但兩者都是成員有意識下判斷的結果，而不是一種完全基於自然關聯性的產物。

就國家認同的兩個構成層面而言，國際層面的國家認同涉及到國家間的關係問題，需要一個國家與別的國家這樣的「他者」的比較。國內層面的國家認同涉及到公民對國家的認知與態度問題。就後者言，國家認同具有兩個指向，一是國家認同的民族文化指向，二是國家認同的政治結構指向。前者指向的是一個國家的故土認知、民族文化、傳統習俗和社會結構。後者指向的是國家的政治建構、政體形式和政治情形。[5] 就前者言，國家認同與一個人的故土眷戀相連；就後者論，國家認同與一個人的政治決斷有關。國內層面的國家認同，就國家認同的不同主體來講，公眾的社會心理與政治行為可以體現國家認同狀態，典範個體的理性表述與行動取向能夠呈現國家認同的特殊情形。對胡適與國家認同關係的清理，就正是從後一方面着手的。至於國家認同的個體顯現，主要由個體自認的國家歸屬感，生出對於國家的忠誠感來展示。相反，如果個體對國家缺乏歸屬感，抑或個體對國家的領土範圍、民族文化、傳統習俗的歸屬感完全勝過他對國家權力的歸屬感，兩者之間不能統一起來，並且存在割裂，那麼，個體對國家的忠誠感就會產生變化，甚至拒斥（即不忠誠）他難以具有歸屬感的那個國家。此時，故土感未變，政治決斷已變，國家認同就處於一種無法落定的分裂與漂浮狀態。在國家認同的政治決斷上，也就會出現一個人所認同的理想國家與拒斥的現實國家之間的分離。國家認同中的文化國家與政治國家兩個本應統一的層面，便成為其分裂地表示認同的對象。

胡適生於中國國家轉型最艱難困苦之際。他經歷了現代中國兩次失敗的重大轉型。晚清中國一直徘徊在從古典帝國向民族國家轉變的進退失據的境況之中，中華民國也一直處於國家建構與戰爭災難的拉扯之中。最後，晚清和民國都歸於徹底失敗的國家之列，基本歸於中國現代政治史的研究範疇。在第一次國家轉型的關鍵時刻，胡適人在美國，態度較為含混，但已經展現出現代國家認同的姿態。在第二次國家轉型出現的時候，胡適的國家認同理念已經完全成熟，他對國民黨政權的失敗感到萬分遺憾，對新生的政權是不是能夠解決現代國家建構問題，促使國家從古典帝國轉出，轉進到現代民族國家形態，有着深刻的質疑。國家轉軌的有待成功，造成胡適難以安頓自己的國家認同。這也註定胡適的國家認同論述和實際的政治選擇具有強大的張力。

晚清中國的國家轉型，主要有兩個推動力量。一個源自國內政局方面。滿族政權主宰的古典中國皇權體制需要轉變為漢民族、或有待建構的中華民族（五族共和）主導的現代民族國家。另一個源自國際政治博弈。西方列強侵入中國，驅使中國必須迅速完成現代國家建構，以便應對日益緊張的國家間競爭局面，否則就會被已經完成現代民族國家建構的西方國家所鯨吞。就前者看，中國的國家轉型主要涉及到民族與國家的關係；就後者論，中國的國家轉型涉及到國家間關係的平等相待問題。在某種意義上，晚清國家轉型，受到民族主義與愛國主義的雙重驅動，民族主義處理的關鍵問題之一，是漢族與滿族在執掌國家權力上的去取。在早期，這樣的去取與漢族對滿族國家權力的取代為核心，以孫中山提出的「驅除韃虜，恢復中華」為標誌，因此具有種族主義的意涵。後來「五族共和」理念的突顯，實現了民族國家建構的民族主義國家動員目標，促使民族主義擔負起國家認同的核心理念功能。愛國主義處理的關鍵問題之一，則是中國與西方列強的關係。隨着民族主義對種族主義的超越，在晚清接近民國的時期，針對西方列強侵略行為呈現出來的愛國主義，成為中國建構現代民族國家的重要精神動力。這是因為中國建構民族國家的驅動力，已經由國內動力為主，轉變到以抵禦西方列強入侵為主。「五族共和」促使中國突顯了突破種族界限的政治民族概念，於是，如何建立起足以抵禦西方列強侵略的、「中華民族」的強大國家，就此成為國家認同的對象性設定。正是基於這樣的情景，美國學者M·H·亨特才指出，「中國民族國家認同的一個重要的、也許是支配性的特徵，一向是對於創造與維持一個強大的中央集權國家的全神貫注的關注。在十九世紀晚期和二十世紀初的危機中，這關注所達到的強大程度很可能被一個外部的觀察者視為痴迷」，正是因為如此，作者斷言「愛國主義」，而不是「民族主義」，才是用來描述和解釋中國人尋求國家認同過程之特殊性格的、更適合的概念。[6] 只不過這裏的民族主義與愛國主義都是需要進一步釐清的概念。

民國時期，中國國家轉型的內外壓力更趨緊迫。辛亥革命以後，經過袁世凱短暫的帝制復辟，北洋軍閥主導了一九二七年前的中國民族國家建構。其間，立憲嘗試一再歸於失敗，現代國家架構始終搭建不起來。國民黨突破南方地域限制，接掌全國政權之後，由於秉持「以黨建國、以黨治國」的建國理念，因此大力推行政黨通吃國家的政治建制。於是，中國的國家轉型走上了一條歧路：民族國家只是中國國家建構的形式框架，政黨國家才是中國國家建構的實質結構。這種獨佔性極強的國家建制，必然會遭遇更為強勢的政黨國家對立者的撼動，難以贏得這些政治對手的國家認同不說，更無法有效促成國民對國家的政治認同。前者是由政治對壘關係註定的。後者是有國民對國家認同的自覺所造成的——對國民黨的政黨理念並不讚賞的國人，難以對其建立的政黨國家具有歸屬感，政治忠誠也就會受到理想國家願景與現實的政治國家狀態兩種力量的拉扯、甚至撕裂。從黨爭的前一視角看，國民黨的政黨國家理念算是相對弱勢的政黨國家理念，它完全無法與後起的、中國共產黨的政黨國家進路相抗衡，這使國民黨的政黨國家贏得的國家認同，受到來自國家內部建構另一種國家認同機制的力量的挑戰。就拒絕認同政黨國家的人士而言，它們在面對自己立定的理想國家認同目標時，對現實要求的國家認同，便會表現出一種排斥的態度。並且在擇定符合其理想的國家認同之「他者」目標的基礎上，拒絕對當下的國民黨之政黨國家奉獻自己的國家忠誠感。

中國的國家轉型構成國家認同的現實處境。在晚清中國國家轉型進入劇烈轉變狀態之前，中國的國家認同大致是穩定和統一的。所謂穩定的國家認同，是由於國家具有穩定的人心秩序與政治秩序支持，因此能夠贏得它的成員內心的歸屬感和行為的忠誠感。在清朝統治者成功引入漢族人建構起來的儒家式統治秩序的基礎上，作為少數族群建立的國家，獲得了多數族群的認同。清朝二百餘年穩定的統治史，就是一個很好的證明。但到晚清時期，人口佔居多數的族群有了政治覺醒，不再滿足於一種儒家式的被統治地位。加之完成民族國家轉型的西方列強的侵入，顯示出晚清完全無法抗衡的強大的國家競爭力。而晚清政府自身面對古典帝國向民族國家轉變形勢時的族群自利和統治無能，激發了佔多數人口的族群的強烈不滿。這個時候，曾經將文化與政治認同高度統一起來的古典國家認同模式，不再能夠維持它的既定效用。如果說這個時候的國家認同，在文化上基本保持了中華文化的認同慣性的話，對晚清政府象徵的中國的國家認同，已經出現日益嚴重的認同危機。由國家政治認同危機引發的國家認同全面危機，以強大的力量推動國家認同的重建：國家認同的儒家價值整合功能急遽衰變，皇帝之作為國家認同的權威符號之感召力明顯下降，皇權專制的政體日益喪失整合國家秩序的能力。晚清國家認同不再能夠維持以一族一姓之私冒充國家大公的認同定勢。國家這些政治能力的缺失，造成國家認同資源的急劇流失。一個處在政治認同危機狀態的國家，不可能長期依靠文化認同維持國家命脈。假如國家的政治認同不能夠成功重建，國家的文化認同勢必受到威脅。結果造成國家認同的總體危機。晚清的國家認同，就正是處在這樣的總體危機中。國家轉型成為重建國家認同的推手。而國家認同的重建，需要國家從帝制中國轉出，轉進現代的民族國家。籍此，在國家的現代轉型中，將搖搖欲墜的國家之文化認同穩固下來，並彌合國家的文化認同與政治認同的裂縫，重新建立起「現代中國」的國家認同。[7] 到民國階段，民族國家的形式結構是建成了。但是，國家的實質結構還是沒有讓國民廣泛認同的公共特質。因為，國家仍然處在以一黨之私冒充國家大公的政治僵局中。執掌國家公器的政黨，仍然將國家視為一黨獨自掌權的私器。為數眾多的黨外公眾，並沒有真正成為國家的主人，因此對國家還缺乏歸屬感和忠誠感。必須超越私人化的「以黨建國」和「以黨治國」，才能真正坐實國人的國家認同之國家公共基礎，真正使國家的所有成員能夠生出對國家的歸屬感和忠誠。

中國的國家轉型受到各種因素的牽扯，因此在轉型中存在的牽扯因素也會制約人們國家認同的態勢。所謂古今中西分別從四個維度塑造着現代中國，也就從四個角度影響着人們的認同：晚清的帝制中國、民國的政黨國家，是古今交匯中突顯的、國家層面的國家認同對象。蘇聯的政黨國家、美國的立憲民主國家，是中西衝突中呈現的、國際層面的國家認同典範。除了中西古今的政治型構，中間有混雜着中西古今的不同文化因素，這些對胡適國家認同的決斷發揮着影響。新舊文化的交錯作用，是胡適在國家轉型的政治處境中，不得不應對的國家認同的民族文化積澱和外來文化承接問題。文化中國與政治中國，同處在急遽的轉變之中，塵埃尚未落定，現代中國還沒有成型，一切都還在形成之中。胡適就正是在國家結構性轉型的處境中，在四者中確立自己的國家認同理念與行動的。而他需要聚精會神處理的國家認同問題，就是國家從古典帝制中國的文化至上主義的忠誠，[8] 如何成功轉到既保持對中國的文化忠誠，同時保有對現代中國的政治忠誠問題。這是困擾胡適，也是困擾所有中國人的問題。只不過大多數中國人只是在日常生活中感受到這一點，毋需進行沉潛反思。而胡適不僅在生活中感受到這一點，更需要在理性思考中解釋這一點。自然也就註定了胡適對國家認同問題的闡釋，不可能是純粹理論的沉思，而是與自己實際的國家認同抉擇行為關聯起來陳述相關的理論見解。這是一種實踐化的國家認同建構。

二、上海經歷：萌發國家認同的驅動力

對於胡適而言，少年時節生活世界的變化，是他初步建立自己國家認同理念，確立自己國家認同行動的經驗基礎。胡適本來生活在帝制中國典型的鄉村生活環境中，傳統中國「文化至上主義」基礎上形成的古典國家認同定勢，對胡適有着文化慣性意義上的潛移默化影響。所謂文化至上主義的古典國家認同，指的是以文化為標準的國家認同方式。這一認同方式，對於政治權力（主權）、族群歸屬並不是太在意。認同的關鍵是儒家文化的基本準則。「華優夷劣」，「華而夷者夷也，夷而華者華也」。對於國家應取的政治認同，變為非政治化的文化認同。

眾所周知，胡適出生在一個官階不高的家庭。但少年時代還算是家境寬裕，生活無憂。父親去世以後，這樣的生活狀態還維持了一段時間。但胡適主要由母親撫養成人這一點，決定性地影響了胡適的人生觀。母親「慈母兼任嚴父」的角色，[9]一方面使胡適得到人格訓練，另一方面在教育上獲得了他那個年代罕見的系統受教機會。這對後來胡適的知識與情感來說，都極為重要。就前一方面而言，胡適自述「我母親待人最仁慈，最溫和，從來沒有一句傷人感情的話。但她有時候也很有剛氣，不受一點人格上的侮辱。……我在

我母親的教訓之下住了九年，受了她的極大極深的影響。我十四歲（其實只有十二歲零兩三個月）就離開她了。在這廣漠的人海裏獨自混了二十多年，沒有一個人管束過我。如果我學得了一絲一毫的好脾氣，如果我學得了一點點待人接物的和氣，如果我能寬恕人，體諒人，——我都得感謝我的慈母。」[10] 胡適後來提倡的「容忍比自由更重要」，或在這裏發源。就後一方面來看，胡適從小在父母親的訓練下念書識字，知識上的訓練從未放鬆，傳統的文史哲底子較為深厚。後來母親堅持送胡適到上海接受現代教育，促成胡適兼通中西的知識傳承與創造的進路。這對胡適成為中西融合基點上的、中國現代知識的重要傳播者與創制者，發揮了關鍵作用。猶如胡適自述的，他去上海的時候，「孤零零的一個小孩子，所有的防身之具只是一個慈母的愛，一點點用功的習慣，和一點點懷疑的傾向。」[11] 但正是這三點，奠定了他做人做事的基調。

一九〇四年，胡適到上海念書。這對胡適來說是人生第一次重大的轉折。一個鄉村小孩進到中西文化融匯的大城市，初次感受到中西文化的衝突，體驗了國家結構化轉型關鍵時刻的種種世相，萌生了國家認同的內在判准和「他者」辨認的意識，開始確立關乎國家認同的、古今中西的辨識涵項。學校課堂教育的內容自然對胡適發生了長期影響。但國家處境與國際局勢，對胡適的國家認同開始發揮啟蒙的作用，促使胡適走出「文化至上主義」的古典國家認同定勢。在學校教育中，胡適被引導思考「原日本之所由強」這樣的問題，[12] 這對他以「他者」經驗進入國家認同的思索，起到了促進作用。

在社會與國家事務上，胡適一到上海，就被國內事務的時評與日俄戰爭所吸引。這無疑從內外兩個向度上引導着胡適思考國家問題。閱讀嚴復翻譯的《天演論》，使胡適不僅受到了「優勝劣敗，適者生存」的當頭棒喝，而且讓他把自己原來的名字「胡洪騂」都改成了「胡適」。[13] 而閱讀梁啟超的文章，使胡適不僅認識到中國學術思想的豐富多彩，更具有衝擊力的是，胡適意識到中國民族缺少西洋民族的許多美德，需要採取像梁啟超那樣的態度，承認「必取數千年橫暴混濁之政體，破碎而齏粉之，使數千萬如虎如狼如蝗如蝻如蜮如蛆之官吏失其社鼠城狐之憑藉，然後能滌蕩腸胃以上於進步之途也！必取數千年腐敗柔媚之學說，廓清而辭辟之，使數百萬如蠹魚如鸚鵡如水母如畜犬之學子毋得搖筆弄舌舞文嚼字，為民賊之後援，然後能一新耳目以行進步之實也！」[14] 年少的胡適接觸並接受的這些觀念，多少可以見到後來他申述的國家認同理念的影子。他說，梁啟超「指出我們所最缺乏而最須採補的是公德，是國家思想，是進取冒險，是權利思想，是自由，是自治，是進步，是自尊，是合群，是生利的能力，是毅力，是義務思想，是尚武，是私德，是政治能力。他……抱着滿腔的血誠，懷着無限的信心，用他那枝『筆鋒常帶情感』的健筆，指揮那無數的歷史例證，組織成那些能使人鼓舞，使人掉淚，使人感激奮發的文章。……《新民說》諸篇給我開闢了一個新世界，使我徹底相信中國之外還有很高等的民族，很高等的文化」。[15] 在此蘊含的胡適後來確立的國家認同傾向，尤其值得重視。如果說此時的胡適還只是一個學生，尚不能獨立地創發其因應國家轉型的國家認同理念，但其現代取向的國家認同意識已經明確無誤地萌發出來。

後來在中國（新）公學的學習與工作，不僅讓胡適立定了青年時期的國家認同理念，而且上升到自主判斷和理性確立國家認同觀念的程度。這中間不僅有中國國家處境催生胡適的現代國家認同的因素，也有胡適參加競業學會、編輯《競業旬報》、撰寫時事評論以自主探究國家問題的動因。中國新公學一段時間實施的「共和制度」，也對胡適此後的政治行為偏好有長遠的影響。

首先，胡適對中外新聞的概述，促使他關注國內重要事務與國際重大事件。雖說在概述國內外新聞的時候，並沒有夾雜很多胡適的國家認同理念，卻塑造了胡適觀察有關問題的世界視野：對中國時政的關注，讓胡適對權力當局的行為當否、社會對國家權力的態度、革命形勢的發展，有即時的了解；留意國外事務，使胡適保持了一種以「他者」觀察自我處境的興趣與維度。這對胡適走出鄉村，形成「國家」認知，有積極的推動作用。

其次，胡適對「中國人」有了初步的認識。他在一篇談論中國人的文章中，一方面對身處上海的中國人所表現的開通與文明加以肯定，同時卻對身穿綾羅綢緞的上海人冷漠對待「最苦惱最可憐的同胞」表示憤慨。[16] 在這篇文章中，展現了胡適對總體意義上與區域意義上的中國人分和關係的把握，體現了他對國人貧富分化、富不濟貧的社會現實的不滿，內涵着一個國家內部的人們應當相互關愛的整體國家意識。

再次，胡適對於中國政府的國家行動正當與否有所評價，其中隱含着他認同還是拒斥國家的思維傾向。在論及晚清政府慮及美國退還了庚子賠款，美國軍艦訪問中國，清政府官員大送金銀禮牌給美軍官兵的時候，胡適指出清政府的行為不當，應當將退還的賠款派發給受害各省。在他眼裏，「糊塗政府」既不肯將退還款項返還各省，也不願賑災紓困，[17] 在「國民」與「政府」之間如何能夠建立信任。這些議論，表現出胡適在國家認同理念上對國家的嚴格要求，對民眾傾注的同情。

復次，胡適明確表示，他辦報的目的是為了新民與建國。新民，是為了建立一個移風易俗的新社會、一個人人愛國的新國家。「我們這個報，本來是想對於我們四萬萬同胞，幹些有益的事業，把那從前種種無益的舉動，什麼拜佛哪！求神哪！纏足哪！還有種種的迷信，都一概改去，從新做一個完完全全的人，做一個完完全全的國民，大家齊來，造一個完完全全的祖國」，「我們這個報的目的，是要使全國的人，個個盡明白事理，個個盡痛改從前惡俗，個個都曉得愛我們的祖國」。[18] 胡適不僅要確立自己的國家認同，而且還要幫助全國民眾確立其國家認同。

不過，上海時期的胡適，並沒有完全確立起適應轉型中國的國家認同理念。也即是說，他還處在一種大致從文化習俗上改造中國的理念的階段，他從政治的角度確認自己是否認同國家的立場，還沒有建立起來。胡適的國家認同，總體上講，還處在文化至上主義的古典國家認同慣性中。在其中，他對文化中國的認同、社會中國的認同、政治中國的認同，仍然借助家國同構的古典國家形態和儒家理念來維繫。他寫過一篇題為「愛國」的文章，體現出他這一主張的特點。「我想天下的人，大概總是沒有知道自己和國家的關係，所以不曉得愛國，其實國和家原是一般的。第一，我們生長在這家，便愛這一家，難道我們生長在這一國，不曉得愛這一國麼？第二，我們的父母，生我育我，我們的兄弟，愛我助我，我所以愛他們。難道我們祖國保護我，教育我，我們倒可以忘記了他嗎？倒可以不愛他嗎？所以我第一句話就說：國是人人都要愛的，愛國是人人本分的事。」在此基礎上，胡適闡述了這樣的愛國所具有的「好處」。「愛國有什麼好處呢？列位要曉得，一家之中，人人能愛家，能保這一家的名譽，這一家自然昌盛，一家之人都可以過那最好過的日子。

一國之中，人人都曉得愛國，這一國自然強大，一國的人，人人不受人欺，人人都受人恭敬。你看那英國人、德國人，誰敢惹他一惹，碰他一碰，因為他們個個都曉得他們自己的祖國，他祖國強了，便人人都可以吐氣揚眉了。你再看看我們中國人，到處都受人欺侮，到處給人家瞧不起。唉！這都是因為我們國民不愛國的結果了。這便是人人愛國的好處。」[19]

基於這種質樸的愛國主義，胡適誠懇地呼籲國人重視家族的歷史，如要編撰族譜；進而重視國家的光榮史、名譽感。如此，晚清危急的國家認同問題，就得到徹底的解決。「中國現在到了這步地位，要滅了，要亡了，我還在說這些安安逸逸的話兒，說什麼保存祖國名譽，加添祖國名譽，我難道真個在這裏做夢嗎！其實我們中國的人，如果個個都能把『愛國』二字做了自己本分內的事，人人曉得保存祖國的名譽，人人要想加添祖國的名譽，要是我們中國同胞果然如此，哈哈！不是我兄弟吹牛皮，我們中國斷斷不亡了，不滅了，名譽也保存了，也加添了。列位，一個人本分內第一件要事，便是愛國。」[20]如果胡適僅僅在這種似乎無條件的愛國主義情懷中確立自己的國家認同，人們就懷疑，胡適後來無從確立國家認同的政治判准。胡適在另一篇題為〈獨立〉的文章中，強調人人愛國的方式，從而為他的愛國主義的國家認同，加入了現代因素。他大力抨擊中國人依賴別人的思想，力主中國人以獨立精神踐行人生義務和愛國責任。「先講自己一個人，便要自己吃自己的飯，再講一家，便要自創起一個新家來，不可倚靠祖宗，不可依靠產業。再講一國，便要自己擔一份責任，努力造一個新國家，不要觀望不前，不要你我推諉，不要靠天，不要靠人。到了那時候，一身好了，一家茂盛了，連那祖國都好了。因為一人能獨立，你也獨立，我也獨立，那個祖國自然也獨立了。列位不要説獨立是一件難事，古語道得好，天下無難事，只怕有心人。列位，來來來，獨立，獨立，祖國獨立，祖國萬歲。」[21]

少年胡適的國家認同，還在傳統性與現代性之間拉鋸。這一時期胡適的國家認同，仍然像中國傳統社會一樣，混淆了家庭與國家的界限。這有一種鮮明的中國傳統文化至上主義的國家認同痕跡。不是説這樣的國家認同不具有促使國家凝聚與強盛的力量，而是在國家轉型的時候，這樣的認同定勢，已經不足以維持國人的國家歸屬感與政治忠誠感。原因很簡單，在相對封閉的區域化發展狀態中，文化至上主義的國家認同，因為缺少「他者」的優劣比較，沒有競爭對手，能夠具備一種自足性，相應也就能夠具備感召國人甚至征服者的強大力量。但在一個開放的文化環境中，在國家實力大大弱於西方列強的情況下，競爭性的國家認同，必須以強大國家為必要條件。這個時候，國家認同就必須在文化驅動力之外，獲得政治經濟的驅動力。胡適在上海期間，對國家轉型的體認，處在古今中西的交錯之中。胡適國家認同的落點，只能在傳統意義上添加現代性因素。此時的他，還無法清楚地區分祖國與國家的結構性差異。對前者之作為一個文化社會學的概念，後者之作為是一個標準的政治學概念，以及兩者對現代國家認同所具有的不同意涵，還無法清晰加以辨認。在國家認同坐實於「祖國」的基點上時，人們認同的國家，不是一個政治意義的對象，而是一個鄉土文化（country）與族群歸屬（nation）意義上的國家。這個國家的現代性特質還處在朦朧展現的狀態。它需要國家的政治認同（state）來突顯國家認同的現代性特質。因此，胡適還不得不在熱情萬丈的愛國熱情支持下，承繼文化至上主義的國家認同傳統。只不過中國被內外張力所拉扯的現實處境，使胡適直覺到無條件的文化至上主義的國家認同，正面臨有條件的政治性國家認同的挑戰，如何在保持自己對中國的文化認同的基礎上，建立起對中國的政治認同，從而超克分裂性國家認同的現狀，實現對國家的文化與政治認同的吻合，成為糾纏胡適一生的重大問題。

三、從外部辨認國家認同：留學與使美的體認

綜觀胡適一生，他確立自己的國家認同，受到兩種動力的驅動：一是在中國國家轉型過程中對國家認同的內在體認，二是在國外生活時從外部對自己所欲認同的國家的辨認。兩者比較，來自外部的「他者」體認，給胡適提供國家認同的現代政治理念與行動指南，而來自國內政治生活的經驗，給胡適提供現實的國家認同依據。兩相扣合，構成胡適的國家認同理念與行為。但如果將兩者對胡適確立國家認同的影響力加以區分，那麼可以說，胡適面對中國國家結構性轉型而建立起來的現代國家認同，精神動力主要來自對「他者」的觀察與分析。正是基於這樣的觀察與分析，他才能夠相比於他的同時代人相對準確地發現中國現代國家認同的「他者」典範。畢竟，在中國國內的生活經驗，雖然是現實的困窘感受推動他重建國家認同，但傳統的力量還是過大，不足以促使胡適掙脫文化至上的傳統國家認同觀的約束。而到了一個陌生的國度，才讓胡適有了一個觀察和分析中國既定的國家認同模式的優長之處與缺失所在的機會，才讓他有了一個建立中國現代國家認同方式的契機。

胡適確定現代國家認同的「他者」典範，與他在美國的長期生活具有直接的關係。終其一生，胡適在美國生活了二十六年多，這幾乎佔了他成人以後生命歷程的一半。胡適在美國的生活，長短相間，有多個時段。但對他確立自己的現代中國國家認同而言，留學與使美兩段經歷，發揮了關鍵的引領作用。

一九一〇年，胡適經過庚款留美考試，獲得了留學美國的資格。他先是進入康奈爾大學攻讀本科學位。在展開研究生學程後，因為不太如意，轉學到哥倫比亞大學攻讀哲學博士學位。直到一九一七年胡適完成了博士論文答辯後，回到北京大學任教。[22] 這段經歷，恰好與胡適極力尋求現代國家認同的人生需要相吻合，因此對胡適來說，具有通貫一生的決定性影響。如果說他的求學經歷、友朋交際、社團生活等等對他的相關理念發生了日積月累的拿捏作用的話，那麼他對現代政治理念的接受與消化，就成為他確立現代中國國家認同理念的精神動力。

留學美國時期，胡適對中國國內政治局勢和美國政治的共同關注，成為他逐漸確立現代國家認同理念的兩種助推因素。就中國國內政治而言，這一時期，胡適錯過了中國發生的重大政治事件：辛亥革命，洪憲帝制復辟。但他對這兩次重大政治事件的國家認同意涵，卻有明確的論述。辛亥革命作別了帝制，中國在形式上建立起了現代的共和政體，從而提供了胡適建立現代國家認同的政體條件。他是為辛亥革命歡呼雀躍的。「祖國風雲，一日千里，世界第一大共和國已呱呱墮地矣！去國遊子翹企西望，雀躍鼓舞，何能自已耶？……現官費學生皆有朝不保夕之勢。然吾何恤哉？吾恨不能飛歸為新國效力耳」[23] 胡適的晚清中國之缺乏歸屬感的問題，似乎在新生的中華民國那裏得到了補全。他完全站在為新生共和國辯護的立場上，維護中國的國家聲譽。[24] 這是胡適確立現代國家認同的標誌性事件。

在洪憲復辟帝制的時候，胡適明確表示反對，並且盡力分辨國家認同中的國家與政府兩種機制的不同，從而將中國人現代國家認同往理論的深層次上推進了一步。一方面，胡適認為政體選擇並不等於建構現代中國，現代中國的國家建構，還需要從更為根本的問題上着手。「我現在的立場是：要政治清明（decency）、上軌道（efficiency）沒有捷徑可走。但這並不表示帝制是其必經的階段，而不過是說沒有一些必備的先決條件，就不可能有上軌道的政治。那些認為中國必須用帝制來鞏固求強的人，跟那些認為共和制度可以創造奇跡的人，同樣愚不可及。沒有我所說的『先決條件』，帝制也好、共和也好，都救不了中國。而我們的任務，就是我先前對你說過的，去為培養這些先決條件『造新因』。」[25] 另一方面，他着力區分政府與國家的不同。「我譴責我那些帝制運動的朋友的地方，就在於他們把這個反動的政府，等同於他們所愛的國家，等同於我們大家共同所希冀的『清明的、上軌道的政府』。」[26]這對胡適建立現代國家認同來說，切中了一個關鍵問題。因為中國人的傳統國家認同，是不用區分國家與政府的。再一方面，胡適對值得國人認同的國家形態進行了明確的論述。「『少年中國』相信民主；它相信通往民主的唯一途徑，就是去實行民主。政治是一種藝術，需要實習。這就好像我如果從來就不練習說英文，我就永遠不會說英文一樣。如果盎格魯—撒克遜人在歷史上從來就沒有實行過民主，他們也就永遠不會有現在所享有的民主。這種政治哲學，像古德諾教授那樣的人，是永遠不會了解的。古德諾教授和其他心意其實不壞的憲政權威認為東方人不能勝任民主政治，因為他們從來就沒有過民主。少年中國的想法恰恰相反；他們認為，正因為中國從來沒有民主，所以它現在就需要民主。它相信如果中國的第一共和能延續久一點，到了今天，民主在中國就會有一點根基了。而且，四年的政治經驗，即使再不能令人滿意，也應該能使許多中國人了解共和政治。」[27]在這段論述中，胡適的「少年中國」，就是他樂於歸屬的現代中國，而民主就是這樣的現代國家的政體不二之選。唯有這樣的中國，才是能夠真正贏得國人認同的國家。至於被賦予崇高期望的帝制或革命，都不足以建構起讓國人認同的現代國家——民主中國。這是胡適留學美國期間，對其國家認同的政治理念一次最為鮮明的表述。

與胡適高度關注中國國內政治局勢發展相關，他對身處的美國，也有深入的體認，從而強化了他的現代國家認同理念。這樣的體認，既體現為他對外國人關於中國國家建構意見的立場明確的評論，也體現為他對外國人介入中國國家建構的政治嘗試所做的批評，更體現為他對具有典範性的現代國家所表示的政治推崇。第一方面以他對英國人濮蘭德的評論為例。第二方面則以他對美國著名政治—行政學家古德諾前往中國充任袁世凱顧問時的所作所為提出的批評論述。至於第三方面，則以胡適對美國之所以興盛並贏得國民高度的國家認同來呈現。前兩者已如前述，不再贅述。就第三方面來看，胡適留學美國期間，對美國的政治事件頗感興趣，並從中離析出美國國家認同之對中國重建國家認同具有啟發的方方面面。[28]在這方面，胡適觀察美國政治，一者對其回國後介入中國政治發生了持續效用。「我對美國政治的興趣和我對美國政制的研究，以及我學生時代所目睹的兩次美國大選，對我後來對『中國』政治和政府的關心，都有着決定性的影響。」[29]二者推動他體認現代國家之淳樸民風，以及由此展現的泱泱大國的國家狀態。「美國風俗極佳。此間夜不閉戶，道不拾遺，民無遊蕩，即一切遊戲之事，亦莫不泱泱然有大國之風，對此，真令人羨煞。」[30]三者通過閱讀美國建國的重要文獻，對現代國家足以建立起國民認同的國家理念，有了清晰的認知。「昨日讀美國獨立檄文，細細讀之，覺一字一句皆扪之有楞，且處處為民請命，義正詞嚴，真千古至文。……讀林肯 Gettysbury 演説，此亦至文也。」31

胡適留美，沒有因為關注國家轉型和重建國家認同，便形成國家主義理念，一個勁兒地以國家為崇拜對象。相反，在留學美國期間，他抨擊國家主義，提倡世界主義。這是一種為國家適當定位、為民族間平等張目的主張。這也是胡適一生沒有陷入國家崇拜的政治觀念驅動力。一方面，這與胡適積極參加世界同學會的活動，因此對來自落後國家的人士（像他一樣的）那種追求國家間平等相待的強烈願望有一個深切了解。另一方面則是胡適在建立自覺的現代國家認同的時候一種自覺決斷的結果。「今之大患，在於一種狹義的國家主義，以為我之國須陵駕他人之國，我之種須陵駕他人之種（德意志國歌有曰：『德意志，德意志，臨禦萬方（*über alles*）』），凡可以達此自私自利之目的者，雖滅人之國，殲人之種，非所恤也。凡國中人與人之間之所謂道德，法律，公理，是非，慈愛，和平者，至國與國交際，則一律置之腦後，以為國與國之間強權即公理耳，所謂『國際大法』四字，即弱肉強食是也。（德大將卑恩赫低（Bernhardi）著書力主此説，其言甚辨。）此真今日之大患。吾輩醉心大同主義者不可不自根本着手。根本者何？一種世界的國家主義是也。愛國是大好事，惟當知國家之上更有一大目的在，更有一更大之團體在，葛得宏斯密斯（Goldwin

Smith）所謂『萬國之上猶有人類在』（above all nations is humanity）是也。」[32]胡適對大同主義或世界主義的定義是，「世界主義者，愛國主義而柔之以人道主義者也。」[33]可見，胡適力求用世界主義規訓國家主義，讓狹隘的愛國主義受到開放的世界主義、人道主義的馴化。這對於一個處在急遽轉型的國家中人來說，實在是論及國家認同、高度理性的政治認知。一種致力馴服狂熱的國家崇拜前提條件下的愛國主義，與他早先便已經確立的自由平等基礎上善待國人的國家認同理念，是完全自洽、相當一致的。

在美滯留七年左右，胡適返回中國。儘管他回國後便即投入火熱的文學革命、啟蒙運動，但胡適仍保持着對美國的高度關注。參照美國那種民權立國，以保證國民對國家的歸屬感與忠誠感，是胡適確立其國家認同的基本思路。但畢竟胡適身處國內，國內事務的參與、觀察和分析主導着胡適的國家認同思維。這與身在美國的中美對應致思，相差甚大。儘管中間胡適也到美國短期停留，但無法像留美時期基於生活體驗，認知中美建國差異，確立國家認同。美國這個外部因素再次對胡適的國家認同致思發生直接和深刻的影響，是在一九三八年胡適使美時期了。

抗日戰爭的艱難時期，中國派遣胡適出任駐美大使。他這次訪問、出使美國，待的時間較長。對他經已成型的國家認同理念，發揮了進一步夯實和升華的作用。這是胡適出使美國的任務決定了的事情。因為他出使美國，就是為了贏得美國對中國抗日戰爭的支持。為了獲得美國的這一支持，胡適一方面要施展外交技巧，另一方面則需要在辨認國家性質異同的基礎上，推動形成抗擊法西斯的聯盟。於是，闡述不同的國家認同問題，實際上成為胡適使美一項重要的工作。使美對胡適來説是一項艱難的工作。因為他關心和分析政治的能力，顯然超過他實際操作政治的能力。但胡適努力為之的結果，尤其是從政治理論的甄別上所做的工作，對抗戰中的中國爭取到了國際同情不説，而且對其在國家間確立更為清晰的認同理念，發揮了不可小覷的積極作用。胡適使美，一方面讓他一時放下了對國家文化認同與政治認同的分離性態度，全心全意地忠誠於文化與政治意義合一的「中國」。這是胡適對留學及之後歸國所取的國家認同立場的一次自我超越。這一超越，是基於胡適對國家危急狀態的認知。在留美時期，胡適對國家認同的思考，主要是基於一種現代的理想性國家認同，以及在國外、尤其是美國這個「他者」的比較中確立現代國家認同理念。但在抗戰時期，這樣的取向，與國家的處境相去太遠。胡適不能不將救國作為國家認同現實面對的問題來對待，這個時候，不能再一意分辨國家的文化認同與政治認同之間的差異。假如國家滅亡了，文化認同就會處於一種漂浮的狀態，而政治認同就更是沒有着落了。這使胡適在國家認同態度上從偏向重視認同條件轉向重視認同對象。這也是他在不願從事實際政治的情況下聽從國家召喚、擔當大使的緣由。「我二十一年做自由的人，不做政府的官，何等自由？但現在國家到這地步，調兵調到我，拉夫拉到我，我沒有法子逃，所以不能不去做一年半年的大使。」[34] 這自白，道出胡適情感上對國家的歸屬感，激發了他對國家的忠誠。「我是為國家的事來的，吃點苦不要緊。……『留得青山在，不怕沒柴燒』。國家是青山，青山倒了，我們的子子孫孫都得做奴隸了。」[35] 這裏的國家，少了政治上的意義，多了祖國的故土意涵。國家危難之際，胡適的認同再次回到文化至上的認同軌道上。而且，這樣的轉變，也是基於危急中的中國需要「歷史性的全國團結」[36] 以對付國家面臨的覆亡命運。

另一方面，胡適在合縱連橫的外交活動中，對國家認同中的「他者」的參照，出現了與此前不同的明確劃分。如果說之前對德日這些國家在中國國家認同建構還沒有明確的敵意的話，在尋求國際社會對中國抗戰的支持的同時，對德日的敵意導出了胡適對這些國家的國家認同建構進路的拒斥。與此相對應的是，胡適對美國的友善「他者」——「於我國抗戰有利」地位的確認，[37] 促成他進一步強化了留美期間對美國的國家認同方式的讚許。對美國的親和感，自然首先來源於美國對中國抗戰非同一般的支持態度。即使相對於英國曾經試圖促成中日議和的姿態，美國絕對不接受中國屈服的態度，也更能贏得胡適的認可。

況且不說二戰初期，歐美不同國家對中國抗戰的態度大都比較消極，對胡適認可這些國家的國際做派自然是大打折扣了。[38]在胡適做出這類判斷的時候，一方面當然與他觀察到的美國國際戰略有關，另一方面他也名言這關乎「民主國家的一蹶不振」危機。為此他總是強調美國官方想方設法支持中國的種種跡象和一些事實，試圖打消中國官方對美國援助遲緩的疑慮，以保證「對美國有信心」。[39]與此相對應，胡適着力劃分國際的敵友陣線。「今日世界大勢已極分明……我國對於國際分野似宜有個較明顯的表示。例如，德、意既與暴日結盟，既承認其『東亞新秩序』，則皆是我仇敵。我國似應召回駐德、意之使節，使國人與世人知我重氣節，有決心，似是精神動員之最有效方法。」[40]此處的精神動員最有效辦法，實際上就是強化國家認同的辦法。而敵國友國的劃分，實際上就是在強化國家認同是效法還是拒斥相關國家進路方面的劃分。到了羅斯福一九四一年闡述國際政策的時候，胡適的這一劃分似乎得到了美國的某種呼應。「民主國家之政治哲學與侵略國家之政治哲學勢不兩立，絕無妥協之可能。」[41]「吾人所期望之新世界，不是侵略者所號召之新秩序，乃是一種道義的秩序。至少要使世界任何區域皆享有四種基本自由：（甲）為言論自由；（乙）為信仰自由；（丙）為解除貧乏之苦；（丁）為解除侵略戰爭之危害。」[42]胡適國家認同的政治意涵，針對戰時中國不好強調，但在美國總統那裏得到申述。這對胡適之後針對國共兩黨黨爭結果，決斷國家認同舉措，具有深遠影響。

另一方面，胡適在尋求美國支持中國的外交與演講活動中，將國家認同的思考貫穿到了國際政治的理論解釋之中，從而以「他者」經驗確立自我進路，為他在危急狀態中處置國家認同問題，提供了政治理論和國際關係理論的新動力。胡適在美期間，積極前往大學、協會等組織發表演講，除開中國文化主題以外，凡是論述政治主題的演講，基本上都與國家認同的理想闡釋有關係。誠然，胡適在動員美國直接支持中國抗戰的時候，浮面上的理由是國家間的利益關係。但他借取的主要政治觀念資源，則是自由與民主國家對和平的世界秩序的保障意義，而日本這樣的國家公然使用軍事暴力對國際秩序的破壞與顛覆。胡適以對中國的文化至上主義的國家認同，尋求美國以自由民主的國際認同，對中國抗戰採取積極的支持態度。一方面，他以這樣的價值偏好作為激發美國支持中國的理由。「中國對美國所期望的——是一個國際和平與正義實際與積極的領導者，一個阻止戰爭，遏制侵略，與世界上民主國家合作和策劃，促成集體安全，使得這個世界至少可使人類能安全居住的領導者。我確實相信這個偉大共和國的人民是具有足夠的想像力來體會到這一個國家是具有充足的力量，來擔負這種為維持國際和平建設性的領導地位，而不至於招致捲入國際陰謀與戰爭中的危險。」[43] 另一方面，他以自由民主對專制暴力的同仇敵愾來評價美國人對中國抗戰的實際支持，並以同樣的理由表達中國抗戰到底的重大意義。「與野蠻的侵略國家談不到和平，因為他們說話不可靠；……中國勝利與否，與世界民主主義的存亡，完全是一事，中國不亡，民主主義不滅，因中國若放棄抗戰，則日本所有力量必因德意日聯盟的關係而用以毀壞西方民主國家。」[44] 循此思路，我們可以理解，胡適在美國國會就戰後世界秩序演講的時候，對《大西洋憲章》所具有的世界意義的推崇。「（一）不得有領土或其他的擴張，（二）不得有與當地有關人民自由意志相反的領土變遷，（三）各民族對其政府之形式有自決之權，以前被人用武力剝奪自主權之民族亦應予以恢復，（四）各國貿易平等，繁榮經濟所需之原料，各國平均分配，（五）經濟方面各國合作，以改良勞工生活及建立社會安全，（六）建立和平，俾各國在其國土內得安居樂業，各地人民皆可自由生活不感恐怖及缺乏，（七）海洋自由，（八）各國放棄運用武力，在廣泛永久之普遍安全制度未建立以前，凡侵略或可能侵略別國之國家皆解除武裝。」[45] 這裏，顯然包含了胡適所崇尚的現代國家必須秉持的基本價值原則。這些價值原則，正是國家認同與國際認可的現代價值基準。

比較胡適留美與使美兩段時期的國家認同理念，使美時期的胡適對國家認同所持的立場，與留美時期有較大的差異。後者是胡適理性確立現代國家認同理念的時期，是沒有亡國憂憤情況下較為坦然的思考。而使美時期胡適對國家認同的致思，是在國家危亡之際展開的思索，這讓胡適放下留美時期的種種理論化與理想化的國家認同理念，將國家忠誠置於優先的位置。很顯然，在國家危亡之際，胡適對國家的歸屬感與忠誠感，已經容不下留美時期的那種理性與從容了。也無法繼續堅持他區分文化忠誠與政治忠誠的認同思路。由此也可以說，國家認同問題的解決，不可能在戰時狀態下，只能在和平情景中。

與胡適留學與使美兩椿事情促成的國家認同典範的「他者」辨認相聯繫的，是他對當時影響中國至深的蘇聯這個另一「他者」的認知。蘇聯在胡適的眼裏，從來不是一個值得效法的解決國家認同問題的典範。不過蘇聯也不是一開始進入胡適視野，就成為解決國家認同問題的反面典型。但蘇聯的對內鎮壓與對外侵略，既與胡適關於政治性的國家認同立場相去甚遠，也與他的世界主義與和平主義主張扞格不入。在二戰以前，蘇聯在胡適眼裏並不是一個推行惡劣的、強制性國家認同的國度。以他實驗主義的方法立場，在他沒有眼見為實的情況下，不會對某個國家表示讚賞或敵視。除非這個國家侵略中國，比如日本。一九二五年時，中國國內就爆發過蘇俄問題大討論。在討論中，有學者對蘇俄的侵略性進行了尖銳的批評，也有學者為蘇俄辯護，但胡適沒有表態。直到一九二六年，胡適前往蘇俄考察，這才去信朋友，表達了對當時蘇俄的意見，欽佩之情溢於言表。「此間的人正是我前日信中所說有理想與理想主義的政治家；他們的理想也許有我們愛自由的人不能完全贊同的，但他們的意志的專篤（seriousness of purpose），卻是我們不能不十分頂禮佩服的。他們在此做一個空前的偉大政治新試驗；他們有理想，有計劃，有絕對的信心，只此三項已足使我們愧死。我們這個醉生夢死的民族怎麼配批評蘇俄！」[46] 胡適對當時的蘇俄試驗，明顯懷抱一種同情甚至支持的態度。以至於他反駁自己的朋友全方位反對蘇俄做法的主張。基於做事認真的人生態度，胡適由蘇俄的認真試驗，甚至遠推到效法德國和日本的「整齊嚴肅的氣象」。[47] 不過他的政治主張，與蘇俄的做派還是不同的。自由與專制的分野，仍然是明確的。

這種同情和敬佩的態度，到了二戰時有了明顯的變化。一方面，與胡適對蘇聯國際政策的失望有着密切的關係。二戰前夕，蘇聯進攻芬蘭、佔領波羅的海三國，二戰時與德國媾和、瓜分波蘭，讓胡適對蘇聯的侵略性頗表憤慨。[48] 到一九四八年，胡適的朋友在分析國際局勢的時候，表達了提防德日重起的警覺、對蘇聯圍堵的擔憂。此時的胡適，已經對蘇聯國內的試驗、尤其是對蘇聯心懷「愛好和平到不恤任何代價」[49] 的期待，徹底失望。

這是多麼具有對比性的變化！從前「我對蘇聯確曾懷抱無限希望，不願意想像這個國家會變成一個可怕的侵略勢力！」而今「一大堆冷酷的事實，不能不拋棄我二十多年對『新俄』的夢想，不能不說蘇俄已變成了一個很可怕的侵略勢力。」[50] 最後，胡適以《史大林策略下的中國》一文，徹底作別蘇聯幻想，徹底揭露蘇聯作為侵略國家的本來面目。[51] 這也就徹底宣告蘇聯不足以成為中國建構現代國家認同的典範，變為負面典型。至於德日等曾經引起胡適關注的國家，其判斷大致可歸於蘇聯一類，毋需另議。

四：從內部確認國家忠誠：回國與去國的決斷

相對於胡適對國家認同的「他者」觀察所形成的國家認同理念來講，胡適的國內生活經歷，對他的國家認同定型，發揮關鍵的影響。在國家認同的一般理論討論中，人們認定，「在民族國家認同形成的過程中，國內各種社會因素總的說來比外部因素更為重要」。[52] 胡適對於國家認同問題的政治實踐處置，在一九一七年回國，一九四九年去國，一九五八年回台而未曾設想回到大陸，其所代表的國家認同，具有理解胡適國家認同抉擇背後的、關乎國家認同政治理念的功用。

上述是三個關鍵年度。與三個年度對應的，恰好是關乎胡適國家認同抉擇的三個具有代表性的時刻。一九一七年的歸國，是他在美國這個「自造之鄉」、他所心儀的現代國家認同建構的典範，與祖國之間的選擇。一九四九年的去美，有他在立憲國家與政黨國家之間做出選擇的因素，祖國之情仍在，然國家的政治認同基本喪失。一九五八年的回台，是他在兩個政黨國家之間的選擇。對祖國的眷念，加上對承諾自由民主和拒斥自由民主的兩個政黨國家形態的國家認同比較，驅使胡適回到了台灣。這中間，當然還存在着影響胡適具體行為舉措的種種複雜而微妙的因素，不過相對於國家認同這主題來說，都是可以後論甚至忽略的。

一九一七年，胡適完成了哥倫比亞大學博士學位的最後考試，還沒有來得及處理博士學位授予的相關手續，[53]他就急不可奈地回到中國。一九一七年胡適歸國，一方面與他長期在國外生活與中國已經有些隔膜，因此急欲返回祖國的思鄉情切有關。加之胡母總是催辦他與江冬秀的婚禮，也是一個實在的歸國理由。另一方面，與他介入了火熱的文學革命有關。《新青年》掀起的文學革命浪潮，已經引起廣泛關注，使胡適興奮莫名。另一方面，胡適對國家的政治變局，懷着不抱希望、又存幻想的矛盾心情，故生出一種重新親身介入、近距離觀察和分析的慾望。「我每每勸人回國時莫存大希望：希望越大，失望越大。所以我自己回國時，並不曾懷什麼大希望。」正是這樣的心境，讓胡適能夠妥善處理心儀的美國與落後的祖國之間存在的巨大落差。只不過政治上的變遷，確實讓胡適生出無限感慨。「我以為這二十年來中國並不是完全沒有進步，不過惰性太大，向前三步又退回兩步，所以到如今還是這個樣子。我這回家尋出了一部葉德輝的《翼教叢編》，讀了一遍，才知道這二十年的中國實在已經有了許多大進步。不到二十年前，那些老先生們，如葉德輝、王益吾之流，出了死力去駁康有為，所以這書叫做《翼教叢編》。我們今日也痛罵康有為。但二十年前的中國，罵康有為太新；二十年後的中國，卻罵康有為太舊。如今康有為沒有皇帝可保了，很可以做一部《翼教續編》來罵陳獨秀了。這兩部『翼教』的書的不同之處，便是中國二十年來的進步了。」[54] 這就是胡適回歸祖國之後最真切的感受。

一九一七年，歸國後的胡適，是一個逐漸明確自己在現實中國處境中如何確立自己國家認同的學者。在他參與的幾次主要論戰中，胡適將在美國形成的國家認同政治觀念，逐漸坐實到中國的現實生活之中。[55] 一九一九年的「問題與主義」論戰，讓胡適初次辨析紙上的意識形態（「主義」）對於認識和解決中國問題的危險性、空洞化與輕浮感。他敦促人們研究具體的問題，對那些半生不熟的主義敬而遠之。因為「『主義』的大危險，就是能使人心滿意足，自以為尋着包醫百病的『根本解決』，從此用不着費心力去研究這個那個具體問題的解決法了。」[56]「主義」，在胡適那裏不是抽象的名詞、不是理想的代表、不是忽略問題的託辭、不是號召黨徒的工具。主義坐實為學理，值得重視；主義抽象為教條，不值得提倡。這場論戰，令胡適以實驗主義的方法，杜絕了意識形態的高談闊論。對他此後申辯國家認同的進路，有指引性的影響。

一九三〇年代的「民主與專制」的論戰，第一次令胡適對建國問題進行了專門且較為深入的申論，從而將此前對中國的自由、民主、憲政、法治等問題的思考，放置到建國的框架中安頓。建國的問題，就是要解決人們可以歸屬與忠誠的現代國家建構問題。這是一個現代國家認同的前提條件。此時，文化中國尚存，政治中國危急。而要解決政治中國的危急狀態，就有一個以何種進路建構國家的決斷問題。力主專制的學者們認為，民主不足以建立起強大的國家，因此，專制或可成為建國的一個階段，甚至成為一個民主的替代性選擇。對此，胡適認為大謬不然。胡適指出，專制並不是建國的一個必要階段。「我們今日要談的『建國』，不單是要建設一個民族的國家。中國自從兩漢以來，已可以算是一個民族國家了。我們所謂『建國』，只是要使這個中國民族國家在現代世界裏站得腳住。」[57]

這樣的建國，之所以能夠在世界上站得住，不僅是指中國得到世界各國的尊重，更為重要的是贏得民眾的認同。「今日一般人民的不能愛國家，一半是因為人民的教育不夠，不容易像一個國家；一半是因為國家實在沒有恩惠到人民。」[58] 人民「愛國家」就是國家認同的表徵；不愛國家，是因為國家認同未能實現。公眾的國家認同，緣於一個具有感召力的國家形態，依據一個力求恩惠民眾的國家建制。國家建構與國家認同，就此緊密聯繫起來。在這樣的論述思路中，專制國家絕對與胡適認同的國家天差地別。胡適明白地將這樣的認知，宣示為對種種獨裁的堅決拒斥：不管是一個領袖的獨裁、或是一個黨的獨裁，還是一個階級的獨裁。這些獨裁，既無法造就一個強盛的中國，也無法獲得民眾內心的認同，基於這樣的判斷，胡適立定了兩個關乎國家認同的基本立場：一是專制獨裁國家難以贏得民眾的認同。「我不信中國今日有什麼有大魔力的活問題可以號召全國人的情緒與理智，使全國能站在某個領袖或某黨某階級的領導之下，造成一個新式專制的局面。」[59] 二是民主憲政才足以獲得公眾的國家認同。「民主政治的好處在於不甚需要出類拔萃的人才；在於可以逐漸推廣政權，有伸縮的餘地；在於『集思廣益』，使許多阿斗把他們的平凡常識湊起來也可以勉強對付；在於給多數平庸的人有個參加政治的機會，可以訓練他們愛護自己的權利。總而言之，民主政治是常識的政治，而開明專制是特別英傑的政治。特別英傑不可必得，而常識比較容易訓練。在我們這樣缺乏人才的國家，最好的政治是一種可以逐漸推廣政權的民主憲政。中國的阿斗固然應該受訓練，中國的諸葛亮也應該多受一點訓練。而我們看看世界的政治制度，只有民主憲政是最幼稚的政治學校，最適宜於收容我們這種幼稚阿斗。」[60]這一段議論，人們常常看作是胡適看低民主政治的例證，以為胡適高看專制一眼，中國人心智水平無法實行專制，因而只好退守低水平的民主政治。胡適之言，確實有這樣的紙面涵義。但從兩個不同角度來看，問題可能更為複雜一些：從國家認同的視角講，胡適這裏其實觸及到一個非常關鍵的問題，那就是民主國家贏得公眾認同的條件寬鬆，乃是實現現代國家有效認同的最可行方式。專制政治無法達到民主政治這樣的認同效果。從胡適論辯的策略來看，他採取的是讓步式的論證方法。「退後一步自然寬」，把專制抬舉到無法實行的「高度」，也就讓民主政治有了坐實的理由。或許這樣的評論有扭曲胡適意見的危險，但在他的論述中離析出相關的意涵，似乎是尊重胡適原意的。

一九四八年，中國大陸的戰事緊急，政權交替危險逐漸呈現。此後一段時間，國共兩黨都力爭胡適的認可。但此時的胡適，國家認同的決斷已然做出，國家認同的政治判准經已確立，他不可能認同一種可能傷害人自由的新生中國。做出這樣的判斷，是有國內外兩種因素推動而成的。對內，胡適一九一七年歸國以後，就逐漸對共產主義的理想和實踐喪失信心，並成為共產主義運動的陌路人。激進主義的進路，確實與胡適的氣質相去甚遠。對外，胡適加入其中的、關於蘇聯的爭端，已如前述。他對共產主義國際體系危害中國的國家利益，已經在一九四八與朋友的論辯中做出了清晰明白的表達。但這並不等於說胡適對國民黨政權就非常滿意，就將國民黨政權作為國家認同的對象。儘管國民黨給他開出過總統、行政院長、外交部長、駐美大使等等官銜，但胡適不為所動。而且對國民黨施政的失敗、人心的喪失，毫不客氣地提出了批評。他向當時國家最高領導人提出自己對時局的看法，「一、局勢很艱難，有很大的危險。二、決不是一個人所能對付，必須建立一個真正可靠的參謀部。三、必須認錯，必須虛心。四、美國援助是不容易運用的，也須有虛心作基礎。五、黃埔嫡系軍人失敗在沒有根底。必須承認這失敗。六、國軍紀律之壞是我回國後最傷心的事。七、必須信賴傅作義，真誠的支持他。八、北方的重要千萬不可忽視。九、『經濟財政改革』案實有大錯誤，不可不早早救正。十、我在南方北方，所見所聞，實在應該令人警惕！」[61] 這些意見，在在擊中國民黨統治時期施政的關鍵缺陷，切中國民黨中國喪失國家認同的要害。但此時大局已定，任何高人都已無力回天。在胡適謝絕了一切官職許諾後，一九四九年，他接受黨國領導人前往美國從事民間外交的委託，離國前往美國。雖然說去美是為了民間外交，實際上這次前往美國，他不是為國盡忠的留學，也不是為國盡忠的民間外交，而是「亡國」危機中的軟性流放，甚至流亡。胡適數十年悉心看護的中國，陷入蘇聯國際大戰略的殖民危險中。而在國民黨中國的危急處境中，他也找不到安身立命之所。胡適對國家認同的長期探尋，竟然落得個被國家軟性放逐的結果。

胡適對自己國家認同的當下結局是不着國家邊際的流亡，非常痛心。他將這一結果，首先歸之於國民黨施政的失敗。這種歸咎，實際上也是對國民黨中國未能成功促成國家認同的嚴肅批評。由於他對與國民黨競爭國家統治權力的政黨深懷抗拒心理，因此，他對國家認同建構的失敗歸咎，也就只能指向國民黨。一九四九年到美國之後，胡適主要從事他的文史研究。但政治並不就此遠離他。這個「不想兒子、兒子來了」的政治，糾纏胡適終生。他在美或短暫回台，都對台灣政局進行點評。議論總關國家建構，意見必定與當局相左。在美期間，胡適處於一種疏離家國的漂浮狀態。[62] 即便如此，他對台灣島內政治的關注，未嘗一刻放鬆。台灣還是胡適眼中的佔居政治正統的「中國」，這是他的國家，是他完全無法放下的祖國，也是他根本無從放下的、終生致力建構的現代中國之所寄。但胡適無不處在一種大陸與台灣兩個中國雙重衝擊的政治狀態。這構成他晚年國家認同理念的兩種壓迫性力量。

其實，大陸新生政權開國之時，一再努力爭取胡適加盟。一九四八年，中國共產黨就通過廣播希望胡適留任北京大學校長。即使胡適以敵對的姿態面對新政權的好心，寧願流亡美國，淒淒惶惶地為生計奔走。但中國共產黨仍然沒有放棄爭取胡適的努力。胡適的好友主動出來向胡適喊話。著名歷史學家陳垣就在香港的報紙上刊登了「北平輔仁大學校長陳垣給胡適的公開信」，懇切地陳述「新政權下人民在自由的生活着，青年們自由的學習着，討論着，教授們自由的研究着。」並自陳自己洗心革面，樹立起辯證唯物論和歷史唯物論的歷史研究新方法，脱開了反人民的立場。但胡適立定了自己的政治價值立場，對陳垣的來信深表懷疑。他在一九五〇年初發表了一封似乎跟中國共產黨決裂的文章——「共產黨統治下決沒有自由：跋所謂陳垣給胡適的一封公開信」，胡適決絕地宣稱，「『陳垣給胡適的公開信』最可證明共產黨之下決沒有學術思想的自由。」[63] 確實，胡適心中明白，自己信奉的那套價值體系，與新政權是不相容的。如此態度一旦直白地表達出來，新政權也將胡適視為仇敵了。這種敵視關係，不只有大陸的領導者明確樹立起來，就連胡適留在大陸的兒子胡思杜，也以新青年的姿態，宣佈與父親斷絕關係。胡思杜一九五〇年在香港的《大公報》發表文章，絕情地宣告胡適「是反動階級的忠臣，人民的敵人。在政治上他是沒有什麼進步性。」他「始終在蒙蔽人民，……出賣人民利益」。[64] 胡適與中國大陸新政權的敵對，最終換來了一場聲勢浩大的批判胡適思想運動，宣告了胡適與大陸新政權些微合作可能的徹底終結。對大陸新政權之「中國」來説，胡適的去國，恐怕更有針對性、敵對性。

宣告與中國共產黨的關係結束，並不等於胡適與國民黨蜜月關係的開端。他一九四九年到美國之前對國民黨的批評，在一九五〇年後一直沒變。胡適對台灣國民黨「中國」的態度頗為矛盾：一方面他認為這裏是他有條件忠誠的國家，另一方面他對台灣的「國家」認同在政治上卻始終難以建立起來。在前者，胡適總是試圖為國民黨「中國」聚集發展資源；在後者，他總是想矯正台灣政治生活中妨害人們認同「國家」的種種弊端。如果説前者對胡適來説沒有什麼選擇餘地的話，那麼就後者胡適做出的任何舉措，對台灣的「國家」認同都是一種衝擊和顛覆。一九五〇年，胡適作為《自由中國》的發行人（儘管他不願充作有名無實的發行人），開啟了批評台灣政治、推動台灣民主政治轉型的大門。胡適認定，國家要贏得人民的支持和認同，不能依靠強權控制，而要施行適當的政策。其中重要的一個政策，就是新聞獨立和言論自由。一方面，新聞獨立與言論自由意味着政府不能自己霸佔輿論陣地。「應該開放，越開放越可以養成新聞獨立，越可以養成言論自由，而政府也就可以得到輿論的支援。……政府不要以配給政策影響言論的自由。」[65]另一方面，言論自由必須經過爭取始能成就。「言論自由同一切自由一樣，都是要各人自己去爭取的。言論自由並不因為法律上有規定，或者憲法上有這一條文，就可以得來，就是有規定也是沒有用的。言論自由都是自己爭取來的。」[66] 再一方面，新聞機構需要秉承負責與合作的態度行使言論自由權利。「爭取言論自由我們最重要的是要得到政府的諒解，得到各地方政府的諒解。政府當然不願意你批評，但要得到政府諒解，必須平時不發不負責的言論。」[67] 胡適這裏對言論自由的闡釋，涉及到國家的基本結構、公民的基本權利、公民與國家的諒解關係，這些都是國家認同中的重要議題。言論自由的最終成果，不是危害國家利益，而是促進國家良性運轉，增強公民責任，提升政府品質，從而強化國家認同。「從中國向來知識分子的最開明的傳統看，言論的自由，諫諍的自由，是一種『自天』的責任，所以說，『寧鳴而死，不默而生』。從國家與政府的立場看，言論的自由可以鼓勵人人肯說『憂於未形，恐於未熾』的正論危言，來替代小人們天天歌功頌德、鼓吹升平的濫調。」[68]

但胡適的拳拳愛國之心並不為當道者所接受，他對台灣政治的批評、借給蔣介石祝壽之際做出的行憲勸喻、對蔣介石第三次連任總統的勸阻、對台灣多黨政治的期待，都與他設定的自由民主的政治國家最有利於國家利益，即最有利於國家認同的立場相一致。蔣介石對此自然是非常不滿的。這也使胡適處於鬱鬱寡歡的心境。但即便如此，胡適一九五八年還是回到台灣居住。胡適返台，一般認為與國民黨政府封官、修房等有關，也與胡適落葉歸根的願望關聯。這些解釋都是有道理的。但胡適對台灣政局如此不滿，晚年返回台灣僅僅是為了生活的緣故嗎？僅僅從生活因素上解釋胡適返台，便無法說明胡適長期生活在美國這件事情。如果說落葉歸根，他更應當撇棄前嫌，返回中國大陸才對。當然，人們可以說胡適與中國大陸當局早已翻臉，不好言歸。但不少當年與中國共產黨似乎有不共戴天之仇的人，都返回大陸居住了。胡適的選擇，還是有「國家」的政治認同因素在。首先，胡適在台灣起碼受到當政者表面上的尊重，這種尊重在大陸已經蕩然無存。其間的意識形態因素，以及意識形態所寄的國家因素，無疑是胡適要考量的。[69]其次，胡適關於憲政建國的理念，還可以在台灣獲得闡發的機會。儘管不被實施，但還存在申述的契機。這使胡適不至於完全屈從國家當局而放棄自己憲政建國的理想。[70]再者，胡適在台灣受到社會的尊重，擁有樂意為自由民主奮鬥的學者圈、公眾群。這是他在大陸不可能擁有的個人聲望與社會敬重。這正是胡適能夠實現他自由民主建國理想的土壤與空氣，是他生命中所需要的、不可須臾缺少的東西。[71]一九五八年胡適的返台定居，正正可以被視為他在兩個均不甚滿意的政黨國家「中國」之間做出選擇的結果。因此，胡適一九五八年的歸「國」，這個「國」，有着明確的政治決斷意涵，這也關乎他國家認同的取向，顯然比之於生活所需這些物質化的取向，更值得玩味。這個「國」，絕對不是他回到的台灣的「黨國」（party state），而是他一直期望的自由民主國家。由此才能理解胡適晚年一再念叨的「毀黨建國」所具有的深意。「我頗傾向於『毀黨救國』，或『毀黨建國』的一個見解，盼望大家把眼光放得大一點，用『國家』來號召海內外幾億的中國國民的情感心思，而不要枉費精力去辦『黨』。」[72] 這句話表明，在胡適的眼裏，民眾能夠認同的國家仍然是需要建構的，而不是現存的。而能夠真正贏得民眾認同的國家，不是黨國，而是民國，也就是立憲民主的現代中國。

五、從文化到政治：胡適國家認同典範的確認

胡適在中國國家的現代轉型中對現代國家認同的求解，從上海同時接觸中西文化開始，到留美使美的外國生活、去國與歸國的複雜變化，一直伴隨他一生。這是胡適人生經驗層面的國家認同架構與選擇。與此相應的是，胡適對國家認同的理論建構，與其經驗層面的國家認同選擇，構成他關於國家認同的、不可分割的一物之兩面。這一物之兩面，從

人生經歷上呈現的國家認同理念與行動，是縱向的展示；從胡適理論論述的橫切面入手，將他關於國家認同的政治理念由縱向的歷時展示轉換為橫向的共時結構，可以更清晰地呈現胡適關於國家認同的見解。

胡適國家認同的政治理論建構，就是在專制極權與自由民主兩種政治國家之間進行決斷性的甄別。但從國家認同的政治理論上講，胡適處理的國家認同理論問題，事實上存在兩個組成部分：一是關於國家的文化認同問題。「本鄉故土」涉及到的語言文化、民族精神、歷史積澱、經典解讀，都是其中的涵項。二是關於國家的政治認同問題。政治價值、政體選擇、施政方略是重要的義項。這是前述現代國家認同可以區分出來的兩個大的組成部分。相比而言，國家的文化認同是「無條件的」，即主要是通過一個屬於某文化－政治系統的人的家庭熏陶、蒙學教育、日常生活承襲下來的族群認同。這是一個人「生於斯、長於斯」所底定的事情。這樣的認同，即使是反對性的，也僅僅構成贊同性認同的反面而已。沒有因反對而徹底跳出承襲的文化傳統的可能。這是一種「生入其中，死出其外」的定勢。也正因為反對性的文化認同與贊同性的文化認同構成兩相互補的關係，所以反對性的文化認同也就只能是對承襲的文化體系某些方面的反感和拒斥，而絕對不可能是全盤性的拋棄和斷絕。從文化的構成上講，一個人所能反對的傳統文化認同，多數是這一文化的社會與政治的方面。因為這些方面成為重視文化自由精神和人文養成的反對者之認定妨害自由和文明進步的東西。在古代中國，恰恰由於文化認同與政治認同高度的混生，讓現代的人們觀察到那種認同模式既不能讓國家的政治生活正常化、人性化，也不能讓文化持續地發展的雙重缺陷。因此，站在現代國家的中立性立場上，即國家不對文化價值問題持明確的立場，只是針對政治建制規範國家權力、保障公民權利，胡適開始區別對待國家認同中的文化認同與政治認同兩個界面，試圖將無法認同的國家政治狀態，重塑為真正感召人們認同的現代憲政民主結構，進而促成文化與政治吻合起來的中國之現代國家認同局面。一般而言，人們將國家的政治認同認定為有條件的。不像對國家的文化認同那樣是獲得性的，現代條件下對國家的政治認同是習得性的、相對性的。所謂習得性，是指國民對國家的認同是國民自己判斷、國家公正教育的結果；所謂相對性，是指國家對公民進行政治保護，公民對國家獻出政治忠誠。現代國家認同，不再成為國家隨意對待公民，而公民無條件忠誠國家的、單方向的認同範式。胡適的國家認同理念，屬於現代的國家認同範疇。這樣的國家認同模式，可能處於一種文化認同與政治認同緊張、甚至割裂的狀態。因為現代國家的政治建構沒有完成的話，承襲性的文化認同與習得性的政治認同之間殊難統一。兩者可以統一起來的話，前提條件是國家進入規範狀態，保護公民的自由與權利，約束和規範自身的權力作為。在胡適那裏，現代國家認同顯然處於一種高度緊張的狀態。截至胡適去世，中國自由民主政體的建構都未能竟功，都還不足以贏得國人的政治認同。就此而言，再一次證明胡適終生對國家認同的觀念與行動探尋，其實就是努力彌合國家的文化認同與政治認同的緊張與分裂狀態。

先分兩個視角看胡適對國家的文化認同和政治認同的闡釋。在國家的文化認同方面，前面也已經描述分析過，胡適是承襲了中國自古至今的文化至上主義的認同傳統。這可以從三個方面得到印證。其一，胡適是出身於傳統文化日積月累熏染的社會。因此傳統文化塑造了胡適的精神氣質。這是終生不可改變的事情。少年兒童時代，胡適就沉浸在古代經典之中，受到中國古典文化的陶冶。諸如《孝經》、朱子的《小學》、《論語》、《孟子》、《大學》、《中庸》、《詩經》、《書經》、《易經》、《禮記》，無不誦讀。其後，更對明清小說泛觀博覽。受這樣的國學教育，胡適終生不改對中國傳統文化的鍾愛。所謂「七分傳統、三分現代」的觀念結構由此塑就。這是胡適終生不改文化中國認同信念的根基所在。

二是胡適對傳統文化有着深入的研究。胡適終生花費極大的精力從事國學研究，即他所謂的「整理國故」。舉其大端，「第一，用歷史的方法來盡量擴大研究的範圍。這項歷史方法（研究的範圍）要包括儒家的群經，儒家以外的諸子，乃至於佛藏、道藏——不管他們是正統還是邪門；古詩詞與俗歌俚語既同時並重，古文與通俗小說也一視同仁。換言之，凡在中國人民文化演進中佔有歷史地位的任何形式的「典籍」皆在我們研究之列。第二，注意有系統的整理。我們要採用現代的治學方法，做有系統的整理。例如替古籍編『索引』或『引得』（index），便是其中之一。……我們還提出對中國古籍一種『結帳式』的整理，正如商人開店鋪，到了年底總要把這一年的帳目結算一次。就以研究《詩經》為例罷，從古代、中古直到近世，有關《詩經》的著作正不知有多少，但是很少經人有系統的整理過。所以有系統的整理《詩經》要從異文的校勘着手；從各種異文的版本裏彙編出一個最佳的版本，從而開始對古音韻、古訓詁的整理，把《三百篇》中每一首詩的各家研究的心得，都作出個有系統的總結。……最後我們提出『專史式』的整理——諸如語言文字史、文學史、經濟史、政治史、國際思想交流史、科技史、藝術史、宗教史、風俗史等等。這種專史式的研究中國傳統學者幾乎全未做過。」[73] 在這段文字中，是胡適的發願。但胡適一生的研究，確實在這幾方面落墨最多。廣義的中國哲學史的研究、《水經注》的集中整理、《白話文學史》的撰寫，恰好作為胡適研究成功的代表作，對應他發願要進行的傳統文化研究。其研究的廣博、獨到與深入，都是同時代的學人難以望其項背的。這是胡適的文化中國認同奠定了堅實的學養基礎。

三是胡適自覺維護自己對「中國」的文化認同。一方面，這體現為胡適對文化中國的故土情懷。在胡適整個一生中，文化意義的中國始終如一。但政治上的「中國」在胡適、尤其是晚年胡適那裏，是三個相互打架的國家，一個是籠統意義上的「中國」，一個是國民黨台灣「中國」，一個是中國共產黨的大陸「中國」。後兩者是政治意義上的「中國」，是胡適都不太認同的政治「國家」。這也正是推動胡適探究值得認同的自由民主國家的理想國家認同模式的驅動力所在。胡適對三個中國共同呈現的文化中國，一直是高度關注和悉加愛護的。一九四九年以後，胡適對台灣中國文化的研究，灌注了極大的精力，尤其是對中央研究院的中國文化研究的戰略部署，其功績非常卓著。即使這個階段他被大陸嚴厲批判，但他對大陸文化事業的發展，還是保持着關注熱情。中國共產黨建政以後，每每任命文化機構的官員、他所熟絡的文化人的研究動態、感興趣的文化研究成果，只要報章雜誌有報道的，他都會做剪報。[74] 畢竟，中國大陸的文化研究關乎胡適總體意義上的文化中國的真相、境況與未來。這是他的政治敵意所不能捎帶忽略的。另一方面，體現為胡適在中外文化相遇之際，他着力維護文化中國的形象。胡適自謙駐美大使的任務完成得不怎麼樣，但維護中國的形象是胡適念茲在茲的事情。「我的主張仍舊不變，簡單說來，仍是『為國家做點面子』一句話。叫人少討厭我們，少輕視我們，——叫人家多了解我們。」[75] 這個面子，就是胡適訪美、使美時期四處演講中國文化所掙的文化面子。這種一以貫之的文化情感，是胡適着力以國家政治認同重建來維續國家文化認同，實現完整的國家認同的感情動力。

如果說胡適終生保持了對文化中國的高度認同，那麼如何理解胡適對所謂傳統文化的敵意？這裏存在兩個需要區分的「傳統文化」，一是社會文化意義上的「傳統文化」，胡適在這方面不僅不存在任何敵意，而且心存極大的敬意。這正是胡適承繼文化至上主義的國家認同傳統的緣由所在。二是維護傳統帝制統治意義上的「傳統文化」，這是胡適奮力抨擊的對象。胡適的抨擊，不僅心存作別傳統政治國家的主觀意圖，還存在為現代國家的政治認同清理地盤的隱蔽意願。人們一般都斷言胡適是反傳統的。這話針對胡適反感傳統愚民的一面，是完全成立的。但針對胡適挖掘傳統中的現代性活性因素一面，便不能成立了。胡適曾經懇切地說，中國文化中積極而有作為的思想，都是孔子和孟子的功勞。「我近年體念得來的一個感想。孔子的偉大處正在平平無奇，卻又實在近情近理。近來讀《孟子》，也覺得此公可愛。中國兩千多年的士大夫風度，其中比較積極，比較有作為的，都是受《論語》、《孟子》的好影響。」[76] 即使他認為中國的傳統政治與現代政治相去甚遠，但考慮中國的現代國家轉型、現代國家的成功建構之能夠成功的動力，還是將傳統政治理念納入其中。「同周鯁生兄談中國在世界上要算有做民主國家資格的，其資格有三：一、孟子以下，承認造反，承認革命，為合理。二、自孔子的『有教無類』，到蒙館裏念的《神童詩》『將相本無種，男兒當自強』，平等的精神最發達，社會也最無階級。三、自古以來，政治制度承認『諫諍』，即是承認opposition（反對派）。」[77] 在針對傳統文化的專斷性影響方面，胡適從來就採取好戰的抨擊態度。他提出的全盤西化或全盤世界化口號，至今為固守傳統文化而缺少現代性關注的人士所痛詆。儘管胡適聲明自己「並不要打倒孔家店」，[78] 但卻沒有任何校正反對他的人士的看法的作用。即使胡適以科學方法整理國故的進路，也不被這些人士所接受。晚年胡適回台就中國文化所做的演講，也遭到現代儒家的痛斥。但胡適似乎並不打算改變自己文化上繼承傳統，政治上拒斥陋儒習性、以及將儒家政治化的進路的做法。一九六〇年台灣大學校長集會，倡議成立孔孟學會，胡適被邀擔任發起人。他回復邀請人說，「我在四十多年前，就提倡思想自由，思想平等，就希望打破任何一個學派獨尊的傳統。我現在老了，不能改變四十多年的思想習慣。所以不能擔任『孔孟學會』發起人之一。」[79] 人們如果依據這類事件斷言胡適對文化中國、傳統積澱缺乏同情和敬意的話，似乎就不能成立了。

胡適對中國傳統文化的選擇性認同，與他擇定的現代國家認同進路有關係。而在他確定自己的現代國家政治認同的時候，就更是極其鮮明地表現出對扭曲性的現代政治中國的批判態度、甚至是決裂姿態。猶如前述，胡適對先後成立的兩個政黨國家都不表認同。在不得已的現實條件限制下，他不得不選擇其中一個政黨「國家」作為定居地的時候，他選擇的是一個還能容忍自由民主的地方。對胡適來說，這樣的選擇是迫不得已的：在國家的文化認同上講，尚算尊重傳統文化的中國之一隅，還可以給胡適安頓自己的文化認同提供空間。但在這個空間裏，並不意味着胡適同樣安頓了他對國家的政治認同。胡適政治理念中的國家認同，是一生處在探尋中的認同。不過在政治理論的層面上，胡適在其起伏跌宕的一生中，最終確定的國家認同結論，是一個坐實了自由憲政政體的國度。

分析起來，現代國家的政治認同，具有多方面的涵義。主要涵義有四個方面：一是國家意識形態層面的政治價值認同，二是政體認同，三是政治生活狀態的認同，四是政治發展方向的認同。首先，胡適一生認同的國家意識形態層面的基本價值是自由、人權、寬容。「我們是愛自由的人，我們要我們的思想自由，言論自由，出版自由。」[80] 思想自由關乎國民自主運用自己智慧的問題，涉及到國家發展的思路拓展、集思廣益。「現在要講思想自由了。從前的弊端既在於不思想，或沒有深的思想，那末糾正之道便是『思想之』，而思想自由就是鼓勵思想的最好方法。無論古今中外，凡思想可以自由發表，言論不受限制的時候，學術就能進步，社會就能向上，反之則學術必要晦塞，社會必要退化。現在中國事事有待於建設，對於思想應當竭力鼓勵之，決不可以加以壓抑。因為今日沒有思想的自由，結果就沒有真正的思想，有之則為：（一）諂媚阿諛的思想，（二）牢騷怨憤思想。這兩種思想，是只能破壞，不能建設的。」[81] 胡適將思想自由與言論、出版自由相連結，積極從事報刊雜誌的編輯出版。

自由之所以寶貴、值得人們追求，就是因為它是國家建構的重要支柱。「我們所以要爭我們的思想言論出版的自由，第一，是要想盡我們的微薄能力，以中國國民的資格，對於國家社會的問題作善意的批評和積極的討論，盡一點指導監督的職；第二，是要借此提倡一點新風氣，引起國內的學者注意國家社會的問題，大家起來做政府和政黨的指導監督。」[82] 這正是在國家建構的過程中聚沙成塔，集腋成裘，凝聚國民的國家認同感的需要。這樣的自由是一種現代形態的政治權利和道德責任的集合。「我們深信，不負責任的秘密傳單或匿名文字都不是爭自由的正當方法。我們所爭的不是匿名文字或秘密傳單的自由，乃是公開的，負責任的言論著述出版的自由。……我們用自己的真姓名發表自己良心上要說的話。有誰不贊成我們的主張，盡可以討論，盡可以批評，也盡可以提起法律上的控訴。但我們不受任何方面的非法干涉。」[83]

看重自由價值，就必定重視個人價值，提倡一種「健全的個人主義」。「『健全的個人主義』……有兩個中心見解：第一是充分發展個人的才能，就是易蔔生說的：『你要想有益於社會，最好的法子莫如把你自己這塊材料鑄造成器。』第二是要造成自由獨立的人格，像易蔔生的《國民公敵》戲劇裏的斯鐸曼醫生那樣『貧賤不能移，富貴不能淫，威武不能屈』。這就是……『養成忠誠勇敢的人格。……這種人格是社會進步的最大動力。歐洲十八世紀的個人主義造出了無數愛自由過於麵包，愛真理過於生命的特立獨行之士，方才有今日的文明世界。」[84] 只有這樣的個人理念，似乎才足以讓國民建立其自覺而理性的國家認同。否則，一群盲眾，完全不會領悟國家認同的價值指向和深刻意義。

現代自由理念在自由主義那裏得到了系統的闡釋。自由主義的自由觀，將自由的關鍵內涵披露給人們。「自由主義的第一個意義是自由，第二個意義是民主，第三個意義是容忍——容忍反對黨，第四個意義是和平的漸進的改革。」[85] 這樣的自由理念，是中國所缺少的。「中國歷代自由最大的失敗，就是只注意思想言論學術的自由，忽略了政治的自由。所謂政治自由，就是要實現真正的民主政治，否則一切基本自由都是空的。能實現才能取得保障。民主政治能有今日的成功，卻不能不歸功於安格魯撒克遜民族。自從他們先後發明了代議制，成文憲法，和無記名投票，一切自由才能漸獲保障。自由主義，貴在容忍，要承認別人有自由，更要承認有反對黨。民主政治最寶貴的就是政府能在制度上承認反對黨的存在。」[86] 現代民主制度，真正激發一個民族的所有成員發揮自己的政治參與熱情，因此對國家自然具有一種因參與而浮現的歸屬感，以及因參與的效果而呈現的國家忠誠感。這是傳統國家所無法實現的國家認同目標。

胡適高度重視人權保障。他並不看重政府虛與委蛇的人權保障宣言，他真正看重的是約束政府、保障人權的約法。「我們今日需要一個約法，需要中山先生說的『規定人民之權利義務與革命政府之統治權』的一個約法。我們要一個約法來規定政府的權限：過此權限，便是『非法行為』。我們要一個約法來規定人民的『身體、自由，及財產』的保障：有侵犯這法定的人權的，無論是一百五十二旅的連長或國民政府的主席，人民都可以控告，都得受法律的制裁。」[87] 一個工具化的國家，與一個切實保障人民權利的國家，自然而受到人民的衷心擁護，而毋需以國家強制手段來固化一個人人怨恨、權力自閉的僵屍式國家。

這些在國家意識形態層面需要確立的價值，不是一些主義化的意識形態囈語，而是切切實實解決中國現代建國根本問題的價值基礎。「中國的現代化只是怎樣建設起一個站得住的中國，使她在這個現代世界裏可以佔一個安全平等的地位。問題在於建立中國，不在於建立某種主義。一切主義都只是一些湯頭歌訣，他們的用處只在於供醫生的參考採擇，可以在某種症侯之下醫治病人的某種苦痛。醫生不可只記得湯頭歌訣，而忘了病人的苦痛；我們也不可只記得主義，而忘了我們要用主義來救治建立的祖國。……近兩年的國難，似乎應該可以提醒一般人的迷夢了。今日當前的大問題依舊是建立國家的問題：國家有了生存的能力，政府有了捍衞國家的能力，其他的社會經濟問題也許有漸漸救濟解決的辦法。國家若陷入了不能自存的地步，外患侵入之後，一切社會革命的試驗也只能和現存的一切政制同受敵人鐵蹄的蹂躪，決不會有中國亡了或殘破了，而某地的赤色革命區域可以幸免的。所以我們提議：大家應該用全副心思才力來想想我們當前的根本問題，就是怎樣建立起一個可以生存於世間的國家的問題。」[88] 這樣的建國籲求，就是聚集國民力量，以同心協力維護國家生存權與發展權的政治呼籲。反過來說，也就是促使國家具有吸引國民感情能量的建構嘗試。藉此，為中國的現代國家認同提供具有感召力的認同對象。

胡適以抵抗獨斷專制的政黨國家為職志，強力申述自由價值的極端重要性。但胡適也特別重視有利於站在不同立場上的人們相互認同的「容忍」的價值。「我深信這幾百年（特別是這一百年）演變出來的民主政治，雖然還不能說是完美無缺陷，確曾養成一種愛自由，容忍異己的文明社會。法國哲人伏爾泰說的最好：『你說的話，我一個字也不贊成。但是我要拚命力爭你有說這話的權利。』這是多麼有人味的容忍態度！自己要爭自由，同時還得承認別人也應該享受同等的自由：這便是容忍。自己不信神，要爭取自己不信神的自由，但同時也得承認別人真心信神，當然有他信神的自由。如果一個無神論者一旦當權就要禁止一切人信神，那就同中古宗教殘殺『異端』一樣的不容忍了。宗教信仰如此，其他政治主張、經濟理論、社會思想，也都應該如此。」[89] 容忍不僅是一種公民美德，也是一種社會德性，更是國家能夠將不同價值偏好與行為習慣的人們聚集在一起，以構成穩定有序的現代國家的精神支柱。一個國家一旦陷入公民個體成員間、族群間、社會群體間的對峙狀態，並且都自以為自己獨佔真理，這個國家就處在危如累卵的覆亡困境了。國家的認同問題，自然也無從談起。

其次，胡適認同的國家政體形式是立憲民主政體。[90] 他一生都在抨擊專制制度。在兩者之間，他選擇立憲民主而堅決拒斥專制，對此從未猶疑。這樣決絕的態度，緣於胡適認定國家需要有優良的政體。這樣的政體，絕對不是專制主義的黨治政體，而是立憲民主的憲制政體。「我們不信『憲政能救中國』，但我們深信憲政是引中國政治上軌道的一個較好的方法。憲政論無甚玄秘，只是政治必須依據法律，和政府對於人民應負責任，兩個原則而已。議會政治只是人民舉代表來辦政治的制度而已。今日之土皇帝固然難制裁，但黨不能制裁土皇帝，政府不能制裁土皇帝，我們何妨試試人民代表的制裁能力呢？」[91] 在人民主權的基礎上，才能建構起人民認同的現代憲政國家。基於此，胡適一方面對專制與中國現代建國的南轅北轍做出明確論述，在民主與專制的論戰中，堅決拒斥專制主義。胡適認為，無論是從國家的統一還是從政治的現實出路上看，獨裁都既無必要，也無可能。就前者言，中國政治史表明，「獨裁決不是統一政權的方法。所以從統一政權的觀點看，我們也不信獨裁制度是必要的。」[92] 就後者論，學者政客認為有能力獨裁的國家領袖，自己就反對獨裁，「不少的學者和政客鼓吹獨裁的政治，而他們心目中比較最有獨裁資格的領袖卻公然向全國宣言：『中國今日之環境與時代實無產生意俄政制之必要與可能。』只此一端已可證中國今日實無獨裁的可能了。」[93] 另一方面，則對現實形態的一黨專制——黨治國家進行抨擊，明確要求如前所述的「毀黨建國」。

胡適認為，中國政制是需要改革的，「改革政制的基本前提是放棄黨治；而放棄黨治的正當方法是提早頒佈憲法，實行憲政。這是改革政制的大路。」[94] 儘管胡適對現代政黨政治的認知存在盲點，將自己恰切的反對政黨國家的主張，擴展為過當的、反對政黨政治的主張。[95] 結果他籲求反對黨，自己從來不組黨。他反對政黨國家的呼籲也就落不到實處。但胡適「毀黨建國」的主張，如果放在毀掉一個獨佔國家公器的政黨，將多個政黨安置在法治的平台上展開競爭，這確實是切中了中國現代建國的關鍵問題。國家公器一旦成為一黨私產，不僅國家的運作不正常，人民對國家的認同程度也就大為下降。

再次，胡適對國家的政治生活方式是不滿意的，因此倡導一種現代的政治生活模式。在這樣的政治生活模式中，國家權力、尤其是政府權力受到有效的約束，使權力本身的自我維護不能成為目的。胡適確信，政府也好，國家領袖也好，都不應當對人民採取支配的態度，而應當是為人民服務的。基於這樣的信念，胡適明確主張工具主義的政府觀。「好政府主義，既不把政府看作神權的，亦不把政府看作絕對的有害無利的，只把政府看作工具，故亦謂之工具主義的政府觀。」[96] 這就徹底杜絕了崇拜國家的國家主義選項。因此，工具性的政府，就必須以其發揮公共效用來判斷它的好壞。「政府是人造的一種工具，他的緣起，是為的大眾的公共的需要。那麼適應於公共的需要的，便是好政府了。」[97] 只要政府組織適當，運作良好，它就會發揮出促進社會進步的作用。「政府的組織及權力，如果用之得當，必能得着最大的效果；不但可免社會間交互的衝突，而且可促社會全體底進步。」[98] 這三個方面構成了所謂「好政府主義」的三個基本觀念。這在當時的政治氛圍中實屬難能可貴。而且真正切中國家認同中國家何以贏得公民歸屬感與忠誠感的核心問題。試想，一個僅僅着重權力的自我維護的自私國家，這個徑自以國家自身為目的的權力建制，怎麼可能贏得民眾對其的認同。

與此同時，胡適提倡聚集民眾政治智慧的政治參與。「民治主義的根本觀念是承認普通民眾的常識是根本可信任的。『三個臭皮匠，賽過一個諸葛亮』。這便是民權主義的根據。治國是大事業，專門的問題需要專門的學識。但人民的參政不是專門的問題，並不需要專門的知識。所患的只是怕民眾不肯出來參政，故民治國家的大問題總是怎樣引導民眾出來參政。只要他們肯出來參政，一回生，二回便熟了；一回上當，二回便學乖了。故民治制度本身便是最好的政治訓練。」[99] 民眾積極參與政治本身，就是它們建立國家歸屬感和政治忠誠感的標誌。一個不見容於民眾參與的政治體，民眾就是被政治排斥的對象。它們也無從形成對國家的歸屬感與忠誠，國家的政治認同問題也無法解決。

最後，胡適對中國的政治發展方向有着明確的態度，那就是必須設定立憲民主的政體目標，既拒絕過快的推進，也嚴厲批評裹足不前的維持現狀。他對孫中山設定的軍政、訓政到憲政的政治發展路線圖，總體上是贊同的。不過胡適從兩個方向強調，既不可以停留在訓政階段止步不前，也不能操之過急。比如施行憲政，確實需要人民團體干預政治，以便限制國家權力，不讓其為所欲為。但人民團體限制國家權力的效用，不是一蹴即就的。「中國今日應該有一個負責任的人民干政團體。但我們對於這個團體，希望不可太大，責效不可太急，更不必說『自動組織政府』一類的大話把虞洽卿、史量才一類的人嚇跑。我們不能希望『全國人民齊集在一個嚴密組織之中，以四萬萬人的力量向共同的目標努力』。我們只能希望在最近幾年之內國中的知識階級和職業階級的優秀人才能組織一個可以監督政府指導政府並且援助政府的干政團體。」[100] 國家認同的需要，不等於必須把所有國民都政治化，都要強迫他們介入政治、品評政策。相反，國家認同的達成，需要公眾劃分為發揮不同政治－政策效用的群體，各自呈現自己的功能，國家認同也就從中獲得了保障。

胡適對這些問題的論述，圍繞的中心是國家認同。換成胡適的表述，就是如何收拾人心的問題。收拾人心，解讀起來就是促成公眾對國家的歸屬感和忠誠感，這正正就是一個國家認同的問題。他強調指出，「我主張，政制改革的下手方法是要把眼光放大些，着眼要在全國人心的團結，而不在黨內三五人的團結。能團結全國人心了，那三五人也不會永遠高蹈東海之濱的；若不能團結全國的人心，即使一兩個天下之大老扶杖來歸，也何補於政治的改革，何益於建國的大計？而今日收拾全國人心的方法，除了一致禦侮之外，莫如廢除黨治，公開政權，實行憲政。在憲政之下，黨內如有不能合作的領袖，他們盡可以自由分化，另組政黨。如此，則黨內派別的分歧，首領的不合作，都不了而自了了。這是政制改革的大路。」[101] 這樣的改革，實際上就是以寬鬆的政治環境，換來人心的舒暢安適，從而避免國家傾覆的危機，並在此基礎上保證國家的同心同德，團結一致。

在胡適看來，一個不尊重憲法，也不自覺自願遵守各種法律的國家（政府），是不可能具有公信力的。相應地，這樣的國家不僅無法贏得公民的認同，而且造成他們對國家的不信任（也就是不認同）。「人民為什麼這樣不信任國家的根本法，可以得着幾種有益的教訓：第一，官吏軍人黨部自身不願守法，所以使人民不信任法律。……第二。政府立法之先就沒有打算實行，所以立了許多紙上具文，使人民失去對法律的信仰。……第三，憲法中列舉的條文總是空泛的原則，若沒有附加的詳細施行手續，就都成了無效力的具文，這也是中國的根本法不能得人民信仰的一個根本理由。」[102] 因此，國家權力守法，才能促使人民信任法律，認同國家。這比徒具形式的憲法文本及其條規制定工作來得緊要。「我們希望政府明白這種很明顯的事實。此時未嘗不可制憲，但制憲之先，政府應該要在事實上表示守法的榜樣，養成守法的習慣，間接的養成人民信任法律的心理。這才是憲政的預備。憲政的預備不在雇人起草，不在徵求討論。而在實行法律。」[103] 立憲民主的政治實踐，才是收拾人心，保障國家認同的政治正道。

只有在全國上下達成立憲民主政治共識的基礎上，國家認同才能真正建立。「為國家民族的前途計，無論黨內或黨外的，都應該平心靜氣考慮一條最低限度的共同信仰，大略如……『國內問題取決於政治而不取決於武力』的坦坦大路。黨內的人應該尊重孫中山先生的遺教，尊重黨內重要領袖的公開宣言，大家努力促進憲政的成功；黨外的人也應該明白中山先生手創的政黨是以民主憲政為最高理想的，大家都應該承認眼前一切『帶民主色彩的制度』（如新憲法草案之類）都是實現民主憲政的歷史步驟，都是一種進步的努力，都值得我們的誠意的贊助使它早日實現的。我們深信，只有這樣的一個最低限度的共同信仰可以號召全國人民的感情與理智，使這個飄搖的國家散漫的民族聯合起來做一致向上的努力！」[104] 一個國家，尤其是像中國這麼地域廣袤、人口眾多、發展不均衡的國家，不同地區、不同群體、不同黨派的主張，千差萬別，但只要在國家建構上形成憲政民主的共同理想，並且不惜一切代價維護憲政民主的政治秩序，國家認同的根本政治問題，也得到理性的解決。

胡適殷殷期盼的這個現代中國，就是他認定最有利於促成國家認同和民族復興的國家形態。「我們要建立一個治安的，普遍繁榮的，文明的，現代的統一國家。『治安的』包括良好的法律政治，長期的和平，最低限度的衞生行政。『普遍繁榮的』包括安定的生活，發達的工商業，便利安全的交通，公道的經濟制度，公共的救濟事業。『文明的』包括普遍的義務教育，健全的中等教育，高深的大學教育，以及文化各方面的提高與普及。『現代的』總括一切適應現代環境需要的政治制度，司法制度，經濟制度，教育制度，衞生行政，學術研究，文化設備等等。」[105] 這是胡適對他理想中、值得全民認同的國家一個最為全面的描述。這一國家形態既包含廣義的文化涵義，也包括明確的政治涵義。這是一個絕對能夠贏得民眾吻合的文化認同和政治認同的現代國家形態。除開一個自由憲政國家能夠達成這些綜合目標，在現代世界史上，尚無其他政體形式的國家全面實現過這些目標。胡適在中國現代國家轉型中對理想國家形態的展望，以及對促成人們認同的現代中國面貌的刻畫，在這裏得到全面呈現。

註釋

1 在坊間已經出版的、汗牛充棟的胡適研究著作中，涉及胡適國家認同的論著，少之又少，以至於可以忽略。一九八〇年代恢復起來的胡適研究，幾乎都在中西文化的論題上糾纏。一九九〇年代以後的胡適研究，政治論題突顯出來。但以筆者所見，還沒有專門就胡適的國家認同進行深入討論的論著。參見耿雲志等編：《現代學術史上的胡適》，〈附錄：胡適研究論著要目〉，北京：三聯書店，1991，第 378–401 頁。另見耿雲志編：《胡適評傳》所收諸文，上海：上海古籍出版社，1999，也可得到印證。

2 論者認為，像歐美那種自由民主的國家結構，並不是其他國家都能成就的國家建構結果，對於非自由民主國家而言，它們最多只能期望國家不至於陷入弱化和失敗的境地。為此，加強國家建設，尋求對國家的範圍、規模、職能進行優化，就成為這類國家維護自己順暢運行所必須努力嘗試的事情。參見弗朗西斯・福山（Francis Fukuyama）著，黃勝強等譯：《國家構建：二十一世紀的國家治理與世界秩序》（*State-Building: Governance and World Order in the 21st Century*），北京：中國社會科學出版社，2004，第 3–21 頁。在這裏，筆者特別將國家建構（state construction）與國家建設（state building）區別開來，用前者指代國家基本結構的自由民主建構事務，用後者指代國家範圍、規模與職能的優化問題。

3 Roger Scruton: *The Palgrave Macmillan Dictionary of Political Thought* (3rd edition), Basingstoke; New York: Palgrave Macmillan Ltd. 2007. p. 316。

4 參見百度百科「國家認同」。http://baike.baidu.com/view/3254870.htm（瀏覽日期：2013 年 2 月 15 日）

5 深究起來，國家認同是一個蘊含複雜的概念，不同學者對之的定義大為不同。但概括來說，一般意義上的國家認同，指的是一個國家的公民在領土、語言、政治與文化上體現出的趨同或排斥的政治意識。參見楊大力：〈變化中的國家認同〉，載復旦大學歷史系等編：《近代中國的國家形象與國家認同》，上海：上海古籍出版社，2003，第119–121頁。楊文對國家認同這一概念的演變及其中西內涵的差異進行了梳理，可資參照。但因為本章的主題是借助既定的國家認同理念，對胡適的國家認同見解及其舉措進行分析，因此對國家認同概念本身的涵義僅只具引而不深論。

6 M‧H‧亨特：〈中國的民族國家認同與強國目標：晚清至民國年間的危機〉。轉引自楊大力：《變化中的國家認同》，載復旦大學歷史系等編：《近代中國的國家形象與國家認同》，第123頁。

7 參見杜贊奇著，王憲明譯：《從民族國家拯救歷史》（*Rescuing History from the Nation*），第1章〈線性歷史與民族國家〉，尤其是第3節「民族國家與啟蒙模式的中國史」，北京：社會科學文獻出版社，2003，第21–36頁。

8 對古代中國人的國家認同之屬一種「文化至上主義」的認同模式，是存在爭議的。至少人們可以批評這一斷言忽略了古代中國人認同國家之不可忽視的政治因素的作用。但在「華優夷劣」的中國古代合法性結構中，「文化至上主義」的認同斷言具有的解釋強度，還是超過其他認同解釋模式的。參見楊大力：〈變化中的國家認同〉，載復旦大學歷史系等編《近代中國的國家形象與國家認同》，第133–135頁。

9 胡適：《胡適全集》，第18卷，安徽：安徽教育出版社，2003，第36頁。

10 胡適：《胡適全集》，第18卷，第39頁。

11 胡適：《胡適全集》，第18卷，第51頁。

12 胡適：《胡適全集》，第18卷，第54頁。

13 奇怪的是，胡適在《四十自述》中回憶自己同時閱讀約翰・斯圖爾特・密爾的《群己權界論》（即《論自由》），似乎對該書的內容全無記憶似的。這證明胡適當時對現代自由主義的價值還沒有清晰的把握與適當的認知。胡適的自由主義理念，是到美國之後才正式接觸和成形的。

14 胡適：《胡適全集》，第 18 卷，第 60 頁。

15 胡適：《胡適全集》，第 18 卷，第 61 頁。

16 胡適：《胡適全集》，第 21 卷，第 19–20 頁。

17 參見胡適：《胡適全集》，第 21 卷，第 61–61 頁。

18 胡適：《胡適全集》，第 21 卷，第 74–75 頁。

19 胡適：《胡適全集》，第 21 卷，第 105 頁。

20 胡適：《胡適全集》，第 21 卷，第 107 頁。

21 胡適：《胡適全集》，第 21 卷，第 111 頁。

22 胡適的這段經歷，可以參見江勇振：《舍我其誰：胡適傳》，第 1 部〈璞玉成璧，1891–1917〉，第 4 章以及第 5 章，北京：新星出版社，2011，第 169–348 頁。

23 胡適：《胡適全集》，第 23 卷，第 38 頁。

24 參見江勇振書記載的胡適與英國人濮蘭德就新生的中華民國展開的辯論，就可以知曉胡適對新生共和國的強烈認同。見江勇振書，第 365–366 頁。

25 胡適：《胡適全集》，第 40 卷，第 147 頁。原文為英文，譯文採用江勇振書的翻譯。

26 胡適：《胡適全集》，第 40 卷，第 148 頁。原文為英文，譯文採用江勇振書的翻譯。

27 Shih Hu, "China and Democracy," *The Outlook*, September 1, 1915, pp. 27–28. 轉引自江勇振書，第 374–375 頁。

28 本章只討論美國政治觀察對胡適建立現代國家認同理念所發揮的積極作用。當然需要承認，胡適對美國也有很多不滿的地方，比如他對美國的門羅主義、對美國人基於迷信的祈福求雨之舉、對峙性的黨爭，都有微辭。參見《胡適全集》，第 27 卷，第 369–370、430、528 頁。

29 胡適：《胡適全集》，第 18 卷，第 187 頁。胡適特別欣賞威爾遜的主張，而不贊同羅斯福的政府干預。「威爾遜所持以為政府之職在於破除自由之阻力，令國民人人皆得自由生活，此威爾遜所謂『新自由』者是也。羅氏則欲以政府為國民之監督，維持左右之，如保赤子。二者之中，吾從威氏。」《胡適全集》，第 27 卷，第 404 頁。

30 胡適：《胡適全集》，第 23 卷，第 23 頁。

31 胡適：《胡適全集》，第 27 卷，第 119 頁。

32 胡適：《胡適全集》，第 27 卷，第 531 頁。

33 胡適：《胡適全集》，第 27 卷，第 240 頁。胡適對狹隘的愛國主義、民族主義、國家主義的抨擊，是留美時期一貫的立場。另見胡適：《胡適全集》，第 28 卷，第 528 頁。

34 胡適：《胡適全集》，第 24 卷，第 392 頁。

35 胡適：《胡適全集》，第 24 卷，第 449 頁。

36 胡適：《胡適全集》，第 22 卷，第 643 頁。

37 胡適：《胡適全集》，第 24 卷，第 483 頁。

38 參見胡適：《胡適全集》，第 24 卷，致外交部諸電文，就可以印證這結論。

39 胡適：《胡適全集》，第24卷，第501頁。

40 胡適：《胡適全集》，第24卷，第523頁。

41 胡適：《胡適全集》，第24卷，第533頁。

42 胡適：《胡適全集》，第24卷，第534頁。

43 胡適：《胡適全集》，第22卷，第586頁。

44 胡適：《胡適全集》，第22卷，第625–626頁。

45 胡適：《胡適全集》，第22卷，第637–638頁。

46 胡適：《胡適全集》，第3卷，第50頁。

47 胡適：《胡適全集》，第3卷，第53頁。

48 參見胡適：《胡適全集》，第33卷，第263、274等頁。

49 胡適：《胡適全集》，第25卷，第318頁。

50 胡適：《胡適全集》，第25卷，第319頁。

51 參見智效民：〈一九四八年的爭論與胡適對蘇聯的認識過程〉，載作者博客 http://21ccom.net/articles/lsjd/article_2010012040140.html（瀏覽日期：2013年2月15日）。

52 參見楊大力：〈變化中的國家認同〉，載復旦大學歷史系等編：《近代中國的國家形象與國家認同》，第129頁。

53 據信胡適的博士學位遲至一九二七年，也就是博士最後考試之後十年才拿到手，是因為他沒有及時上交完成博士學位授予所必須的一百本論文的印製。可見胡適當時歸國的心情多麼急切。參見江勇振書對此事的考訂，該書第 338–348 頁。

54 胡適：《胡適全集》，第 1 卷，第 598 頁。

55 胡適在一九四九年前掀起或介入的論戰不少，舉其大端有：一九一九年關於「問題與主義」的討論，一九二二年關於「好政府」的討論，一九二九年關於「人權與約法」的討論，一九三三年關於「民主與專制」的討論，一九四八年關於「世界形勢」的討論等等。但本章落在關乎其國家認同理念的三次討論上評述其思想。

56 胡適：《胡適全集》，第 1 卷，第 328 頁。

57 胡適：《胡適全集》，第 21 卷，第 676–677 頁。

58 胡適：《胡適全集》，第 21 卷，第 675 頁。

59 胡適：《胡適全集》，第 21 卷，第 684 頁。

60 胡適：《胡適全集》，第 21 卷，第 686 頁。

61 胡適：《胡適全集》，第 33 卷，第 698 頁。

62 參見周質平：〈胡適的離亂歲月〉，載氏著：《胡適的情緣與晚景》，安徽：黃山書社，2008，第 251–275 頁。

63 胡適：〈共產黨統治下決沒有自由：跋所謂陳垣給胡適的一封公開信〉，http://blog.sina.com.cn/s/blog_404a6e910100w4nu.html（瀏覽日期：2013 年 2 月 15 日）。

64 沈衛威：《胡適周圍》，附錄，胡思杜：〈對我父親——胡適的批判〉，北京：中國工人出版社，2003，第 344 頁。胡思杜對胡適的批判，對胡適衝擊甚大，雖然口上拒絕承認，但胡適日記多處記載此事，足見其對胡適內心造成的困擾。參見《胡適全集》，第 34 卷，第 49–71 頁。

65 胡適：《胡適全集》，第 22 卷，第 760 頁。

66 胡適：《胡適全集》，第 22 卷，第 756 頁。

67 胡適：《胡適全集》，第 22 卷，第 761 頁。

68 胡適：《胡適全集》，第 22 卷，第 782 頁。

69 一九五二年胡適因為中國大陸與英國的外交關係，以及「自由中國」知識界的信心，而放棄前往牛津大學任教的機會，可為證明。胡適：《胡適全集》，第 34 卷，第 236–239 頁。

70 一九五二年胡適寫信給蔣介石建議行憲，可為證據。胡適：《胡適全集》，第 34 卷，第 239–240 頁。

71 胡適一九五二年返台贏得的掌聲，以及他本人對之的享受，可以證實這一點。參見胡適：《胡適全集》，第 34 卷，第 250–274 頁。這樣被推崇的場景，是胡適正式返台定居之前幾次台灣行習以為常的場面。在這樣的經歷中，無疑強化了胡適對台灣的文化、社會與政治認同。

72 胡適：《胡適全集》，第 26 卷，第 112 頁。

73 胡適：《胡適全集》，第 18 卷，第 373–374 頁。

74 參見胡適：《胡適全集》，第 34 卷，1950–1962 年的有關日記，中國大陸文化主題的日記記載和所做剪報所在多有，茲不一一載錄。另見《胡適全集》第 18 卷，〈胡適口述自傳〉，〈我在做什麼〉的記述。第 376–377 頁。

75 胡適：《胡適全集》，第33卷，第414頁。

76 胡適：《胡適全集》，第24卷，第568–569頁。

77 胡適：《胡適全集》，第33卷，第409頁。

78 胡適：《胡適全集》，第18卷，第424頁。

79 胡適：《胡適全集》，第26卷，第415頁。

80 胡適：《胡適全集》，第21卷，第365頁。

81 胡適：《胡適全集》，第21卷，第440頁。

82 胡適：《胡適全集》，第21卷，第366頁。

83 胡適：《胡適全集》，第21卷，第366頁。

84 胡適：《胡適全集》，第22卷，第284頁。

85 胡適：《胡適全集》，第22卷，第740頁。

86 胡適：《胡適全集》，第22卷，第753頁。

87 胡適：《胡適全集》，第21卷，第376頁。

88 胡適：《胡適全集》，第21卷，第653–656頁。

89 胡適：〈我們必須選擇我們的方向〉，寫於一九四七年八月。轉引自周策縱：〈胡適之先生的抗議與容忍〉，載耿雲志編：《胡適評傳》，第613頁。

90 有論者對國家認同與政體認同進行斷然的切割，認為兩者不能在同一個界面上加以論述。本章第一部分已經對之進行了辨析，指出現代國家認同在政治指向上主要體現為政體認同。其實，以政體認同論道國家認同，是一個政治思想史的悠久傳統。亞里士多德在《政治學》中就已經明確指出政體差異關乎國家認同問題。在該書第3卷，他指出，「顯然城邦的同一最應歸結為政體的同一，至於名稱用新名還是舊名、居住者是新人還是舊人都無關緊要。」亞里士多德著，一等譯：《政治學》，北京：中國人民大學出版社，2003，第76頁。這裏譯者用「同一」一詞翻譯identity，是存在商榷餘地的。因為亞里士多德討論的問題是公民對城邦（the state）和政體（the constitution）的歸屬感與忠誠感問題，這是一個典型的認同問題。就此亞里士多德的上句話前半段便應該翻譯為「城邦的認同最應歸結為政體的認同」。原文另見Michael Curtis (ed.): *The Great Political Theories*, New York: Harper Perennial, 1981, p. 75. "The criterion to which we must chiefly look in determining the identity of the state is the criterion of the constitution." 據此，將國家認同放在政體認同上申述，是具有源遠流長的政治思想史支持理由的。有什麼樣的政體認同，就會有什麼樣的國家認同。這正是胡適的國家認同只能坐實在憲政民主政體上的深刻緣由。

91 胡適：《胡適全集》，第21卷，第450頁。

92 胡適：《胡適全集》，第22卷，第195頁。

93 胡適：《胡適全集》，第22卷，第198頁。

94 胡適：《胡適全集》，第22卷，第346頁。

95 胡適在國共黨爭最劇烈的時候，終於對現代政黨的類型有一個清醒的認識。在一九四七年七月撰寫的〈兩種根本不同的政黨〉一文中，胡適將現代政黨區分為「自由與不自由，獨立與不獨立，容忍與不容忍的」兩類。見胡適：《胡適全集》，第22卷，第685頁。但胡適這樣的斷言，並不影響他對政黨政治的質疑態度。晚年胡適對組黨的排斥性表態，可以證明這一點。

96 胡適：《胡適全集》，第 21 卷，第 241 頁。

97 胡適：《胡適全集》，第 21 卷，第 242 頁。

98 胡適：《胡適全集》，第 21 卷，第 244 頁。這樣的主張，充分顯示了胡適所持的自由主義國家認同觀的特質。自約翰・洛克以來，自由主義就特別強調國家的工具性。洛克明確指出：國家所做的一切，「沒有別的目的，只是為了人民的和平、安全和公眾福利。」見氏著，葉啟芳等譯：《政府論》（*The Second Treatise of Government :An Essay Concerning the True Original, Extent and End of Civil Government*）下篇，北京：商務印書館，1964，第 80 頁。洛克以後自由主義所持的相關立場，可以參見安德魯・文森特著，袁久紅等譯：《政治意識形態》（*Modern Political Ideologies*），第 2 章〈自由主義〉，南京：江蘇人民出版社，2005，第 35–83 頁。

99 胡適：《胡適全集》，第 21 卷，第 416 頁。

100 胡適：《胡適全集》，第 21 卷，第 486 頁。

101 胡適：《胡適全集》，第 22 卷，第 348 頁。

102 胡適：《胡適全集》，第 21 卷，第 617–618 頁。

103 胡適：《胡適全集》，第 21 卷，第 619 頁。

104 胡適：《胡適全集》，第 22 卷，第 252 頁。

105 胡適：《胡適全集》，第 4 卷，第 461–462 頁。

第十章

從政黨國家到民族國家
政黨改革與中國政治現代化

中國逾三十年的改革開放發展到今天，正處於一個進退不得的尷尬狀態。要突破瓶頸，把中國改革帶出十字路口，將中國現代化推向政治領域的縱深地帶，必須抓住的關鍵問題只有一個。它既不是經濟學家主力的產權改革，也不是社會學家盡力渲染的社會問題，也不是法學界談論的司法改革問題。中國的改革有沒有希望繼續推進，作為執政黨的中國共產黨具有深度和廣度的政黨改革，已經成為決定性的問題。如果在這一決定性問題上沒有任何突破的話，中國改革就會因此終結。就此而言，人們千萬不要認為經濟自身的發展是一個自足的過程，不需要社會—政治諸條件的支撐。須知經濟自身的發展不是一個自足的結構，它需要一個相應的現代社會結構和政治體制作為支撐條件。基於此，對於今天中國的改革而言，一個現代政體的建構，對於政治現代化發揮決定性作用的政黨改革，已經成為中國改革是否能夠避免失敗，並真正走上現代國家發展健康軌道的決定性條件。

一、政黨——國家結構及其困境

從規範的意義上講，「一個政黨是其成員打算一致行動以便在競選鬥爭中取得政權的團體。」[1] 但這定義的解釋力度顯然是有限的。一方面，這限度是針對競選民主制度下的政黨體系而言的。對此，喬治・薩托利指出，這定義存在難以區分政黨與宗派，以及其他尋求權力的集團的缺陷。事實上，政黨既不同於宗派，也有別於運動，亦不同於政治團體，與壓力或利益集團也明顯區別開來。而且由於定義的最小限定策略在其間沒有得到鮮明體現，就更限制了它的解釋力度。另一方面，因為這一定義僅僅只能適用於議會民主制國家的政黨制度。對於其他類型的國家存在並運行着的政黨制度，缺乏起碼的適用度，尤其是對一黨制缺乏概括可能。因此，薩托利自己提出了一個旨在克服這兩個缺失的政黨定義，「政黨是由在選舉中提出的正式標識來辨明身分的、能夠通過選舉（自由和不自由的）提名候選人佔據公共職位的政治集團。」[2] 薩托利認為自己的這定義，足以將一黨制的政黨納入其中，因此既具有最簡明的定義優勢，又具有統攬所有政黨特性的廣泛涵蓋力。

從薩托利對政黨的定義出發，我們可以知曉，當代中國的政黨制度具有不同於西方政黨制度的特殊性。按照《中國政黨制度發展白皮書》對於中國政黨制度的界定，「中國實行的政黨制度是中國共產黨領導的多黨合作和政治協商制度（以下簡稱「中國多黨合作制度」），它既不同於西方國家的兩黨或多黨競爭制，也有別於有的國家實行的一黨制。」[3]在這一政黨制度中，就政黨的數量而言，可以劃歸多黨制。但從政黨不同的政治定位來看，中國共產黨的定位是執政黨，而「民主黨派」的定位是參政黨。而且，從政黨、選舉與國家權力的關係進行分析，執政黨並不是由於選舉授權而獲得執政的機會，執政的依據來源於革命時代的政黨合作基礎，尤其是來源於中國共產黨革命時代的領導權。[4]這顯然是一種完全不同於發達的、規範的民族國家中的政黨制度，這是一種由執政的超級政黨全面控制國家權力的特殊國家形態。

當代中國的國家結構不是民族國家（nation state），而是政黨國家（party state）或稱黨化國家。前者乃是一種由某個主體民族建構起國家組織的現代國家形態，後者則是有政黨作為民族的「代表」來建構並統治國家的國家形態。這是人們探討中國政黨改革的歷史與邏輯起點。這一國家形態具有其歷史的正當理由，因為中國作為一個後發現代國家，複雜的國家建構，不可能是一個像哈耶克闡述的那種由自生自發秩序（spontaneous order）演進而成的自然生成過程，而是一個由自覺認同現代民族國家理念的建國者們主觀自覺推動的政治過程。這就是一個創制國家（making state）的過程。對中國現代國家建構而言，影響那些致力建構現代國家的政治領袖們的國家理念，應當說有兩個決定性的因素，一是中國已然解構的古典國家形態，二是中國必須建構的現代國家形態。就前者言，古典中國是一個文化國家或者文明國家（cultural state），中國古典的國家理念，可以簡單地用「華而夷者夷也，夷而華者華也」[5]進行高度概括。文化—文明國家，是一種以文化價值劃定國家邊界的古典國家建構，而不是以國家主權來劃定國家邊界的現代國家形態。文化—文明國家的疆界範圍可以極大，並採取一種帝國（empire）的國家形態。現代國家興起之後出現的規範國家形態，乃是民族國家。這是現代政治學一切思考的出發點。

興起於晚清的中國現代國家形態，作別了文化—文明國家的古典帝國形態，但同時卻沒有能夠建構起中國本應建構的現代國家形態，即民族國家。這與中國建構現代民族國家的歷史處境具有密切關係。首先，在現代國家建構史的起點上，國家建構的動力不是自生自發秩序，而是先知先覺的政治精英基於國家建構的精神自覺。就自生自發的國家建構而言，英國堪稱典範。早在一二一五年，英國貴族經過與國王的權力博弈，制定了《大憲章》。這部憲章成為建構現代國家的權力契約原型：國王不能隨便向貴族徵稅，而貴族也依照固定稅賦向國王繳交稅入，這種關乎國家權力約束的現代契約理念，構成英國建構現代國家的歷史—政治起點。[6]其後，英國人在市場經濟的漸進發展過程中，相應地改進其政治機制，並最終在一六八八年的光榮革命坐實了現代憲政民主國家的國家形態。而中國作為一個後發外生的現代國家出現在現代世界舞台上的，國家之邁向現代軌道，不是因為內在的演進動力，而是因為外部成型的民族國家施加的壓力促成的。因此，中國建構現代國家就必然遭遇兩種衝突的力量的作用：一是傳統的文化－文明國家運作慣性的中斷，二是建構現代國家的先知先覺者對於傳統的批判與侵入中國的西方帝國主義的拒斥。這種建國處境，造成那些致力建構現代民族國家的政治精英們交錯在一起的四重緊張：一種緊張是傳統國家與現代國家之間的，這一緊張體現為不推翻傳統文化－文明國家形態，就不足以建構現代中國的二元對峙；另一種緊張是掌握中國政治權力的少數族裔（滿族）與爭取建構現代國家的多數族裔（漢族）之間的，這一緊張顯現為民族國家政治民族建構與國家建構之間的疏離；再一種緊張則是現代國家之中國與西方之間的，這一緊張造成中國建國精英對於現代國家形態欲迎還拒的矛盾心理；最後一種緊張則是致力建國者所依靠的政治力量與民族國家之作為整個民族的政治努力之間的，這一緊張直接體現為建國精英與廣大民眾對於國家建構的認知鴻溝上，建國精英對於民眾的政治動員，顯然遠遠重要過他們對於將要建構起來的國家形態的理論思考和實踐完善。於是，中國脫離古典的文化－文明國家軌道，走上現代民族國家建構之路的人為緊張，驟然加劇。中國之走上英國式依賴自生自發秩序的建國道路的可能性，幾乎完全被抹殺。

其次，處於晚清中國的政治情勢，由於國家的政治資源被滿－漢統治者強力控制，而這一控制資源的統治群體，因應於國家演進的現實處境，所展現的政治變革意願，最多是器物層面的改革，而拒絕了制度層面和精神層面的更新。[7] 因此，中國之走上激進化的現代國家建構之路，成為無可避免的趨勢。孫中山後來構造的一套「以黨建國」、「以黨治國」理論，以及他設計的中國之建構現代（憲政民主政體的）民族國家的路線圖，即從軍政、訓政走向憲政的進路，與晚清的國家狀態與建國認知，不無關係。[8] 因為，中國現代國家建構之走上一條政黨國家的道路，似乎順理成章。這是中國建國無法沿循自生自發秩序推進的某種必然結果。中國建國之從民族國家轉換成政黨國家，就此獲得了充分的歷史理由：由於中國的民族國家建構是借助政黨精英的力量實現的，故而「以黨建國」之黨，成為執掌國家權力的全能政黨，即成為「以黨治國」之黨，就此具有不言而喻的、歷史支持的結果。

中國建構現代民族國家的努力換來黨化國家的建構結果，從具體的存在形態上説，有着國民黨的政黨國家與共產黨的政黨國家兩種形態。但從兩種實際存在的政黨國家的基本解構上講，則不存在本質的區別。不過，以黨建國的歷史任務完成之後，進入以黨治國的狀態。黨治情境是一種不同於政黨建國的情境。[9] 以黨建國的歷史合理程度比以黨治國的合理程度要高。原因在於，以黨建國，是一種以政黨的嚴明組織狀態，作為建國的政治動力。人們可以期望，一個嚴明的政黨將散沙般的國民迅速整合起來，從而進入建國的國家認同狀態。但以黨治國，則是一種以政黨的組織狀態應對國家的運作狀態的方式。這就註定會遭遇兩相疏離的情境：政黨在國家建構的危機狀態下，是可以作為國家總體動員的組織力量；但政黨在和平的狀態下，則很難將鬆散的社會整合到相對嚴明的政治組織目標之下。於是，一個國家長期處於黨治狀態，必然出現如下述難於克服的困難。

第一，政黨國家建國的歷史合理性與政黨國家延續的現實合理性之間，存在矛盾。就前者言，人們有充分的理由為中國共產黨建構的政黨國家進行辯護。因為現代中國的建國確實是由政黨來完成的。這一建國過程，既體現為中國之作為民族國家實現了統一，也體現為中國之作為一個現代國家的興起，中國共產黨由此獲得了執掌興起的現代中國國家權力的理由。但是，就後者論，以黨建國的歷史理由並不構成以黨治國的現實根據。換言之，在以黨建國時期呈現的黨化國家的歷史正當性，不等於在以黨治國時代就直接轉換為黨治國家的正當性和合法性。因為前者是在一個政黨—軍隊力量顯示其建國的組織—武裝力量的基礎上，在暴力機制中呈現的國家建構非常狀態；而後者則是在政黨—法治結構中呈現的國家建設常態情形。前者可以貫穿「打天下者坐天下」的國家權力執掌邏輯，後者則使這一邏輯延伸的理由迅速喪失；前者意味着打天下者執掌國家權力的必然性，而後者顯示出打天下者因為生命周期退出政治舞台後、後繼者掌握國家權力具有的偶然性；前者是毛澤東斷言知識分子不堅定，以為革命就是請客吃飯、就繡花鞋，其實革命是疾風暴雨的群眾運動，後者則是告別革命，促使革命歸於文獻和辭藻。可見，以黨建國是無法順理成章推導出以黨治國的，兩者完全依循不同的政治邏輯。這是關於中國黨—國關係的一個基本政治判斷。

以黨建國的任務完成後，面對以黨治國的人們，一般可以區分為三種類型：一是以黨建國者直接地以黨治國，他們倚重的是以黨建國的歷史權威資源；二是以政治直覺醒悟以黨治國難題的以黨建國領袖人物，由於他們在以黨治國的曲折歷史中起伏沉降，對於以黨治國的非規則狀態深惡痛絕，因此意圖將以黨治國推向法制軌道的黨—國領袖人物；三是完全憑藉現代技術資源作為以黨治國基礎的政治人物。這些人物大多是學習現代技術出身的。對於這些出身於大學理工科的政治領袖來講，以黨治國就是一個治國工程的實施問題。涉及治國的諸政治大判斷問題，逐漸溢出他們的政治視野。而治國的過程就是關於技術程式的安排問題。對於這三批政治領袖而言，[10] 政治權力的合法性來源愈來愈不足夠：第一代訴諸暴力，以黨建國的政治家，他們認定自己控制國家權力具有某種天經地義的當然性。第三代訴諸技術權威，來自於和平時期且經過領導選拔、帶有相當偶然性的政治人物控制權力，其獲得權力的正當性和偶然性緊密相連，於是他們掌握國家權力的合法性就成為可以討論的問題。

第二，政黨權力運行機制與社會精英分化進程之間，存在衝突。執掌國家權力機器的超級政黨權力體系，[11] 其內部的權力分享機制的建構，刻不容緩。對於一個超級政黨而言，當它進入執政狀態，其權力的制度性分享已經變成一個現實的問題。這一制度性分享機制，是由多元精英共同組成的超級政黨自身的性質所決定的。在超級政黨內部，這些精英不一定都是政治精英。因為超級政黨自身的維持，需要政治、經濟、文化、科技、教育各個方面的精英，才足以構成一個將社會中的大多數精英納入黨內的超級政黨體系。從本來的意義上說，在推行市場經濟之前，計劃經濟體系中充任企業領導的人士，其實是政治精英的次選人士。但實推行市場經濟之後，領導國有企業的人士，則逐漸偏離政治生活，而一直為超級政黨體制所重視的科學家群體，從專業視角看，他們既不懂政黨是什麼，也不懂國家是什麼，更不懂社會組織是什麼，他們離政治生活更遠。但是，在超級政黨體系中，科學精英、技術精英、經濟精英、文化精英、教育精英與政治精英同屬一個壟斷國家權力體系的政治組織之中，因此註定了他們在不同程度上不能臣服於各自精英的社會屬性，而被其政治屬性所制約。除了政治精英之外的所有精英人物，最後都從屬於超級政黨的政治屬性，不過當一般的社會精英加入到政治精英陣營，可能會造成雙重影響：一是有利於超級政黨整合國家的政治資源，並且將所有精英統納入便利的政黨控制機制之中；二是不同精英群體淡化其社會屬性後，超級政黨的政治精英群體素質必定被降低。因此超級政黨的強有力政治安排，必定在泛政治化的狀態中受到削弱，使政黨精英與社會精英的各自屬性難以鮮明呈現。

第三，以黨建國時期的政黨定位與以黨治國時代的政黨定位之間，出現罅隙。在後發外生的現代國家發生現代轉型的過程中，以黨建國的黨必定是革命黨。這一政黨，是一個引導民族建構國家的、先進的政黨。它以自身對民族建國的政治自覺，處在歷史演進的前沿位置。政黨自身的嚴密組織、政黨高度的組織紀律性、政黨對於自己建構國家任務的莊重認領、政黨綱領的理想主義特質，都引發了人們廣泛的認同。但是，一旦一個以黨建國的革命黨完成了建國任務，成為執掌國家權力的超級政黨之後，革命黨就會馬上面臨一個轉變為執政黨的艱難問題。革命黨之所以必須轉為執政黨，一個最簡單的原因就是，革命黨取得成功之後，旋即失去了革命的對象，必須自己執掌國家權力。因此，革命黨原來以絕不妥協的暴力鬥爭對待國家權力的原則必須摒棄，現在必須學會以建設性的方式使用國家權力，並用國家權力兑現革命時代許下的各種承諾。當革命本身成為多餘的時候，革命黨常常難於適應政黨生存的嶄新土壤，而就此徘徊在既有的革命遺產和新晉的執政學習困境之中。這正是毛澤東執政時代困境的寫照。

當中國共產黨在執掌全國政權的過程中，逐漸發現執掌權力的特殊邏輯之後，支撐革命黨運作的諸內外部條件也就跟着喪失：從內部起，中國共產黨的理想主義政黨定位逐漸難於維持。革命黨以搶佔道德高地維持自己革命的高昂熱情，在執政之後，革命黨的這種道德熱情缺乏卻施加物件。倘若一定要尋找道德熱情的施加物件，那就必須像毛澤東般尋找一個已然墮落的黨內走資本主義道路的當權派。但這樣勢必將政黨內部的秩序打亂，引發黨內控制危機。如果執政黨不沿循維持內部道德熱情的路數往下走，就只能選擇一條務實的治黨與治國路線。於是，以「道德人」維繫的理想主義政黨，以及由此支持的以黨治國局面，勢必轉變為面向「經濟人」和「政治人」假設來設計的現代治國進路，使超級政黨的革命黨定位無法延續，而必須在不甚熟悉的執政黨進路中摸索治國新路。執政黨的定位將理想主義的政黨落定在現實主義的利益機制上，人們對於政黨的認知也就轉變為對執掌國家權力的權勢集團的認知。國家權力掌控者與國家權力的作用物件，兩者都在日常生活中、現實狀態下各自確立對對方的期待和評價。

因此，原來剛性地確立起來的政黨國家體系勢必面臨重大改革。這一改革，從政黨的一端來看，執掌國家權力的超級政黨，一定會從原來那個以黨建國具有的先進性、革命性、獨佔性特質的政治組織，轉變為分利性、制度性和執政性的組織。這就是中國共產黨一定要從革命黨轉變為執政黨[12]這命題顯示出的重大價值。這也是今天中國政黨改革促進中國現代化最重要的支點。從國家的一端來看，當以黨治國的局面鬆動以後，國家結構開始出現變化：一是政黨、國家、社會與市場的各自領域逐漸分化顯示出來，並且體現出不同的運行邏輯。二是國家權力不再是一種支配性的橫暴權力，而是一種法治型、服務型的權力；三是國家行使權力的方式，不再是絕對命令性的，而是協商性、妥協性的。就前者來看，倘若中國共產黨以一個革命黨的定位來統治國家，那只會為它的執政帶來障礙。就後者而言，倘若國家結構的分化重組進展遲緩的話，那麼它的發展前景就令人擔憂。因此，政黨與國家的雙向調整，成為今天中國政治生活最為顯着的重大事件，[13]而這正是民族國家演進過程中，顯示出的政治現代化情境。[14]

二、政黨改革的問題針對

在政治現代化的背景下，討論中國共產黨的改革，申述中國從政黨國家轉變為民族國家的過程，應當抓住一個中心，解決三個不暢，理順三個關係，強化三個制度，並在政黨與國家脱鈎的過程中，實現三個轉換，避免一種狀態，達到一種結果。

在中國政黨國家轉變的過程中，從政黨的視角來看，政黨改革的主要着眼點，在於抓住一個核心，即中國共產黨從革命黨轉變為執政黨。這個核心，涉及若干中國政治體制改革的重大問題。首要的問題是，作為執政黨的中國共產黨的政黨理念，必須要重構。這既反映中國共產黨性質的黨章，有必要做出重大的修改；也體現了中國共產黨作為執政黨對於其政治遺產所應當懷抱的審慎態度。

從前者看，中國共產黨的現行黨章，其核心理念仍然是革命黨的理念。這從兩個方面可以得到認知，一是中國共產黨對自己作為政黨組織的明確政治定位，二是中國共產黨對於自己領導權的系統確認。從前者説起，《中國共產黨章程》明確規定，「中國共產黨是中國工人階級的先鋒隊，同時是中國人民和中華民族的先鋒隊，是中國特色社會主義事業的領導核心，代表中國先進生產力的發展要求，代表中國先進文化的前進方向，代表中國最廣大人民的根本利益。黨的最高理想和最終目標是實現共產主義。」[15] 這不是現代政治一般意義上的政黨定位，而是對一個超級政黨組織特質的自我承諾。從比較政治學的視角出發，任何一個執政黨或爭取執政的政黨組織，都很難為政黨特質訂立如此高的政治規定，唯有以黨建國和以黨治國的超級政黨，才可能做到這樣的政黨性質規定。從後者論，中國共產黨對自己的領導權全面而有系統地做出了規劃的。《中國共產黨章程》同樣明確指出，「黨的領導主要是政治、思想和組織的領導。黨要適應改革開放和社會主義現代化建設的要求，堅持科學執政、民主執政、依法執政，加強和改善黨的領導。黨必須按照總攬全域、協調各方的原則，在同級各種組織中發揮領導核心作用。黨必須集中精力領導經濟建設，組織、協調各方面的力量，同心協力，圍繞經濟建設開展工作，促進經濟社會全面發展。黨必須實行民主的科學的決策，制定和執行正確的路線、方針、政策，做好黨的組織工作和宣傳教育工作，發揮全體黨員的先鋒模範作用。黨必須在憲法和法律的範圍內活動。黨必須保證國家的立法、司法、行政機關，經濟、文化組織和人民團體積極主動地、獨立負責地、協調一致地工作。黨必須加強對工會、共產主義青年團、婦女聯合會等群眾組織的領導，充分發揮它們的作用。黨必須適應形勢的發展和情況的變化，完善領導體制，改進領導方式，增強執政能力。共產黨員必須同黨外群眾親密合作，共同為建設中國特色社會主義而奮鬥。」[16]可見，中國共產黨的領導權不僅是剛性的，更是全面的、毋庸置疑的。這樣的領導權，只有革命黨才可能具備，執政黨是不可能如此全面、絕無例外地行使這種全能的領導權的。真正試圖將中國共產黨坐實為執政黨，就必須對政黨組織的基本方式進行適應執政環境的結構性調整。換言之，一個全能的革命黨組織綱領，必須調整為限定權力實施範圍與效能的組織綱領。

從後者看，中國共產黨對於自己的革命遺產應當抱着一種審慎的態度。無疑，作為一個對自己的革命歷史心懷崇敬的政黨組織，要對其革命遺產進行歷史總結，是一件非常艱難的事情。革命理念、革命志士、革命理想、革命衝動與革命組織緊密連接，形成了慣性而強大的政治力量。僅僅告知這一組織中的成員，革命的歷史任務已告完成，政黨組織已經獲得國家權力，因此要進入執政的常態情形，並作別關乎革命的諸理念與行動方式，是不可能獲得政黨組織成員的積極回應。這不是因為政黨成員落後於時代的緣故，而是因為革命年代的熱情始終具有感染人的力量。但這種力量一旦消失，革命黨的精神靈魂也就失去了。因此革命黨轉變為執政黨的過程，最為艱難的就是作別革命氛圍。如果過於急促地作別革命氛圍，那麼革命黨的政治秩序供給就必定會面對嚴重短缺的狀態，革命黨據以整合社會力量的根據就會喪失了。這是革命黨轉變為執政黨最能引起當事者警覺的方面。

在革命的處境當中，革命者以革命為理想，即使奉獻生命也在所不計。因為革命必須以他們的熱忱奉獻、犧牲個人利益為基本底線。[17] 參與革命的從眾者，即革命的跟隨者，大多帶有被動性。但是這些人一旦投入革命，他們就會受到革命理想的激勵，革命領袖的使命感就會逐漸成為支撐他們投身革命行動。這是因為現代革命理想本身就是高度聚集道德資源而形成的政治動員理念，如法國大革命的自由、平等及博愛的政治理念和中國革命訴諸的推翻三座大山（封建主義、帝國主義、官僚資本主義）的政治觀念。在革命運動中，一般參加革命的人士，大多處於接受革命理念的狀態，革命領袖則負責制造革命的精神動力，營造革命的社會氛圍、建構和維持革命的組織形式。革命政黨領袖必須不斷給革命帶來興奮感，這是作為革命家的行動準則。革命領袖不出新招，就沒有後續力量。在這種情況下，革命黨的精神就必定體現為道德理想和革命興奮感的長盛不衰。於是，革命就得為此發動持續不斷的社會運動，將政治革命推進到社會領域，以革命的方式徹底改變國家、社會與人性。

但是，這樣的革命情勢，絕對不利於取得執掌國家權力的革命黨。相反，在進入和平時代執掌國家權力的情形中，一直延續革命黨思維的執政政黨，絕對會危害自己政黨的執政績效，以致喪失執政的社會基礎。毛澤東晚年嘗試的「無產階級專政下繼續革命」的執政方略，就將中國共產黨推向了一個岌岌可危的執政境地：不僅國民經濟滑向崩潰的邊緣，而且引發了旨在對執掌國家權力的政黨表達強烈不滿的的四五運動。後毛時代的掌權者發現，國家非經重大的結構性改革，不足以為執政黨提供執政的合法性資源。儘管這一改革並沒有公開宣稱「告別革命」，但是借助終結文化大革命的方式，憑藉評價毛澤東的是非功過，依靠完全不同於此前的政治化的經營經濟統治策略，中國共產黨逐漸摸索出與革命黨不同的執政思路：「三個代表」的提出，堪稱後革命時代中國共產黨清理革命遺產，重建執掌國家權力理路的象徵性事件。[18]

從革命黨轉變為執政黨，是一個切中中國共產黨政黨性質轉變的重大命題。但是，這一轉變並不是輕而易舉就能實現的目標。作為執政黨的中國共產黨慎重對待自己的革命遺產，還僅僅是它意識到政黨性質面臨轉變的標誌而已。實現從革命黨到執政黨的轉變，起碼要解決幾個相互關聯的重大問題：一是執政的中國共產黨能夠形成放棄革命黨定位的政黨共識。這是中國共產黨足以轉變政黨性質的內在起始動力所在。二是中國共產黨必須動心忍性，對革命黨的綱領、組織形式、政黨運作、黨國關係、黨際關係做出全面的調整。這是中國共產黨足以轉變為執政黨的政黨結構安排問題。三是中國共產黨必須改變自己施政的基本進路，實施民主的、法治的、協商的、妥協的治國方略。這是中國共產黨足以被認定為執政黨的實際依據。三者的聯動，才有望真正促進中國共產黨從革命黨轉變為執政黨。

就第一方面分析，中國共產黨圍繞從革命黨轉變為執政黨的政黨重建目標，形成全黨共識，已經成為中國共產黨轉變政黨形態的首要問題。這不是一個可以一蹴而就、毫無波瀾就可以實現的政黨轉型目標。因為處在執政地位的中國共產黨，黨內的政治理念很難達到爭奪全國政權時期的那種高度統一狀態。執政時期的中國共產黨，黨內的基本政治理念至少劃分為三：一是執着中國共產黨爭奪全國權力的道德理想主義政黨的定位，因此對政黨獨佔道德資源的狀態堅執不放；[19] 二是願意在中國共產黨處在執政狀態的現實要求下，適度調整政黨理念以適應時代變遷；[20] 三是認定中國共產黨已經處在全新的政治局面之中，因此要求政黨改弦更張，進行結構性改革。[21] 這三種政黨理念對於中國共產黨再建政黨共識，構成了消解性的政治意識局面。因此，如何將中國共產黨內部的不同政治理念統一到執政黨的現實主義政治軸心上來，成為中國共產黨化解黨內基本政治理念分歧，理性處理政黨—國家關係的前提條件。

就第二方面的觀察，則關係到中國共產黨是否能夠從霸權黨轉變為執政黨的決定性問題。中國共產黨全黨熟稔於心的是全能政黨的結構定位與功能組合。霸權黨制是中國共產黨自建黨到執政以來不變的政黨定位。這般熟稔的定位，對於一個可以營造全能政黨爭奪與掌握國家權力的政治氛圍的黨派來說，當然是合乎理想的政黨心態與黨派定位。但是，當政黨自身啟動了多元社會的改革過程，社會日益多元化之後，政黨的獨大心態與霸權黨定位，就面臨一個結構性調整的政治局勢。於是，中國共產黨對於霸權黨制下的基本綱領、行動方式，都必須做出因應時代的適時調整。一者需要對政黨自身的諸組成要素進行重組，尤其是需要將凝聚政黨力量的黨綱加以結構性修訂，以適應時代對於政黨提出的嶄新執政要求；二者需要執政黨逐漸學會面對平等的黨際關係，處理好政黨與國家、政黨與政府、政黨與軍隊的諸邊際關係，有所進取、有所收斂，進退有度、收放自如。這樣的自身調整更為艱難，比重建黨內共識困難許多。因為後者不過是處理黨內實務而已，前者涉及到處理遠比黨內實務要複雜千百倍的黨際實務問題。

就協力廠商方面考察，執政黨本身必須具備藝術化的施政方略。從國家層面上來說，憲政秩序的安頓，是一個真正需要「執政黨」執政的國家機制首要問題。如果缺乏憲政安排，也就無所謂執政或不執政的問題。因為國家權力的歸屬是專門的，而不是競爭性的，那麼國家權力就永遠歸於某一政黨組織，這一執掌國家權力的政黨組織也只能是革命黨。在憲政機制中，即使一個政黨長期執掌國家權力，那也是一種不排斥政治競爭，甚至直接就是政治競爭的選擇結果，而不是政治自認的產物。從社會安排上來說，執政的政黨需要謹守社會規則，其中最為重要的就是嚴格劃分私人生活與公共生活兩個領域，嚴防死守政黨組織以公共利益的名義侵入私人領域，並隨意干預私人正常的日常生活。從比較政治學的視角看，在社會主義條件下執政的政黨，必須具備扭轉傳統社會主義執掌國家權力時的執政規律，那就是要改變僅僅以口號治國，衝擊務實的治國實務的狀態。傳統社會主義國家大多都是靠口號治理國家的，不僅是以口號作為政黨組織整合力量的方式，也以口號作為國家權力動員的模式，更以口號作為社會動員的基本進路。因此，杜撰激動人心的口號，遠遠比處置具體事務來得重要。這比之於重視市場價格機制的治國效用的發達國家來說，治國績效顯然低下得多。[22] 傳統社會主義國家提出的口號令人眼花繚亂，口號太多，制度太少。政黨執掌國家權力愈久，提口號的難度愈大，口號的政治煽動性愈弱，其社會政治動員效能亦愈低，治國績效愈處於衰變的狀態。對此，政治社會學早就為人們揭示了口號作為一種社會政治動員方式，乃是效率遞減的動員方式。對於執掌現代大型複雜國家的權力的政黨來講，執政不能依靠虛化的口號，不能簡單依賴理想主義、道義邏輯，相反，應該費心建構一套在社會正義基礎上行之有效的公平制度。這樣的制度安排，既不能對某一個人特別有利，也不能對某一個組織特別有利，如此才能維持人們對統治者的執政認同。否則，執掌國家權力的執政組織沒有掌握長治久安之道，就只能依賴統治權術，而因逐漸喪失高超的治國技藝。

圍繞從革命黨轉變為執政黨這個核心，中國的政黨改革需要解決三個不暢。第一個不暢，就是政黨言路不暢。朱鎔基總理在任的時候曾經受到地方官員的欺騙，媒體就此熱議國家治理中最嚴重的問題「下級騙上級，地方騙中央」。[23] 作為執掌國家權力的中國共產黨，依賴按照地域和層級建構起來的政黨行政組織，行使政黨對國家的所有權力。這種組織結構，決定了官僚制的一般弊端必然投射在政黨的運行過程之中。由於官僚科層制度總是運行在一級管理的層級管理基礎上，因此政黨基層組織機器運行的實際情況，政黨高層的領導人士並不充分了解和把握。這樣，政黨權力的行使，也就必然出現績效衰減的態勢。

而政黨言路不暢的問題，並不是政黨領導人的品質問題，也不是政黨性質註定的問題，而是政黨的行政科層制度必然出現的問題。觀察中國共產黨執政六十餘年的歷史可以看出，一方面，由於政黨科層機制的分層太多，從中央一級逐級下落到基層黨支部，縱向的多級建構層次，必然制約高層政治意志的下行；而基層的政治願望又必然難於上達政黨高層，必然造成一種縱向政治決斷的資訊阻斷，令高層的政治決策常常只能在資訊不暢的情況下作出的決定。這樣的決策結果，如果沒有遇到重大的社會政治問題，還是可以維持起碼的政治效應。假如遇見社會政治動盪或危機事件，仰賴高層決斷的縱向決策機制，勢必貽誤重大決策時機與實際效果。另一方面，從橫向的視角看，中國共產黨區分為不同部門建立起來的複雜組織建制，對於縱向組織意志也發揮着降低績效的負面效果。由於中國共產黨在革命戰爭年代設計的「支部建在連上」[24]組織建制，使其在奪取全國政權以後，迅速形成了各類組織層級綿密的完整建制。這樣的建制，有利於政黨迅速、有效而且完整地控制國家機器、社會組織和政治體成員卻不利於組織自身的控制：這一事務複雜到政黨組織實際上是各行其是的相對獨立的組織機構，分門別類的中國共產黨組織之間，很少組織整合制度規則，更多依靠更高一級組織領導的意志控制。而這種依賴於不同層級、不同領域的領導人物控制的政黨機制，事實上就是一種無法有效傳遞資訊的機制。加之政黨科層之間嚴格的組織紀律約束，就更妨礙了資訊，尤其是所謂負面資訊的傳遞。否則，政黨的錄用制度，會對那些越級傳遞資訊的人士發揮懲戒的功能。

第二是競爭通路不暢。中國共產黨建立於戰爭年代的政黨組織結構，註定了是一種有利於集中政黨意志，將黨員嚴格約束在黨的組織紀律之下的、排斥競爭組織體系。這就是民主集中制的政黨體制，以及由這種政黨體制衍生出來的國家權力體制。在這種政黨機制中，「下級服從上級、少數服從多數、全黨服從中央」[25]的排斥競爭的權力集中制，將政黨的民主機制貶抑到絕對低於集中領導的第二層級。而且由於這一機制在中國共產黨執掌全國權力之後，從來沒有在結構上調整過，因此，執掌國家權力時代的黨內權力分化、精英分化狀態在體制上就缺乏積極的回應。久而久之，黨內的精英被淘汰與守成者坐大這種突兀的現象，勢成定勢。由於黨內的各種選舉僅僅具有形式化意義，因此政黨的成員意志總是無法與政黨意志抗衡，造成政黨無法激勵黨內精英的政治優質資源為穩定政黨政治地位所用，從而使政黨，尤其是政黨領袖本人處於魅力明顯衰變的狀態；另一方面也造成黨內精英逐漸謀求各自政治利益的分離化傾向，政黨不得不在防止篡黨奪權的政治鬥爭中，以高壓政治維持政黨統一；再一方面則造成政黨潛在的分裂可能，因為一個無法將容納其中的國家精英分佈到所需要的領導崗位上去的政黨機制，乃是一個無法避免精英們在可能的時候率爾出掌權力的機制。這也是拒斥競爭的全能性政黨源自內部機制的最大危險，是在缺乏替代性的政治組織的國家中，最危險的政治危機出現的地方。

第三是決策通路不暢。政黨—國家決策權力橫向的部門分割與縱向權力的相互對應，成為決策通路不暢的兩個典型標誌。從黨政各個部門的權力分割來看，為人們所痛陳的「國家權力部門化、部門權力利益化、權力利益掠奪化、掠奪利益公開化」現象，已經鮮明體現出政黨—國家權力橫向分割所造成的權力私有化局面對於公權公用的不利影響。這樣的權力安排，必然使權力的統一意志難以達成，各個權力部門各行其是，令表面上強大的中央權力體系，被無形分解為各個部門的實際行使權力。而各個部門當在行使權力遭遇到利益衝突的時候，權力的權威性必然大為下降。權力的行使就此成為政黨—國家各個部門之間自證其權力的正當性手段。從中央與地方的利益博弈來看，由於央地權力從來沒有制度化，因此在央地的利益博弈中，地方官員總是被兩種力量牽制：要麼他們站在全域的道義立場上作出決策，當地普通公民的利益就會受到損害；要麼他們站在地方利益的角度考慮問題，便會失去高層甚至中央權力及其人格代表對自己的信任。因此，在央地的利益博弈中，免不了地方官員與中央官員之間的利益權衡與實際考量，令中央層級的決策不一定能順暢地下達到基層，而必然遭遇層層過濾；地方的願望也不一定能夠順利上達高層或者中央，而必然遭到逐層遞進的洗滌。這種資訊傳遞的障礙，使政黨內部的決策機制與決策效果受到多方掣肘。

中國共產黨的政黨改革，如果實現了言路通暢、有效競爭、決策明快等條件的保障，體制內沒有明顯的阻滯，進而就有必要着力解決三種基本關係。其一，中國共產黨的政黨改革，最重要的就是處理好黨國關係。政黨與國家的關係，一般並不被人們意識到是兩種政治力量之間的關係。因為在政黨—國家體制中，人們將兩者視為同一個建制似乎理所當然。但實際上在「黨的一元化領導」時期，兩者的構成、運行、手段與目標都是大為不同的。政黨活動，依賴的是嚴格的政治組織、政治綱領、政治動員、組織服從與遠大目標；國家的活動，依賴的是鬆散的社會機制、法治手段、多重動員、自覺自願和現實預期。因此，一個執掌國家權力的獨大政黨，很難借助自己組織的力量動員整個國家的力量。即使在這樣的體制之下，政黨強勢的時候，政黨傾向於吸納國家；而政黨弱勢的時候，國家傾向於吸納政黨，由此可見，黨—國的關係總是試圖運行在統合的狀態中，[26]兩者卻必定不是同一個建制，即使在政黨與國家高度同一的狀態下，「鐵板一塊的統一也不能得到完全實現」。[27]故而黨—國關係始終構成政黨國家必須處理好的最基本關係。

其二，需要處理好的關係是黨政關係。從前述黨—國關係看，政黨處在國家之上，在和平時期對政黨至少存在三個方面的不利影響：一是難以形成國家意識形態，而只能以政黨意識形態來進行替換。但政黨意識形態本身只對黨員有效，對非黨員是無效的。因此這個時候的政黨一定要擴展為全民黨，一旦擴展為全民黨，第二個不利就來了——二是黨員的品質下降，黨員的品質一旦下降，黨員就不能有效負載黨的理念，把政黨意識形態貫徹到國家政治生活當中，因此，第三個不利就出現了——政黨運行的任何社會效果，正面的也好、負面的也好，都歸咎於這個政黨，但政黨卻擔不起這麼沉重的政治負擔。相對於國家意識形態、國家基本制度安排、國家政治生活的日常秩序而言，政黨—國家註定要形成一個遠遠勝於全能政府效能的全能黨，從而將國家意識形態、基本制度安排與日常政治秩序通通納入政黨意識形態、組織制度與政黨生活模式之中。全能政黨便將政府影子化，政黨的行政化問題就此浮現。[28] 這個時候，政黨意識形態變成國家意識形態，國家意識形態決定國家制度，國家制度的執行反映政黨理念，一個黨員的日常生活狀態成為每個公民的生活模式，整個國家的黨化特色毋庸費力，即可確認。

這就是改革開放以來中國的黨政關係始終難以理順的決定性原因。近三十年期間，中國的黨政關係經歷了黨政分開，黨政合一，再到黨政分開，目前落定於合一局面的起轉承合。為什麼黨政關係始終理不順呢？簡而言之，政黨—國家的政治結構，註定了必須由執掌國家權力的政黨，提供國家意識形態，指定國家發展規劃，分配國家運行所需的各種資源，並以官員的評價和任用作為杠杆控制官員的政治—行政忠誠心。這種強控機制，在革命黨的政治氛圍延續中是有效的，但在執政情境中，尤其是在市場經濟促成的多元社會中執政的狀態下，效用就會明顯弱減，甚至造成黨—政關係的或隱或顯的對立可能。譬如，中國共產黨的各級黨務官員是各種政策的實際操控者，一旦這些決策實現了預期目標，並獲得人們的正面評價，那自然是印證了執掌國家權力的政黨的正確；假如這些決策事務造成了明顯的社會負面後果，那麼，政黨就必須在保證黨的正確性前提下，供出實際作為政策執行者的政府官員，承擔決策事務的責任。因此，政黨吸納行政並無法完全保證行政績效，而不分喪失行政官員忠誠感的內部對峙關係，就此塑就。

其三，需要理順的關係是政黨與社會政治組織之間的關係。中國共產黨與其他社會政治組織的關係，是一個中國共產黨與八個民主黨派的關係問題。按照《中國的政黨制度》白皮書的表述，中國共產黨被確立為執政黨，八個民主黨派則是定位不易的參政黨。[29] 這一政黨定位的理由主要是歷史給定的。按照《中國的政黨制度》的表述，理解這一定位不變的政黨定勢，需要從兩個角度同時展開，其一是從中國共產黨的歷史與現實處境加以理解。這一理解可以是現實的，「中國共產黨的領導地位是在長期革命、建設、改革實踐中形成並鞏固起來的，是歷史的選擇、人民的選擇。在八十多年的奮鬥歷程中，中國共產黨領導中國人民完成了新民主主義革命的任務，實現了民族獨立和人民解放；建立了人民當家作主的國家政權，維護了國家統一和各民族團結；建立了社會主義制度，實現了中國歷史上最廣泛最深刻的社會變革；開創了中國特色社會主義事業，為實現國家富強和人民幸福探索出了一條正確道路。」同時又是現實的，就是「中國是一個有着九百六十萬平方公里國土、十三億人口、五十六個民族的發展中大國。在這樣一個幅員遼闊、人口眾多的多民族國家進行現代化建設，必須有一個堅強的領導核心。中國共產黨代表中國先進生產力的發展要求，代表中國先進文化的前進方向，代表中國最廣大人民的根本利益。中國共產黨的堅強領導是中國實現社會主義現代化的根本保證，是維護中國國家統一、社會和諧穩定的根本保證，是把億萬人民團結起來、共同建設美好未來的根本保證。這是中國各族人民在長期革命、建設、改革實踐中形成的政治共識。」[30] 而從民主黨派的角度來理解，則是因為「中國人民民主專政的內在要求和各民主黨派在中國政治生活中的實際作用，決定了民主黨派的參政黨地位。各民主黨派作為各自所聯繫的一部分社會主義勞動者、社會主義事業建設者和擁護社會主義愛國者的政治聯盟，屬於人民的範疇，他們在中國共產黨的領導下參政，是人民民主的重要體現。」[31] 儘管這樣的定位在邏輯上還需要進一步釐清，但是因應歷史的理由給出的政治定位似乎還是相當有說服力的。只是在實際的政治操作中，執政黨與參政黨並不是一個簡單的政治權力給定的問題，而是一個在掌握權力的過程中需要視實際情形論定的問題。換言之，執政黨不能保證派出真正的精英執掌國家權力的時候，參政黨卻可以派出能力很強的官員擔任相應職務。執政與參政的認同關係就存在顛倒的可能性。歷史給出的執政與參政的定位，並不能順暢地成為現實中同樣定位的根據或理由。於是，因應時代變遷的狀況，中國共產黨必須轉變因黨際關係新局面的政治思維。[32]

中國共產黨與社會政治組織之間的關係，需要關注的第二個面相則是中國共產黨與工、青、婦這類群眾團體之間的關係。後三者幾乎一直是中國共產黨的周邊組織，承擔着處理中國共產黨與工人、青年和婦女關係的職能。但在和平時期，作為中國共產黨延伸組織的工會、共青團、婦聯，顯然同樣面對着多元化社會與一元化應對之間的疏離關係。因此，怎樣改革中國共產黨、工青婦與相應工作物件之間的三元關係，也已經成為中國共產黨改革的重大問題。這一改革，需要明確兩個重要端點：一端是促使工、青、婦不再直接面對中國共產黨的政治任務，而是直接面對工人、青年與婦女的實際需要；一端是他們對工青婦的政治引導甚至政治控制演進為社會幫扶、組織引導和團體自治。兩端合力作用，實現社會秩序的優化目標。

三、政黨改革與民族—國家的復位

從前述分析可以看出，中國共產黨自身從革命黨向執政黨的轉變，是中國共產黨改革的核心問題。圍繞這核心問題，中國共產黨必須進行結構性的重大改革。這樣的改革，必定促使中國共產黨產生適應時代的三大轉變。

第一個重大轉變，就是中國共產黨在結構上從精英政黨轉變為大眾政黨，而在運行中從此前的領袖個人治黨，轉變為明確的精英群體治黨。中國共產黨的建黨思想是人民—階級—政黨—領袖的四邊關係論。在這樣的建黨思想中，人民被劃分為各層階級的。無產階級代表了歷史前進的方向。而無產階級能夠承擔其歷史任務，必須由無產階級的先鋒模範隊伍——共產黨加以領導。共產黨的組成，則需要對無產階級的階級使命有充分認識，而且由精於政治組織的領袖人物來領導，否則無產階級要完成自己的階級使命，就是匪夷所思的事情。[33] 中國共產黨在政治上明確承諾，一切權力屬於人民。從權利歸屬上說，面對權利哲學所主張的人民觀點，毛澤東將之轉換為政治動員的對象「群眾」，「從群眾中來，到群眾中去」，[34] 在群眾中尋找政黨決策的根據，使致力建國的政黨所秉持的人民主權原則，體現為奪取國家權力過程中群眾路線的行動方針。正是這樣的群眾動員理念，讓中國共產黨在爭奪國家權力控制權的過程中，獲得了戰勝國民黨的社會基礎。這種群眾觀點，並不要是把廣大群眾納入到政黨內，而是將群眾作為奪取國家權力的行動者，由此既將中國共產黨定位為一個體現人民意志的黨，又將中國共產黨成功塑造為一個積聚人民意志、政黨力量和個人魅力的超級組織。這樣的政黨組織，其實是一個從政黨領袖下落為政黨核心圈層，再坐實為群眾行動的組織建構。在爭奪國家權力的時期，這一精英化的政黨定位，有利於吸引富有理想的政黨成員，形成一個具有政治抱負、政治組織能力和政治號召力的群體。精英型政黨在群眾中富有聲望，政黨成員不在多，而在精。但在和平時代，一個執掌國家權力的超級政黨，既需要擴大政黨成員的社會覆蓋面，又需要夯實廣泛的社會基礎。原來依靠政黨精英的組織結構範式，就面臨決定性的調整必要：這一調整，一方面體現為政黨在結構上從此前形式性的大眾政黨、實質性的精英政黨，真正坐實為大眾性的政黨；另一方面則體現為政黨此前依靠的最高領袖個人魅力的治黨進路，切實轉變為政治精英群體共同治理黨務的狀態。倘非如此，政黨不足以吸納高度分化社會的各級各類人才，也不足以有效整合各種政治資源。這不僅不利於政黨汲取自身整合的力量，更不利於政黨打通整合社會的有效管道。群眾—階級—政黨—領袖的寶塔式運作結構，勢必倒置為政黨精英—社會公眾的互動型狀態。這正是江澤民「三個代表」觀念出台的理據所在。

第二個重大轉變，則是在政黨具體的治黨方式上，要有相應的調整。此前的那種政黨寡頭制度，[35] 必須轉變為常設委員會制度，這樣才有利於政黨治理的組織化需要。為此，有必要逐漸改變政黨寡頭制時期習以為常的政治委員制度和常務委員會制度。這一制度是史太林主義的政黨體制，是權力高度壟斷的產物，造成一個黨中有黨，黨的核心中還有核心，最後只好落定在政黨領袖個人專斷一點上的疊牀架屋、荒廢制度的嚴重後果。政黨治理中的寡頭統治狀態，其實是不利於一個政黨有效治理的組織結構形式，因為當一個規模十分龐大的組織的運轉寄託在一個領袖身上的時候，政黨的運轉就取決於領袖的決定。一旦這個領袖陷入糊塗時，政黨的運轉就必定陷入紊亂情形。而在政黨基礎上複製出來的國家，也就相應陷入危機狀態。[36] 因此，中國共產黨因應時代變遷，建構不同於引發個人專斷的委員會制度，就有其必要。由政黨精英組成的提供政黨理念和政黨制度的委員會制度安排，不是目前由中國共產黨的一級黨委顯現的那種委員會制。那樣的委員會制度，實際上是一種委員會首長、即黨委書記一人決斷的制度。真正的政黨委員會制度乃是一種民主制度，而且不是一種民主集中制意義上的協商民主制度。在這樣的委員會制中，書記僅僅是委員會的召集人、議程的主持者、爭議的協調人，而不是委員會的意志顯現者、決議提供者、爭議裁決者。這樣的委員會制度，最有利於一個政黨吸納政治精英，建立起有利於政黨組織的精英民主制。否則，沿循此前的政黨寡頭制，勢必將政治精英排除在政治吸納的範圍之外，構成對政黨政治操權的顛覆力量。

第三個重大轉變，就是要從拒斥競爭的政黨制度轉變為黨內較為充分的競爭制度。黨內民主命題的提出，其實就是要解決黨內選任制度的安排問題。在革命黨的定位上，黨員的服從乃是一種政治「美德」，因為政黨意志的高度集中，是政黨在暴力爭奪國家權力時期的必須。但是，在執掌國家權力之後，一個政黨不能再因襲那種「軍中無戲言，願立軍令狀」的軍事化治黨模式。一個執掌國家權力的政黨產生領導人物，一定要通過黨內較為充分的競爭，促使真正的政治精英浮現而出，從而保證政黨有效執掌國家權力，借助政黨認同，實現國家認同。由此可見，政黨內部的民主競爭，並不是一種瓦解黨的力量，而是促使政黨具有合理配置政治資源能力的一種方式。所謂「從黨內民主到社會民主」的民主推進路線，就此可以被理解為執掌國家權力的政黨的黨員，先期具有了適應民主的競爭能力，從而能夠漸次將民主的政治生活習性帶向社會的過程。這樣的推進，可以在「一黨多元主義」的框架中展開，[37] 即在黨內放開派系競爭，促使黨員對競爭性的民主機制熟絡於心，但總體上大家又自覺維持政黨的組織統一性。在一黨多元制度推行且行之有效的前提條件下，逐漸將黨際民主作為有效的橋樑，將執政黨與參政黨的黨際界限打破，從而將組織化的政黨民主演進為社會民主，即借助民主競爭的方式產生政治領導人。這個時候，政黨就可以落定為現代政黨的規範形態，即為了通過選舉獲得國家權力的政治組織特質，在此顯現而出。

完成上述三重轉變的中國共產黨，就可以成功避免一種狀態，即政黨—國家運行難以避免的脆性機制。蘇聯共產黨建構並維持政黨—國家的教訓告訴我們，傳統史太林式社會主義政治體制的最大難題就是脆性機制。脆性機制與柔性機制相對而言，兩者最大的差距就是脆性機制處於難以改變的剛性狀態。這種剛性狀態，在其能夠維持自身運行條件的情況下，給人一種無力挑戰的強大感。然而它一旦遭遇與其剛性強度相等甚至稍大力度的挑戰時，它就會傾刻崩解，分離成紊亂無序的狀態。就此而言，人們認為蘇聯的崩潰，是因為戈巴契夫的政治背叛，[38] 乃是一個沒有明白蘇聯式脆性體制弱點的錯誤結論。在蘇聯式脆性體制足以自我維護的時候，一個人不僅不足以搞垮蘇共的脆性體制，而且他（即使是蘇共的總書記）必定會受到體制的摧毀性打擊；只有在脆性體制無法自我維持的時候，對之稍加改革或衝擊，它就會陷入崩潰的危機之中。對於一個建立了剛性機制的脆化政黨而言，走出剛性自我維持的狀態，避免脆性機制發作，就成為這類政黨最重大的課題。

建立在脆性機制基礎上的政黨改革，務求「軟着陸」的改革結果。這對於悉心模仿蘇聯共產黨機制的中國共產黨來說，將是一次鳳凰涅磐的艱難昇華。對於中國共產黨來說，有兩種慣性力量制約着政黨從剛性機制轉向柔性機制：一是蘇聯式的政黨建制，乃是政黨內部迷執無比強大的脆性機制的人士決心捍衛的政黨教條，因此任何偏離脆性機制的政黨改革，都將遭遇強有力的抵抗。而且這樣的抵抗行動與抗拒中國共產黨向市場經濟的轉向合拍，就會形成頗具社會感染力的左傾復興運動；二是中國政治傳統的定勢，會對中國共產黨致力軟化僵化的政治土壤，從而為剛性的、缺乏分享和妥協的傳統政治生活輸入活性因素帶來強大的阻力。鄒讜對此有明確的分析。他指出，二十世紀的中國政治，沿循了古典社會已然定型的全輸全贏心態。因這種心態，中國人缺乏政治妥協能力，人們習慣以自己或自己所在的政治組織的道德理想，衡量其他人或組織的政治理念與政治訴求的正當性。由於缺乏政治理性，適當的政治妥協很難達成，因此人們在政治生活中習慣於要麼全贏、要麼全輸的零和遊戲，而無法根據雙方或多方的重疊利益達成共贏的舉措。[39] 在革命年代裏，這樣的政治思維妨礙政黨利益與國家利益的統一；而在和平年代，執掌國家權力的獨大政黨，也很難與其他政治組織分享國家權力。但在改革開放推進的市場經濟的發展過程中，從經濟利益的分享開始，逐漸會延伸到政治利益的分享。這樣的社會演變邏輯，促使執掌國家權力的政黨必須學習與公眾和黨外政治組織分享國家權力，以適當的政治妥協方式為僵化的政治土壤注入彈性因素，成為中國政治生活的重大事務。

中國共產黨的改革，試圖避免脆性機制，實現政治體制改革的「軟着路」，勢必要求改革者既着力改變中國共產黨的組織生態，又改變中國社會的政治結構狀態。為此，就前者而言，中國共產黨政黨的改革必須告別獨佔道德制高點的思路，承諾自己組織和組織成員並不佔據絕對的道德高位，從而將自己下落到與所有公民及公民組織平等的位置，為政黨與公民和公民組織之間的平等協商提供組織條件。就後者而論，執掌國家權力的政黨組織自身首先應當建立嚴格的組織規則，尤其是程式化的議事與用人規則，從而為社會樹立起程式化議事與用人的典範，由此逐漸改良中國政治非制度化、非程式化的土壤，促使中國政治生活走上理性化的道路。

理性的政治，是具有穩定共識的政治。而建立共識，則是促成理性政治的有力杠杆。只有在理性主導政治生活的情況下，中國政治才能夠實現「軟着陸」，成就政治現代化的結果。對於今天中國經由政黨改革實現的政治現代化而言，需要建立起來的共識至少有三點：第一個共識是尊重執政黨的政治改革主導權。這尊重不是因中國共產黨執掌國家權力的地位，而是因它主張改變現狀的改革思維和改革舉措。從中國的現實政治來說，具體分析起來，中國共產黨對秩序的保證是其他社會政治組織所無法取代的：一方面它的政黨意識形態較為完備，它對於執掌國家權力建構了較為完備的政治論說，從而提供了國家建構政治秩序的理論基礎。另一方面，中國共產黨積聚的社會控制能力和現代社會動員能力，其他社會政治組織也還無法匹敵，為它提供了執掌國家權力的豐富經驗。再一方面，中國共產黨具有與時俱進的政黨思維，是一個學習型的政黨。這一政黨定位與中國處在現代化過程中之作為一個學習型國家是吻合的。它為中國共產黨主動切入國家變遷並引導這變遷過程提供了條件。如果人們不是簡單地以革命思維對待中國社會政治演進的話，那麼就應該承認中國共產黨之作為中國政治現代化的主導力量，乃是毋庸置疑的事情。但必須指出的是，對中國共產黨這種主導改革的優先權的承諾，是以它樂意以現代規範政治作為改革導向為其前提的。中國共產黨是不是因此積聚足夠的道義支持，形成深厚的合法性基礎，帶來群眾廣泛的認同，成為檢驗中國共產黨是不是能夠兑現改革主導權的試金石。倘若中國共產黨借助改革的方式，僅僅着眼於維持一個史太林式的政黨模式，高度壟斷國家權力，那麼它對現代化導向的改革的主導權，就會逐漸喪失。

第二個共識是尊重西方現代政治智慧。中國的現代化變遷是以抗拒西方現代文明，建構自己的現代文明的。這意味着，中國現代化的演進，總是需要處理「西方」現代化與中國傳統特性的關係，由此形成兩種偏執的政治思維：一是以中國特殊的傳統政治價值抗衡源自西方的現代政治價值，二是以源自西方的非主流現代政治價值抗衡西方主流的政治價值。結果，融為一體的現代政治價值，被人為切割為需要捍衛的特殊價值和必須拒斥的普世價值兩端，而且造成中國難以融入現代主流的而只能自居邊緣的政治習性。須知現代政治是西方人經歷艱難的政治探究而為人類提供的現代政治模式。西方人發現這一模式，絕對不意味着這一模式僅僅是屬於西方人的政治模式。一旦任何政治民族走上現代國家建構的道路，依託市場經濟形式為整個民族提供基本生產與生活資料，那麼這個民族就必須接受與市場經濟相攜而在的民主政治、多元文化。這一由市場經濟—民主政治—多元文化支撐的三元建構，是「現代」的基本建構。[40]它是人類走出分化為區域的古典發展模式之後，呈現出來的現代世界發展模式。在古典與現代的二元對照之下，它顯示出人類建構現代龐大政治社會的高妙智慧。這種智慧由西方人根據其先行的經驗得到了系統化總結，上升為由現代經濟學、政治學與社會學等社會科學概括出來的一套完備的「現代」的社會政治理論（social-political theory）。人類第一次將社會政治的實踐活動與社會政治理論緊密結合起來，從而大大提高了人類集群活動的績效，值得純粹自然地理意義上的「西方」以外的地域組成的政治社會的人們，高度尊重的人類偉大創制。

中國共產黨是在「向西方尋找先進真理」[41]的歷史洪流中出現並成長起來的政治組織。對於中國從傳統的帝國形態轉出，轉進到現代的民族—國家這一歷史演進來講，中國共產黨在自己爭奪國家政權的時期，悉心效仿西方的先進經驗。中國共產黨的創始人與重要領導人，幾乎都有留學西方的個人經歷。而晚近中國的改革開放，更是在吸取西方現代發展經驗教訓的基礎上，對中國現代發展道路的嶄新探詢。就此而言，中國人是具有尊重西方現代政治智慧的傳統的。

第三個共識是尊重傳統政治規範。中華文明是具有悠久政治文明發展傳統的文明形態。在現代轉型的初期，有人認為傳統中國有治道而沒有政道，即僅僅只有治理國家的基本理念，而沒有追問權力來源的政治傳統。其實，這是對中國古典政治傳統的一種誤解。「民為邦本，本固邦寧」一句，正道出了中國古典政治對政道問題的恰當解答。至於仁政德治的治道傳統，與王權和相權相輔相成的政治治理藝術，構成了中國古代內涵極為豐富的治國理政體系。在從傳統向現代轉變的初期，人們對這些政治遺產加以痛詆，是可以理解的事情。當中國的現代政治轉型進入成熟狀態之後，人們逐漸意識到從傳統中汲取政治智慧，促進中國政治的現代轉變，乃是值得提倡的政治改革思路。於是，傳統政治中安頓政道的民為邦本，可以對接現代政治的人民主權；傳統政治仁政德治的治國理政方略，可以與民主政治的「民有、民治、民享」緊密勾連；傳統政治講究政治人物的道義擔當，可以與現代政治重視的政治倫理聯繫起來；傳統政治重視的對民既富又教，可以與現代政治申述的社會自治與美德倫理相結合……。歸根結柢，中國傳統政治智慧不再成為現代政治發展的障礙，而成為現代政治成長的動力，也是中國走出怨恨心態之後，對西方、傳統必然產生的敬意。而作為引導中國現代政治轉型的中國共產黨，晚近對於傳統的重視，從國內提倡儒家、國外開辦孔子學院等事宜上，可見一斑。

總括而言，中國的政黨改革不僅促成中國共產黨真正成為一個熟悉現代憲政民主政治的選舉型政黨組織，更促成中國成功地從政黨—國家復位為民族—國家。中國需要從政黨國家重定為民族國家，是因為政黨國家僅僅是中國建構現代國家的一種過渡國家形態。[42]以黨建國與以黨治國的歷史任務完成之後，壟斷國家權力的政治組織，就成為組織自身發展與國家發展的消極力量。從中國共產黨組織自身看，在其全面執掌國家權力之後，在缺乏起碼的政治制衡力量的情況下，政黨自身的健康發展勢必成為一道難題：從整個黨派的視角看，缺乏政治制衡的力量，會造成政黨登臨絕頂的顧盼自豪感。這樣的感覺成為全黨成員的共同觀念，政黨權力就必定成為毋需制約的絕對權力形態。黨的領導人與政黨組織自身由此陷入道義自認的自滿狀態，國家治理就此成為政黨組織生活的圈子事務，無疑大大降低了國家治理的理性水準。在文革時期，中國共產黨領導人的自滿，造成了個人的獨斷專行，給國家發展造成消極的影響；而政黨組織自身的權力缺乏制約，則造成政黨決策事務無法校正的嚴重混亂。這一沉痛的歷史教訓給予人們寶貴的啟示：政黨—國家是不可能長期健康運行的。政黨必須安頓在國家之下，政黨領袖必須服從國家法律，換言之，拒絕任何政治競爭的霸權黨制，必須被改造成法治之下合理競爭的民族國家制度，憲政民主的政體建構應當成為政黨國家改革的目標模式。如果人們期盼成功實現這樣的改革目標，就必須努力完成兩個相互關聯的具體目標：一是中國共產黨自身與國家權力直接勾連的黨國機制必須切割開來；二是中國之作為規範的現代民族—國家的建構，必須復位。這兩個問題是緊密聯繫在一起的。

就前者言，將政黨權力與國家權力適度切割，早已經成為中國共產黨領導群體的共識。僅就晚近的相關認知而言，中國共產黨中央委員會總書記胡錦濤就有明確的切割黨權與國權的表述。二〇〇二年，剛剛接任中國共產黨中央委員會總書記職務的胡錦濤，發表的第一個重要講話，就是在紀念現行憲法頒佈二十周年紀念大會上的講話。在這一講話中，胡錦濤特別強調，憲法是國家的根本大法，是一切個人與組織活動必須遵守的基本規則，任何個人和組織都必須在憲法之下活動。[43] 這一原則性表述，對中國共產黨自身首先發揮了效用。因為中國共產黨在中國一切政治組織中規模最大、最強有力。一旦中國共產黨被限制在憲法框架之下，不能高於憲法，憲政民主的限制權就有了基本保障。一旦中國共產黨高於憲法，憲法就無法發揮國家根本大法的作用，僅能被視為一部法律文獻。為此，中國共產黨憲法必須致力於改變憲法只是一部法律文獻的現狀，努力使憲法具有憲法性，盡最大努力促成憲法通向憲政，從而自覺終結政黨國家的國家形態，開闢民族國家的國家形態成長通道。對於中國的政治現代化而言，只有國家意志高於政黨意志的時候，黨國、黨政、黨軍關係才能理順。不要以為把政黨國家的黨國、黨政與黨軍關係，共處一個以黨治國的體制，就可以一了百了，使一切順暢運作。事實上，僅就黨政關係而言，政黨也都無法保證自己對政府權力全面、直接而有效的支配。[44] 所以，一個政黨對於國家權力的執掌，最有效、最合理的掌權方式，就是以法治國，這不啻是對中國共產黨作別黨國形態最強有力的推動。

就後者論，民族國家的復位是一個統一國家的政治任務完成之後，國家再建構的重要事務。對中國建構現代國家這一事務而言，以黨建國作為建構統一的現代國家的方式，已經證明了這一建國方式的歷史正當性和政治合理性。無論是中國國民黨還是中國共產黨，都是以以黨建國的方式，實現自己統一國家的政治目標。但是，在以黨建國的目標達成後，以黨治國的績效在大陸和台灣，均處於衰變狀態，以至於國民黨在台灣不得不進行黨國體制的改革，實現憲政民主轉型；而中國共產黨也不得不啟動市場化的改革，並在經濟體制改革之後直面政治體制改革的問題。[45] 政黨國家體制在這樣的改革過程中，從漸進的改革步入結構的調整，最終坐實在民族國家的框架中。民族國家的框架，乃是一個建立在政治民族基礎上的國家形態。在這樣的國家形態中，國家建構與維繫的基礎是作為國家根本法律的憲法，一切個人與組織都在憲法之下活動。國家權力結構上顯現為分權制衡的憲政機制。國家—市場—社會的三元分化，國家依照分權制衡原則、市場按照價格機制、社會依照自治原則的各自邏輯運行；國家與個人的關係是一種前者保護後者的關係。從形式結構上講，國家乃是一個有主權、領土、人口等要素組成的龐大自治聚合體。[46] 只有這樣的民族國家形態，才足以成為穩定、強大且有序的國家形式，這也正是中國必須從政黨國家形態轉進到民族國家形態，復位到以黨建國時期致力於建國的政黨，最早確立建構民族國家的目標的深厚理由。

就兩者的互動關係上看，政黨國家的政治體制改革本身，必然體現為政黨改革與國家改革雙向同時展開、有效互動而成的局面。政黨國家的任何改革，無論是基於經濟發展的經濟體制改革，還是基於祛除阻礙經濟發展的政治障礙的策略性政治改革，或是直接對政治體制進行的結構性改革，都涉及到政黨自身的權力結構與國家權力結構的優化問題。從政黨改革的視角看，它的任何改革實際上都是處理壟斷化掌控的國家權力與自身權力掌控狀態之間的關係。政黨對於國家權力掌控的任何讓渡，促成了無限、全能的政黨蛻變為有限、克制的政黨的改革圖景。從國家的視角來看，國家權力領域的任何改革，都必須經由壟斷性國家權力的政黨的退讓，處理國家權力的組織方式與政黨行動方式的關係。[47] 在政黨國家中，從來沒有缺少政黨或國家任何一方的孤立性改革，改革始終將政黨與國家納入同一個改革過程，直到政黨國家復位為民族國家為止。只有在民族國家復位之後，政黨的改革便成為政黨組織內部事務，而國家改革則成為與公民、公民組織直接相關的事務，國家因此不再受政黨邏輯的支配，而單純接受國家憲法的引領。

註釋

1 【美】約瑟夫·熊彼特著，吳良健譯：《資本主義、社會主義與民主》，北京：商務印書館，1999，第 413 頁。

2 喬治·薩托利著，王明進譯：《政黨與政黨體制》，第 95 頁。

3 中華人民共和國國務院新聞辦公室：《中國的政黨制度》，引自中國網 china.com.cn。2007 年 11 月 15 日。

4 參見《中國的政黨制度》前言部分，對於中國共產黨與八大民主黨派關係的歷史源流的論述。

5 參見孫健：〈說說「華夷」的思想〉，引自中華孔子網 www.chinaconfucius.cn/Article/ShowArticle.asp?ArticleID=2174（瀏覽日期：2011 年 9 月 20 日）。

6 參見【美】湯瑪斯·埃特曼著，郭台輝譯：《利維坦的誕生——中世紀及現代早期歐洲的國家與政權建設》（*Birth of the Leviathan*），第 4 章〈英國的官僚憲政主義〉，第 1 節「不受約束的國家構成、早期地緣政治壓力與早熟的分權嘗試（公元 400–1453 年）」，上海：上海世紀出版社，2010，第 185–204 頁。

7 參見楊菁點校，蔣秋華等校訂：蘇輿《翼教叢編》，蘇輿序。蘇輿對康有為、梁啟超之輩致力於傳播平等。民權之類的改制思想，痛心疾首，力加詆毀，以為如此這樣就可以杜絕「邪說橫溢，人心浮動」。蘇輿的動機不可謂不善，但結果卻阻擋了中國成功建構民族國家。這樣的思潮，在中國近現代史上，屢屢再現。由此可見，中國建構現代民族國家的艱難困苦。台北：中央研究院中國文哲研究所，2005，第 57 頁。

8 參見任劍濤：〈為建國立規——孫中山的建國理論與當代中國政治發展〉，《武漢大學學報（哲學社會科學版）》，2011年第5期。以及任劍濤：〈政黨、民族與國家——中國現代政黨—國家形態的歷史—理論分析〉，《學海》，2010年第4期。後者收入本書第二章〈政黨、民族與國家：中國政黨國家形態的生成〉。

9 孫中山曾經對於以黨治國與以黨建國的關係有痛切的體會。孫中山首先認定的是以黨治國目標。但後來卻發現以黨治國是有前提的，那就是建立一個規範的國家建構，否則根本就無法實施治國的政黨目標。於是，他將以黨建國目標置於以黨治國的目標之前。由此可見，以黨建國與以黨治國是政黨國家建國與治國的兩個方面。假如以黨建國完成了，進入以黨治國狀態，後者能夠與前者在狀態上保持一致性的話，那麼政黨國家的結構—功能就有充分的保證。如果兩者之間無法保持一致性，即以黨建國之後很難以黨治國，那麼就説明政黨國家存在着建國與治國邏輯延伸上的困難。參見任劍濤：〈為建國立規〉一文的相關論述。

10 參見鄧小平：《鄧小平文選》，第3卷中〈第三代領導集體當務之急〉，對於中國共產黨三代領導人的定位與特點的歸納，北京：人民出版社，1993，第310頁。

11 超級政黨或霸權黨制是喬治・薩托利用來描述規模上和功能上佔據獨大位置的政黨體系的用語。「霸權黨制可以描述如下：霸權黨概不允許正式的、也不允許事實的權力競爭。」見薩托利：《政黨與政黨體制》，第321頁。

12 江澤民：〈推動黨風廉政建設和反腐敗鬥爭深入開展〉，尤其是該文第二部分「關於正確人士黨的執政地位及其帶來的影響」。見《江澤民文選》第3卷，北京：人民出版社，2006，第178–187頁。

13 參見周天勇等主編：《攻堅：十七大後中國政治體制改革研究報告》，〈總論：建設一個民主和法治的現代化國家〉，第二部分「中國共產黨的改革」，五家渠：新疆生產建設兵團出版社，2007，第13–14頁。

14 參見梅拉妮・馬尼恩：〈中國政治〉，第五部分「共產主義的政黨—國家」。載【美】加布里埃爾・A・阿爾蒙德等主編，楊紅偉等譯：《當代比較政治學：世界視野》，上海：上海人民出版社，2010，第471–478頁。

15 《中國共產黨章程》，總綱。http://cpc.people.com.cn/GB/64156/65682/4475081.html（瀏覽日期：2011年9月20日）。

16 《中國共產黨章程》，總綱。http://cpc.people.com.cn/GB/64156/65682/4475081.html（瀏覽日期：2011年9月20日）。

17 恰如尼斯貝所指出的，「每一次革命，無論是成功的還是失敗的，其中心在於少數的一些人，他們自成為一個社群，以技術上的知識和熱忱工作，而用一切必要的手段來推翻一種政治秩序。」尼斯貝著，徐啟智譯：《西方社會思想史》，台北：桂冠圖書股份有限公司，1989，第303頁。

18 參見金沖及：《二十世紀中國史》，第4卷，第24章〈偉大的歷史性轉折〉對這一轉變過程前期、即人們熟知的十一屆三中全會轉變的描述與分析。北京：社會科學文獻出版社，2009，第1147–1174頁。以及第28章〈迎接新世紀〉對晚近中國共產黨「『三個代表』要求的提出」的描述與分析。見前書第1339–1341頁。

19 被人們稱之為「毛左」的人士堪稱代表。參見烏有之鄉、毛澤東旗幟、中國文革研究網等網站可以理解這方面人士的政治主張。在這裏，這樣的稱呼或劃分，僅僅是分析的意義，不帶有任何價值評價、即是非對錯褒貶的涵義。

20 自一九七八年以來引導中國改革開放的中國共產黨主流政治理念堪稱典範。而「三個代表」則可以被視為這種「與時俱進」觀念的象徵性政治命題。

21 被人們稱之為黨內自由派的人士如李慎之、朱厚澤等。參見馮崇義：《中共黨內的自由主義——從陳獨秀到李慎之》，第 2、4 章，紐約：明鏡出版社，2009，第 25 頁及以下、以及第 216 頁及以下。

22 參見【美】林德布羅姆著，王逸舟譯：《政治與市場：世界的政治—經濟制度》，上海：上海人民出版社、上海三聯書店，1994，第 15 頁。作者指出，「借助意識形態工具和宣傳方式，說服成為了對大眾實行控制的一個主要方法，它在共產主義制度裏比在自由民主制度裏遠為普遍。通過商業廣告的形式，它成了市場社會中公司對消費大眾進行控制的一個主要手段。在『自由』社會即在『觀念的自由競爭』的形態中，通過相互說服的形式，它又成為自由民主的基本內容。」

23 參見薑聖瑜：〈數字與忠誠〉，《新華日報》，2006 年 12 月 12 日。

24 參見陳至立主編：《中國共產黨建設史》，上海：上海人民出版社，1991，第 213 頁。

25 《中國共產黨黨章》，第 2 章，〈黨的組織制度〉，第十條第一款：「黨員個人服從黨的組織，少數服從多數，下級組織服從上級組織，全黨各個組織和全體黨員服從黨的全國代表大會和中央委員會。」http://cpc.people.com.cn/GB/64156/65682/4475126.html（瀏覽日期：2011 年 9 月 20 日）。

26 參見喬治・薩托利：《政黨與政黨體制》，第 70 頁。

27 引自喬治・薩托利：《政黨與政黨體制》，第 71 頁。

28 在解釋中國目前的政黨與國家關係問題時，論者的視野一般停留在全能政府的話題上。其實，理解中國政治的關鍵問題，不是全能政府的問題，而是全能政黨的問題。政黨吸納國家、政治吸納行政的局面就此註定。

29 中華人民共和國國務院新聞辦公室：《中國的政黨制度》，第二部分「中國的一項基本政治制度」，引自中國網 china.com.cn（瀏覽日期：2007 年 11 月 15 日）。

30 同上註。

31 同上註。

32 參見任劍濤：〈在組織理論的視野中——論黨內民主與人民民主的關係〉，《科學社會主義》，2010 年第 1 期。

33 參見中共中央黨校黨建教研部：《馬克思主義著作選讀・黨的學説》中收史達林〈論列寧主義基礎〉，第 8 節「黨」對此的論述，北京：中共中央黨校出版社，1992，第 230–244 頁。

34 毛澤東：〈關於領導方法的若干問題〉，載《毛澤東選集》第 3 卷，北京：人民出版社，1991，第 899 頁。

35 參見【德】羅伯特・蜜雪兒斯著，任軍鋒等譯：《寡頭統治鐵律——現代民主制度中的政黨社會學》，〈導論〉，天津：天津人民出版社，2003，第 1 頁。儘管作者是在民主社會的一般意義上分析政黨寡頭制的，但對於非民主社會的正當運作來講，似乎同樣有效，尤其是對於革命狀態中的政黨制度，具有較強的解釋力。這裏的寡頭稱謂，不是一個評價性的詞彙，而是一個分析性的中立辭藻。

36 中國「文化大革命」時期的政黨與國家運作情境，就是最好的印證。參見金沖及：《二十世紀中國史》，第 3 卷，第 992–998 頁。

37 一黨多元主義是薩托利用來概括一黨制下，容許內部的下級組織和其他非正式的反對派存在的政黨制度。薩托利本人對此秉持一種懷疑的態度。但以毛澤東強調的「黨外無黨，帝王思想；黨內無派，千奇百怪。」來看，即使毫不妥協地堅持一黨制的政黨領袖，也提倡這種類似一黨多元的觀念。參見薩托利：《政黨與政黨體制》，第2章〈作為整體的政黨〉，第三部分「一黨多元主義」，第75–81頁。

38 參見劉克明等主編：《從列寧到戈爾巴契夫：蘇聯社會主義理論的演變》，第12章〈戈巴契夫「人道的民主的社會主義」〉，北京：東方出版社，1992，第363–369頁。

39 參見鄒讜：《二十世紀中國政——從宏觀歷史與微觀行動角度看》，所收論文〈天安門：從宏觀歷史與微觀行動的角度看〉，第135–136頁。

40 參見【美】道格拉斯・諾思著，張炳九譯：《西方世界的興起》，第一部分：理論和概覽，第1章〈論題〉對西方世界興起的諸要素的概括，北京：學苑出版社，1988，第1–11頁。

41 毛澤東：〈論人民民主專政〉，見《毛澤東選集》第4卷，北京：人民出版社，1991，第1469頁。

42 這從孫中山闡述以黨建國和以黨治國思想時，總是把憲政民主體制放置到高於政黨國家體制之上可以看出。而中國共產黨建國也是為了中華民族的自救與復興，絕對不是為了政黨一己控制國家權力的私利。參見任劍濤：〈為建國立規〉，以及毛澤東〈論聯合政府〉，www.chinaelections.org/newsinfo.asp?newsid=187653（瀏覽日期：2011年9月20日）。

43 參見胡錦濤：〈在首都各界紀念中華人民共和國憲法公佈施行二十周年大會上的講話〉，www.china.com.cn/chinese/2002/Dec/241944.htm（瀏覽日期：2011年9月20日）。

44 薩托利分析，這大致是有四個原因導致的必然結果：一是黨國體制中並非所有政府成員都是黨員；二是憑才能任命的官員與黨務職業體系並存；三是政黨政客與技術專家之間的關係微妙；四是黨內若干機構的存在意味着彼此存在罅隙。見薩托利著：《政黨與政黨體制》，第71頁。

45 參見周天勇等主編：《攻堅：十七大後中國政治體制改革研究報告》，〈重點改革阻礙經濟發展的政治體制〉，第10–11頁。

46 參見【英】派翠克・鄧利維等著，歐陽景根等譯：《國家理論：自由民主的政治學》，〈導論〉，杭州：浙江人民出版社，2007，第 1-4 頁。

47 參見周天勇等主編：《攻堅：十七大後中國政治體制改革研究報告》，第 10 份報告〈一九七八年以來中國政治體制改革的歷程與反思〉，尤其是這份報告的第一部分，第 327 頁及以下。

第十一章

極權政治研究

從西方到東方的視界轉換

卡爾・A・魏特夫的《東方專制主義——對於極權力量的比較研究》自出版以來，讚揚與批評不絕：讚揚者認為他對極權主義的研究深入透徹、系統完整；批判者認為他的研究完全是意識形態的陳述，沒有科學性的支持。[1] 後者尤其強調魏特夫的冷戰政治思維對其觀點可靠性的不利影響。其實，拋開魏特夫這本書作於冷戰特殊時期的時限不說，他這部著作在極權主義的研究中佔據了一個特殊的位置：它既象徵着極權主義研究從西方形態轉向東方形態，又體現出極權主義研究轉入對古典歷史的追根溯源，還突顯極權主義研究對於當下政治形勢的極端關注。因此，我們有必要重讀魏特夫的這部著作，並再次探究極權主義形成的機理，為人類抗拒極權主義政治提供歷史警戒，為極權主義政治的民主轉軌提供思想動力。

一、視界的轉換

有關極權政治的研究，興盛於第二次世界大戰期間及戰爭完結後。原因很簡單，發動第二次世界大戰的軸心國，正是以極權主義為國家動員的精神支柱的，這註定了極權主義政治的研究者首先關注的是歐洲的極權主義國家與理論形態。

這類研究，在二戰時期以哈耶克、波普爾為代表，二戰後則以塔爾蒙和阿倫特為代表。世界還在二戰的硝煙彌漫之中，一九四三年波普爾便出版了《開放社會及其敵人》這部書，旨在清算西方敵視開放社會，宣導極權主義的政治哲學理論。在這部著作中，波普爾集中批判了歷史決定論思維引導之下的諸種「烏托邦的社會工程」理論。他從對赫拉克里特的清理開始，以對柏拉圖理論的聚焦論述，將「極權主義的正義」觀念置於與現代極權主義精神相同的位置上面。[2] 隨着極權主義哲學的衍生，波普爾將批判的眼光集中到黑格爾身上，進而對黑格爾主義的精神承受者馬克思進行剖析。他指出馬克思理論上成功之處是由制度分析提供的，而不是歷史決定論觀點的產物。類似於柏拉圖完備地刻畫理想社會面目的、馬克思所說的「不可抗拒的歷史規律」、「不可逾越的歷史階段」，都是失敗的預言。[3] 在第二次世界大戰的特殊歷史情景中，波普爾以戰鬥的姿態對極權主義進行了全面的思想史清理，可以說開創了極權主義政治哲學研究的新局面。幾乎與此同時，哈耶克出版了《通往奴役之路》。這部著作同樣以對西方脈絡中的極權主義毫不留情的批判而著名。哈耶克對於建構理性主義基點上言說的各種社會主義進行了混一的批判。[4] 在他看來，當人們狂妄地以為自己能夠借助理性全盤建構一個人人受益的計劃體制時，恰恰就打通了奴役的大門。在集體主義的旗幟下，一切個人自由都處於喪失的危險之中。為此，哈耶克有意將社會民主主義、法西斯主義、國家社會主義和史太林主義的結構統一性呈現在人們面前，使人們警醒一切試圖全盤重構社會使之絕對理性有序的努力是非常可怕的政治狀態。相對於極權主義的各種主張而言，哈耶克特別強調，「一項維護個人自由的政策是唯一真正進步的政策」。[5]

如果說二戰中的極權主義研究，主要是針對國家社會主義、法西斯主義和史太林主義的話，二戰後興起的極權主義研究逐漸拓展視野，人們開始在更為廣闊的範圍內研究極權主義問題。阿倫特關注極權主義三種典型的歐洲形態——反猶主義、帝國主義和法西斯主義。[6] 她「整部著作的重點在於解釋極權主義如何可能在西方現代社會中形成」。[7] 在阿倫特的研究中，反猶主義的極權思維是源於種族鬥爭的政治思維。她試圖以民族國家的興起與無國籍保護的猶太族群之間的緊張關係，來審視這個族群為何陷入被納粹黨集體迫害的窘境，從而將現代處境下積極的政治生活態度與極權主義的防止問題突顯在人們的面前。論及帝國主義形態的極權主義，阿倫特對於資本主義發揮出的私人產權再生產機制中必然存在的難以遏制的物化傾向進行了深入分析，指出了政治資產自身的不斷擴張本性，導致了它的征服性，演變為一種向全球擴張的帝國主義。在資本主義生產出的孤獨的物化群眾社會裏，人們對於公共事務冷漠已極，被各種意識形態所蠱惑，尤其受刺激人心的優越種族説教的煽動，使孤獨的群眾陷入一種自以為自己成為了合眾的強大政治集群的一員而肆意泯滅人性，任由動物性發作的狀態。反猶主義、帝國主義與極權主義都在其中找到了精神支持。納粹與史太林主義作為極權主義的典型為是阿倫特所關注的，但她特別強調，脱離社會、法律與政治傳統，踐踏一切基本規則，隨意以運動的方式處置公共問題，構成了極權主義的共性。因此，極權主義遠遠比歷史上任何形態的暴政更為慘烈。[8]

塔爾蒙的《極權主義民主的起源》關注的主要是十八世紀以來救世主義的極權主義民主思想。[9] 他將民主劃分為兩種形態：自由主義民主和極權主義民主。兩種民主在結構上具有根本性差異：前者在政治事務上傾向於反復嘗試方法的經驗主義，把政治行政系統看作是引發人們自發賢明行為的機構，對不同的個人與集體的努力表示尊重；後者在政治理論上主張唯一的真理性和排他性，以政治救世主義為精神品質，追求一種預先設定的、和諧的、十全十美的計劃模式。兩者都認定自由的極端重要性，但前者以沒有強制的不斷嘗試來實現，後者以嚴格詳細的精密規定來保證。極權主義民主作為極權主義的一種具體形態，是「西方傳統在歷史篇章中不可割裂的那一部分」。[10] 這有兩個意思：極權主義民主既是歐洲民主主義傳統秩序的一部分，又是十八世紀法國大革命的產物。盧梭的政治理論、雅各賓黨人的政治實踐、巴貝夫主義的拓展，使它成為一種現代極權主義民主的誘人形態。[11] 在塔爾蒙後來考察十九世紀與二十世紀的極權主義民主的時候，他同樣明確地指出了救世主義衝動的極大影響力。在二十世紀裏，納粹主義上台，政治仇恨流行，既是因為國家的性質，更是因為人們對理性主義、個人自由的詆毀，極權主義民主才佔有了如此巨大的政治市場。

在魏特夫以前關於極權主義的重要研究著作中，可以看出一些共同的特點：其一，研究者們集中關注的是不同形態的歐洲極權主義思想脈絡與實踐狀態，這是它們的空間範圍特點；其二，研究者們共同關注的是二戰前後納粹主義與史太林主義那樣的極權主義政治形態，這是它們的時間限定範圍。儘管在這類研究的歷史線索中，人們上推西方思想的發源時期，下及人類未來的政治抉擇，但關注的焦點還是解釋二戰中人們必須正視的極權主義政治現象。其三，研究者們主要是循着政治觀念與政治實踐的脈絡追究極權主義的內在機理，對於極權主義的深遠社會經濟淵源關注的程度，顯然弱於在思想上對社會政治經濟根源的系統挖掘。這正是魏特夫能夠轉變極權主義研究視野的原因。

魏特夫的研究將歐洲學術界關注極權主義的視野轉變到非西方的極權主義政治形態上面。不同於波普爾與哈耶克，區別於塔爾蒙和阿倫特的是，魏特夫將西方極權主義的思想形態懸置起來，認為人類歷史上最為極端的極權主義形態出現在東方而不是西方，西方從古至今的極權主義政治完全無法與東方的極權主義政治相提並論。「東方的專制主義肯定比西方的專制主義更為全面，更為暴虐。『東方的』專制主義表現了極權力量最殘酷的形式。」[12] 這使魏特夫的極權主義論述，大大不同於此前討論極權主義的研究者們僅僅限定在歐洲範圍內的言說。這使得即使是本應清醒對待魏特夫的評論者，像湯因比那樣的著名學者，也未能在歐洲極權主義之外發現東方專制主義對人類現代政治生活的特殊危害。[13] 他們仍然只是以納粹殘暴的慘烈程度來衡量一切極權主義的相對敗壞，而不能在一以貫之的極權主義社會政治經濟形態角度通觀持續的、殘酷的、不動聲色的東方極權主義。這是當時西方學者研究極權主義短視的結果。

魏特夫的東方專制主義研究，將極權政治的研究引到新的層次：極權主義的研究不能僅僅是歸納觀念形態的政治哲學，不能僅是對於精神形態的社會生活的封閉審視，而應當是對於一個社會基本文明形態的內在梳理，對於一個社會有沒有對抗極權的絕對極權主義與相對極權主義類型的分疏。而這種極權主義的典型形式，不是西方的極權主義，恰恰是東方的極權主義。魏特夫的研究將人們帶出了範圍狹隘的極權主義研究天地，使人們得以在更為縱深的社會歷史視角觀察極權主義這種現代性政治現象。

二、東方專制主義的結構形態

魏特夫的東方極權主義研究，由於是從西方與東方兩種極權主義的差異性上立論的，因此，他對於東方專制主義的類型刻畫，必然成為描述分析這一極權主義形態的基本進路。魏特夫的東方專制主義類型刻畫，大致從四個角度展開的：一是極權主義的治水經濟，二是國家─社會之間的關係，三是專制權力的結構，四是全面的恐怖─屈從─孤獨的社會情景。

正是從這四個維度進行的觀察與分析，使人們發現東方專制主義確實具有其特殊的歷史結構。按照魏特夫自己的分析進路，他首先對治水經濟（治水社會）的地理環境進行了描述。他認為，當水源問題對人們的經濟活動發生決定性影響的時候，水就成為制度選擇的關鍵因素。「如果灌溉耕作取決於有效地管理大量的水源供應，那麼水的明顯的特性——大量聚集——就在制度上變成為具有決定性意義的事情了。」[14]這種決定性意義體現灌溉推動形成了一個特殊的社會政治形態——治水社會。治水社會的形成，是因為處於缺水的自然環境中的人們，必須努力尋求一種社會方式來控制治水的方式。恰如魏特夫指出的「水源過少或者過多並不一定導致政府對水利的控制，同時政府控制水利也並不一定意味着要實行專制的治國手段。只有在以耗取大量自然資源為生的經濟水準之上，只有在遠離雨水農業的強大中心之外，只有在沒有達到以私有財產為基礎的工業文明的水準之下，對水源不足的環境有特殊反應的人類才會朝着特殊的治水生活秩序前進。」[15]顯然，魏特夫在這裏力求避免人們對他的地理環境決定論有所質疑。他的預設還是一個需要驗證的假設性命題；他作出關於治水社會的理論，也還是一個需要設置諸前提條件才能夠進入歷史與理論檢驗過程的假定。這正是他斷然否定自己建立在治水社會基礎上的東方專制主義理論是地理環境決定論的根據。[16]

取決於上述設定，魏特夫從治水經濟的視角展開了對治水社會的論述。他將治水經濟界定為「一種管理者的和純屬政治性質的經濟」。這是一個突顯治水經濟特質的界定，因為在現代視野中，經濟活動中的成本—效益關聯純粹屬於經濟範疇內的事情，而與政治的區分是顯而易見的。只是特殊的治水經濟，不是純粹的經濟活動形態，而是被經濟活動的管理者乃至於被國家政權的控制者直接掌控的「經濟」形式。循此思路，魏特夫總結歸納出治水經濟的三大特點：特殊類型的勞動分工、強化的耕作、大規模的合作。後兩者不是魏氏獨專的論點，但分工的特點則是他專門加以強調的特徵，指出治水社會的分工特點，不是一個可以小覷的事情，「因為治水的組織和工作方式對治水國家的管理者的作用具有決定性影響。」[17] 治水工作的複雜性要求較為明確的分工協作，有效的分工協作必然進一步要求一體化的計劃，一體化的計劃必須要有強有力的領導，「要有效地管理這些工程，必須建立一個遍及全國或者至少是及於全國人口重要中心的組織網。因此，控制這一組織的人總是巧妙地準備行使最高政治權力。」[18] 在這種權力的引導下，由政府管理的大型水利工程和其他大型產業，如食水工程、航運運河、防禦建築、龐大道路、都城宮殿、陵寢寺廟等等，皆成為國家統治的必須，與治水相關的數學、天文學成為改進水利生產和保障治水領袖們最高權力的工具。政治領袖就此控制了整個國家的勞動力和物資，使他們足以取得不朽的成就。正是治水經濟的管理特性和政治化狀態，使治水專制主義與現代極權主義、自由放任社會有了明顯不同的特徵。「治水國家不同於現代極權管理國家之處，在於它建立在農業基礎上面，只管理着國家經濟的一部分；它與以私有財產為基礎的工業社會的自由放任國家的不同之處，在於就其核心形式而論，它是以命令式的（強迫的）勞動手段來實現重要的經濟職能的。」[19]

由地理環境制約形成的治水經濟，必然促成一個與之相適應的國家結構，那就是國家比社會強大，一個真正管理意義上的國家。一切試圖奪取社會和政府領導權的非政府力量，諸如親屬團體、宗教團體、軍事領袖或財產巨頭，都敗下陣來。「在治水文明中，執政者阻止一切非政府性質的團體在組織上的結合。他們的國家變得『比社會強大』。使其代表者具有控制臣民的無限制權力的任何組織都可以被認為是一種『工具』。和多中心社會的被控制的國家不同，單一中心的治水社會國家是一種名符其實的『工具』國家。」[20] 治水社會的統治者是偉大的建設者、組織者和檔案保管者。他們的管理能力與他們對臣民的官僚式控制緊密相關——治水的工作及精緻微妙，領導有力。因為治水領導具有政治上和財政上的最高權威，他們能夠借助於國家驛站制度將統治意志快速地傳達到全國各地，並通過全國各地次要的控制中心將全國有效地控制起來。作為國家暴力的軍隊，也成為統治者獨斷決定和統一指揮的對象，而軍隊士兵沒有任何權力可言。正是因為軍隊在國家極權統治中的重要作用，治水社會的軍事理論才會非常發達。比較而言，治水社會的軍隊與歐洲封建社會不同的是，無論就絕對數字還是相對意義來説，後者都無法與前者相提並論。在治水國家中，統治者絕對不僅僅關注對政治權力的掌控，治水國家的權力是貪得無厭的權力。統治者對於征斂財富表現得非常竭心盡力。這正是治水國家形成普遍而沉重税收的原因，也是治水國家經常以政治理由沒收官員和商人財產的根由。因此，與歐洲專制主義統治者相比較，東西方同樣玩弄陰謀、殘酷殺人，但前者的行為往往受到地主貴族、教會和城市的限制。所以，治水社會雖然可以積累巨大的財富，但治水財產卻是軟弱的財產，這既是因為治水政權是一種武裝的和無所不在的組織力量，它可以在動產的戰略地點——城市和不動產的主要地區——農村，佔居上風；也是因為做官的和不做官的財產據有者在政治上的軟弱無力，由於他們未能組織起來，因此他們不足以保護自己的財產。與此同時，治水社會的政治是半教士的政治，因此它需要宗教的支援。但宗教同樣沒有獨立的教權。「在許多治水社會中，世俗權力的最高代表也是最高的宗教權威的體現。」[21] 再強大的宗教組織到最後也必須依附政權，才能夠在諸宗教的競爭中取得政治優勢。然而，即使在中世紀，歐洲的教權與政權也是兩個明顯獨立的機構，遠遠沒有達到政教合一的統一制度。魏特夫的結論是「治水社會的軍隊是農業管理者官僚機構的組成部分，佔優勢地位的宗教也是密切地依附國家的。正是這種重要職能的令人生畏的集中才使治水政府具有真正專制的（極權的）力量。」[22]

在治水經濟與治水國家的基礎上，形成了治水社會的專制權力形態。這種權力形態，絕對不像人們主觀假設的那樣受到制度和道德的限制而表現得仁慈。相反，它是一種不受限制而極其嚴厲殘酷的權力形式。這種嚴厲殘酷，既是因為「治水社會的統治者們制定、維護並且修改它，它們不是以受到控制的社會代理人的身分，而是以它的主人的身分這樣做的。」[23] 因此這個社會裏絕對不存在限制權力的憲法，沒有歐洲那樣足以制約國家權力的力量，嚴重缺乏反抗政府的合法手段，而統治集團內部爭奪權力的鬥爭，不僅沒有使權力變得溫和，反而更加暴虐。因此，統治國家的君主幾乎毫無例外地成為獨裁者。統治者寧肯在行政效率遞減下，滿足於對社會上某些重要的戰略地位維持堅強的控制，而不尋求全面地控制社會。這並不是說治水社會完全沒有自由可言。在治水社會中，諸如國家徭役之外的社會成員自由、思想控制的相對鬆弛，處於從屬地位的團體的一定的自主，這些與政治無關的自由，絕對是存在並發揮着社會功用的。「在某些情況下，這種自由是相當大的，可是並沒有導致完全的自治。充其量它們是建立了一種乞丐式的民主。」[24] 而「治水國家不是乞丐式民主的制約」，它絕對不可能是仁慈的權力，它僅僅按照底線的需要將人們控制在基本秩序的需要狀態上面。「人民的利益為最適合統治者的理性條件作出了犧牲」，「他們的目的是取得最適宜於統治者而不是宜於人民的管理條件」。[25]因此，治水社會建立起了最適合統治者的消費條件；最適合統治者的司法條件；最適合統治者的宣傳條件，它強調專制政權的長遠利益，削弱潛在的反對派，他們眼中僅僅只有自己的利益。「我們可以真實地說，治水專制主義是仁慈的形式和暴虐的實質。」[26]

在治水專制主義的統治下，社會的基本狀態是一個相互關聯的結構——「全面的恐怖—全面的屈從—全面的孤獨」。由於「治水政府是用威脅進行統治的政府」，因此它足以阻止反對力量的形成，進而在社會心理上打消人們追求獨立的政治行動的願望。在這樣的社會中，統治者公然聲稱「刑罰使整個世界井然有序」。它以各種令人感到毛骨悚然的措施將恐怖的情緒傳遞到管理、財政、司法方面，這些恐怖措施是使人民服從成為良好公民的首要條件。驅使人們絕對服從的結構性手段，從起點上說，紀律教育為絕對服從進行準備；從行為方式上說，跪拜為絕對服從提供象徵。結果，久而久之，人們習以為常地接受屈辱，甚至將屈辱加以美化，使其具有審美的價值。恰當此時，國家暴力不僅摧毀了被統治者，同時也摧毀了統治者。統治者絕對不能相信任何人，才足以維護自己的權力；官員也必須處於猜疑之中，才足以自我保護；平民時時擔心被牽連到政治災難之中，因此謹小慎微、作繭自縛。一旦治水社會的某人遭到全面迫害的時候，他不僅遭到災難，而且與人隔絕，更身敗名裂。27

通過對治水社會的全面勾畫，魏特夫第一次完整地給人們呈現出一幅東方專制主義的畫面，這與當時西方世界人們驚恐萬狀的國家社會主義、法西斯主義等西式專制主義完全不同。他讓人們省悟到專制主義的歷史形態與現實形態的不同、西方專制主義與東方專制主義的差異、農業專制主義與工業專制主義的區別。魏特夫給出了東方專制主義的「理想類型」，這無疑拓展了人們對於專制主義的認知視界。

三、轉變契機與復辟危險

就魏特夫的研究而言，應當引起人們關注的問題，不是東方專制主義是否具有與西方專制主義多麼不同的歷史結構，而是東方專制主義能不能轉變為自由民主的政治形態。換言之，就魏特夫的表述來說，便是一個單一中心的社會能否向多中心社會轉變的問題。這才是研究東方專制主義真正的旨趣所在。

在治水社會與東方專制主義的關聯性論述中，魏特夫既力求避免地理環境決定論的指責，也力求避免對治水社會進行簡單化處理。正是在這種具有彈性的分析進路中，魏特夫為東方專制主義的現代轉變埋下了伏筆。就前者來看，魏特夫重點指出，東方專制主義在治水經濟與治水政治之間的緊密聯繫基礎上，形成了農業時代的極權主義形態。就後者而論，魏特夫則強調指出了治水社會的複雜結構。一方面，治水社會是工業文明出現以前，在較高級的文明中壽命最長的文明形態。另一方面，治水社會並不是簡單地因為治水而形成的社會。事實上，治水社會可以根據治水重要程度而劃分為治水的核心地區、治水的邊緣地區和治水的次邊緣地區。它們在治水的強度上具有很明顯的差別，在具體的社會結構特點上亦具有不同的特質。從治水地區的空間連貫性上、治水經濟的經濟和政治影響強度、以及防洪工程強大的程度等方面，促成了精密的或鬆散的治水社會。當治水社會的治水農業佔據絕對或相對優勢的時候，這一社會就是「緊密的」治水社會；當治水社會僅僅保證領袖人物在組織上和政治上居於絕對優勢地位的時候，這社會就是「鬆散的」治水社會。巨大的農業管理帝國常常是鬆散的治水社會，但其統治者並不一定都關心水利事業。治水的強度在一定程度上也就不一定與統治的強度直接匹配。在乾旱和半乾旱地區，治水經濟具有決定性作用，但在這些地區的潮濕區域，治水經濟並不起重要作用，這個時候形成的東方專制主義甚至跟治水活動沒有太大關係。像俄國這樣的國家，並不是一來就是東方專制主義的社會，但是在被蒙古人征服以後建立起來的沙皇政府便成為東方專制主義的專制政府。這使人能夠斷言，即使是邊際類型的專制主義政府，也會因控制社會方法一致性而使其成為東方世界的一部分。「邊際性質的農業專制主義可以在距離治水生活最突出的中心很遠的地方發生」。[28]

從治水核心地區和治水邊緣地區的存續性上説，「由於受到外界強有力的非治水勢力的影響，治水邊緣地區顯然要比中心地區容易被攻破」。[29]比如像西羅馬這樣的邊際治水社會在被部落人攻擊後就崩潰了。一九一七年俄國暫時從一個單一中心的社會變為多中心的社會。在治水的次邊緣地區，更是沒有形成治水社會的建設、組織與征斂的專制主義政治模式。如在日本、蒙古統治以前的基輔時代的俄羅斯，雖然自願採取適當的「東方」特色，但終究沒有形成為治水社會。但東方專制主義的產業形態卻不局限於農業，契丹、蒙古以及其他征服者部落建立的東方專制主義社會説明，非農業集團和農業集團一樣可以「東方化」。但採用農業的方式，則比採用部落的、畜牧的或遊牧的方式更為強大。源自東方的專制主義具有強大的擴張力量，以致於它可以跨越制度分界線實現自己的統治形態，如希臘、羅馬、一四七六年以後的歐洲、西班牙、受蒙古政府統治後的俄羅斯，都反映了東方專制主義強大的影響力。

東方專制主義社會的結構強度與蘊含的變化可能性是一個引人關注的問題。無疑，治水社會與治水經濟相關，但治水經濟與治水事業並不直接相關，特定的治水區域由政府控制的保護性治水工程影響所及的地區僅僅是那些政治上受其支配的地區。「治水社會的歷史，記載着無數的叛亂和宮廷革命。但是據我們的知識所及，任何地方的內部力量都不曾成功地把任何單一中心的農業管理社會轉變為西方式的多中心社會」，「更特殊的：不論在東半球或西半球，都沒有任何巨大的治水文明本身自發地發展為工業社會，如同中世紀以後的西方國家在非治水條件下所出現的情況一樣」。[30] 治水社會的結構性變化，只能是在來自外面的攻擊使之癱瘓的情況下才會出現。

與治水社會的複雜結構相聯繫，它的所有制類型與階級結構也同樣是複雜的。就治水社會的所有類型而言，雖然國家佔有財產的支配權，但並不是説治水社會就沒有私有財產權，只不過就財產持有人能夠最大限度地處理持有的財產而顯得強大的私有制來看，治水社會的私有財產是一種極度軟弱的所有制。在治水社會中，當動產和不動產都處於一種從屬地位的時候，便形成簡單的治水社會結構；當獨立的積極財產在工商業方面獲得發展的時候，則形成一種半複雜的治水社會結構；當獨立的積極財產在工商業和農業中都有強大發展的時候，就會形成複雜的治水社會結構。但從總體上看，治水社會的所有都是簡單的朝着以權力為基礎的政治財產支配地位的方向發展，商人反而依附於政治權力才足以從事積累財富的活動，私有財產在經濟上和政治上都變得軟弱無力。治水社會的專制權力對於不動產土地的支配權明顯顯示出權力對於財產的絕對支配性。治水社會的土地大致可以分為政府管理的土地、政府節制的土地及政府分配的土地，使完整的土地私有制不可能，但農民、官僚地主和不在地主控制的土地，則表明土地的局部私有現象是存在着的，只不過這種「私有」的自由擁有程度遠遠不及民主方式下的私有制。在享有、使用、轉讓和組織方面，治水社會的土地私有制都受到嚴格限制，因此甚至產生了一種原始類型的計劃經濟。[31] 尤其是從中國的情況來看，在財政、法律與政治的角度看，土地私有制一直都處於一種軟弱的狀態，形成了與乞丐式民主相仿的乞丐式財產——它在經濟上是分割的，在政治上是軟弱的。[32] 即使在統治階級內部，財產佔有的不穩定性，也使人們對於財產的佔有與享用產生扭曲，一方面助長了官僚享樂主義，另一方面則推動形成官僚地主制度和官僚資本主義，使財產明顯成為「收益性的財產」，而不是「權力性的財產」。[33]

至於治水社會的階級結構，則與治水社會的財產結構具有某種類同性。在國家政權作為階級結構決定性因素的情況下，治水社會將所有人區分為上等的特權階級和低賤的無特權階級，並以國家結構將之固化。基於這種分化，「機構國家的重要人物是名符其實的統治階級；其餘的人民，構成為第二個主要階級——被統治者。」[34] 統治者以現行執掌國家權力的人員為代表，這些人員由一個統治者領導，他有一群個人的扈從（他的宮廷），並通過一支高級官吏的隊伍控制和指揮無數的下級文武官員。最高統治者既有任性而殘酷的行為顯示他的支配能力，也有任性而慷慨的行為顯示他不受約束的權力。他既執掌至高無上的行政權力，又負載不可思議和神話般的特徵，因而讓人敬畏。這樣的統治狀態，驅使人們獲取官方的、準官方的或候補官方的身分，以便獲得相應的個人利益。人民對於他們既尊敬又害怕，因為人民把他們當做是政府權力的延伸部分。官方意識形態的自由程度並不低，但它的吸附能力則非常強大，像印度與中國的情況就能證明這一點。而被統治者也具有很特殊的品性，「他們既具有一種消極的特性：沒有一個人參與國家機構的事務。他們也都具有一種積極的特性：沒有一個人是奴隸。」[35] 因此在這樣的社會中，因為極權力量使階級鬥爭陷於癱瘓狀態，社會對立的情況多而階級鬥爭少。[36] 人們在國家和統治者面前，總是避免與其發生直接的接觸，總是裝着非常順從的樣子。至於官場內部的鬥爭，競爭性遠遠沒有危險性大，一旦遭到專制權力的遺棄，官僚不僅丟掉烏紗，而且身敗名裂，遭到異常殘酷的全面懲罰。中國科舉制度的設置與運轉，就典型地反映了東方專制主義國家統治集團內部控制與反控制的複雜性。宦官制度的出現，則從另一個側面證明了專制者尋求可靠扈從的殘酷性。東方專制主義國家的這些統治法則，使人們極力尋求巴結主子的捷徑和方法，從而使得社會的向上流動，不是基於個人能力的高低，而是基於個人屈從的水準。

但魏特夫並不認為東方專制主義就是一種徹頭徹尾、無可救藥的制度形態。它肯定東方專制主義具有轉變的歷史契機。雖然從中國的地域範圍來看，近代中國從來就沒有一個意圖救治東方專制主義的社會政治努力，[37] 但從俄國來看，在一九一七年出現了扭轉東方專制主義發展路向的機會。可惜的是，俄國的這一轉變好景不長。在經歷了非常短暫的向多中心社會轉變的時間之後，布爾什維克的革命將這一轉變嘎然中斷。社會主義的蘇聯帶來的不是多中心社會的積極進步，相反是東方專制主義的復辟。東方專制主義艱難轉變的原因，固然與治水社會自我延續的四大因素有關——一方面治水社會強大的自我延續能力；另一方面治水社會總是處於停滯、反復和倒退的狀態；另一方面治水社會不斷積累着維持其生存必須的技術和學識；另一方面治水社會缺乏外部影響的時候，它不會發生重大的結構性變遷。同時，也是因為治水社會構成的東方專制主義內部的政治抉擇制約着它的轉變走向。譬如俄羅斯在建立共產主義國家的時候，期待的本身就是馬克思主義的專制主義國家形態，因此，這轉變選擇就註定了俄羅斯—蘇聯不可能擺脱東方專制主義的社會政治運行軌跡。當一九一七年俄羅斯人在經歷了建立議會制的民主政府的努力之後，卻因為俄國革命的領導者「既缺乏經驗，又沒有決心」，[38]因而無力將國家引導到脱離東方專制主義的嶄新發展軌道上來。俄國未能建立民主政體，是一個歷史悲劇。因為受到馬克思主義的直接民主管理的制約、農村公社傳統分散治理的路徑依賴影響、俄羅斯獨自取得社會主義革命勝利而在西方毫無呼應的註定及蘇聯迅速建立起員警國家的決定性影響，俄羅斯—蘇聯終究走不出東方專制主義的泥淖，而不能不承受一種以工業為基礎的普遍（國家）奴隸制度的重負。[39]蘇聯確實復辟了亞細亞生產方式註定的東方專制主義。

因此，關於東方專制主義的兩種結論就呼之欲出：其一，東方專制主義存在的頑強性，使民主轉變的努力來得異常艱辛，以致種種建立民主政體的不利總是輕而易舉地陷入東方專制主義的歷史泥潭。其二，東方專制主義扼制住了試圖擺脱發達西方國家控制的東方國家政治人物的中樞神經，以致他們完全無法在東方專制主義的政治遺產之外尋求國家獨立的政治方案。前者，蘇聯給予證明；後者，中國恰恰成為典型。如果說中國根本沒有意圖要告別東方專制主義，使人對中國這樣國家可能成功地實現民主轉型懷抱信心的話，那麼蘇聯的實踐使人們完全不敢對東方專制主義的民主轉型懷有期待。在魏特夫的眼中，東方專制主義似乎成了治水社會的政治宿命，使人無法超越。

四、冷戰思維與極權主義研究

魏特夫對東方專制主義的研究受到再明顯不過的冷戰思維支配。不唯是從魏特夫自己對治水社會的民主轉型所抱持的極端悲觀態度上看出他對於這些國家的冷戰姿態，而且從他秉持絕不妥協的戰鬥姿態進行理論戰上也可以獲得印證。在《東方專制主義》一九五七年初版的導論中，他就毫不隱晦地申言，「赤手空拳不能進行戰鬥。在危機的時候，任何理論上的真空猶如權力上的真空一樣，招致災難。當我們自己方面擁有無窮的強大潛力時，沒有理由聽任敵人為所欲為。沒有任何理由聽任極權主義的戰略家在理應屬於我們的地盤上，炫耀他們製造的教條。也沒有理由聽任他們因我們不參加而取得思想戰線上的勝利。」[40] 正是基於這樣的主觀戰鬥意圖，魏特夫才在蘇聯與納粹德國達成妥協的情況下，決絕地放棄了對馬克思主義的信仰，轉而以批判的姿態對馬克思主義及其實踐形態所依賴的東方專制主義進行不留情面的全面批判。

這是魏特夫在《東方專制主義》一書中專設一章來檢討馬克思主義經典作家關於亞細亞生產方式論述的原因。他力圖貫穿全書的一個基本觀點就是，馬克思並沒有一個普世的、關於人類社會的線性發展觀念，馬克思秉持着一種特殊主義的東方社會主張，這就是他對於亞細亞生產方式進行論述的歷史哲學理由。為此，魏特夫對於單線發展的新舊社會理論體系對治水社會的忽略進行了清理，並在此基礎上對馬克思研究印度、中國和蒙古征服後的俄國之後形成的亞細亞生產方式理論進行了重新挖掘。他不無遺憾地指出了馬克思基於對自己構造的共產主義烏托邦的迷戀，而在後期放棄了生產亞細亞的主張，他認為這是馬克思「對科學的犯罪」，「因為作為一個企圖建立全面管理和獨裁的國家並準備利用『專制措施』以達到社會主義目的團體的成員，馬克思不得不承認東方專制主義和他計劃建立的國家之間存在着某些令人煩悶的相似之點。」[41] 至於恩格斯，他在亞細亞生產方式上的主張是含混的。而列寧雖然支持過馬克思的這説法，但他在《帝國主義論》和《國家與革命》這兩部著作中卻以「騙人」的姿態論述「東方化」的俄國問題。直到他生命的晚期，才重新喚回亞細亞制度的理論亡靈，試圖用來分析蘇聯糾纏於奴役文化的嚴重問題。

史太林則完全「摧毀」了「臭名遠播」的亞細亞生產方式理論，以致「鐵幕」後的國家所有的理論家們皆放棄亞細亞生產方式理論，更是政治悲劇註定的學術悲劇。

魏特夫不但以戰鬥的態度清理馬克思主義陣營中的政治家與理論家對亞細亞生產方式的諸種論述，並對於一切持保留、迴避和緘默態度的人士進行批判，即使是對西方國家談論東方問題，甚至是執意留戀古典的理論家們，他也決不留情，加以堅決拒斥。魏特夫不僅對曼德爾這樣的新託派學者對於東方社會研究不宜使用亞細亞生產方式的概念加以研究的說法嗤之以鼻，更以嘲弄的口吻提到費正清那一批中國學家們的研究進路及其限度。他認為，像費正清這樣的「輿論大師」對於中國社會的研究掉入了以價值通觀整個中國的陷阱，他們試圖僅僅通過對儒家思想的解析，提供給人們一幅中國傳統的全息圖畫。魏特夫似乎堅信，不是像費正清認為的不研究儒家就不理解傳統中國，否則就是「淺薄之徒」，相反，不研究治水社會才不能發現理解傳統中國的門徑。他自信自己通過東方專制主義的研究而向人們揭示了「絕對的政治與經濟奴役形式」。為此，他向整個歐美世界斷然棒喝一聲，由於他們未能直面經濟上比較貧困的勢力（半亞細亞俄國的後裔）可能戰勝現代政治經濟的主宰者這一嚴酷的現實，因此，「歐洲的偉大遺產落到了軟弱繼承人的手裏」。[42]正是基於這樣的認知，魏特夫一方面警告那些不能誠實地面對東方社會政治現實的人們，

「道德品質與理智的『誠實』是相互聯繫的。對科學的犯罪最終是道德上的罪孽。」另一方面，則強調自己的研究不僅是對自由的極端重視，同時是對奴役的悚然警惕，全書正是「關於奴役和自由的科學」。[43] 他試圖為西歐北美在極權政治似乎強大的襯托下出現的渙散提供政治聯合與思想體系的動力。

這是一種明顯配合冷戰需要而建立的東方社會政治理論。由於冷戰時代的局限，魏特夫這種政治思維支配下的東方專制主義研究同樣體現出某種科學上的不可靠性。因此，在對魏特夫東方專制主義研究的評價中，即使是好評如潮的贊同者，基本上可以說是從政治正確（political correct）的角度加以讚美；而種種惡評則是直接從政治不正確的角度進行申述。從前者來看，人們着重指出魏特夫對於東方社會特質的精闢揭示，並將這一揭示視為現代社會理論的重大突破：著名的日本問題研究專家賴肖爾認為魏特夫的理論「對於了解人類歷史是一個重要貢獻」；文化人類學家克拉克洪也認為魏特夫的著作「是所有研究人類社會的嚴肅學者的一本必讀書籍」；有學者甚至認為魏特夫此書足以與馬克思的《資本論》和韋伯的《經濟與社會》媲美，甚至高於馬克思和韋伯。[44] 從後者來看，人們大多數也都有一種政治正確的前提。魏特夫這部頗具特色的東方專制主義著作出版之際，西方學者的專制主義、極權政治的研究眼光幾乎限定在令他們驚恐萬狀的德國國家社會主義、法西斯主義上面，因此人們對魏氏之書所發表的批評性意見，也是圍繞他未能解釋這兩者的殘忍性而展開，同時對他斷定東方專制主義遠遠比現代西方工業社會出現的專制主義遠為暴虐的說法決不認同。而馬克思主義者的批評，大多是一種意識形態的表態。中國學者對之的不屑，更是因為刺痛了中國人的歷史神經、顛覆了中國人的歷史自豪感、激化了人們對馬克思主義戒條的維護熱情而造成的過激反應。[45] 但是，對魏特夫的東方專制主義研究進行的對峙性評價，是不是就註定了魏特夫的研究價值的低下而不需要加以重視呢？

這一提問促使我們探問，冷戰政治思維支配下的東方專制主義研究是否因此完全喪失了科學價值？答案是否定的。事實上，正是在冷戰思維的條件下，才促使人們從對立的類型學意義上去考察東西方社會的歷史差異與現實區別，促使人們在觀念的對峙外全面審視東西方社會經濟政治結構的不同。追溯二戰中形成的資本主義與社會主義差異，團結起來對抗軸心國反對全人類的戰爭同盟，使處於戰爭之中及其取得戰爭勝利之後的歐美政治思想，集合了幾乎所有思想精英，求索引發第二次世界大戰的國家社會主義和法西斯主義的「西方」根源，而對戰後極大地影響人類社會政治生活的東方社會卻缺乏關注。直到冷戰將人類分割成兩個截然對立的政治世界後，人們才開始覺悟到馬克思主義宣導的共產主義與東方治水社會的基本精神具有高度一致性，因此才有魏特夫這樣對東方專制主義進行深入研究的作品問世。不是冷戰將兩個世界突顯的兩種政治思維、兩種政治制度與兩種社會生活方式全然展現在人們的面前，人類何以認識既不同於希臘羅馬專制主義，又不同於歐洲封建專制主義、更不同於工業社會興起的現代專制主義，卻具有毫無限制特性的東方專制主義呢？在某種意義上，冷戰使人類第一次不帶任何感情色彩而顯得異常冷靜地觀察分析東方社會的特質。

恰如論者所言，「冷戰無疑是二十世紀世界上兩大意識形態和兩種社會制度的對立，是思想意識和價值觀念的鬥爭。」與此同時，冷戰更是社會主義陣營與資本主義陣營，尤其是蘇聯與美國之間主導國際社會的權力之爭。「冷戰性質的另外一個重要方面是權力鬥爭，也就是戰後兩極格局中兩大力量中心的較量。如果沒有戰後兩極力量格局，就不可能出現東西方之間的冷戰。」[46] 在這場歷時幾乎半個世紀的冷戰中，人們看到了「冷戰思維」具有的特點——「過分強調國家意識形態或價值觀念的對立」，「『非敵即友』和必須確定一個頭號敵人的觀念」，「『蘇聯因素』影響着西方大國的外交政策」，「過分強調國家的政治與軍事安全」等等。[47] 但是研究者對於冷戰的社會後果卻存在誤判。因為他們將史太林式的社會主義視為正宗的社會主義看待，認為兩極力量對峙的結果是社會主義的失敗和資本主義的勝利。其實，結合阿倫特對於史太林主義的反思，我們可以判定，史太林式的極權主義社會主義並不代表社會主義的精神實質，它恰恰是對亞細亞式的農業專制主義的復辟。而社會主義不應該是極權主義形態的體制，相反，社會主義應當是歐洲形態的民主社會主義，[48]這樣的社會主義與專制主義正好處於兩個端點。史太林的社會主義國家全面奴役式的極權主義，集中了農業傳統的東方專制主義與現代工業社會形成的極權主義，構成為單一中心的國家，完全窒息了多中心社會興起哪怕一線的生機。[49]這個時候，如魏特夫那樣深入挖掘東方專制主義的經濟政治形態的歷史根源，就具有值得重視的價值。觀察西方國家極權主義的短命現象，我們不得不同意魏特夫的一個説法，那就是西方總是存在制約極權主義的因素，因而絕對不能長久執掌國家政權。倒是東方專制主義支配的國家，具有長久執政的歷史記錄。這恰恰是人們更應當警惕東方專制主義及其復辟後的政治經濟形態的原因。

一九九〇年代人類結束了史太林專制主義的執政歷史，隨之宣告了冷戰的結束，在這個時候，「超越冷戰」成為政治正確的唯一選擇。[50]冷戰結束，東西方對抗消除後，世界進入一個新的階段。迄今為止東西方兩大集團各自的向心力逐漸消失，整個世界是離心力明顯在起作用。由此集團分解為個體，個人、民族、國家、地區都出現了一個動向：重新為自己定位。」[51]這當然是值得期待的人類和解局面。但恰當此時，人類可能很容易遺忘自由的基本價值，並迅速將之置諸腦後，魏特夫的研究也就此具有了警醒人們的價值。也許引用研究極權主義的開山鼻祖弗洛姆在《逃避自由》中強調指出的一句話最具有啟人心智的意義：

擺在人面前的道路只有兩條：一是逃避自由的不堪忍受的負擔，重新去依賴、屈從他人；二是進一步去爭取建立尊重個性、把人置於至高無上地位這一基礎上的積極自由。⋯⋯曉達由自由民主制度淪為極權主義制度的原因，是以實際行動戰勝極權主義力量的基本前提。[52]

魏特夫則以東方專制主義的歷史考察告誡人們，必須曉達克治極權主義的多中心社會方案，緊緊把握東方通向自由民主的真諦，才能真正走向自由民主的社會新境地。

註釋

1 參見魏特夫著，徐式谷等譯：《東方專制主義——對於極權力量的比較研究》，〈中譯本出版說明〉對於國外學者評論此書的不同觀點的引述，北京：中國社會科學出版社，1989，第 9–10 頁。

2 參見波普爾著，陸衡等譯：《開放社會及其敵人》，第 1 卷，北京：中國社會科學出版社 1999 年版，第 173 頁。

3 同上註，第 2 卷，第 303 頁。

4 參見哈耶克著，王明毅等譯：《通往奴役之路》，〈導言〉，北京：中國社會科學出版社，1997。

5 同上註，第 227 頁。

6 參見阿倫特著，林驤華譯：《極權主義的起源》，初版序，北京：三聯書店，2008。

7 參見蔡英文：〈導讀〉，載阿倫特著，林驤華譯：《極權主義的起源》，北京：三聯書店，2008。

8 同上註，第 580–581 頁。

9 參見 J・F・塔爾蒙著，孫傳釗譯：《極權主義民主的起源》，〈緒論〉，長春：吉林人民出版社，2004。

10 同上註，〈緒論〉，第 2–4 頁。

11 同上註，第 274 頁。

12 參見魏特夫著，徐式谷等譯：《東方專制主義——對於極權力量的比較研究》，第 11 頁。

13 湯因比在評論魏特夫的《東方專制主義》時指出，「如果想對極權作一認真研究的話，納粹政權是我們所知道的此種暴虐最恰當的例子。如果考察一下有史以來保存下來的全球人類行為的記載，就會發現沒有能和此相比的東西。」因此他不認為東方的專制主義會比西方的專制主義更壞。轉引自魏特夫著，徐式谷等譯：《東方專制主義——對於極權力量的比較研究》，第6頁。

14 參見魏特夫著，徐式谷等譯：《東方專制主義——對於極權力量的比較研究》，第9頁。

15 同上註，第3頁。

16 魏特夫在《東方專制主義》正文開篇，就對靜止的環境決定論加以拒斥。他特別強調環境—制度—人類活動的終極目標之間的互動關係。就此而言，魏特夫可以說是動態的環境適應論者。參見魏特夫著，徐式谷等譯：《東方專制主義——對於極權力量的比較研究》，第1頁。

17 同上註，第13頁。

18 同上註，第18頁。

19 同上註，第41頁。

20 同上註，第43頁。

21 同上註，第85頁。

22 同上註，第96頁。

23 同上註，第99頁。

24 同上註，第123頁。

25 同上註，第125–127頁。

26 同上註，第134頁。
27 同上註，第158–159頁。
28 同上註，第195頁。
29 同上註，第198頁。
30 同上註，第233–234頁。
31 同上註，第304頁。
32 同上註，第310頁。
33 同上註，第313頁。
34 同上註，第316頁。
35 同上註，第335頁。
36 魏特夫為此特別強調：「階級鬥爭遠非全人類的慢性病，而只是多中心的開放社會的奢侈品。」同上註，第343頁。
37 同上註，第467頁。
38 同上註，第463頁。
39 同上註，第466–467頁。
40 同上註，第22頁。
41 同上註，第407頁。

42 同上註，第 53 頁。

43 同上註，第 56–58 頁。

44 轉引自魏特夫著，徐式谷等譯：《東方專制主義——對於極權力量的比較研究》，〈中譯本出版說明〉。

45 同上註。以及林甘泉：〈怎樣看待魏特夫的《東方專制主義》〉，《史學理論月刊》，1995 年第 1 期。

46 張小明：《冷戰及其遺產》，上海：上海人民出版社，1998，第 379–380 頁。

47 同上註，第 390–393 頁。

48 參見霍・海曼：〈東方共產主義崩潰後的西方民主社會主義〉，載中央編譯局世界社會主義研究所編：《當代國外社會主義：理論與模式》，北京：中央編譯出版社，1998，第 239–265 頁。

49 參見阿倫特著，林驤華譯：《極權主義的起源》，北京：三聯書店，2008，第 500 頁。

50 參見張小明：《冷戰及其遺產》，第 394 頁。

51 參見中曾根康弘等著，吳寄南等譯：《冷戰以後》，上海：上海三聯書店，1993，第 1 頁。

52 參見弗洛姆著，陳學明譯：《逃避自由》，北京：工人出版社，1987，第 11–12 頁。

第十二章

迅速發展、陷入停滯與走向崩潰

社會主義國家改革命運的比較分析

二十世紀中後期蘇聯式社會主義國家的發展與改革，是最令人矚目的國際政治現象。因為這改革幾乎遍及所有蘇聯式社會主義國家。改革的起因、狀態和結果相差很大，但改革的結局幾乎如出一轍：那就是從早期的迅速發展，到改革中期的陷入停滯，之後走上無可挽回的崩潰道路。大約延續了半個世紀的蘇聯式社會主義國家改革，就此畫上了一個令人驚歎的句號。為什麼曾經如此具有活力的社會主義國家最後都未能免於崩潰的命運呢？人們長期以來，要麼將其歸咎於掌握國家權力的政治領袖人物對於社會主義事業的叛離，要麼將其歸之於改革舉措的不太適宜，或者將之歸罪於西方資本主義國家的顛覆活動。無疑，這些歸咎都有一定依據。只是用來解釋社會主義國家從改革走向崩潰這樣的大事件，理由似嫌單薄。本章從社會主義的基本理念、制度安排與秩序保障方面，對其改革的過程進行解釋性描述與分析，更為準確理解社會主義國家的改革走勢。

一、令人震驚的「發展奇跡」

社會主義是一個非常複雜的現代政治意識形態、經濟發展與政治組織的集合體。在這一名稱之下存在着從形式到實質差異都非常巨大的各種變體。就人們熟悉的社會主義形態，就有空想社會主義、馬克思主義、費邊社會主義、民主社會主義、工團主義、基爾特社會主義、基督教社會主義、講壇社會主義以及國家社會主義等。[1]

本章所指的社會主義具有特定涵義：在原生形態上説，這樣的國家在國家意識形態上秉承馬克思—列寧主義，在國家政體選擇上呈現為極權主義形式，在經濟發展模式上實行計劃經濟，在國家權力歸屬上強調共產黨壟斷化行使權力，在國家權力的存在方式上吞噬性地對待社會與市場，在國家性質上體現出與異質政體（如資本主義國家）的鮮明對抗性質。準確地説，就是人們習慣稱之的共產主義。而在改革形態上説，就是要對前述各個方面進行改良，以便顯示出某種彈性，使原生形態獲得次生形態（也就是改革形態）的支援，從而按照原生形態的基本定勢延長其生命。就此而言，本章所指的社會主義國家，不包括北歐實行社會民主主義的國家，而將其指涉對象限定在蘇聯、東歐、中國、北朝鮮、越南和古巴，也就是本章所説的蘇聯式社會主義國家的範圍內。由於中國、越南的改革還在進行中，其狀態有待觀察，而北韓和古巴明顯抵制對現存體制進行重大改革，因此，本章所論列的社會主義國家的改革，實際上限於人們習稱的蘇聯東歐國家，因為這些社會主義國家的改革已經塵埃落定，可以作為具有全程意義的相關改革的分析物件。

社會主義的改革，並不是一個隨着社會主義國家的誕生就出現的話題。社會主義國家剛剛降臨的時候，自身經歷了艱難的處境。在外部沒有給社會主義國家的原創形態——蘇維埃社會主義加盟共和國即蘇聯造成重大威脅的情況下，蘇聯經過自己的努力，以其所創造的發展奇跡給外部世界留下極為深刻的印象，其工業化的超高速發展震驚西方世界。一九四五年以後，在社會主義與資本主義世界一分為二，並將現代世界區隔成兩個重要的意識形態—國家聯盟的情況下，蘇聯以及東歐社會主義國家的發展，也給社會主義國家內部的人民、資本主義世界厭惡剝削和壓迫的左翼知識分子予巨大鼓舞，並且給資本主義世界造成巨大壓力。

可以從兩個不同的視角審視對蘇東社會主義國家的發展奇跡進行描述和分析。一個視角是從社會主義的軸心國家蘇聯來看。蘇聯的發展奇跡分為兩個階段呈現出來：一九一七年革命前的俄國，儘管是一個初步完成工業化的國家。但是第一次世界大戰給俄國的經濟以摧毀性的打擊。一九一七年發生革命的時候，俄羅斯處於嚴重的滯漲狀態，布爾什維克取得全國政權以後，鞏固權力與發展經濟成為兩大難題。在政治上，剛剛建立起來的蘇聯借助於布爾什維克毫不妥協的黨內外鬥爭，不僅將社會民主黨更名為俄共（布），從而確定了獨佔國家權力的政治體制，政黨意志直接作為國家意志運行；而且在政黨組織內部，實行殘酷的黨內鬥爭，建立起高度集權的政黨體制。[2] 這使得由政黨領導人個人意志體現的政黨—國家意志的執行，絕對暢通無阻。在經濟上，為了迅速改變滯漲的狀態，實行了戰時共產主義政策，斷然實施工業國有化、餘糧徵收、集中供給制。但這類政策既受到績效的困擾也受到社會的強烈抵抗。列寧就此轉向，推行新經濟政策：小規模的工商貿易允許私人經營徵收農產品改為糧食稅、允許農產品的市場交易。這種「退卻性」的經濟政策成為後來強制工業化的秩序基礎。一九二〇年代初中期，蘇聯建立起計劃與市場混合的經濟形式。[3] 到了一九二八年，局勢相對穩定的蘇聯，開始了大規模的強制工業化進程。

這一進程與蘇聯的國家自我認知緊密聯繫在一起：史太林認為，社會主義國家不能依賴從資本主義國家進口取得的發展，必須「自力更生」。於是，在意識形態的強大推動之下，蘇聯開始了國家權力直接佈局的工業化過程：一是對全國工業經濟的佈局進行調整，在遠離傳統經濟中心的烏拉爾、西伯利亞和中亞內陸設立工業基地；二是強制推行農業的工業化，使消費品供給體制工業化；三是推進教育改革，為工業化培養所需人才；四是以經濟增長為目標籌劃發展事務。[4] 僅僅用了十年時間，在一九三七年，蘇聯基本上完成了工業化的國家目標：從增長指標上看，相當於一九二八年強制推行工業化開始的時候，工業總產值增長了差不多四倍半。從工業體系的建立來看，蘇聯成功建立起了一種被稱為「資本密集型技術的勞動密集型變體」的工業體系。從工業發展的區域分佈來看，蘇聯的歐洲部分和亞洲部分，分別建立或強化了一些工業基地。這種依靠國家權力佈局的「無情的工業化」，推動蘇聯僅僅在十年的短暫時限內，從一個農業國家進入工業國家的行列，[5] 創造了人類工業化史上的奇跡。

蘇聯迅速的工業化大大提升了國家實力。這為一九四五年第二次世界大戰之後蘇聯與美國對抗，並成為社會主義陣營的領導者奠定了可靠基礎。與此同時，兩個有利的外部條件也對蘇聯強化工業化成就提供了幫助：在第二次世界大戰中，由於蘇聯接受了大量的英美援助，而更為有力地促進了工業技術更新；[6] 第二次世界大戰後，蘇聯從戰敗的德國接受了先進的技術與設備。進入冷戰時期，蘇聯依靠經濟互助委員會和華沙條約組織，對強制加入社會主義陣營的國家進行經濟分工，[7] 從而保證了蘇聯借助於分工的優勢保持大工業國的地位。另一方面，加入社會主義陣營的國家，因為獲得了經濟區域互助的活力，在諸如能源供給、金融合作、運輸便利等方面獲得了發展動力，相比於此前的發展態勢來說，其發展也顯得迅速得多。[8] 這些社會主義國家的迅速工業化，不僅使本國掌權的政黨喜形於色，因此不吝辭藻地讚美蘇聯式社會主義的優越性，緊緊跟隨蘇聯的步伐，走上一黨獨大權力結構支配下的國家剛性計劃經濟發展道路，而且使西方的左翼知識分子對蘇聯傾慕不已，滿足了他們批判不道德的資本主義的主觀偏好，並且認定蘇聯體現了替代不道德的資本主義的唯一出路，這就更是使二戰後的資本主義國家面臨巨大壓力，一方面在政治經濟發展的模式上加以調整，另一方面在政治經濟學上產生巨大分歧，坐實了二戰後西方國家政府調控主導的發展模式。

除蘇聯以外的其他社會主義國家，對於蘇聯所發揮的促進自己國家經濟增長的作用，不吝辭藻地加以禮讚，而且以之塑造本國的經濟發展模式。一方面，蘇聯式的政治體制因為社會主義陣營的關係，在東歐國家紮下根來，蘇聯一黨專制的體制成為東歐國家共產黨的專權體制；另一方面，蘇聯的工業化模式也成為東歐國家的工業化進路——中央模式的計劃體制、國家主導的工業化與農業集體化成為東歐國家發展的三個支柱，並且先後推行蘇聯式的國民經濟發展的五年計劃。[9] 至於後起的社會主義國家如中國，就更是對蘇聯模式發自內心地認同並長期以此作為國家發展的指導思想。中央計劃體制至今未曾根本動搖，五年計劃的模式即使在推行市場經濟的時代也沒有改變，剝奪農民的方式則一直在延續。[10] 由此可見，蘇聯奠立的社會主義發展模式所具有的深遠影響。

蘇聯模式帶來的增長奇跡，尤其使西方國家的左翼知識分子激動不已。法國左翼知識分子在二十世紀四五十年代對蘇聯的禮敬差可作為代表。著名哲學家梅洛・龐蒂就認定，史太林的大清洗是共產主義暴力消滅資本主義暴力的手段，強制工業化和農業集體化，雖然造成了大饑荒，但蘇聯衞國戰爭的偉大勝利證明史太林是正確的——沒有強制工業化取得的巨大成就，蘇聯不可能打敗當時世界上最強大的戰爭機器。而另一位著名的左翼知識分子薩特更是直言不諱地宣稱自己支持蘇聯。他說：「經過十年沉思，我到達了一個轉捩點：我只需要捅破一層紙。用教會的語言說，這是我的改宗。」他的改宗宣言簡潔明瞭：「反共產主義者是條狗。」[11] 不能說這類言論僅僅只是由於龐蒂和薩特的個人信念所致，蘇聯的發展態勢也許是他們如此仰慕蘇聯或共產主義最大的動力所在。

至於這模式對西方國家的壓力，可以分為兩個方面來解析。一方面，蘇聯式社會主義體系的強勁發展，尤其是它所確立的發展模式，即由一個國家的中央權力不惜一切代價強制推進的工業化進程，確實從經濟發展的數量增長上來看，遠比訴諸市場力量的西方國家要令人興奮得多。一個簡單的同期資料對比，就可以看出社會主義國家與資本主義國家增長狀態的巨大差異：一九三〇年代蘇聯的工業生產值增加了4.5倍，但這一時期資本主義國家則陷入了嚴重的衰退狀態。[12] 一九五〇年代蘇聯體系內的社會主義國家工業產值增加在一至三倍內，而歐洲資本主義國家在馬歇爾計劃的支持下，才剛剛恢復到二戰以前的水準。正是在這麼鮮明的對比中，資本主義國家大多採取了類似社會主義國家的政府調控手段，強有力地支持經濟的迅速發展。另一方面，在資本主義國家中，就經濟發展的基本模式而言，支援市場主導的思想家與支持政府主導的思想家之間，發生了前所未有的大爭辯，其結果是後者佔據了西方資本主義國家的主流。這中間的兩個著名人物頗具代表性，一是市場經濟的辯護者哈耶克，一是政府調控的主張者凱恩斯，兩人之間產生了巨大的爭執。但結果是後者成為西方國家經濟政策的主導人物，而前者只好轉向研究政治哲學。這一爭執自然涉及兩者的價值偏好，關乎資本主義國家經濟發展自身的走勢，但其中蘇聯的強勁發展則是其現實背景。在這場爭執之後，英美兩國實施的經濟政策，都將凱恩斯關於政府調節的理念，作為國家經濟政策的主導理念加以貫徹。[13] 由此可見由國家推動的發展奇跡對西方國家產生了多大的誘惑。

二、功能性改革與結構性病症

在蘇聯為首的社會主義陣營迅速發展的過程中，一開始就出現了迅速發展，配套卻不完善所引致的嚴重問題。這是國家權力體系直接推動的發展造成經濟—政治—社會資源的嚴重傾斜性配置，必然導致的明顯缺陷。從蘇聯的情況來看，「無情的工業化」既造成工業體系的畸輕畸重，更嚴重傷害了農業的健康成長，加之國家權力體系全力推進工業增長，勢必要求這一權力體系建構成為壟斷資源的極權體制，市場力量和社會力量必須無條件屈從國家力量，因此經濟的強勢增長對於經濟體系自身和國家權力本身，都會造成損害。但蘇聯體制還能維持相應的經濟績效時，這樣的體制弊端並不為人們所意識到。史太林統治蘇聯時期，「無情的工業化」塑就的政治—經濟體制，僅僅只是因為史太林的個人專斷，便得到強勢延續。這一體制，在政治上，是一種以黨代政的高度集權體制，史太林統治的晚期甚至連執政黨中央委員會和政治局都成為擺設，加之形式上應當是國家最高權力機關的最高蘇維埃是聯共（布）的政治玩偶，部長會議只是執政黨的執行機構而非相對獨立地行使國家行政權力的政府機關，其實蘇聯的政治運作完全是史太林個人說了算。而執政黨所謂的民主集中制，早就演變成史太林依照自己意志自上而下委派幹部的專制體制。幹部的終身制度也缺乏激勵作用。整個國家體制的運轉依賴長官意志，國家治理毫無規則可言。人民完全被排除在權力運作之外，成為受支配的對象。[14] 在經濟體制上，在所謂生產資料所有制上推行單一的國家所有，強行對農業所有制（二千五百萬農戶）進行改造；在經濟管理體制上強調高度集中的管理方式；完全排斥市場經濟，實行剛性的計劃經濟，而計劃經濟的最重要手段又是指令經濟；以政治化的方式處理經濟發展問題；在工業經濟的佈局中，將工業產值具有突出作用的重工業放置絕對重要的位置，而其他工業門類則不予重視。[15]

蘇聯的這體制在後來被推向了所有社會主義國家，政治體制上權力高度集中於執政黨，並建立起龐大的員警體系以維護國家既定權力結構，殘酷的政治清洗將政治上的反對力量清除乾淨；[16] 經濟體制上推崇國有制，推行剛性的指令性計劃，優先發展工業，抑制農業，注重積累，壓抑消費，中央集權式的經濟體制在強行的政治改造過程中建立了起來。[17]

蘇聯式的極權體制具有它的特定「優勢」：這一體制能夠在短期內使執政黨高度壟斷國家權力和經濟資源，既有效擊退各種政治反對力量，在不長的時間內牢牢掌握國家權力；又在短時間內突顯經濟增長奇跡，從而「證明」執政黨統治的發展績效。但是，執政黨高度壟斷政治經濟資源的體制，無論是在政治上，還是在經濟上，都必然存在難以克服的弊端。從政治上看，蘇聯式的國家不是現代常態的民族—國家（nation state），而是變形的黨化國家（party state），因此國家政治制度的運行缺乏民主法治的秩序性、穩定性保障。黨化國家壟斷性地支配一切，單純由國家帶動的極權主義發展模式，就此必然依靠一個高度集權的政黨領袖人物，他的天縱英明成為整個國家發展的保證。倘若他失去了這種天縱之才，整個國家則陷入愁雲慘霧之中。[18] 而由政黨，尤其是政黨領袖支撐的經濟發展，則更是一種脆性的發展狀態，一旦政黨及其領袖的鋼鐵般意志全幅傾瀉在經濟發展事務上，經濟的快速增長一定會令世人矚目。但這樣的經濟發展絕對無法長期支撐下去，因此，資源配置的底線合理性嚴重缺乏保障。在嚴酷的環境下，社會主義國家政治—經濟體制的內在弊端沒有顯現出來的契機，即使顯現出來，也大都被政治化處置。[19] 這些弊端，註定了社會主義國家必須以強有力的改革加以清除，否則社會主義自身的前途與命運就缺乏體制保障。

在社會主義國家中，無論是執政黨還是政府的領導人，對於社會主義的體制弊端都不乏清醒的人士。正是這些人啟動了社會主義國家的改革。社會主義國家的改革，從二十世紀五十年代算起，經過六七十年代，到八十年代末期九十年代初期為止，經歷了三輪改革：第一輪改革進程從南斯拉夫肇始，由赫魯雪夫在蘇聯推進，推動了東歐的改革嘗試；第二輪改革由東歐國家大力推動，觸及到關鍵問題；第三輪改革則由蘇聯戈巴契夫強力主導，整個東歐國家出現改革高潮，但結局是社會主義國家的崩潰。

從第一輪改革看，南斯拉夫啟動社會主義國家改革進程，是因為在社會主義國家率先遭遇到生產、交換與分配的矛盾，而高度中央集權的體制亦與南斯拉夫的聯盟結構相衝突。這種高度集權的中央體制，衍生官僚主義甚至專制主義的做派。加之執政的南斯拉夫共產黨及其領導人鐵托，堅持獨立自主的路線，與蘇共發生嚴重的衝突。這些因素，促使南斯拉夫走上改革的道路：首先是因為巴爾幹聯邦問題與蘇聯衝突的公開化，開啟了反思蘇聯模式的大門。其次是在此基礎上提出了人民自治的社會主義政治改革方案，將社會自治與國家作為自由人聯合體、國家所有制的暫時性、國家消亡以及消滅異化等馬克思主義命題緊密聯繫起來。南斯拉夫將自治改革作為法制安排固定下來，並成立了工廠委員會和管理委員會，改幹部任命為民主選舉和定期輪換。對農業政策做出了調整，降低了強制的合作化程度，逐漸取消了農產品的徵收制度，降低農業稅收，加強農業投資。最後，在政治體制上大力推進「民主化、分散化、非官僚化」的改革——強化地方自治、限制和取消官僚特權，精簡機構並下放權力，改善執政黨與社會的關係，承諾非黨政治組織的作用。一九五三年更確定以上述改革的《基本法》取代了一九四六年的集權型《憲法》。[20]

在南斯拉夫推進改革的過程中，史太林在一九五三年去世。經過短暫的權力調整期，赫魯雪夫執掌了蘇聯最高權力。史太林時期高度集權的統治狀態開始進入調整狀態：改革國家特務機構，平反冤假錯案，加強集體領導，促進經濟發展，緩和國際局勢。到一九五六年蘇共二十大，赫魯雪夫做了題為《關於個人崇拜及其後果》的黨內秘密報告，對史太林的錯誤進行清算，重申蘇共的民主集中制原則，改蘇維埃的運作制度，加強了法制建設，精簡機構並改善幹部制度；同時對社會主義與資本主義的關係進行重新評估，承認不同國家過渡到社會主義方式的差異，對於蘇聯經濟社會發展的經驗教訓進行了總結，推動以重工業為中心的經濟發展，積極調整農業政策和發展方式，重視科學技術的重要作用。[21]

隨着蘇聯矯正史太林的錯誤以及對改革的推進，東歐各國也掀起了改革浪潮。一九五六年，波蘭在波茲南事件發生後，反思蘇聯模式進入高潮。由於蘇聯擔憂波蘭脱離控制，強力干預波蘭內政，但以失敗告終。主張改革的哥莫爾卡重新取得最高領導人職位，推動設立工人委員會，擴大議會權力，發展各種形式的農民自治經濟。匈牙利在納吉擔任政府領導人之後，也調整了經濟佈局，致力穩定農業生產，提高知識分子地位，加強法制。但後來發生的匈牙利事件將改革中斷，直到一九五六年十一月卡達爾執掌國家權力後，匈牙利的改革才得以繼續推進：改變了執政黨絕對執掌國家權力的方式，實行黨政分開，穩固民主制度和加強法制建設，重視農業生產，引入自由貿易，改善工業管理，致力提高勞動生產率。捷克斯洛伐克、保加利亞、東德也在同期進行了類似的改革。[22]

社會主義國家的第一輪改革主要是針對蘇聯模式的反思與改進展開。到二十世紀六七十年代，改革朝縱深推進的必要性與重要性逐漸顯現出來。社會主義國家的第二輪改革啟動了。這一輪改革不再有社會主義與資本主義直接對壘的背景，也不再針對蘇聯模式及其矯正而展開。在蘇聯和美國兩個超級大國對抗的國際形勢下，社會主義國家一方面要應對國際緊張局面的需要，改進自己國家的政經體制；另一方面則必須將改革重點與改革需求相對應。按照論者的概括，這一時期的改革體現了不同於第一輪改革的特點：一是對社會主義體制自身的弊端有了更為深刻的認識，改革的準備相應充分起來；二是經濟體制的改革更為深入，引入市場機制的自覺，個人利益得到承認，經濟組織更為多元，管理方式更為規範；三是改善政治統治的方式，擴大了民眾的政治參與，強化國家政治體制的民主因素；四是改革的綜合性特點日益突出，配套改革的意圖明顯化；

五是改革在蘇聯制約與國家自主之間複雜地展開；六是改革的成效在初期較為顯著，到後來呈現下降的狀態。[23]

社會主義國家第二輪的改革浪潮，大多是在出現經濟危機的情況下展開的。因此與第一輪較為明確地針對蘇聯模式弊端進行改革的狀態相比較，第二輪改革的國內問題鮮明的突顯出來。如六十年代南斯拉夫就自認處於經濟危機之中：重複投資、基建規模過大、經濟效益下滑、高增長的比例失調。因此，南斯拉夫就此在60年代中期推出了「新經濟措施」，採取了一系列財政措施緩解經濟危機，同時改革政黨機制，推進黨內民主，並修改憲法，擴大民族自由和自治，強調民族平等。南斯拉夫的改革就此處在社會主義國家改革的行列。

一九六四年，蘇聯進入勃涅日涅夫時代，由於這時代的開端是對赫魯雪夫改革的清算，因此接下來進行的改革註定只能是在技術性的環節上面：在經濟改革方面，勃涅日涅夫時代推行了新經濟體制，注重計劃的完善，改進管理的模式，強化經濟核算，建立物質激勵機制，引入包工制度，擴大聯合公司，致力提高勞動生產率。[24]在農業體制和發展戰略上，也採取了一系列改革行動，旨在以集約化的方式提高農業生產率，並且增加農業投資，強化技術改造，推行農工一體化，在政治體制上實行三駕馬車（黨—國—政）的新型體制，杜絕史太林式的個人專制，強調民主集中制原則。將政府管理經濟的機構國民經濟委員會撤銷，恢復按部門管理經濟的體制，確認蘇共的領導地位，明確提出改善黨的領導方式，強調法制原則。於一九七七年修訂的憲法，提高了蘇維埃的地位，加強人民監督，健全司法制度，擴大直接民主，對幹部隊伍的知識化、專業化高度重視。

蘇、南的這些改革，都是針對國內問題展開的，不再集中於國際共產主義運動及其集中意志和基本模式問題展開。但很明顯所有改革圍繞的都是具體問題，缺乏對社會主義制度本身的深刻認識與整體重構。這是一種極為明顯忽略結構性的問題而專注於功能性調整的改革：改革者完全沒有意識到社會主義制度的基本理念、制度設計以及運作秩序存在結構上難以治癒的病症，整個改革圍繞的都是原有社會主義結構的改良與優化。因此可以說，社會主義的改革就結構與功能之間的調適來說，一開始就處於錯位的狀態：人們習慣將社會主義的弊端視為某個領導人的失誤造成的，而對於社會主義制度本身缺乏反思能力。因此，在反思史太林錯誤的起點上推動的改革，實際上並沒有觸動社會主義制度的基本缺陷問題。因此，這類改革在政治體制上大多是重申共產黨的民主集中制的固有組織原則；對於法律的引入也只是在其既定規則的意義上，缺乏法治的理念；限制個人權力膨脹的也是遠遠高於限制組織權力的脫韁。在經濟體制上，主要是基於效率進行的改進，因此沒有觸及到生產資料所有制重構的問題。沒有推行有效的市場資源配置方式，大多停留在效率所需要的適度調整上面，尤其是停留在工業的管理體制和工業與農業關係的平台面上。這些改革，是無法為僵化的社會主義制度注入長期有效的活力。

三、改革的普遍停滯與夭折態勢

蘇東社會主義國家的功能性改革，因為迴避了國家結構上的基本問題，因此幾乎無一例外地逐漸陷入停滯和夭折的狀態。

一九六八年捷克斯洛伐克的「布拉格之春」，對於蘇東社會主義國家的改革具有象徵意義。在社會主義國家的第二輪改革中，捷克在一九六〇年代初期啟動了類似的改革進程。在推進改革的過程中，人們意識到改革不僅是經濟領域的事情，而應當是政治經濟聯動的事宜。著名經濟學家奧塔・希克指出第一輪改革失敗的責任在上不在下，並提出計劃經濟的形式應當是方向性的而不是指令性的命題。他主張，在企業微觀運行上面引入市場機制，對企業利潤進行分成，調整企業領導選拔方式，同時主張加強工人自治，擴大工會權力。捷共領導諾沃提尼同意希克的經濟體制改革建議。於是，捷克開始推進比第一輪改革更激進的舉措。但一九六四年推行改革的赫魯雪夫下台，這成為捷克改革受阻的直接原因。於捷共認定改革應當是完善現有體制，是為了激發現有體制的優點，政治與經濟改革就此分離。[25]但在一九六七年，捷克陷入嚴重的經濟困難，諾沃提尼阻止改革與捷克國內呼籲改革的力量形成對峙。到一九六八年初，主張改革的杜布切克被推上捷共第一書記的職位，改革從而迅速展開：黨內實行民主化，不再壟斷社會權力，保護少數權利；實現政治體制多元化，推進選舉，建立（捷克與斯洛伐克）聯邦制，以馬恩論述為據保護公民權利和自由。在經濟上擴大企業許可權，引入市場機制，成立工廠委員會，提倡多種結構，取消外貿指令性計劃，農業實行獨立經營。奉行獨立自主的外交政策。這一幾乎是疾風暴雨式的改革，既激發了捷克國內保守力量的反對性聚集，也促使保守的蘇聯橫加干預。在保衛社會主義的名義下，蘇聯出動軍隊實施佔領，中止了捷克的改革。胡薩克登上捷共領導人的位置，進行了清黨行動，將改革者悉數清除，並將分散化的改革轉變為集中化的傳統模式。[26]

在捷克斯洛伐克改革遭遇內外強大阻力發生逆轉的情況下，其他社會主義國家的改革處境也不見得更好。匈牙利進行過市場導向的經濟體制改革。一九六八年實行了新的經濟體制：改革計劃制度，國家主要借助經濟手段保證計劃的實施。推行價格制度改革，使價格機制更具靈活性，擴大地方和企業的財政許可權，改革稅收和銀行體制，改革工資制度，建立靈活的分配制度，由國家執掌宏觀控制，微觀管理由企業自主。這是捷克在社會主義時期進行的最深入經濟體制改革。到一九七〇年代以後，捷克的改革便限於對現有體制的小修小補。一九七〇年波蘭遭遇了「十二月危機」，這是人們對一九五〇年代改革失敗之後失望情緒累積的必然結果。「十二月危機」發生過後，黨的領導哥莫爾卡下台。新領導蓋萊克在危機感充溢的社會氛圍中登台，雖然以十五條政治結論總結了波蘭社會主義實踐的失誤，但基本上是對社會主義原旨的重申。在經濟上也採取類似捷、匈的改革措施。但一九七〇年代的波蘭始終處於比較動盪的狀態。保加利亞和羅馬尼亞也在經濟處境不太順利的情況下，進行了新經濟體制的嘗試。[27] 這類改革，基本上具有一個共同點：那就是在政治—經濟上力求聯動，但政治上基本圍繞改善黨的領導目標和完善社會主義制度的目的展開，經濟上主要是圍繞提高效率的目的進行。緩解明顯的社會矛盾，則是改革的現實推動力量。執政黨內的改革力量與反改革力量則成為改革曲折前行的制衡對手。

與東歐國家動盪不安的局勢下催生的改革經歷不同，蘇聯自建立勃涅日涅夫、米高揚和柯西金三家馬車的領導格局之後，便將改革限制在經濟管理手段的改進和領導方式的改善上面。這是明顯的功能性、技術化改革路線，也是明顯具有改革面目卻掩蓋了結構化改革必要性的有限「改革」。蘇聯的改革在勃涅日涅夫時期實際上陷入停頓狀態。而七八十年代，蘇東日積月累的制度弊端似乎已經沉屙難治。但在這種情況下，蘇聯不僅未能推動有效的改革，反而以「發達的社會主義」命題遮蔽了制度的結構病症，陷入一種自我慰籍的太平盛世幻覺之中。蘇聯將發達社會主義視為社會主義的高級階段，它在總體上呈現出來的特徵有：創造了統一的國民經濟實體，按照社會主義內在固有的集體主義原則完全改造整個社會關係的總體，經濟發展的目標在於解決社會任務，大幅提高人民的福利，為社會成員的全面發展創造條件。經濟的集約式發展、勞動的效率提高、工作品質的提升，是經濟工作的重點所在。科學技術日益重要。社會階級之間日益接近，趨向於發展完全的社會單一性。國家體現為全民國家性質，社會主義民主大為發揚。共產黨的領導作用日益增長，並逐漸成為全民黨。人民的教育程度大大提高，共產主義新人茁壯成長。發達社會主義不僅在各個方面高度成熟，發展亦日益均衡。[28]

與此不同的是，東歐國家對於危機的感應能力似乎強於蘇聯，啟動了社會主義國家的第三輪改革。南斯拉夫仍然處於改革的前沿。一九七〇年代，南斯拉夫的自治制度改革進入所謂的聯合勞動階段，即由此前以自治制度提升勞動效率，進入生產關係的改革階段，使勞動者成為以自由的、聯合的勞動條件去代替勞動奴役的經濟條件。為此南斯拉夫建立了聯合勞動的基層組織、組織和複合組織三層結構，以類似於公司制的方式將勞動者組織起來，並以工人委員會作為自治機構。進而，將不同社會組織建立為自治利益共同體，實施了自治社會計劃。在政治上，為了修補南斯拉夫聯邦的民族關係，推行了代表團制度，建立了聯邦、共和國或自治省以及區三級代表團議會制，徹底地簡政放權，並以法制形式加以確認。政治強人鐵托和卡德爾去世以後，更實施了「集體工作、集體決定、集體負責」的領導體制，南斯拉夫一時在社會主義國家中顯得經濟繁榮，景象萬千。[29]

但是，南斯拉夫此時的改革實際上已經完全無法改變結構性的國家困境：一黨獨大的政黨制度難以鬆動；權力的賦予與權力的運用關係無法對接；聯盟結構的組成部分具有深刻的民族矛盾，難以癒合；經濟體制的所有制矛盾與經濟績效之間的衝突無力改變。因此，即使在所有社會主義國家中，南斯拉夫的改革算是較徹底的了，但是改革走到一九八○年代的地步，就已經沒有進一步進行結構改變的餘地。改革就此陷入缺少對策的僵化狀態，這是改革停滯的徵兆。這樣的處境，在所有其他東歐社會主義國家都是相同的。社會主義國家的改革進展到這樣的地步，政治體制的結構性改革已經刻不容緩，改革再也無法在政治體制不做結構性改變的前提條件下進行，恰恰是因為政治體制改革成為改革的突破點，觸及到了社會主義基本制度的正當性與穩定性問題。於是，到一九八〇年代，社會主義國家的改革便成為與國家危機搏鬥的艱難過程。匈牙利在一九八〇年代進行了較為深入的經濟體制改革，既使經濟活力顯現出來，民眾得到實惠，也鼓舞了人們將改革向縱深推進的決心與信心。因此，匈牙利在選舉上進行改革，引入了打破蘇聯等額制虛偽選舉的差額選舉制，加強了地方自治，明確限制了政黨與國家領導人的許可權，政治生活的民主化氣象呈現出來。但與南斯拉夫一樣，涉及社會主義制度安排的根本性問題仍然被遮蔽。匈牙利走在社會主義國家前沿的、大膽的經濟體制改革，並沒有為社會主義闖出一條新路來。而波蘭在一九八〇年代，陷入更為頻繁的社會動盪，令改革的緊迫感更強烈，以致於一九八一年當政者雅魯澤爾斯基必須以軍事管制來維持國家秩序。此後，加緊經濟體制的改革，致力增強國家總體計劃體制下的微觀經濟領域市場機制的引入，進行了工資、稅收和銀行體制改革，加以政治體制的改革，諸如改善黨的領導，加強人民權力機構，增強政治磋商，優化經濟民主應對改革需求。但總的來說，波蘭已經窮盡了既有體制下的改革選項，後來的改革便愈來愈處於無政府的邊緣，改革的主導觀念就明顯體現出這一特點，「只要不違法，什麼都可以幹」。[30]

一九八〇年代的蘇聯，可謂積重難返。勃涅日涅夫當政十八年的長期停滯，加上「發達社會主義」對於黨－國結構上存在的嚴重問題的遮蔽，使得蘇聯的制度弊端已經達到難以根治的地步。勃涅日涅夫去世以後，經過安德羅波夫和契爾年科的短期過渡性執政，戈巴契夫登上權力中心舞台。此時，蘇聯富有效度的改革已經停滯了近二十年之久。在兩任過渡性領導手裏，推出了一些新的政治理念，採取了一些改革措施，譬如安德羅波夫指出要正確對待馬克思主義，提出蘇聯不過是處在發達社會主義的起點上，指出推進生產力發展必須有相應的所有制關係變革，承認社會主義模式的多元化，在經濟體制上進行了一系列前述的東歐國家嘗試過的改革舉措；再譬如契爾年科承接了安德羅波夫的社會主義發展階段論，繼續進行經濟體制上的改革，但蘇聯的經濟發展與社會進步都差強人意。到戈巴契夫時代，才將安德羅波夫主張的經濟體制根本改革推向前台。所謂根本改革，其實就是「提高管理工作和計劃工作的集中原則的效果，擴大企業自主性和責任心，積極利用更加靈活的領導方式和方法，經濟核算和商品貨幣關係」[31]的舉措而已。其後，戈巴契夫提出了稍微大膽一些的改革口號，諸如用「完善社會主義」代替「完善發達社會主義」，承認「必須進行根本的改革」，明確企業是「社會主義商品生產者」，並發展人民自治的理論。蘇共二十七大將戈巴契夫的這些主張合法化，作為蘇聯改革的指導思想，致力改革計劃工作、管理工作、企業架構、經濟計算、激勵機制、農業改革。在政治體制上以「公開性」為顯著標誌，推進民主制度，全面改進蘇維埃體制，提高國家機關工作效率，強化人民組織的作用，擴大社會參與管道，加強法制基礎建設，並對整個領導層進行了更新換代的工作。蘇聯一時給予全世界新的氣象，戈巴契夫也因此成為世界風雲政治人物。

但同樣不得不指出的是，蘇聯此時的改革，只能發揮激動人心的作用。對於蘇聯歷經半個世紀形成並定型的社會主義體制來說，戈巴契夫其實無力回天。由於從赫魯雪夫開始的蘇聯改革進程，一直以糾正前任領導的嚴重錯誤為前提，這就勢必激發主張改革與保守既得利益的人士之間的鬥爭，必然遭遇改革者與保守者嚴峻的政治對峙，改革就此處於一個無法達成國家共識的分裂狀態，改革的政治動力無法有效聚集，而改革的社會動力也相應難以積聚。與此同時，對於遲滯的改革懷有不滿，甚至是懷有不同政治抱負的人士，開始與主導改革的戈巴契夫發生分歧，令可以為各方接受的溫和改革無法進行下去。經濟問題、民族問題、黨內分歧問題一股腦湧上改革議程，達成一致改革意見的空間就這樣喪失掉了。[32] 隨着一九八九年改革引入選舉，使蘇共長期未曾經受社會公眾檢驗的政治脆弱心理受到挑戰，選舉產生的蘇聯第一屆人民代表大會出現對國家建構秉持完全不同主張的群體，因此，現有國家體系難以整合的力量登上了國家權力舞台。加上此時蘇聯的經濟危機尖銳化，經濟供給能力下降，而改革卻沒有有效的對策來對治這些問題。恰如論者指出，「這是沒有效率的經濟，不是以改善人們生活為目標的經濟，伴隨日益加重的財政危機的經濟」，「救治這樣的經濟更為困難。『過渡時期』的處方是柔和而模糊的，治病妙方是『口唸』驅魔的咒語——將社會主義計劃同面向社會的市場相結合。」[33] 一九九〇年在選舉蘇聯總統的時候，國家危機不僅沒有得到緩解，相反進一步加深。作為蘇聯加盟共和國的俄羅斯，在召開俄羅斯第一屆人民代表大會的時候，公開宣示國家主權。此時的戈巴契夫已經只能忙於平衡保守派與激進改革派，國家的改革喪失了一切可能性。黨政府總理雷日科夫一九九〇年夏天宣誓忠於社會主義的時候，「五百天」綱領出台，給予保守的改革徹底一擊。各個加盟共和國潛藏已久的不滿情緒也同時爆發，國家危機不斷加深。戈巴契夫與葉利欽脆弱的同盟關係終於崩解。一九九〇年秋季，各種因素促成聯盟的解體。到一九九一年八月十九日，國家緊急狀態委員會宣佈實施緊急狀態，廢黜戈巴契夫及俄羅斯總統葉利欽。但政變遭到挫敗，蘇聯的解體就此註定。[34]

蘇聯晚期階段經歷的改革停滯、夭折與國家崩潰，不只是一個國家的悲劇命運，幾乎是東歐所有國家在二十世紀八十年代末到九十年代初共同的命運。由於東歐的改革到後來愈來愈成為修飾性的枝節性動作，並且日益偏離國家實際形勢需要，因此自一九七〇年代中期開始，東歐國家經濟大多陷入停滯，甚至負增長狀態。匈牙利經濟學家雅諾什·科爾奈的資料説明了這一點——東歐各國一九七三至一九八七年的年均增長率從3.9%下降為1.9%，一九八八年以後幾乎停滯不前甚至負增長。以一九八八年一年來看，波蘭的GDP增長率是4.1%，匈牙利是-0.1%，捷克斯洛伐克是2.2%，保加利亞是2.6%，羅馬尼亞是-0.5%。與上一年相比，僅有波蘭是正增長。[35] 東歐陷入了短缺經濟的泥淖，外貿不振，債務危機嚴重，而政治形勢也顯得緊張。一方面，政治上出現了反對派組織。波蘭有團結工會，匈牙利有民主論壇，捷克斯洛伐克有「七七憲章」，連政治上最專斷的羅馬尼亞也有人呼出打倒齊奧塞斯庫的口號。另一方面，黨內的改革派與保守派的分歧日益嚴重，已經難以形成政黨共識。再一方面，民族與宗教矛盾已經到了難於化解的地步，南斯拉夫的這一問題最為突出。而這個時候，蘇聯因為國內發展需要，收縮了國際陣線，而無力應對東歐變化，大多情況下都放任東歐國家自主。內外局勢的明顯變化，使得東歐在經濟嚴重停滯的情況下，不得不與反對派妥協，儘管中間也充滿了血腥，但總體上東歐社會主義國家在一九八〇年代末期和平地終結了社會主義歷史：首先是一九八九年底波蘭完成了民主轉型。接着是一九九〇年三月匈牙利轉制為民主國家。接着六月捷克斯洛伐克以議會選舉完成了政體轉變。同年十月，東德併入西德，將已經轉制的東德徹底終結。而羅馬尼亞在一九九〇年初已經在暴力中開始轉變，年中則迫使前執政黨轉型的政治組織與新興政治組織分享權力。十一月，保加利亞建立了分享國家權力的民主制度。南斯拉夫則分裂為五個獨立國家。[36]阿爾巴尼亞最後在一九九二年終結了社會主義歷史。[37]

蘇、東社會主義的改革史就此宣告結束。回顧社會主義國家的改革歷史，需要提出的問題是，為什麼社會主義國家的改革愈到晚近階段，幾乎都陷入停滯狀態而難於避免崩潰結局呢？回答這一提問，就必然突顯這些社會主義國家在改革期間明顯存在着兩個阻礙改革的重大結構性因素：一是就推進改革的正面動力而言，社會主義國家的改革幾乎都沒有有效整合改革力量，改革者都是在一種既定的剛性政治前提下從事相關改革議程的，這種策略性的改革並無意對符社會主義的根本弊端。因此，改革愈是往縱深處推進，改革者自身就愈來愈處於被改革的境地，因此他們就會拒斥改革。這在第二輪到第三輪改革中明顯可以看出。這就勢必對各種有利於改革推進的資源窮盡耗竭，社會主義改革動力的缺損症存在於這一改革的功能性定位之中。二是社會主義國家改革存在着的抵抗改革的負面因素作用，這一負面動力長期借助國家意識形態、政黨利益與集團訴求扼制住國家的政治咽喉。社會主義國家哪怕是極其輕微的改革，也因為觸動了保守集團的政治利益、社會利益或經濟利益，而遭到抵抗，因此，承諾不觸動執政集團的政治利益成為改革預設條件。但事實上，當社會主義國家相對容易展開的經濟改革在推進時，就必然觸動政治權勢人物隨主觀願望控制國家經濟活動的「利益」，故而經濟體制改革本身必然與政治體制內在嵌合。但社會主義國家的改革普遍將經濟體制改革與政治體制改革人為切割開來，改革就此處於無法匹配的失衡狀態。而反對改革的勢力與推動改革的力量在政治上有着一致性。因為此，在政治體制改革不得不推進的時候，反對政治體制改革的國家權力習性，就與新生的民主政治力量形成正面衝突，使得社會主義政治定勢與政治改革方向相左。到最後，只好以終結社會主義收場。從社會主義改革的歷史來看，這兩種動力機制呈現出一種相反運動的趨向：當改革空間尚存的時候，後者受制於前者；當改革空間趨近於最小值的時候，後者對前者發揮出無法排遣的阻擋作用。這樣的動力機制就體現為社會主義國家改革的一種衰變情形：在改革的初期，容易形成推進改革的共識，加大經濟利益，既可以用來證明執政黨的英明，提供長期執政的理由；同時也可以用來證明改革的必要性與重要性，滿足改革者從事改革的成就需要。但當政治體制改革必須與經濟體制改革匹配的時候，執政者也好、試圖取得執政機會的組織與政治人物也好，國家權力分配的不公正與不均衡便令社會主義極權體制取法改弦更張。於是，改革共識喪失，改革就處在經濟體制上左右蹣跚的狀態，技術化的改革愈來愈走向技巧化的運用，改革事實上處於停頓狀態，最後國家走向崩潰也勢所必行。

從社會主義國家改革的階段性特徵上分析，蘇東社會主義國家的改革基本上走一個從共識期、衰變期、疲勞期、停滯期到夭折期的歷程。前三個階段可以被解讀為有利於推進改革的階段，蘇東社會主義國家第一輪改革和第二輪改革的初期階段，大致屬於這樣的情形。到改革設置的硬門檻（國家權力由執政黨獨佔，不得分享）阻擋住改革的推進時，改革在經濟領域內始終盤桓在體制與效益的技術範圍，對改革的疲勞感便彌漫開來。蘇東社會主義國家改革的第二輪後期和第三輪改革大致屬於這樣的狀況。一旦整個國家從統治者到公眾，都對循環性的、技術性的改革爛熟於心的時候，改革就走進了死胡同，所以在蘇東社會主義國家改革進程的後期，普遍出現了厭棄改革的現象：社會的厭棄體現為人們對改革收益預期的下降，愈來愈要求分享國家權力或兑現個體權利；改革者的厭棄表現為對改革缺乏熱情和戰略眼光，這是社會主義功能性改革缺乏願景必然的處境。而反對者的厭棄則顯示為除開權力之外，對於改革流於政治口號也無從反對改革的失望。這種對改革的普遍厭棄，造成社會主義國家以改革推動發展的動力機制嚴重軟化。蘇東社會主義改革的動力耗竭症狀一旦呈現出來，社會主義的崩潰也在情理之中。

四、崩潰的宿命？

社會主義國家改革陷入困境之後，走向崩潰似乎就是唯一的「出路」。而社會主義國家之所以從熱情高漲的改革逐漸陷入停滯並無可挽回地走向崩潰，原因自然是多重且複雜的。社會主義的改革最後陷入崩潰的狀態，如前所述，與社會主義改革的總體思路具有密切關係：在絕對限定改革的政治前提下，蘇東的改革無論如何是無法取得結構性成效的。不管蘇東改革採取多麼不同的進路，其崩潰的結局都是一樣的。從一種比較的視角看蘇東改革的類型，明顯可以將之劃分為三種類型：一是南斯拉夫的強人啟動與內部阻止中斷型，二是捷克斯洛伐克、波蘭等國的內部驅動改革與蘇聯的外部強制終止型，三是蘇聯的內部矛盾驅動與國家反改革力量集結性反對的阻止型。南斯拉夫的改革可以說是社會主義改革較為徹底的類型，但總的說來仍然是功能調整型的改革，當這樣的改革遭遇國家結構的基本難題，諸如共產黨的領導地位和國家權力的分權制衡等棘手的問題時，改革便處於束手無策的狀態。一旦在黨權和國家權力領域引入競爭性機制，國家就呈現崩潰的跡象。東歐的其他社會主義國家也都有改革的內源動力，但與南斯拉夫一樣，改革的政治前提完全是一致的，改革的初期都是限定在經濟—管理領域，都是為了顯示社會主義制度的優越性，到後來才不得不觸及政治體制問題，但是執政黨總是絕對拒絕與其他社會—政治力量分享國家權力。同樣是在不得不觸及這類問題的時候，國內的反對改革集團和蘇聯勾連在一起，成為葬送改革的強大力量。蘇聯自身改革的最初階段可以用有聲有色來形容，但在執政黨完全杜絕分享權力的專制政治前提條件下進行的改革，既無法提供市場導向的經濟體制改革以產權基礎，自然也就無法真正解決影響經濟績效的根本難題，最後只好像東歐社會主義國家一樣，不斷徘徊在尋求提高經濟績效，經過一輪改革，確實提高了經濟績效，然後改革停滯，再經過一輪改革，以形式新穎但實質依舊的一些經濟改革舉措來應對下降的經濟績效，於是改革就在這種循環往復的跑馬圈中糾纏。一旦觸及政治體制問題，不是立即退守，也是無功而返。因此，蘇東的改革就此成為必然停滯、必然崩潰的改革。

從社會主義改革的歷程來分析，造成社會主義國家改革走向崩潰的原因確實非常複雜。除開上述確認的社會主義改革的功能性定位偏離了社會主義國家的結構性問題之外，人們從宏觀的制度設計和微觀的經濟運行各個方面，都進行了細緻的討論。但是，人們很少從社會主義國家的總體結構上分析蘇東社會主義改革歸於失敗，並導致國家崩潰的深層次原因。其實，從社會主義國家的自身結構對於它自我調整的內在限定上看，它才是社會主義國家改革註定停滯和走向奔潰的首要原因。從社會主義國家的總體結構上説，社會主義國家的剛性體制，註定了社會主義國家制度改革餘地明顯的有限性。一方面，就社會主義國家的起源來看，社會主義國家是建立在怨恨倫理基礎上的政治結構，這一結構註定難以從恨狀態走向合作狀態。而社會主義國家的改革，恰恰需要從革命的仇恨的結構走向後革命的合作結構，因此，改革等於點中了社會主義的死穴。對社會主義的這一本質規定，從馬克思、恩格斯的《共產黨宣言》就可以體現到。他們指出，一切剝削階級一直剝削和壓迫被剝削與被統治階級，人類文明史就是一部兩個階級之間的鬥爭史。而到了資本主義社會，這一對立的階級格局顯現為資產階級和無產階級。由於資產階級「用公開的、無恥的、直接的、露骨的剝削代替了由宗教幻想和政治幻想掩蓋着的剝削」，[38] 因此對於無產階級來說，只能選擇推翻「可鄙、可恨、可惡」的資本主義私有制，從根本上解決資本主義生產資料的私有制與社會化大生產之間無法克服的矛盾。但要完成這一歷史性的偉大任務，中間階級（如小工業家、小商人、手工業者、農民、流氓無產階級）並無力擔當這一任務的。[39] 在這革命的過程中，共產黨承擔着無可替代的領導責任，並將消滅私有制作為自己的首要任務。[40] 而在履行這一偉大的歷史使命的時候，無產階級必須聯合起來，國際主義的立場也就應運而生，「工人沒有祖國」。[41] 在這場歷史上空前絕後的無產階級革命中，領導者「共產黨人不屑於隱瞞自己的觀點和意圖：他們的目的只有用暴力推翻全部的現存制度才能達到。讓統治階級在共產主義革命面前發抖吧。無產階級在這個革命中失去的只是鎖鏈。他們獲得的將是整個世界。」[42]

列寧將馬克思恩格斯的怨恨理論與俄國的革命緊密地結合起來，一方面他深信《共產黨宣言》宣誓的革命原則，強調「這部著作以天才的透徹而鮮明的語言描述了新的世界觀，即把社會生活領域包括在內的徹底的唯物主義、作為最全面最深刻的發展學說的辯證法、以及關於階級鬥爭共產主義新社會創造者無產階級肩負的世界歷史性的革命使命的理論。」[43]從而將馬克思恩格斯關於社會主義的一系列論述作為革命的經典性綱領。另一方面，他在《國家與革命》一書中，強調「一個階級的專政不僅對一般階級社會是必要的，不僅對推翻了資產階級的無產階級是必要的，而且對介於資本主義和『無階級社會』即共產主義之間的整整一個歷史時期都是必要的——只有懂得這一點的人，才算掌握了馬克思國家學說的實質。」在此基礎上，列寧進一步強調，「從資本主義向共產主義過渡，當然不能不產生豐富和多樣的政治形式，但本質必然是一樣的：都是無產階級專政。」[44]在俄國革命的實際進程中，列寧就是按照這些原則組織革命和建立蘇聯政權的。可見，在馬克思—列寧的社會主義設計和實踐中，共產黨不容質疑的一黨執政、公有制的絕對主導地位、無產階級專政的政權組織形式與共產主義的國際運動是緊密聯繫在一起的、社會主義的基本指標。這對於後來那些贊同或反對社會主義改革的人士設定了基本的判斷準則：遵守這些基本準則的就是社會主義，在這些準則的前提條件下進行的改革也就是社會主義性質的改革；而反對、甚至修正這些準則的改革就喪失了改革的社會主義性質，就是必須予以抵制的反社會主義行徑。馬克思－列寧主義就此嚴格限定了社會主義的改革範圍。從蘇東的改革看，一切改革舉措，哪怕就是最激進的改革，也未曾嘗試改變這些基本的意識形態禁忌。

另一方面，就社會主義國家的結構特質分析，社會主義國家也為自己背上了無法兑現的承諾的沉重包袱：那就是徹底的自由承諾與無限的福利擔保。這是一個以解放人類為己任的國家體系，必然的給自己制定無法完成的國家使命。無產階級要解放全人類，因此它不僅要推動人類實現物質層面的自由，還要推動人類實現精神層面的自由。就前者而言，它必須以生產力的發展加以滿足；就後者而論，它必須為了實現最大限度解放人類的目的，在物質福利上實現人民免於匱乏、豐裕生活的狀態。而在社會主義經濟長期尷尬地運行在短缺經濟的狀態下，物質上的極大豐富以至於滿足人民的物質文化需求這一目標似乎遙不可及，而精神上因為設定了共產黨改造民眾思想的前提，也就無法讓人們的思想自由地翱翔，反而篤定會以精神上的國家權力強制性約束，使社會主義國家的精神生活顯得日益貧乏。即使是在改革時期，人們的思想顯得相對活躍的狀態中，蘇東社會主義國家所使用的政治辭藻也是乾癟化的，缺乏真正的吸引力，相應也就難以獲得人們內心的認同。[45]

再一方面，就社會主義國家的運行體制分析，其理論的預設與實際的機制之間是完全脫節的。由於實際運行的社會主義國家都是早產兒——要麼是完全沒有做好理論準備和掌權準備就進入了社會主義時期，如蘇聯，要麼是突然施加外力意外地成為社會主義國家，如東歐，要麼來自於革命形勢的急遽高漲、喜出望外地由社會主義者掌握了國家政權，如亞洲社會主義國家。對於這些國家來說，原有的發展基礎十分薄弱，對於經典馬克思主義的創始人而言，原本就對這些國家發生社會主義革命不抱什麼希望。馬克思恩格斯長期以來一直期待的，是發展資本主義國家的同時發展社會主義革命，以求一舉解決生產資料的私有制與高度發達的社會化大生產之間的矛盾，由此為建成共產主義的理想國奠定堅實基礎。惜乎社會主義革命均發生在經濟上十分落後的東歐、亞洲、美洲或非洲國家，這就使馬克思主義所說的生產力與生產關係的矛盾導致社會主義革命的基本斷言被顛覆。這些突如其來的社會主義國家必須在經濟發展上花費巨大的工夫「補課」：補超前發生的社會主義革命缺乏的經濟發展之課。對於新生的社會主義國家來說，經濟補課與政治發展的雙重任務不可偏廢，必須同時完成。這也就註定了社會主義國家會陷入發展經濟與維持政權的緊張狀態之中。

其次，蘇東社會主義國家統治集團的國家治理技藝一直不高：對內的強硬政策，對外的輸出革命，國際政治上的僵化，構成這些國家處理內政外交的三個支點。因此，當社會主義國家內部出現需要克服的發展障礙，依賴改革加以解決的時候，習慣了高壓統治的國家權力執掌者，對社會的改革訴求，初期的反應必定是強力壓制，就此註定了社會主義改革難以在優良時機有效開展起來。社會主義國家的改革總是在強大壓力驅動下，才不得不進行社會改良，加之國家意識形態和政權的剛性專制性質，這種壓力下的改革需要改革者具有強大的抗壓能力，同時也需要他們具有高超的政治技巧，以艱難聚集改革所必須的資源。但達到這麼高超水準的社會主義領導者，往往因為精英淘汰的選任制，早就被排除在領導者群體之外。對於蘇聯陰影下生存的東歐社會主義國家來說，不僅要承受國內的社會—政治壓力，而且還要看蘇聯的臉色行事，統治技藝施展的空間就更為逼仄。與此同時，在國際主義口號下貫徹的蘇聯霸權主義，必然遭到民族—國家政治認同的抵抗。這種雙向的作用機制，使社會主義國家體系必然出現國與國之間的矛盾，而不是引發隱形的抗衡，導致公開的決裂。蘇聯僅僅依靠武裝力量加以對付。社會主義國家之間在面對改革的時候就必然出現令人尷尬的局面：當蘇聯心有餘力對付東歐國家的超越前述界限的改革的時候，它可以任意終止這些國家，如波蘭、捷克斯洛伐克的改革。當蘇聯自顧不暇、全力應付國內事務的時候，這些國家就缺乏國家自主的能力，社會壓力太大時也就只好讓出國家政權。這種兩極跳，對於理性的改革來說，絕對只會導致非理性的後果。

再者，社會主義國家結構是一個黨化結構與國家結構直接同一的同構形態，由於執政黨的自我期許是道德上最為無私和使命最為遠大、空前絕後、無比卓越的政治組織，因此一切社會組織都必須接受它的領導，否則就會被視為國家的敵人，受到無情的鎮壓。可見，社會主義國家的國家權力具有強烈的排斥性。這種排斥性，既顯示為政黨—國家意識形態對於一切活性意識形式絕對壓制的態勢，因此國家統治的精神狀態必定是萎靡的，一切有利於國家創新的思想觀念都被強制納入國家既定的意識形態框架之中，國家體制就此成為一個反創新體制。當國家改革時期極需創新思維、創新體制和創新成果的時候，創新卻早就被國家權力無情扼殺了。同時，黨—國的排斥性還顯現為精英淘汰的用人狀態。一切與黨—國體制相左的人才被黨—國完全排斥在國家建設的圈子之外。在這種定勢之下，黨—國維持革命時期的理想主義狀態時，政黨還可以引領國家發展；但革命的形勢事過境遷之後，政黨自身成為一個純粹的利益團體，政黨就此成為蠅營狗苟之所：要麼是完全臣服政黨意志或國家權力的人佔據高位，要麼是完全求取個人利益的機會主義分子掌握權力。這就是政黨—國家的運作定勢：黨—國體制在尋求奪取國家權力的時候，具有某種理想主義的誘人色彩。一旦這樣的政黨獲得國家權力，政黨就必然蛻變為特殊利益集團。他們對一切可能觸及自身利益的改革懷抱本能的反感。即使是改革者，往往不是因為理想主義的社會主義價值信念驅動他投入改革，而是因為政治處境驅使他進行改革，以便牢牢掌握已經獲得的和可能獲得的權力。[46] 而掌握權力的黨務—行政官僚，也日益成為集團腐敗的群體，在這個群體內，官員們隨意佔有國家財富。而政黨—國家為了保證官僚群體對於黨—國的政治忠誠，也就以懲治政治上不忠誠或政治鬥爭失敗者的腐敗典型來有心無意地對治腐敗。[47] 缺乏權力制衡機制、合理制度安排和有效施政程式的社會主義國家，就此無法吸納有利於穩定治理的基本資源。剛性的意識形態導致的精神資源貧乏，公有制與官僚化管理引發的制度資源匱缺，黨化國家對於朝氣蓬勃精神面貌的強行推廣必致的日常生活乾癟，使社會主義在延續的過程中逐漸地喪盡了認同的社會資源。

最後，蘇東社會主義國家的改革，因為只是迴避社會主義結構上的缺陷，僅僅注重功能優化的改革。因此，這種策略性改革必定或急或慢地窮盡改革資源，最終，在社會主義國家形態的枝節性、技術性問題無可調整的情況下，走上崩潰之路。人們長期將蘇東社會主義國家改革的最終崩潰歸咎於政黨—國家領導人的策略失誤及美國成功的顛覆戰略。其實這是捨本逐末的總結。從前面敍述可見，蘇東的改革幾乎一直徘徊在經濟領域之中，迴避政治權力領域的回應性改革。因此，市場導向型的經濟領域改革一旦觸碰到政治問題，便會退到改革的原來狀態。當人們對改革還懷有期待之情的時候，改革的進與保守的退，還可以容有拉鋸的餘地。這就是人們習慣用「韌性」來看待尚未崩潰的社會主義國家改革狀況的原因。其實，猶如前面指出的，當政治上馬克思—列寧主義限定的社會主義基本指標成為不可觸動的紅線的時候，所謂啟動社會主義經濟的努力到最後總是白費心機。不管你在行政體制上做怎樣的調整，在管理體制上如何進行矯正，在經濟手段上引進市場經濟的什麼手段或技巧，如果拒絕在政治權力，尤其是黨權上接受監督、實行分權制衡制度，無論什麼樣的功能型、技術化的改革，最後都會歸於無效——因為蘇東的社會主義結構就是一個扼殺國家活力的結構。結構既定，功能再怎麼優化，也抵擋不住結構對功能的限制。加之蘇東社會主義國家改革的當下目的性遠遠勝於長期願景的展望，而且總是走不出急功近利的重工業帶動經濟發展的老路，改革的功利盤算始終會敗於戰略的缺失。

有論者對於蘇東社會主義改革的五種組合性結構進行了對比分析，從中可以得出本章從相關改革的分析中引申出的社會主義改革必定走向崩潰的結論，[48]論者以自由化的史太林主義政權指出東歐國家體制，也就是改革的東歐社會主義國家形態，這一類型的國家可以顯示出某種改革的靈活性，比其他純粹類型含混但卻準確反映其改革國家的狀態。論者明確指出，「只有鐵托主義或自由化的史太林主義制度才能容許一些放鬆。」但這種「有限自由化的最嚴重問題之一乃是，黨方不願意放棄其任何控制，容許人民擁有更多的自由，或增進他們與西方的接觸。因此之故，雖然史太林恐怖歲月已不存在，但自由化的經濟效益並沒有多大進展。經濟改革若未伴以社會與政治改革，是不會有多大影響力的。」[49]論者是基於進行中的蘇聯東歐改革做出這樣的斷定的。從已經塵埃落定的蘇東改革來看，當它們被動地驅動社會政治改革，以便與經濟體制改革匹配的時候，政治體制改革不過成了國家崩潰的直接導因。這是蘇東社會主義國家結構註定的結局，而不是改革舉措失當導致的後果。

表 10.1 幾種社會主義政體類型的運行體制

政權類型	對平等之承諾	對重工業化之效力	集權化	壓制狀態	對外在世界之開放程度
史太林主義之政權	低	高	高	高	低
毛主義之政權	高	低	高	高	低
鐵托主義政權	低	低	低	低	高
自由化史太林主義政權	低至中等	中等	中等	中等	中等

從比較政治的角度看，在社會主義國家外部，長期的競爭物件具有的自我調適空間處於增長狀態。這恰好與社會主義的運作態勢呈現相反情形：社會主義國家處於一個由強到弱的變化過程，而資本主義國家則處於一個由弱到強的演進狀態。社會主義國家出現普遍改革的時候，恰好與資本主義國家自我矯正相互寫照。在資本主義國家經歷一九二〇年代末到一九三〇年代初期的經濟危機的時候，同期社會——經濟增長的奇跡，似乎以強勢出擊，回答了究竟是哪一個基本制度更為優越的問題。但是，經過資本主義國家的自我

調適，並將國家成功地轉變為最有利於穩定的中立性國家、人民資本主義所有制形式的時候，[50] 社會主義國家的剛性結構則一點都沒有做出調整，因此註定了資本主義國家對社會主義國家在雙方展開競爭時所具有的優越性。換言之，興起並鞏固市場經濟—民主政治—多元文化三大要素呈現的現代結構，終於成為現代國家的主流結構。而且，順之則國家昌盛，逆之則國家發展不暢、處於停滯、終至崩潰。

但畢竟各種社會基本制度都存在自身的問題，綜合各種制度的優勢，也許是一種基本制度寄寓的國家之自存並佔據國家間競爭優勢的最佳出路。但這樣的競爭是否會引領一個新時代，「則言之太早」。[51]

註釋

1 參見雷岱爾著，鄭學稼譯：《社會主義思想史》，「目次」所列社會主義諸流派，台北：帕米爾書店，1991。

2 一九二四年史達林聯合季諾維也夫、加米涅夫對托洛茨基的鬥爭，接着是史達林謭除後兩者的鬥爭，跟着他將同盟者布哈林等囚禁，這些鬥爭的結果形成了史達林的個人高度專斷的體制。參見畢英賢主編：《蘇聯》，李玉珍撰第 4 章〈共產黨〉，第 3 節「史達林時期」，台北：政治大學國際政治研究中心，1989，第 190 頁及以下。

3 參見彼得・馬賽厄斯等主編，王宏偉等譯：《劍橋歐洲經濟史》，第 8 卷，〈工業經濟：經濟政策和社會政策的發展〉，北京：經濟科學出版社，2004，第 900 頁。

4 參見彼得・馬賽厄斯等主編、王宏偉等譯：《劍橋歐洲經濟史》，第 8 卷，〈工業經濟：經濟政策和社會政策的發展〉，北京：經濟科學出版社，2004，第 909–911 頁。

5 參見彼得・馬賽厄斯等主編、王宏偉等譯：《劍橋歐洲經濟史》，第 8 卷，〈工業經濟：經濟政策和社會政策的發展〉，北京：經濟科學出版社，2004，第 911–912 頁。

6 史達林曾經講過：「蘇聯的工業基礎，三分之二來自美援。」轉引自畢英賢主編：《蘇聯》，第 47 頁。

7 波蘭、波羅的海三國、捷克、保加利亞、阿爾巴尼亞、羅馬尼亞、東德等國成為社會主義國家，主要是因為二戰後蘇聯的佔領，並且在西方國家與蘇聯劃分勢力範圍的時候，順勢將其劃為蘇聯支配的範圍，從而加上南斯拉夫、匈牙利、北韓和中國等國，構成了社會主義陣營。參見布萊恩・柯洛齊著，林添貴譯：《蘇聯帝國興衰史》上冊，第8章〈開始打造衛星附庸國家：1945至1948年〉，台北：智庫股份有限公司，2003，第142頁及以下。

8 參見周祉元等著：《東歐各國共黨》，中國國民黨中央委員會匪俄問題研究中心，1978，第55頁及以下。另見孔寒冰：《東歐史》，第8章〈蘇聯模式在東歐的確立〉，上海：上海人民出版社，2010，第317–319頁。後者指出，東歐國家經過蘇聯化的經濟改造，工業生產普遍增長一到三倍，而當時共產黨情報局指責南斯拉夫，就是因為它推行農業集體化的步伐太慢。這正好構成觀察東歐蘇聯化的正反兩個剖面。

9 參見孔寒冰：《東歐史》，第8章〈蘇聯模式在東歐的確立〉，第315頁及以下。

10 恰如孔寒冰指出的，蘇聯的「這些成就……感動了中國人民。我們可以說在中國人的觀念中，蘇聯模式的理論就是真正的馬克思主義，蘇聯式對馬克思主義的運用就是真正的社會主義。全黨、全國以及全體人民的唯一目標，就是要培育這種馬克思主義，實現這種社會主義。」在史達林死後，蘇聯和東歐國家「弱化」了這種模式，以糾正該模式中不可否認的缺陷。然而，「中國人卻把社會主義的神聖事業與蘇聯的史達林模式劃上等號，他們相信這個模式代表着馬克思主義的物質體現和社會主義的真理。篡改（這個模式）……對中國人來說，就是對馬克思主義的背叛，是一種修正主義，是資本主義的復辟。」載白思鼎（Thomas P.:1949–Present）（Lexington Books, 2010）。轉引自 www.cnln.com/China/ns/20100403/128144027.htm。

11 羅奈爾得・阿隆森著，章樂天譯：《加繆與薩特》，上海：華東師範大學出版社，2005，第176頁。儘管薩特在一九五七年以後對蘇聯極表失望，但他將自己的左翼情緒轉而傾瀉到中國及其領導人身上，因此可以說他的這類斷言並無改變，只不過他對社會主義烏托邦的具體寄託物件發生了變化而已。

12 一九二九至一九三二年美國的經濟危機眾所周知，而同期法國、英國、德國的經濟也陷入了衰退狀態。參見彼得・馬賽厄斯等主編，王宏偉等譯：《劍橋歐洲經濟史》，第8卷〈工業經濟：經濟政策和社會政策的發展〉，第四章「金本位與各國金融政策1919–1939」，第四節「經濟衰退」，北京：經濟科學出版社，第270–273頁。

13 參見陳奎德：《哈耶克》，〈概覽雙雄之爭〉，台北：東大圖書公司，1999，第53–56頁。

14 參見李忠傑等著：《社會主義改革史》，第2章〈蘇聯社會主義體制的形成〉，北京：春秋出版社，1988，第90–94頁。

15 參見李忠傑等著：《社會主義改革史》，第2章〈蘇聯社會主義體制的形成〉，第95–99頁。

16 參見李忠傑等著：《社會主義改革史》，第3章〈東歐、中國及其他國家社會主義體制的建立〉，第120–124頁。有趣的是，不管是跟蘇聯對着幹的南斯拉夫，還是蘇聯自己，都出現了最高層領導與黨的特務機構領導之間的政治鬥爭，儘管兩者都以黨的獨斷領導取勝告終，但可以說蘇東社會主義體制對於特務機構的借重，沒有重大差異。

17 參見李忠傑等著：《社會主義改革史》，第3章〈東歐、中國及其他國家社會主義體制的建立〉，第124–126頁。中國亦不例外，在建國初期迅速地建立起蘇聯式的政治—經濟體制，但因為本章不討論中國問題，因此存而不論。

18 想想蘇聯的史達林早年和晚期不同的領導狀態，比較一下南斯拉夫的政治強勢領袖鐵托、阿爾巴尼亞的霍查、羅馬尼亞的齊奧塞斯庫、古巴的卡斯楚、中國的毛澤東等，就可以發現社會主義國家統治秩序的人治狀態，其國家的穩定性與領導人的健康甚至心境，有多麼強烈的關聯。

19 史達林當政初期的政治鬥爭就投射在經濟政策上面，無論是與托洛茨基、還是與布哈林的政治鬥爭，其實也都是經濟政策分歧的政治化形式而已。

20 參見李忠傑等著：《社會主義改革史》，第4章〈南斯拉夫自治制度的發端〉，第149頁及以下。

21 參見李忠傑等著：《社會主義改革史》，第5章〈蘇聯赫魯雪夫時期的改革〉，第191頁及以下。此時尤其值得關注的是蘇聯經濟學界對於「利別爾曼建議」的討論，這建議將物質刺激納入到激勵機制之中，改進了此前單純強調精神激勵的簡單激勵機制。同前書，第228–229頁。

22 參見李忠傑等著：《社會主義改革史》，第6章〈東歐各國的改革嘗試〉，第252頁及以下。

23 李忠傑等著：《社會主義改革史》，第3章〈改革的深入發展〉，第341–345頁。

24 這時期出現了所謂「阿克賽方法」、「狄納莫經驗」、「複合勞動報酬制試驗」、「謝基諾方法」等提高經濟績效的探索，引進了此前蘇聯計劃經濟模式中所缺少的市場因素。李忠傑等著：《社會主義改革史》，第393–394頁。

25 李忠傑等著：《社會主義改革史》，第10章〈「布拉格之春」及其夭折〉，第425–426頁。

26 參見李忠傑等著：《社會主義改革史》，第10章〈「布拉格之春」及其夭折〉，第451–455頁。

27 關於東歐國家第二輪的改革，參見李忠傑等著：《社會主義改革史》，第11章〈60–70年代其他東歐國家的改革〉，第456頁及以下。

28 參見李忠傑等著：《社會主義改革史》，第17章〈蘇聯改革的平穩發展與過渡〉，第1節「勃涅日涅夫後期的理論與實踐」，第一目「『發達社會主義』理論及經濟戰略的制定」，第689–690頁。

29 南斯拉夫一九五四至一九八〇年，社會總產值年均增長率6.5%，其中工業從一九五三至一九八〇年年均增長率為9.1%。這樣的增長速度高於同期資本主義國家（英美國家類似的增長率在3–6%之間）和其他社會主義國家（東歐國家的增長率則為1.9–3.9%）。根據李忠傑、孔寒冰和畢英賢三書綜合的資料。

30 李忠傑等著：《社會主義改革史》，第686頁。本節對於蘇東第三輪改革的描述，主要參見李忠傑《社會主義改革史》及孔寒冰《東歐史》二書。

31 《真理報》1985年6月12日。轉引自李忠傑等著：《社會主義改革史》，第729頁。

32 參見魯·格·皮霍亞著，徐錦棟等譯：《蘇聯政權史》，第7章〈改革，公開性、社會政治危機加深（1985–1989年）〉，北京：東方出版社，2006，第568頁及以下。在這部分，作者忠實記錄了蘇共高層領導人之間對於蘇聯局勢的不同判斷和相異對策，可見蘇聯當時的局勢已經病入膏肓，無藥可救。

33 魯·格·皮霍亞著，徐錦棟等譯：《蘇聯政權史》，第631頁。

34 參見魯·格·皮霍亞著，徐錦棟等譯：《蘇聯政權史》，〈八月叛亂〉，第718–757頁。

35 雅諾什·科爾奈著，張安譯：《社會主義體制——共產主義政治經濟學》，北京：中央編譯出版社，2007，第184–185頁。

36 這五個獨立國家是波蘭、斯洛維尼亞、克羅埃西亞、馬其頓、南聯盟。

37 參見孔寒冰：《東歐史》，第11章〈東歐的急劇變革〉，第450頁及以下。

38 馬克思恩格斯：《共產黨宣言》，北京：人民出版社，1997，第30頁。從倫理學上説，怨恨者並不需要對怨恨承擔全部責任，相反，怨恨者總是有明確的客觀理由。但是，基於怨恨的行動者，在佔據化解怨恨的社會—政治優勢地位以後，如果仍然以這樣的倫理作為社會—政治行動的倫理基礎，那就不僅無法化解怨恨，而且必然造成不斷的、新的怨恨。

39 馬克思恩格斯：《共產黨宣言》，第38頁。

40 馬克思恩格斯強調，就資產階級私有制促使階級對立，並且以一些人對另一些人剝削的行為作基礎，「從這個意義上說，共產黨人可以把自己的理論概括為一句話：消滅私有制。」見《共產黨宣言》，第41頁。

41 馬克思恩格斯：《共產黨宣言》，第46頁。

42 馬克思恩格斯：《共產黨宣言》，第62–63頁。

43 列寧：《列寧全集》，第26卷，北京：人民出版社，1988，第50頁。

44 列寧：《列寧全集》，第31卷，北京：人民出版社，1990，第33頁。

45 如蘇東改革時期不約而同地使用的發揚社會主義制度優勢的口號，就是典型，而這些口號到後來完全缺乏起碼的號召力和認同感。

46 東歐大多數改革領導者都是在黨內不太得意，而努力尋求權力的人物，即使是手中掌握了權力的改革領導者，通常也在權力的得失權衡中，確定改革的舉措和收放。蘇東社會主義國家的第一輪改革失敗，大多就敗在這些國家的政治人物的權力盤算中。第二輪改革中那些請求蘇聯出兵鎮壓改革的東歐國家領導人，其實大多都是謀求國家權力的機會主義分子而已。即使是為人稱頌的第三輪蘇聯改革的領導人戈巴契夫，到改革的晚期階段，一心所想的也就是維持自己的蘇聯總統權力。參見孔寒冰：《東歐史》，第9章〈東歐的改革年代（上）〉有關記載，以及皮霍亞《蘇聯政權史》，第8章〈從蘇聯到俄羅斯〉，第10節「方針——鞏固蘇聯總統的地位」。

47 參見萊斯里・霍爾莫斯著，宋鎮照等譯：《共黨政權之末路——反腐敗運動與合法化危機》，第8章〈結論：反腐敗的運動從未持久也不堅決〉，台北：國立編譯館，1995，第271頁。

48 此表引自丹尼爾・奇洛特（Daniel Chirot）著，蔡伸章譯：《近代的社會變遷》，台北：巨流圖書公司，1991，第473頁。

49 丹尼爾・奇洛特著，蔡伸章譯：《近代的社會變遷》，第476頁。

50 在美國上個世紀進行「人民資本主義」導向的公司制改革時，社會主義國家選擇了單純的攻擊進路，認為那只不過是壟斷資本主義欺騙人民的一種花招。但從長程歷史觀衡量，美國這一改革不僅成為資本主義國家共同的選擇，事實上更相對有效地解決了產權分享和發展成就分享的問題，不僅有利於解決資本主義的危機，而且對於發展起來的社會主義國家應當是極具啟發作用的。參見阿道夫・貝利著，鍾遠蕃譯：《二十世紀的資本主義革命》，第1章〈現代公司與資本主義革命〉，以及譯序，北京：商務印書館，1961。

51 丹尼爾・奇洛特著，蔡伸章譯：《近代的社會變遷》，第521頁。

CIVITAS 思想共和國 CIVITAS 思想共和國 CIVITAS 思想共和國 CIVITAS 思想共和國

CIVITAS 思想共和國 CIVITAS 思想共和國 CIVITAS 思想共和國
CIVITAS 思想共和國 CIVITAS 思想共和國 CIVITAS 思想共和國 CIVITAS 思想共和國
CIVITAS 思想共和國 CIVITAS 思想共和國 CIVITAS 思想共和國
CIVITAS 思想共和國 CIVITAS 思想共和國 CIVITAS 思想共和國 CIVITAS 思想共和國
CIVITAS 思想共和國 CIVITAS 思想共和國 CIVITAS 思想共和國
CIVITAS 思想共和國 CIVITAS 思想共和國 CIVITAS 思想共和國 CIVITAS 思想共和國
CIVITAS 思想共和國 CIVITAS 思想共和國 CIVITAS 思想共和國
CIVITAS 思想共和國 CIVITAS 思想共和國 CIVITAS 思想共和國 CIVITAS 思想共和國
CIVITAS 思想共和國 CIVITAS 思想共和國 CIVITAS 思想共和國
CIVITAS 思想共和國 CIVITAS 思想共和國 CIVITAS 思想共和國 CIVITAS 思想共和國
CIVITAS 思想共和國 CIVITAS 思想共和國 CIVITAS 思想共和國
CIVITAS 思想共和國 CIVITAS 思想共和國 CIVITAS 思想共和國 CIVITAS 思想共和國
CIVITAS 思想共和國 CIVITAS 思想共和國 CIVITAS 思想共和國
CIVITAS 思想共和國 CIVITAS 思想共和國 CIVITAS 思想共和國 CIVITAS 思想共和國
CIVITAS 思想共和國 CIVITAS 思想共和國 CIVITAS 思想共和國
CIVITAS 思想共和國 CIVITAS 思想共和國 CIVITAS 思想共和國 CIVITAS 思想共和國
CIVITAS 思想共和國 CIVITAS 思想共和國 CIVITAS 思想共和國
CIVITAS 思想共和國 CIVITAS 思想共和國 CIVITAS 思想共和國 CIVITAS 思想共和國

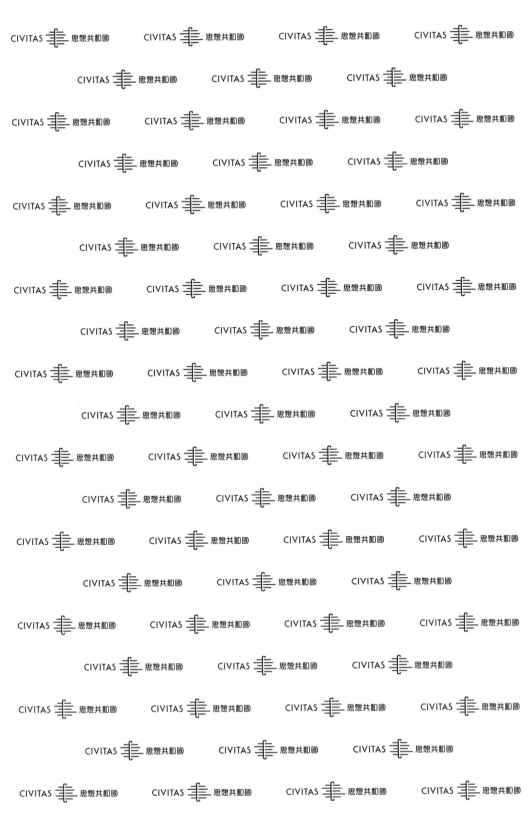

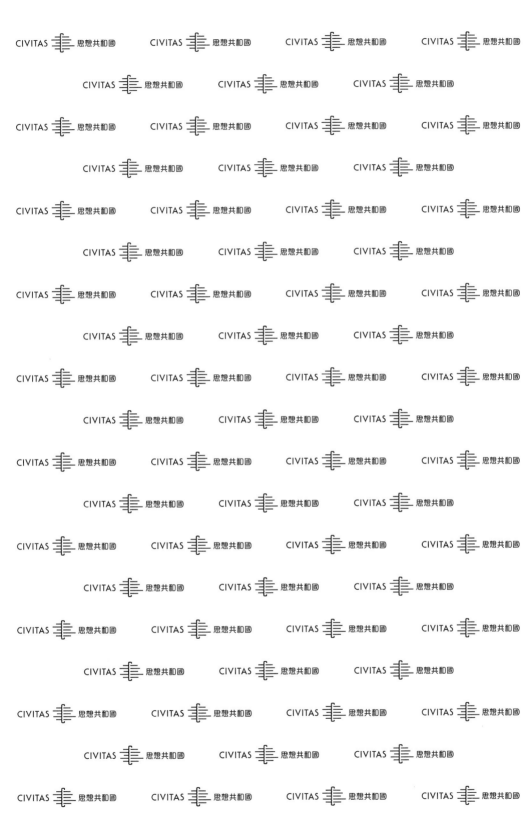